Conventions et accords collectifs de droit social à l'épreuve du temps

Collection Logiques Juridiques
dirigée par Gérard MARCOU

Le droit n'est pas seulement un savoir, il est d'abord un ensemble de rapports et pratiques que l'on rencontre dans presque toutes les formes de sociétés. C'est pourquoi il a toujours donné lieu à la fois à une littérature de juristes professionnels, produisant le savoir juridique, et à une littérature sur le droit, produite par des philosophes, des sociologues ou des économistes notamment.
Parce que le domaine du droit s'étend sans cesse et rend de plus en plus souvent nécessaire le recours au savoir juridique spécialisé, même dans des matières où il n'avait jadis qu'une importance secondaire, les ouvrages juridiques à caractère professionnel ou pédagogique dominent l'édition, et ils tendent à réduire la recherche en droit à sa seule dimension positive. A l'inverse de cette tendance, la collection « Logiques juridiques » des Éditions L'Harmattan est ouverte à toutes les approches du droit. Tout en publiant aussi des ouvrages à vocation professionnelle ou pédagogique, elle se fixe avant tout pour but de contribuer à la publication et à la diffusion des recherches en droit, ainsi qu'au dialogue scientifique sur le droit. Comme son nom l'indique, elle se veut plurielle.

Dernières parutions

GAROT Marie José, *La citoyenneté de l'Union européenne*, 1999.
SATCHIVI Francis Amakoué A., *Les sujets de droit*, 1999.
LEVIS Danièle, *Terre des hommes du grand Océan*, 1999.
LASCOMBE Michel, *Droit constitutionnel de la Ve République*, 1999.
BERGUIN Francis, *Le fonctionnaire expatrié*, 1999.
HOURQUEBIE Fabrice, *Les organes spécialisés dans les affaires communautaires des parlements nationaux. Les cas français et allemands*, 1999.
LAURENT Marie-Line, *Les emplois-jeunes : nouveaux contractuels de l'administration*, 1999.
Alette HEYMANN-DOAT, *Génétique et droits de l'homme*, 1999.
Vigile PACE, *L'organisation mondiale du commerce et le renforcement de la réglementation juridique des échanges commerciaux internationaux*, 1999.
Raymond COULON, *Des droits de l'homme en peau de chagrin*, 2000.
Armand MBARGA, *L'indemnisation publique des victimes d'infractions*, 1999.

Nathalie COLIN

Conventions et accords collectifs de droit social à l'épreuve du temps

Préface de Françoise FAVENNEC-HERY

L'Harmattan
5-7, rue de l'École Polytechnique
75005 Paris - FRANCE

L'Harmattan Inc.
55, rue Saint-Jacques
Montréal (Qc) - CANADA H2Y 1K9

ISBN : 2-7384-9140-5

PRÉFACE

A l'heure où de grands bouleversements juridiques s'opèrent dans le droit des conventions collectives tant en ce qui concerne les parties à la négociation collective, qu'en ce qui a trait à l'articulation des normes en droit social, la thèse de Madame COLIN présente un vif intérêt.

Madame Nathalie COLIN nous offre, en effet, une recherche d'une grande profondeur sur l'évolution de la convention collective et son adaptation aux changements économiques et sociaux. Par la même, l'auteur nous associe à une réflexion plus globale sur les rapports du droit social et du temps.

Les conventions et accords collectifs de travail constituent, en effet, une source essentielle du droit du travail. Normes professionnelles, normes autonomes, leur vertu d'adaptation, leur fonction d'accompagnement voire d'anticipation des changements, sont les conditions de leur réussite. Or l'équilibre qui a présidé à leur conclusion peut se trouver bouleversé soit par une évolution des données de fait nécessitant une révision ou une disparition des normes conventionnelles, soit par un changement des lois et autres sources qui les gouvernent.

Comment arbitrer le conflit opposant stabilité et changement de la norme ? Comment subir ou dépasser les épreuves du temps ?

C'est à cette question que répond Madame COLIN en étudiant successivement, les évolutions de la convention collective en elle-même, puis l'incidence des autres normes et de leur changement sur la norme conventionnelle.

Dans un premier temps, l'auteur nous convie à une étude des modes de *transformation* de la convention collective, qu'il s'agisse de changements programmés conventionnellement ou de remises en cause du contenu ou de l'existence de l'accord par les parties. Madame COLIN nous présente une approche renouvelée des mécanismes de la révision et de la dénonciation de la convention collective. Elle le fait dans une grande indépendance d'esprit, proposant des idées novatrices sur le droit d'opposition et son champ d'application, et renouvelant l'approche traditionnelle de la dénonciation et de ses auteurs. Elle met également en lumière le rôle de la bonne foi, la mission de conciliation du juge, la part du référendum, tous débats qui animent en ce moment même les transformations du droit collectif du travail.

Dans un second temps, l'auteur envisage l'*incidence* des autres normes sur la convention collective, qu'il s'agisse de la modification du dispositif légal et de ses effets sur les conventions conclues ou des obligations posées par la loi à la convention collective. C'est toute l'articulation des normes qui est ici abordée : lien entre loi et convention collective, mais aussi, place du contrat de travail par rapport à la source collective et possibilité de résistance.

Derrière la technicité du propos, apparaissent en filigrane les grands débats du droit social, l'évolution des sources de ce dernier, la part laissée à l'individuel et celle reconnue au collectif.

C'est à une lecture riche, originale, ambitieuse que nous invite Madame COLIN. Qu'elle en soit ici remerciée ! Et que la carrière universitaire à laquelle elle aspire, lui offre la possibilité de développer les talents dont elle a su faire preuve.

Françoise FAVENNEC-HERY
Professeur à l'Université de NANTES

INTRODUCTION

« Le temps qui passe donne à la vie le sens, la responsabilité de l'heure »
Paul Althaus

1 - Si le temps souvent éprouve ce qui est pour finalement faire disparaître, il répare aussi certains outrages et, mieux, il bonifie parfois. Le droit entretient avec lui ce même rapport ambigu. Si la matière juridique ne résiste pas toujours au temps qui passe, il arrive qu'elle se crée progressivement. La prescription acquisitive et la coutume, à travers l'opinio necesitatis, en témoignent. Mieux, dans les pays de Common Law, le temps est l'artisan essentiel de la création juridique. Les pays de droit romano-germanique, plus enclins à légiférer et à réglementer, mesurent aussi la valeur d'un texte à sa durée de vie. Cependant, au-delà de l'apparence, il est erroné de penser que, dans ce dernier cas, l'écoulement du temps est indifférent à la norme ancienne. Tantôt celle-ci résiste, immuable et souple, aux changements qui s'opèrent. Tantôt la norme évolue en s'adaptant. Finalement, les épreuves du temps sont inévitables ; telle règle les surmonte en restant effective grâce à sa souplesse ou son évolution[1], telle autre pas. Comme il est connu que le bonheur ne vaut rien à être raconté, la stabilité d'une norme dans le temps suscite peu de commentaires en comparaison de ce que l'on peut dire des épreuves subies par elle.

---

[1] *« La pérennité du Code civil peut apparaître aussi comme une preuve de sa solidité et de sa flexibilité »* ; c'est en ces termes que J.-L. HALPERIN concilie la permanence de l'utilisation des articles 544, 1129, 1134, 1371, 1382 et 1384 avec les principales réformes intervenues en droit des personnes (droit de la famille (1964 à 1975), droit de la nationalité (1993), règles assurant le respect du corps humain (1994)) et en droit des obligations (droit des sociétés en 1978), *« Le Code civil »*, (coll. *« connaissance du droit »*), DALLOZ 1996, p. 129 et suiv..

Ce sont ces épreuves, que le temps inflige à la norme et qui la condamnent à s'adapter ou disparaître[2], qui déterminent les contours de cette étude.

I) La norme juridique à l'épreuve du temps

2 - Les rapports entre le temps et la norme se manifestent ainsi par des transformations du dispositif normatif ou, plus radicalement, par sa disparition.

Le temps qui passe entraîne « remises en cause »[3] de la norme. Celles-ci n'ont pas un caractère d'évidence et les rapports de la norme au temps se caractérisent, d'un point de vue juridique, par un certain niveau de conflictualité.

i) épreuves du temps et remises en cause de la norme

3 - Ces épreuves trouvent le plus souvent leur cause dans des changements de l'environnement économique, social ou juridique. Il arrive que l'écoulement du temps mette en évidence l'inefficacité ou l'ineffectivité de la règle de droit. La remise en cause peut aussi être appelée par un des acteurs sans que sa volonté soit forcément relayée par un changement de l'environnement. Ce sont alors les aspirations d'un des auteurs qui progressent. La manifestation objective d'un changement met la norme au défi de savoir évoluer ou l'oblige à disparaître. Le mécontentement d'une ou plusieurs parties ou leur disparition (manifestations subjectives) entraînent les mêmes conséquences. Manifestations subjectives et objectives du temps qui passe se rejoignent donc au stade de la remise en cause. Cependant, cette dernière n'aboutit pas toujours. Mécontentements des auteurs et changements d'environnement, quand ils ne sont pas suivis de transformations juridiques, fragilisent la règle qui est alors menacée d'inapplication ou de caducité.

4 - Finalement, l'épreuve du temps apparaît difficile à appréhender. Elle ne se manifeste juridiquement que lorsqu'il y a modification de l'environnement juridique. En revanche, la remise en cause qu'elle entraîne est plus aisément repérable ; c'est elle qui sera étudiée. Cependant, il est important que les mécanismes familiers de révision, de dénonciation, de mutuus dissensus[4], d'échéance du terme s'effacent, au moins de prime abord, au profit de la source de leur manifestation. Bien cerner ainsi l'origine des mécanismes évoqués permet de mieux traiter les notions en cause et de rapprocher, par leur finalité, des techniques trop souvent exposées séparément. Sans prétendre à l'élaboration d'un droit de la vie de la norme (qui n'est pas celui de son exécution), il convient d'accorder une plus grande attention à l'ensemble des transformations qu'elle est amenée à connaître. Ce manque d'attention est d'autant plus regrettable que les

---

[2] Le phénomène de désuétude est aussi à prendre en compte.

[3] Ces termes sont peu juridiques mais ils ont l'avantage de rassembler les mécanismes étudiés.

[4] Ou encore dissentiment mutuel.

rapports du temps et de la norme sont complexes et surtout conflictuels au regard des notions applicables.

ii) le conflit entre le temps et l'application de la norme

5 - Le temps n'est pas toujours en opposition avec l'intérêt de la norme. En effet, leurs rapports s'expriment en premier lieu par l'énoncé des dates qui rythment la vie de cette dernière. Les étapes correspondantes bornent un parcours traditionnel de vie ; elles mettent la norme en perspective temporelle en privilégiant le « temps-instant » sur le « temps-durée ». Néanmoins, pareille façon de voir souligne la durée d'application de la norme et prend aussi en compte le « temps-durée » quand il construit le droit. Les pourparlers précédant la signature d'un contrat[5], la période de gestation d'une institution ou d'une personne morale[6], sont désormais familiers au juriste. Dans ces exemples cependant, le temps est neutre ; il est moins facteur que variable de situation. Ainsi, les rapports étudiés relèvent d'une approche spécifique.

6 - Dans ce cadre, l'adaptation et la disparition de la norme juridique prêtent à discussion. La sécurité, qui imprègne le droit tout entier, contribue à la bonne exécution des obligations et vise *« à exclure ou au moins à réduire l'incertitude dans la réalisation du droit »*[7]. Cette sécurité ne peut s'accommoder de remises en cause trop fréquentes. La force du droit est aussi dans sa durée[8]. Puisque les deux aspirations de sécurité et d'adaptation sont également respectables, il est tentant de plaider pour leur conciliation en proposant une nouvelle application de la « théorie du juste milieu ». Est-ce ainsi que la pratique a résolu le problème ? Notre droit privé ne s'est pas directement prononcé. A l'élaboration d'un recensement du langage temporel du Code civil, Madame le professeur BORDEAUX[9] remarque que le temps s'y montre par trop *« quantitatif, linéaire, continu, conservateur, prévisionnel et intégral »*. En particulier, une certaine inclination en faveur de l'immutabilité[10] des engagements est perceptible. Bien sûr, il est exclu qu'ils aient un caractère perpétuel. Le principe de résiliation unilatérale des engagements à durée indéterminée[11] est affirmé avec force. Dans le même sens, il n'existe évidemment aucun obstacle à ce que les parties, le législateur, décident de revoir le texte dont ils sont les auteurs. Malgré l'évidence de ces facultés, les notions juridiques correspondantes

---

[5] J.-M. MOUSSERON, *« La durée dans la formation des contrats »*, Mélanges JAUFFRET, p. 509.

[6] D. PLANTAMP, *« Le point de départ de la période de formation des sociétés commerciales »*, RTDCom. 1994, p. 1.

[7] G. CORNU, *« Vocabulaire juridique, (sécurité) »*, Ass. H. Capitant, PUF 1987.

[8] G. RIPERT, *« Les forces créatrices du droit »*, LGDJ 1955, p. 16, qui observe que le juriste est naturellement conservateur.

[9] M. BORDEAUX, *« La grille du temps : approche lexicale du temps des lois »*, Rev. LANGAGES, n° 53, 03/1979, *in fine*.

[10] Ce terme, au contraire de celui d' « immuabilité », se trouve dans le lexique des termes juridiques de G. CORNU, préc..

[11] C. LARROUMET, Droit civil, t. III, *« Les obligations, Le contrat »*, 1996, 3ème éd., n° 207 et pour une illustration récente, Cass. com. 31/05/1994, RTDCiv. 1995, p. 108.

manquent de corps. Les changements qu'entraîne la révision sont divers dans leur amplitude. Aussi bien, quand la transformation est importante, révision et disparition des normes sont proches, ce que ne révèle guère l'étude de leurs régimes respectifs. Sans doute ces mécanismes sont-ils insuffisamment enracinés dans leurs objectifs. Bien sûr, les ouvrages de vocabulaire juridique[12] évoquent, à propos de la révision, l'avènement de circonstances nouvelles. Cette précision est louable mais elle se révèle trop restrictive. Elle ne comprend pas les révisions qui contribuent à une meilleure adaptation des textes à leurs objectifs déclarés. Dans le même sens, M. le professeur HAUSER souligne que le temps-durée est avant tout appréhendé par le juriste comme dommageablement perturbateur[13]. Trublion des tranquilles arrangements individuels, il a été vaincu par la fiction de l'instant-éternité. La vérité est immanquablement ramenée au moment crucial de l'expression des volontés.

7 - Les droits étrangers, en quête de leur propre pérennité, tiennent tous à la notion d'engagement à travers laquelle transparaît le respect de la parole donnée. Cette intangibilité des normes s'oppose évidemment à la mutabilité de leur environnement.

8 - Plus avant, l'inclination pour la sécurité juridique se déclare à propos de la résolution de cas plus épineux. Sont ainsi visés le désaccord des parties pour la remise en cause et, plus radicalement, la survenance d'événements imprévus perturbant gravement l'exécution de la norme. La jurisprudence civile a ainsi rejeté l'application de la théorie de l'imprévision. Le contractant civiliste ne peut espérer voir prises en compte les charges extracontractuelles résultant d'événements imprévisibles (lors de la conclusion du contrat) et indépendants de sa volonté. Dans le même sens, la caducité d'une norme est entendue strictement. Son prononcé requiert une intervention légale quant à la prévision d'une condition future, nécessaire à la pleine efficacité d'un dispositif normatif[14]. Le Doyen CARBONNIER regrette à ce propos qu'une règle de droit ne puisse être abrogée par désuétude[15].

9 - Si le principe de la force obligatoire est toujours d'actualité, la force des besoins en évolution, en particulier s'agissant du contrat, a repoussé les frontières de l'immuable. M. le professeur HAUSER[16] prend pour témoins les cas du mariage et du contrat et observe, pour chacun d'eux, que la

---

[12] Lexique des termes juridiques DALLOZ ; G. CORNU, op. cit.

[13] J. HAUSER, pour qui, *« pour le juriste le temps apparaît plutôt naturellement comme un élément destructeur, compliquant (...). Le temps détruit les preuves, affaiblit les volontés et les consentements, modifie les critères de référence, complique la création des normes »*, *« Temps et liberté dans la théorie générale de l'acte juridique »* in *« Religion, société et politique »*, Mélanges ELLUL, 1983, p. 503.

[14] Par exemple, art. 1392, 1043, 1088, 1089 C. Civ. ; Y. BUFFELAN-LANORE, *« Essai sur la notion de caducité des actes juridiques en droit civil »*, Thèse TOULOUSE, LGDJ, 1963.

[15] J. CARBONNIER, *« Flexible droit - Pour une sociologie du droit sans rigueur »*, p. 127, LGDJ 1992, 7éme éd..

[16] J. HAUSER, préc. spéc. p. 507 et suiv..

durée a fait son entrée dans le processus du consentement[17] (au niveau de sa formation mais aussi au niveau de ses effets). Par ailleurs, par l'entremise de la bonne foi, certains tribunaux remédient au déséquilibre survenu dans l'économie du contrat. Les quelques décisions témoignant de la « bonne foi adaptative », loin de heurter le principe de la force obligatoire des contrats, la rétablissent[18]. D'ailleurs, la formule rebus sic stantibus, souvent utilisée pour appuyer l'immutabilité d'un accord, pose plus exactement la question de savoir si l'altération de l'environnement économique justifie –ou non- la disparition ou l'adaptation de l'accord initial.

10 - Pour certains contrats particuliers qui ont en commun de concerner l'entreprise, les juges ont soin de prendre en compte l'intérêt de l'entité économique et sociale. Ils arbitrent les conflits entre associés de sociétés à l'aide de cette « boussole »[19]. Ainsi, lorsque des associés minoritaires en capital s'opposent en assemblée à une décision *modifiant le contrat de société*, les juges concluent parfois à un abus et chargent un mandataire ad hoc de voter à la place de ces minoritaires dans le sens de l'intérêt social[20]. Chaque fois, cependant, s'impose le caractère essentiel de l'opération discutée. De la même façon, la juridiction commerciale ne va condamner la décision modificative prise par les associés majoritaires que si elle apparaît contraire à l'intérêt social. Finalement, les magistrats résolvent le conflit entre cocontractants en faisant prévaloir un impératif qui leur est supérieur. En faveur de l'immutabilité du contrat de société, il faut noter qu'en l'absence de cet impératif économique le conflit entre les parties reste en l'état. La modification unilatérale du contrat de travail obéit, de la même manière, à l'intérêt supérieur de l'entreprise. Si les difficultés économiques le commandent, le licenciement ne peut être déclaré abusif. A défaut d'une certaine mise en péril de l'activité, les jugements sont favorables aux salariés[21].

11 - Dans le même sens, sous l'impulsion de la pratique des affaires, le droit des contrats anglo-américain a évolué. La règle du « pre-existing duty »[22] a perdu de sa vigueur. Sous son règne, la révision d'un engagement ne pouvait avoir lieu que si l'autre partie modifiait également le sien (révision *causée*). Cette suspicion à l'encontre de la révision marquait avant tout un profond désintérêt pour les possibles changements de l'environnement contractuel. Les

---

17 Cf pour le mariage : la prise en compte des fiançailles, le changement du régime matrimonial, la divorce pour rupture de la vie commune ; pour le contrat : c'est le juge qui est chargé de réintroduire la durée en rééquilibrant l'acte, en révisant les clauses pénales...

18 R. DESGORCES, *« La bonne foi dans le droit des contrats : rôle actuel et perspectives »*, Th. PARIS II, 1992 ; *« La bonne foi »*, Trav. Ass. H. CAPITANT, t. XLIII, 1992 et particulièrement Cass. com. 03/11/1992, Bull.civ. IV, n° 338.

19 Ce terme est emprunté à A. VIANDIER et à M. COZIAN, *« Droit des sociétés »*, LITEC 1997, 10ème éd., n° 466.

20 Cass. com. 09/03/1993, JCP 1993, éd. E, II, 448, note A.VIANDIER et Rev. soc. 1993, note P. MERLE.

21 Voir pour les derniers développements A. PHILBERT, *« Le droit prétorien du licenciement économique »*, Dr. soc. 1998, p. 35 spéc. p. 37.

22 Règle du devoir préexistant.

juges et parfois le législateur remédient à cette lacune, particulièrement quand se produisent des événements imprévus et imprévisibles[23].

Quant à la prééminence croissante de l'intérêt social[24] en faveur de la remise en cause d'un contrat organisant l'entreprise, on la retrouve dans les droits étrangers.

12 - Ainsi, à l'épreuve du temps, la modification obligée des contrats existe. Elle rejoint leur modification par la loi nouvelle immédiatement applicable et surtout l'intervention du juge sur les fondements de l'abus de droit[25]. Toutefois, il nous semble qu'en cas de désaccord des parties l'immutabilité prévaut encore trop souvent. C'est probablement lorsque la solution à ce désaccord ne résidera plus, en principe, dans le rappel de ce qui a été conclu que le temps-durée sera finalement maîtrisé. L'espoir est permis car, entre adaptation et statisme, le fléau de la balance, s'il penche du côté du second, a amorcé le mouvement contraire. Il en va un peu de même pour les normes légale et réglementaire mais, dans ces cas, l'évolution ne se rattache pas à un mouvement jurisprudentiel. Elle tient à une modification du processus d'élaboration de la loi qui fait souvent une large place à la concertation. Plus à l'écoute des réalités, la norme légale évolue avec elles[26].

On l'aura compris, la nature de la norme influe considérablement sur sa remise en cause. Le contrat est, de ce point de vue, privilégié. En somme, chaque norme recèle une part de « déterminisme » face au temps. Le droit qui se déclare issu d'une concertation, montre ses prédispositions à suivre les réalités et les opinions.

La matière dont la norme traite est un facteur tout aussi important dans l'établissement de ses rapports avec le temps.

II) L'épreuve du temps selon les normes

13 - Seules les règles à exécution successive ou de longue durée subissent les épreuves du temps. Mais même pour elles, l'érosion du temps est-elle inéluctable ? N'existe-t-il pas de droit « a-temporel » ou « in-temporel » ? Les règles qui ne s'inscrivent pas dans le temps, dont le contenu est voué à une durée indéterminée, peuvent être qualifiées d' « a-temporelles ». Mais l' « a-temporalité » et l'intemporalité sont bien distinctes. Un écrit juridique à durée indéterminée n'est pas promis à l'éternité. L'indétermination de la durée est finalement une expression claire qui marque avant tout l'ignorance du moment de la disparition. On pense aux institutions politiques, aux principes fondamentaux qui guident une nation. L'intemporalité de la Constitution, des lois fondamentales

---

23 A. LEVASSEUR, *« Le contrat en droit américain »*, DALLOZ 1996, p. 86.

24 Au sens large du terme : intérêt de la société civile.

25 Plus particulièrement sur le fondement de l'art. 1152 C. Civ. et la révision des clauses pénales.

26 Le droit, de manière générale, est à l'écoute des réalités ; M. WEBER le regrette, cité par A. BRIMO, *« Réflexions sur le temps dans la théorie générale du droit et de l'Etat »*, p. 152 et suiv. in Mélanges HEBRAUD, TOULOUSE, 1981 ; R. SUE, *« Temps et ordre social »*, PUF, (Le sociologue) 1995, spéc. p. 15 et suiv. ; *« Droit négocié, droit imposé ? »*, ouvrage collectif aux Facultés Universitaires Saint-Louis, 1996.

rejoint l'ancienne autorité du droit naturel[27] ; elle est attachée aux vérités de l'homme et à celles de la vie en société. Néanmoins, il est plus exact de parler de *vérités intemporelles de l'humanité*, qui engendrent un droit au contenu éventuellement variable dans la durée (selon que ces vérités sont menacées). A titre d'exemple, le principe d'égalité entre les hommes, affirmé par la Déclaration des droits de l'homme et du citoyen, trouve une application actuelle dans la volonté de supprimer les discriminations sexistes. Si le droit objectif n'est pas intemporel, le droit subjectif l'est encore moins. En particulier, les contrats n'édictent pas de principes généraux ; ils expriment avant tout des volontés individuelles. Il n'y a plus alors une vérité mais plusieurs.

14 - Ainsi, loin d'exprimer des vérités intemporelles, le droit reflète le plus souvent des réalités[28]. Certaines normes sont réputées pour leur adaptabilité. L'instrument contractuel en fait partie[29]. Il transcrit au mieux la réalité et, engendré par ceux auxquels il s'applique, il est facilement adaptable. Cette absence d'intermédiaire entre les sujets du droit et ses auteurs a la faveur des politiques d'inspiration libérale[30]. Ces réalités, que le droit est chargé de traduire, obèrent son rôle de guide dans la poursuite d'un modèle d'organisation sociale. L'attachement à répondre aux besoins exprimés peut toutefois se concilier avec la poursuite d'un objectif. Justement, une des questions essentielles consiste à déterminer le but de la réglementation juridique. Le temps passant, doit-elle progresser ? Le progrès doit-il être recherché dans l'évolution de la norme elle-même ? N'est-ce pas l'évolution des réalités qu'elle organise ou corrige qui importe vraiment ? Autrement dit, l'idéal est-il le non-droit ? Le débat, déjà ancien, reste d'actualité. Pour une réglementation donnée, peut-on dire, à un moment donné, que les réalités sont encadrées de manière satisfaisante ? Concernant les branches juridiques qui protègent un intérêt particulier n'arrive-t-on pas, un jour ou l'autre, à une réglementation qui rétablit l'égalité ? Les nouvelles normes se contenteraient d'ajuster, de corriger celles existantes. Aussi bien, serait-il nécessaire de distinguer, pour une branche donnée, les divers types de réglementation. L'émergence d'une norme fondamentale, qualifiée souvent de principe général du droit, constituerait un réel progrès pour la matière considérée. En revanche, l'évolution des normes d'application de ces principes, que l'on peut qualifier de contingentes, ne serait pas, en elle-même, facteur de progrès.

15 - Le débat entre intemporalité et évolution du droit et de la norme est capital pour notre propos. A priori, comme on vient de le souligner, il est délicat de se prononcer de manière péremptoire et définitive sur la question.

---

[27] Le droit naturel est surtout une idée, pas une réalité ; dans ce sens, H. KELSEN qui remarque qu'il y a toujours une volonté humaine à l'origine de la règle ; en revanche, il y a peut-être des normes co-imaginées. Par ailleurs, c'est le comportement humain qui est objet de la norme, pas l'être humain ; in *« Théorie générale des normes »*, PUF (Léviathan), pp. 8 et 116.

[28] Il demeure difficile de séparer droit et vérité ; G. GURVITCH refuse l'idée d'un droit naturel mais discute, à propos de la valeur du droit, de son efficience, d'intemporalité ; in *« L'idée du droit social »*, 1932 reprint 1972.

[29] M. VASSEUR, *« Les aspects juridiques de l'économie concertée et contractuelle »*, RTDCiv. 1964, p. 7.

[30] Cela n'empêche pas une économie plus dirigiste d'être concertée.

Les opinions doctrinales sont également variées ; en effet, si les faits dictent leur loi, l'idée que l'on se fait du droit pèse lourdement sur l'issue de la discussion.

16 - Si RIPERT véhicule l'idée d'un certain statisme de la règle juridique qui trouve sa force dans la durée, il ne prône pas son immutabilité. L'adaptation du droit est nécessaire mais elle est moindre en présence de normes générales, inspirées de rapports humains intemporels. Dans le même temps, pareilles règles s'avèrent souvent remarquables de plasticité et il faut, par conséquent, se méfier du mépris du passé au nom de modes passagères. L'auteur remarque à ce sujet que le Code civil était imprégné du Digeste et du Code de Justinien[31]. La permanence du droit romain est commune à toutes les sociétés occidentales ; elle concerne particulièrement le droit des obligations. Le Doyen CARBONNIER convient de cette remarquable traversée des siècles mais il est des sociologues du droit qui mettent en relief l'évolution de la norme dans le temps et l'espace. En ce sens, MONTESQUIEU a montré que l'esprit des lois variait avec le siècle. MAINE et IHERING ont permis une certaine extension du transformisme darwinien et de l'évolutionnisme scientifique au domaine juridique. La survie du droit romain, la résistance du juste et de la raison portée par le droit naturel n'ont pas empêché le droit d'être placé dans un contexte évolutif agissant. Aujourd'hui, il nous semble que son évolution, et plus particulièrement celle de la norme, s'impose à tout juriste. Pareille constatation tient, en grande partie, à la rencontre des disciplines que sont le droit, l'histoire, la sociologie[32]. Si le premier s'est définitivement rapproché des réalités, il n'est pas pour autant à leur merci. Il arrive que la loi recèle une ambition d'ordre pédagogique, un objectif déclaré. C'est le cas des lois de protection qui contrent le fort pour libérer le faible. Pour bien des domaines toutefois, il reste délicat de se prononcer sur le sens ou le rythme de l'évolution[33]. De plus, notre propos se limite à la norme, ce qui diffère sensiblement des réflexions sur un Droit donné. Le progrès qui peut résulter de la complexification de l'ensemble n'est pas perceptible au niveau du particulier. En revanche, si le but à atteindre est l'absence de toute réglementation, la norme est, à l'instar du droit entier, menacée de disparition. Cet objectif de non-droit n'est cependant pas d'actualité. Sur ce point, l'influence de ROUSSEAU et des prophètes de l'âge d'or sans loi n'a plus cours. Avec MONTESQUIEU, DURKHEIM et DUGUIT, il apparaît tout au contraire que la complexification du droit est aussi un des signes du développement d'une société sans être un bien absolu. MONTESQUIEU commandait de la limiter[34] et, plus prosaïquement, beaucoup de nos citoyens et,

---

[31] G. RIPERT, op. cit. p. 1 et suiv..

[32] Particulièrement pour le droit du travail, A. SUPIOT, *« Critique du droit du travail »*, PUF 1994, p. 190 et suiv..

[33] J. CARBONNIER, op. cit. p. 11 et suiv., relève à ce propos l'opinion selon laquelle la société évolue comme un être vivant ; *il ne s'explique pas alors les changements brutaux et importants que connaissent* certains domaines juridiques ; le même auteur, *« Sociologie juridique »*, PUF, 1978, p. 292 ; F.-A. HAYEK réfute l'idée d'une loi de l'évolution ; cette dernière se construit avec des éléments qui surgissent peu à peu, in *« Droit, législation et liberté » (règles et ordre)*, t. I, PUF (libre-échange), 1992, spéc. p. 20 et suiv..

[34] Pour cet auteur, le droit pénal doit échapper à la complexification ; S. RIALS, *« 1689 - 1989 : Une lecture de Montesquieu »*, Histoire du droit social, p. 475.

parmi eux, certains juristes, pensent qu'il y a plutôt trop de droit[35]. C'est le cas de beaucoup de ceux qui s'intéressent à l'entreprise et reprochent particulièrement aux droits fiscal et du travail leur importance et leur difficulté d'appréhension pour les profanes.

Au carrefour des interrogations sur la trop grande importance de la réglementation juridique, le sens de son évolution et la place accordée aux réalités, le droit du travail et plus généralement le droit de l'entreprise constituent des terrains d'observation privilégiés.

17 - Le droit du travail poursuit un objectif de protection et d'expression des salariés. Néanmoins, son souci récent d'adaptation aux réalités économiques et sociales bouscule le sens de son histoire[36]. Il rejoint sur ce point le giron du droit de l'entreprise. Cela signifie-t-il que cet objectif est –au moins en grande partie- désormais atteint ? Dans ses principes généraux, délivré des contingences politiques, le droit du travail semble immuable. Une autre part de plus en plus importante de la réglementation sociale est le fruit d'une nouvelle conception qui organise l'entreprise plus qu'elle ne contribue au progrès social. Certains soutiennent que le progrès est alors autre ; qu'il consiste tantôt en une réduction de l'opposition entre les intérêts de l'employeur et ceux des salariés, tantôt en une création ou un maintien d'emplois. Si les intérêts évoqués se cristallisent bien autour des besoins de l'entreprise, la norme n'est pas pour autant en progrès. Il nous semble que sa vertu obligatoire d'adaptation la prive d'ambition.

La protection des salariés a-t-elle trouvé aujourd'hui un certain achèvement ? Une réponse affirmative est improbable, compte tenu des inégalités persistantes. Il faut sans doute se contenter d'affirmer l'immersion d'une partie du droit du travail dans la réalité de l'entreprise sans pour autant remettre en cause ses fondements et objectifs.

18 - Cette observation en demi-teinte vaut pour l'ensemble du droit qui concerne l'entreprise. Le droit fiscal s'infléchit aussi au nom de l'emploi, le droit des sociétés, quant à lui, tient un rôle particulier. Par nature, il ne s'oppose pas à l'intérêt de l'entreprise. Dès lors, il peut se montrer réceptif aux besoins de celle-ci et évoluer avec eux. La création de l'entreprise unipersonnelle à responsabilité limitée[37], qui défie l'exigence d'une pluralité d'associés pour fonder une structure sociétaire, est à ce propos révélatrice. D'une façon plus diffuse, le droit des groupes s'est développé et se développe encore. En fait, le droit des sociétés organise plus qu'il ne régule. De leur côté, le droit du travail, le droit fiscal ont leurs objectifs propres. Ils gravitent autour de l'entreprise et transigent avec elle lorsqu'il y a péril ou afin de l'aider dans le maintien ou la création d'emplois. Ces concessions sont par nature ponctuelles ; l'entreprise in bonis ou qui ne crée pas d'emplois durables ne les mérite pas. Les caractères collectif et

---

[35] Sur ce point, lire J. CARBONNIER, op. cit. p. 7.

[36] J. LE GOFF, *« Du silence à la parole »*, éd. CALLIGRAMMES-LA DIGITALE, 1985, p. 218 et suiv..

[37] Loi n° 85-697 du 11/07/1985.

« citoyen » des droits social, fiscal, pénal[38] et de la protection sociale doivent les conduire à rester vigilants pour lutter contre d'éventuels abus et souligner l'aspect circonstancié des aménagements consentis.

A priori, le droit du travail conserve son objectif de protection des salariés, étant bien entendu que ce dernier s'efface parfois au bénéfice de l'emploi. Tant que la relation de travail subordonnée entre employeur et salarié existera, il est probable que l'objectif premier du droit social subsistera.

19 - Parmi les sources de droit social, l'instrument conventionnel tient une place de choix. La nouvelle attention portée aux faits économiques et sociaux l'explique. Les actes négociés du travail sont les vecteurs privilégiés des dispositifs récents en faveur de l'emploi. Ainsi, aménagement et réduction du temps de travail se mettent en place par leur intermédiaire. A des degrés divers, l'ensemble de ces actions pour l'emploi insistent toutes sur l'importance de la négociation qui permet l'adaptation de normes légales désormais plus suggestives. De manière générale, le droit négocié, au détriment de celui qui présente un caractère hétéronome, a le vent en poupe. Le fil du temps éclaire peut-être le chemin qui mène du contrat social à la négociation. La vertu rousseauïste du contrat social n'est-elle pas aujourd'hui transposée dans un droit où tout se réinvente, se recommence au fur et à mesure du progrès ? L'époque est aussi celle des grands principes fondamentaux, à la fois limites et guides d'une négociation permanente[39].

20 - Enfin, il faut relever la particulière continuité de ces actes négociés à exécution successive. De ce point de vue, ils se rapprochent des lois qui ont une durée de vie moyenne bien plus élevée que celle des contrats. De manière générale, l'aspect réglementaire des conventions et accords prévaut lors de leur application. C'est donc le cas ici, et cette parenté va au-delà de la durée des actes. A l'imitation de la norme légale, conventions et accords font preuve d'une longévité supérieure à celle des parties qui les initient. Il est rare qu'un thème de négociation disparaisse tout à fait. L'examen des épreuves du temps à l'aune de la vie d'un acte précis manque d'ailleurs d'intérêt. Pour pouvoir juger de l'évolution de la norme conventionnelle et collective, il est plus parlant de considérer l'évolution d'une disposition donnée, définie par son thème. Conventions et accords sont donc de ces normes objectives dont les rapports avec le temps sont susceptibles de se poursuivre indépendamment des vicissitudes qui peuvent affecter leurs auteurs. Finalement, ils bénéficient de la continuité de la relation professionnelle qu'ils organisent. Dans le même temps, en tant que normes négociées, ils doivent cultiver leur vertu d'adaptation aux réalités du monde du travail. C'est un aspect du droit conventionnel qui est peu discuté au profit des nombreux propos sur son élaboration.

---

[38] A l'opposé de cette conception l'arrêt très critiqué de la ch. crim. du 06/02/1997 pour lequel une dépense faite par un dirigeant de société, dépense qui a un objet illicite mais qui s'est révélée profitable pour la société, ne porte pas atteinte à l'intérêt de l'entreprise ; pour le commentaire de l'arrêt par M. BARBIERI, *Bull. Joly* 1997, p. 291.

[39] Sur cette promotion de la négociation et *« la dissémination du temps »*, G. de STEXHE, *« Négociation : le degré zéro et l'événement »*, in *« Droit négocié, droit imposé ? »*, ouvrage collectif aux Facultés Universitaires Saint Louis, 1996.

21 - Aussi bien la matière sociale, et plus particulièrement les conventions et accords collectifs de travail, ne s'inscrivent plus clairement dans le temps. Le chemin du progrès est encore à poursuivre mais la plupart des normes récentes naviguent désormais à vue, guidées par les résultats de l'emploi ou ceux de l'entreprise. Par ailleurs, les normes conventionnelles, paradigmes de la nouvelle appréhension du temps par le droit du travail, sont tout à la fois pérennes et, en tant que contrats, particulièrement adaptées aux réalités. Leurs rapports avec le temps sont donc des plus intéressants car très actuels et en partie faits de paradoxes.

III) Les conventions et accords collectifs à l'épreuve du temps

22 - N'échappant pas à ce qui a été observé précédemment pour toute norme, les conventions et accords collectifs subissent les épreuves du temps[40]. Compte tenu des transformations récentes du droit du travail, on peut même dire que ces actes montrent une prédisposition certaine à connaître ces épreuves.

De manière générale, il y a remise en cause de leurs dispositions selon des modalités à examiner *(i)*.

23 - Le principe de ces remises en cause n'a posé aucun problème tant que le droit du travail s'est conjugué selon le mode du « toujours plus d'avantages ». Les règles étaient par essence perfectibles, leur stabilité n'était guère discutée. Ce constat est encore d'actualité. Cependant, avec le changement de cap, un conflit entre évolution et stabilité a surgi. Si l'entrée en vigueur de ces normes peut s'analyser –du moins a priori- comme un mieux sur un plan collectif, il n'en va pas de même du point de vue du salarié qui voit un ou plusieurs de ses avantages diminuer ou disparaître. C'est là une traduction très concrète, au niveau de la norme, d'un mouvement général et plus ample qui caractérise l'évolution du droit dans son ensemble. Lorsqu'une norme collective consacre un recul social, se pose en effet le problème de l'acquisition d'avantages. Le droit du travail, en sus du souci de stabilité minimum des règles partagé par l'ensemble de la matière juridique, doit composer avec cette résistance du salarié qui est confronté à l'évolution défavorable de sa situation individuelle.

Cette résistance trouve un terrain d'expression privilégié chez les actes négociés. Dans le même temps, puisque beaucoup d'entre eux –du moins ceux qui concernent l'entreprise- doivent s'adapter à un environnement économique changeant, la problématique entre évolution et stabilité se pose avec plus d'acuité *(ii)*.

---

[40] Il arrive aussi qu'ils se renforcent avec le temps : les mécanismes d'extension et d'adhésion en témoignent.

i) épreuves du temps et remises en cause des conventions et accords collectifs

24 - Comme nous l'avons souligné précédemment, ces remises en cause sont essentielles pour la performance de l'instrument conventionnel et collectif. Les mécanismes qui répondent à ce besoin sont d'inspiration civiliste. Rien de surprenant à cela ; la nature contractuelle des actes collectifs prévaut lors de leur élaboration, mais aussi lorsque les dispositions initiales doivent être revues ou supprimées. L'emploi de ces mécanismes classiques est incertain *(a)*. Par ailleurs, le développement de la négociation collective accroît l'attention des autres partenaires sociaux et du législateur pour l'instrument conventionnel, pour sa vertu d'adaptation aux réalités économiques et sociales. Autour de la vie d'un texte collectif donné plusieurs normes gravitent, et cela ne va pas sans quelques difficultés. Celles-ci tiennent à l'articulation des normes sociales *(b)*.

a) difficultés tenant à la mise en œuvre de techniques contractuelles

25 - Les techniques contractuelles classiques sont appliquées aux conventions et accords. Ils peuvent donc être révisés[41], rompus unilatéralement lorsqu'ils sont à durée indéterminée (dénonciation)[42], rompus d'un commun accord ou assortis d'un terme[43]. Pour la révision on devrait retrouver, aux destinées du contrat collectif, les mêmes parties que celles qui l'ont élaboré. La continuité de la norme objective devrait être normalement accompagnée d'une continuité chez celui qui la construit. En pratique, pour la partie salariale, il n'y a pas *un* porte-parole, mais plusieurs syndicats détenant chacun le pouvoir de signer en représentant l'ensemble des salariés d'un secteur professionnel et géographique donné. Dès lors que la signature d'un texte n'apporte pas d'avantages aux salariés, voire leur en retire, il est banal de regretter qu'un syndicat présumé représentatif, mais minoritaire au regard des résultats des élections professionnelles, puisse décider seul. Pour ce qui nous concerne, la difficulté rencontrée est celle du refus de la révision de l'acte collectif par la seule organisation syndicale capable de s'y prêter, à savoir celle qui a élaboré l'accord.

26 - La prééminence de la nature contractuelle de l'acte collectif dans ses rapports avec le temps conduit également à distinguer nettement modification de la norme et disparition de celle-ci. Pourtant, cette dernière hypothèse ne coïncide généralement pas avec l'extinction de la relation professionnelle concernée et, en conséquence, la norme conventionnelle renaît sous une autre forme. Dans les faits, révision et dénonciation sont souvent très proches. Leur interchangeabilité pourrait même être avancée si leurs régimes

---

[41] Art. L. 132-7 C. Trav..

[42] Art. L. 132-8 C. Trav..

[43] Art. L. 132-6 C. Trav..

juridiques respectifs n'étaient pas si différents[44]. En pratique, ce sont souvent ces différences qui aboutissent à préférer tel ou tel mécanisme de remise en cause. Là encore, et c'est regrettable, le contrat collectif fait fi de la continuité de la relation professionnelle qu'il encadre. Il faut regretter que le droit de la négociation collective n'ait pas pris toute la mesure de sa spécificité. Les règles du droit civil, qui imprègnent l'ensemble des rapports entre les parties, apparaissent inadaptées.

27 - En dépit de ces regrets, l'instrument négocié est –lors de son élaboration- et surtout demeure –lors de son application- un support juridique privilégiant l'adaptation de la règle aux réalités concernées. Les conventions et accords sont réputés sensibles aux changements de l'environnement. Ainsi, une grève visant à la révision d'un accord doit rapidement déboucher sur sa renégociation. L'employeur est aussi demandeur à la renégociation et recherche de plus en plus à convaincre les salariés du bien-fondé de ses requêtes.

28 - La norme négociée rejoint donc l'instrument contractuel de droit commun en ce qu'il est et reste adapté aux réalités. Toutefois, elle s'en démarque nettement quant à la continuité de son objet et de ses parties. La singularité du contrat collectif ne s'épuise pas là. C'est toujours son aspect réglementaire qui l'introduit au sein d'une hiérarchie de normes et le distingue parmi les contrats. En découlent certaines difficultés tenant à la nécessaire conciliation des conventions et accords collectifs avec les autres normes sociales.

b) difficultés tenant à l'articulation des normes sociales

29 - A mesure que se développe la négociation collective se multiplient, au sein des textes négociés, des clauses relatives à leur remise en cause. Ces stipulations tantôt encouragent[45], tantôt restreignent cette dernière. A cet égard, le départ entre ce qui est permis ou non n'est cependant pas clairement défini. Autant le droit des contrats collectifs est fourni, autant le droit de leur négociation et surtout celui de leur renégociation a été quelque peu délaissé par le législateur. En particulier, les dispositions concernées, qui font partie de ce que l'on nomme traditionnellement la « partie obligatoire » de l'acte collectif n'impliquent pas, a priori, les salariés ni les organisations syndicales d'autres niveaux de négociation. Elles sont pourtant capitales pour la bonne santé du lien conventionnel qui détermine une part de leurs droits.

30 - L'intérêt accru porté à l'accord collectif force à reconnaître la diversité des intérêts qui y sont attachés.

Le législateur met en avant les conventions et accords collectifs dans la mise en œuvre de certains aspects –parmi les plus novateurs- de sa politique sociale. Plus précisément, la réduction du temps de travail passe par son entremise. Les dérogations à la norme légale sont subordonnées, par souci de prévention des abus, à la conclusion d'accords. L'adaptation des normes du travail est recherchée dans des domaines aussi divers que le temps de travail, la

---

[44] Surtout en matière de maintien des avantages acquis réservé au régime de dénonciation, (art. L. 132-8 C. Trav.).

[45] Sauf le cas de la clause d'indexation, les clauses qui encouragent la remise en cause ne prévoient que la renégociation du texte.

formation professionnelle, les salaires, les classifications, la représentation des salariés, la lutte contre les discriminations. La remise en cause de l'acte collectif est donc fondamentale et le législateur y contribue. Il ne fait pas que susciter la création de normes conventionnelles. Les obligations de renégocier dans les branches, qui ne concernent que celles dans lesquelles une convention a déjà été conclue, sont sur ce point révélatrices. Par ailleurs, dans sa volonté de mettre en œuvre des politiques adaptées le législateur suggère, incite, plus qu'il ne contraint. Dans l'ensemble, ces initiatives, qui dépendent de la force d'obligations légales de négocier, connaissent un succès mitigé. C'est sans doute pourquoi la loi va édicter, à propos des 35 heures, une réglementation impérative qui obligera les partenaires sociaux à négocier[46] (quand ce n'est pas déjà fait[47]). Les entreprises qui maintiendront l'ancienne durée hebdomadaire de 39 heures devront régler des heures supplémentaires ; à défaut de négociation aucune aide ne sera accordée par l'Etat.

31 - Les impulsions dans la lutte pour l'emploi sont aussi données par les accords interprofessionnels et les conventions collectives de branche. Le protocole d'accord du 16 décembre 1984 sur l'adaptation des conditions d'emploi[48] (dit accord sur la flexibilité) est révélateur mais marqué par une absence de suivi[49]. Celui du 31 octobre 1995[50], sur la politique contractuelle, formalise de manière claire et inspirée la nouvelle mission de la branche mais n'a pas de portée véritablement contraignante[51].

32 – Un acte collectif donné, spécialement s'il officie au niveau de l'entreprise, intéresse de plus en plus le législateur et les autres partenaires sociaux. Ceux-ci tiennent à ce que leurs convictions nouvelles soient relayées, au plus près des réalités, par d'autres acteurs patronaux et syndicaux. En tout cas, les normes hiérarchiquement supérieures à une convention ou un accord collectif donné contribuent à sa remise en cause. Lorsque cette dernière est effective, et le droit doit mieux contribuer à ce que cela soit, elle témoigne de changements d'environnement juridique.

33 – Ainsi, les occasions de révision et même de disparition de la norme conventionnelle et collective ne manquent pas. Sous l'angle de l'adaptation du droit aux réalités, il est tentant de les saluer. Elles lui permettent en particulier de rester effective et de ne pas se laisser améliorer par les normes unilatérales d'entreprise. D'un autre côté, leurs conséquences parfois –de plus en plus- défavorables aux salariés conduisent le juriste du travail à poser et résoudre

---

46 A l'heure où s'écrivent ces lignes, le projet de seconde loi Aubry est définitivement voté par l'Assemblée nationale.

47 La loi Aubry I (n° 98-461 en date du 13/06/1998) a posé le principe d'une réduction négociée du temps de travail pour l'emploi. Des branches et des entreprises ont donc anticipé la réduction impérative des 35 h. qui entrera en vigueur avec la seconde loi Aubry. L'objet de cette seconde loi est aussi de préciser les modalités de la réduction du temps de travail.

48 G. BELIER, *« Après l'échec des négociations sur la flexibilité »*, Dr. soc. 1985, p. 79.

49 J.-C. CHANUT, *« Flexibilité : les faits sont têtus »*, LS (revue), 12/1994, p. 24. L'auteur observe que le contenu de l'accord est entré dans les faits.

50 Reconduit pour trois ans le 08/04/1999.

51 Accord publié in LS 09/11/1995, légis. soc., n° 7354.

à nouveau le conflit entre temps et application des actes conventionnels et collectifs.

ii) le conflit entre le temps et l'application des conventions et accords collectifs

34 - Le conflit entre stabilité et changement de la norme est ici très personnalisé. En période de prospérité de l'entreprise, les organisations syndicales sont promptes à revendiquer d'autres avantages ; la partie patronale essaie plutôt de conserver la norme en l'état. Les menaces qui pèsent sur l'emploi ont inversé la dynamique. Les salariés mettent souvent leurs espoirs dans un statu quo concernant leur situation individuelle. Le rapport de force qui précède les évolutions de la norme négociée s'est donc modifié. Surtout, l'employeur est de plus en plus souvent demandeur à la renégociation.

35 - Si l'initiative appartient donc de plus en plus souvent à la partie patronale, l'acteur salarial ne manque pas de réagir. Globalement, la crise n'a pas porté atteinte au phénomène de grève. Plus encore, la jurisprudence est désormais déterminée à préserver sa libre occurrence. Cette position prétorienne s'oppose en principe à la stipulation d'une clause de paix sociale, même si cette clause se limite aux thèmes négociés dans l'accord qui la contient. A l'époque où la conciliation des intérêts prévaut, l'hypothèse doit pourtant être revue. Par ailleurs, la norme conventionnelle, plus synallagmatique, ne doit-elle pas conduire elle-même, par la constatation d'un déséquilibre, à sa remise en cause ?

36 - Surtout, il faut convenir que le conflit entre évolution et stabilité de la norme conventionnelle et collective oppose moins les parties elles-mêmes ou le législateur aux parties que ces dernières aux sujets salariés de la norme. De ce point de vue, conventions et accords collectifs s'apparentent encore aux normes de droit objectif. En effet, une mutabilité trop importante de la loi n'est pas admissible ; le législateur doit assurer une certaine continuité du pouvoir et des engagements pris. Pourtant, le salarié ne peut actuellement compter que sur l'insuccès de la renégociation post-dénonciation pour que soient maintenus certains avantages collectifs : ceux que le législateur considère comme individuels et acquis. Cette disparité de traitement entre mécanismes de suppression d'avantages collectifs peut évidemment s'expliquer, en matière de dénonciation, par l'incitation à la renégociation. Mais outre le fait que la nécessité de cette dernière peut être discutée[52], le mécanisme du maintien des avantages individuels acquis présente des inconvénients. Aussi bien, si résistance des salariés il doit y avoir, il ne nous semble pas constituer le bon vecteur. La matière du travail gagnerait peut-être à se voir alléger des dispositions concernant ce maintien ; nous pensons en revanche que les réductions ou suppressions d'avantages collectifs sont insuffisamment encadrées.

37 - La conciliation entre les reculs du droit conventionnel et la protection des salariés est une question fondamentale qui se pose à toutes les économies européennes en crise.

---

[52] Les employeurs n'ont plus vraiment besoin d'être sollicités.

Dans les droits romano-germaniques, la stabilité de la situation individuelle des salariés est –plus ou moins- assurée par l'incorporation du droit objectif au sein du contrat de travail[53]. En France, comme on l'a souligné, l'incorporation est limitée aux avantages individuels acquis dans le seul cas de dénonciation d'un acte négocié sans renégociation ultérieure aboutie. Autant dire que les obstacles à la flexibilité sont ici très modestes. Faut-il mettre en cause le rapprochement statut collectif-contrat ? Il est lié à la primauté de la réglementation hétéronome de la relation de travail. De cette prééminence découlent le principe d'application immédiate du droit objectif nouveau et l'abandon de la fiction de l'incorporation. Serait-il pertinent de faire valoir, sur le modèle anglo-saxon des droits acquis « vested-rights », l'acceptation tacite par le salarié[54] des avantages collectifs. Une voie intermédiaire est peut-être à trouver, qui ménage la primauté du droit objectif et les intérêts légitimes des salariés.

38 - Il apparaît que les conventions et accords collectifs sont mis au défi de savoir et de pouvoir évoluer à l'épreuve du temps. A défaut, ils disparaissent ou perdent leur effectivité. Avant tout, les parties patronale et salariale, très averties de ce défi, tentent donc de maîtriser le temps ou du moins de réagir à son écoulement. Il est important de mettre en avant la maîtrise du temps par les parties à la norme, dès l'élaboration de celle-ci ou, à défaut, au cours de son application. Un des aspects d'une telle présentation est d'atténuer la perception habituelle du temps, qui est le plus souvent perçu comme une contrainte entravant le bon déroulement des dispositifs conventionnels et collectifs existants.

Cet aspect des relations de la norme conventionnelle avec le temps fait ressortir l'autonomie de celle-ci. Il faut à cet égard souligner qu'il existe toujours, pour elle, une possibilité de reprendre les rênes de son cours.

39 - Trois précisions sont cependant à apporter : nous nous plaçons principalement dans l'hypothèse d'une atteinte, par le temps, des données économiques, sociales ou juridiques supports du dispositif conventionnel. La disparition de l'entreprise, la disparition d'organisations professionnelles auteurs de l'acte révèlent moins l'effet du temps sur la norme que l'effet du temps sur les structures considérées. L'acte négocié est atteint *par ricochet*, et nous n'évoquerons finalement que la conséquence de ces disparitions qui s'apparente à celles de sa dénonciation[55].

Par ailleurs, l'autonomie collective que nous avons caractérisée en parlant de l'intervention des parties à l'acte n'exclut pas la réglementation hétéronome. Depuis 1992, existe un droit légal de la révision des

---

[53] A. SUPIOT, *« Critique du droit du travail »*, PUF 1994, spéc. p. 27 et suiv..

[54] Sur le modèle du mécanisme de la stipulation pour autrui ; voir à ce sujet M.-L. IZORCHE, *« L'avènement de l'engagement unilatéral en droit privé contemporain »*, Thèse 1989, p. 173.

[55] Les hypothèses de « mise en cause » de l'art. L. 132-8 C. Trav. sont donc hors sujet. En pratique, ces hypothèses diffèrent principalement de la dénonciation quant aux incidences de l'accord substitué (ce dernier n'est pas forcément du même niveau, n'a pas forcément les mêmes parties ni le même objet que l'accord initial contrairement à l'hypothèse de la dénonciation). En matière de dénonciation, par opposition au cas de mise en cause, existe une continuité entre la négociation initiale et la négociation substituée (ce qui rapproche la première de la révision). Sur ce sujet, Y. AUBREE, *« L'accord « substitué » au statut collectif mis en cause »*, RJS 4/1999, p. 275.

conventions et accords collectifs. En matière de dénonciation, l'article L. 132-8 du Code du travail est contemporain de la refonte générale du droit conventionnel qui s'est opérée en 1982. L'autonomie dont il est question est celle qui assoit une gestion du temps par les organisations professionnelles. Il faut d'ailleurs noter que cette gestion n'est pas toujours consciente (ou faut-il la qualifier de déguisée ?) ; l'interprétation de l'acte conventionnel débouche parfois sur sa remise en cause.

Enfin, si tous les accords négociés sont évoqués au fil des développements, ces derniers ne les intéressent pas tous d'égale façon. L'article L. 132-8 du Code du travail ne s'applique pas aux accords préélectoraux[56]. Les accords de participation et d'intéressement sont à durée déterminée et connaissent un régime dérogatoire de conclusion. Dans le même sens, les accords concernant la protection sociale complémentaire[57] sont-ils concernés par le régime de remise en cause de droit commun ? Les interrogations sont vives à ce sujet et les implications considérables. Plus fondamentalement, l'ensemble de ces accords à objets précis peuvent-ils être qualifiés d'accords collectifs ? Il nous semble que leur spécificité, par rapport aux accords collectifs décrits à l'article L. 132-2 du Code, est incontestable. En revanche, si on entend les termes « accord collectif » comme définissant un texte négocié s'appliquant à un ensemble de salariés, ils ne peuvent être exclus de notre champ d'investigation.

40 - Par opposition à l'autonomie collective, se pose la question des interventions hétéronomes. La loi, les autres sources collectives, remettent en cause un acte collectif donné ou plus modestement incitent ou contribuent à sa remise en cause. Y a-t-il lieu de hiérarchiser les deux types d'interventions ? L'impact hétéronome, fût-il simplement suggestif, a l'inconvénient de l'extériorité. Toutefois, il a le mérite de veiller au maintien de la convention ou de l'accord au sein du système de normes qui est le sien. Il contribue à l'osmose des normes lors de leur application. Ce stade est en effet primordial. Il commande, par respect pour le salarié, que soit tenu grand compte de la différence entre ce qui était et ce qui est. D'autre part, après une modification hétéronome d'une convention ou d'un accord, il est fréquent que les parties reviennent sur cette modification et rétablissent ainsi leur primauté. Finalement, il y a cohabitation entre autonomie et hétéronomie dans les rapports des textes conventionnels avec le temps. Ce sont les deux volets –contractuel et réglementaire- d'un même phénomène. Ces deux aspects se complètent et démontrent, qu'au fil du temps, la dualité de nature de l'acte collectif persiste et signe.

41 - Afin de respecter cette dualité de nature du droit négocié est proposé un plan en deux parties qui distingue entre les influences autonomes et hétéronomes dans les rapports de l'acte collectif au temps. Ce choix permet de situer la norme conventionnelle et collective à la fois dans l'espace et le temps. Il n'est pas, a priori, le support d'une démonstration. Il le devient finalement quelque peu puisque les mécanismes de remise en cause de l'acte autonome progressent en importance pour la plupart et se perfectionnent peu à peu alors que l'influence sur

---

[56] Cass. soc. 09/12/1985, D 1986, IR 384, obs. J. FROSSARD.

[57] Retraite et prévoyance.

ce point des autres normes du travail décline ou plus exactement est elle-même remise en cause.

42 - La première partie traitera de l'autonomie des conventions et accords collectifs dans leur relation avec le temps *(temps et autonomie des conventions et accords collectifs*[58]*)*, la deuxième étudiera, dans cette même relation, l'incidence des autres normes du travail *(temps et incidence des autres normes)*.

---

58 Par souci de concision les conventions et accords collectifs seront par la suite dénommés « actes conventionnels », en particulier dans les intitulés. Cette appellation, bien que les rapprochant des contrats, a l'avantage de les distinguer des lois et autres normes collectives unilatérales. Dans les développements, et cette fois par souci de varier les expressions, nous les désignerons aussi cependant par les termes « actes négociés » et « actes collectifs ».

PREMIÈRE PARTIE

TEMPS ET AUTONOMIE DES CONVENTIONS ET ACCORDS COLLECTIFS

43 - En écho avec leur pouvoir de créer le droit, les parties à l'acte négocié ont le pouvoir de refaire, de revoir. C'est naturellement que l'on retrouve les mécanismes du droit commun des contrats quand il s'agit de répondre aux besoins de remettre en cause. L'autonomie collective est alors aussi relative que l'autonomie des volontés. Elle s'accommode d'incursions légales. Le Code du travail guide ainsi les organisations syndicales, les employeurs et leurs groupements patronaux sur le chemin de la remise en cause. Des techniques sont organisées ou du moins mises à disposition. Le juge aide aussi si nécessaire. Dans tous les cas, si hétéronomie il y a, elle est négligeable. Parfois le législateur ne fait que rappeler ce qui existerait sans son intervention, toujours prime l'intention des parties. Ce sont elles qui finalement remettent en cause, selon divers modes *(titre II)*.

En parallèle avec l'étape d'élaboration, ces modes de remise en cause font ressortir, pour la plupart, l'accord réciproque des parties. L'acte unilatéral n'est cependant pas privé d'effet. Plus largement, les organisations professionnelles ne tombent pas toujours d'accord sur la nécessité de remettre en cause. Cette hypothèse ne se réduit pas à la rupture unilatérale de l'acte. La difficulté est d'amener le cocontractant à revoir, à refaire l'accord initial. Cette toute première étape de la démarche de remise en cause est essentielle, sans doute trop souvent négligée *(titre I)*.

TITRE PREMIER

LA NÉCESSITÉ DE LA REMISE EN CAUSE

44 - Les parties au contrat envisagent de plus en plus fréquemment les événements et moments propices à la remise en cause dès l'élaboration de l'acte. Cette maîtrise des épreuves du temps caractérise aussi les actes conventionnels, de plus en plus imprégnés d'impératifs économiques qui n'attendent pas et qui sont ceux de l'entreprise *(sous-titre I)*.

Si le droit trouve là matière à exprimer une de ses vertus essentielles qui est de s'inscrire dans le temps, il faut convenir aussi des limites de cette vertu. Tout n'est pas prévisible, tout n'est pas prévu et alors, en cas de désaccord des parties, on en appelle encore à la matière juridique *(sous-titre II)*.

SOUS-TITRE PREMIER

REMISE EN CAUSE PROGRAMMÉE AU MOMENT DE L'ÉLABORATION DE L'ACTE CONVENTIONNEL

45 - A la lecture du droit de la négociation collective, on mesure assez bien la bienveillance avec laquelle le législateur considère la renégociation, source de révision et donc d'adaptation à un nouvel environnement économique et social. Plusieurs raisons à cela : les pouvoirs publics font de la renégociation tout à la fois un moteur du progrès social et plus récemment un moyen pour adapter le droit légal du travail. Aussi bien, l'occurrence de la dénonciation n'est-elle pas envisagée ; la loi se contente de rappeler le mécanisme même. Au sein des accords collectifs, il arrive également que les parties s'engagent à renégocier en cas de changements divers de l'environnement de la norme conventionnelle en question. Dans le même sens, elles peuvent ne pas fixer de terme à leurs relations. Cependant, si le législateur peut se contenter d'orienter, les acteurs de la négociation ont à faire face à toutes les situations. En conséquence, ils usent de la possibilité de mettre un terme à l'acte et il arrive également que des cas de résiliation conventionnelle soient stipulés.

46 - Dans ce sous-titre sont appréhendées les clauses qui traitent d'une remise en cause à venir. L'avènement de cette dernière est alors plus ou moins probable selon les cas. Par exemple, quand un texte est affecté d'un terme ferme, sa disparition est certaine. Quand une renégociation est prévue lors de la survenance d'un événement donné, nul ne peut assurer sa réalisation et encore moins celle de la remise en cause qui serait la conséquence de la

renégociation. Cependant, ce qui nous importe finalement ce sont les manifestations de l'épreuve du temps sur l'acte négocié ; une projection dans l'avenir comporte forcément sa part d'incertitude.

47 - Enfin, l'origine de la remise en cause d'un acte donné est un changement juridique, économique et social ou une inadaptation intrinsèque de l'acte collectif. Mais alors que dans un contrat classique ce changement peut être apprécié de manière objective, sa constatation ne fait pas toujours l'unanimité chez les acteurs de la négociation. Les demandes de révision de la partie salariale traduiront ainsi la mission revendicative des syndicats et se heurteront aux objections pétries de réalités économiques du patronat. Ce dernier avancera à son tour la mise en péril de l'intérêt de l'entreprise tandis que les salariés parleront, par tradition, d'avantages acquis. Même si la pratique est plus nuancée, l'idée est là ; toutefois l'actualité économique tend à réconcilier les deux parties autour de l'intérêt de l'entreprise menacée.

48 - Cette organisation de la permanence ou de la disparition du contrat collectif met en évidence le souci des parties de maîtriser le temps qui passe. A l'énoncé de l'ambition, on mesure les difficultés. Pourtant, à l'organisation préventive et attentive de sa remise en cause, la relation contractuelle gagne en permanence et/ou en intensité. Par exemple, un contrat collectif au terme court, assorti d'une clause excluant sa survie ou sa prolongation, peut permettre la mise en place d'un dispositif plus efficace que s'il s'était agi de dispositions contractuelles à durée incertaine. Cependant, pour que l'accord ait plein effet jusqu'au terme assigné, il faut encore qu'il résiste aux changements d'ordre économique, social ou juridique. C'est aux parties d'organiser sa permanence, en prévoyant des renégociations périodiques ou provoquées par la survenance d'un événement précis.

Un grand nombre de dispositions conventionnelles envisagent la réalisation des remises en cause, un tout aussi grand nombre les excluent temporairement en les réglementant (préavis de révision et de dénonciation notamment). Ces dernières réglementations seront traitées ultérieurement dans le cadre des développements sur les droits de réviser et de dénoncer.

49 - Parmi les premières, les plus évidentes sont celles qui fixent un terme à l'acte. Elles en prévoient la fin et la provoquent tout à la fois *(chap. I)*. Dans le même esprit, il faut citer les clauses de modification instantanée parmi lesquelles la clause d'indexation *(chap. II)*. Ayant un effet plus indirect viennent enfin les clauses spécifiques qui toutes incitent ou obligent à une remise en cause *(chap. III)*.

CHAPITRE PREMIER

LA FIXATION D'UN TERME

50 - La loi pose le principe d'actes collectifs à durée indéterminée[59]. En conséquence, la stipulation d'un terme devrait être réservée au cas où la persistance de l'accord pourrait s'avérer néfaste. Cependant, la réalité est autre. La détermination de la durée des conventions et accords collectifs est objet d'attention de la part des praticiens concernés[60]. C'est un élément capital du texte collectif. Il est vrai que l'article L. 132-6 du Code du travail tend à atténuer les différences entre ces deux options fondamentales. En l'absence de clause concernant le sort de la convention au-delà de son terme, cette dernière se « transforme » en convention à durée indéterminée et elle continue de produire effet jusqu'à sa dénonciation. A l'inverse, les parties peuvent stipuler *contre* la survie de l'accord. A l'issue du terme, rien alors ne subsiste plus. Cette remise en cause frappe par son caractère radical, étant donné que la plupart des disparitions de l'acte collectif emportent application du régime de la dénonciation[61]. Quant à l'acte renouvelable par tacite reconduction, il peut faire l'objet d'une dénonciation

---

[59] Ce principe peut être déduit des termes de l'article L. 132-6 C. Trav. qui dispose : *« A défaut de stipulations contraires, la convention ou l'accord à durée déterminée qui arrive à expiration continue à produire ses effets comme une convention ou un accord à durée indéterminée ».*

[60] Le Cabinet BARTHELEMY et associés, notamment, a écrit sur le sujet : in *« Gestion de la négociation annuelle obligatoire »*, LS 26/12/1991, n° spécial, p. 71 et suiv. sur la structure de l'accord (J. BARTHELEMY) ; sur le même thème in *« La négociation sociale, instrument de la gestion économique de l'entreprise »* (coll. Montpellier), JCP 1994, éd.E, supp. 1/94 p. 17 et suiv.. (V. FABREGA).

[61] L'art. L. 132-8 C. Trav. évoque la fusion, la scission ou encore un changement d'activité ; récemment, pour la disparition d'organisations syndicales signataires, jurisp. soc. UIMM 1995, n° 585, p. 208.

à chaque échéance. S'applique alors le régime de la dénonciation des textes à durée indéterminée qui entraîne survie de l'accord à défaut d'accord de substitution et, par la suite, maintien des avantages acquis. Favorisant la permanence du lien contractuel, il est très fréquent de trouver dans les actes à tacite reconduction une clause prévoyant la réunion des parties à l'échéance pour décider la poursuite ou non de l'accord. Il arrive aussi de lire dans un accord à terme une clause prévoyant la rencontre des parties avant l'échéance. Cette rencontre est alors l'occasion d'une révision et évite souvent à l'acte de prendre fin.

51 - Dans l'immédiat, nous préoccupe le moment ou l'événement de la remise en cause. Il est question de la stratégie de fixation du terme. Les parties qui s'interrogent sur la durée de vie du texte, au moment précoce de son élaboration, font preuve d'une volonté de maîtriser le temps. Cette intention est ambitieuse et il y a intérêt à l'analyser. Nous essaierons, dans une première étape, de faire le bilan de l'utilisation par les parties de la possibilité de fixer un terme[62]. A notre connaissance, il n'existe pas de statistique générale sur la durée des accords collectifs de travail. Il ressort toutefois que des différences se dessinent selon le niveau de négociation auquel on se situe. Plus précisément, les niveaux de l'entreprise et de l'établissement *(sect. I)* accusent, là comme ailleurs, une spécificité marquée par rapport aux niveaux supérieurs *(sect. II)*.

Section I : Les niveaux de l'entreprise et de l'établissement

52 - En 1986, Madame Le professeur SOURIAC-ROTSCHILD remarquait que, le plus souvent, les accords d'entreprise étaient conclus pour une durée d'un ou deux ans, quitte à ce que leur renouvellement soit prévu[63]. Le court terme est toujours de mise.

53 - La durée d'un accord est principalement dictée par son contenu, même si d'autres considérations peuvent entrer en jeu[64]. A ce propos, l'entreprise et l'établissement diffèrent des niveaux supérieurs. Pour une part de plus en plus importante, la négociation sociale devient un instrument de la gestion économique de l'entreprise[65]. Dans ce droit fil, ces dernières années ont porté haut

---

62 C'est l'article L. 132-6 C. Trav. qui prévoit que *« la convention ou l'accord collectif de travail est conclu pour une durée déterminée ou pour une durée indéterminée. (...) Quand la convention ou l'accord est conclu pour une durée déterminée, celle-ci ne peut être supérieure à cinq ans »*.

63 M.-A. SOURIAC-ROTSCHILD, *« Les accords collectifs au niveau de l'entreprise »*, Thèse PARIS I 1986, p. 1046.

64 N'est pas à négliger la facilité de rencontre des acteurs de la négociation à intervalles courts (évidente dans l'entreprise), non plus que la possibilité, quand un terme est prévu, de faire face à un vide conventionnel à son issue.

65 Voir à ce sujet G. LYON-CAEN, *« Le droit du travail, une technique réversible »*, DALLOZ, 1995, (coll. Connaissance du droit), pp. 6 et 41 ; A. –M. PERROT, *« Transformations récentes de la négociation collective en France »*, Dr. ouvr. 1994, p. 422, spéc. p. 424 ; J. BARTHELEMY, *« La négociation sociale, instrument de gestion économique de l'entreprise »*, JCP 1994, éd. E, n° 1 ; *« La négociation collective, outil de gestion de l'entreprise »*, JCP 1987, éd. E, I, 16837 ; *« La négociation collective dans l'entreprise »*, Cah. dr. entr. 1985 n° 1.

la flexibilité[66]. Il s'agit bien d'un nouveau rôle de la négociation, si on considère que, traditionnellement, elle est destinée à apporter des avantages supplémentaires à la protection légale. Plus qu'une mission, on peut parler d'une nouvelle conception de la négociation collective. En effet, elle débouche souvent sur des accords « donnant-donnant » dont les résultats les plus tangibles correspondent à des attentes patronales. Les salariés, quant à eux, n'ont en contrepartie que l'espérance du maintien de leur emploi ou de celui de certains d'entre eux ou bien encore l'espérance d'une création d'emplois[67]. Pour preuve, l'évolution des contenus de la négociation d'entreprise, qui portent, pour ceux qui sont les plus marquants, sur la participation des salariés, l'organisation du travail (durée du travail en particulier), sur la maîtrise des salaires et de l'emploi adapté à l'activité de la cellule économique. Il s'agit de rechercher l'adaptabilité dans la gestion de l'emploi, l'organisation du temps de travail, l'utilisation des équipements et la performance à travers la motivation des salariés[68]. Ce type d'accord, parce qu'il épouse la gestion économique de l'entreprise et qu'il est d'inspiration contractuelle (eu égard à l'équilibre entre concessions –salariales- et obligations –patronales-), est à durée déterminée. Cette durée est très souvent annuelle[69] et le passage à la durée indéterminée peut être exclu. Cette période est bien sûr celle du cycle économique dans l'entreprise. Enfin, les stratégies des parties à l'accord d'entreprise se sont naturellement modifiées : quand les actes conventionnels apportaient des avantages supplémentaires à la protection légale, la partie salariale les voulait à durée indéterminée, afin d'assurer l'acquis. Ils étaient révisables, au gré des luttes sociales à venir, porteuses d'autres avantages. Aujourd'hui, il ne s'agit plus vraiment d'améliorations et c'est l'intérêt de l'entreprise qui dicte le terme. La durée limitée est aussi particulièrement adaptée aux accords innovants[70], favorisés par une période de récession économique qui oblige à l'initiative.

Cependant, cette utilisation du droit social ne reflète pas la physionomie globale du droit conventionnel, même si l'on peut deviner son rôle précurseur[71]. Bien souvent, la négociation sociale reste un affrontement employeur\organisations syndicales, qui tourne plutôt à l'avantage du premier en ces temps de crise de l'emploi. Qu'importe, les accords qui en résultent sont encore, pour la plupart, à court terme. Là aussi, c'est l'employeur qui impose son

---

66 Les lois Aubry ne démentent pas cette analyse. La flexibilité se retrouve à propos de l'aménagement du temps de travail, de la possible modification des contrats de travail. Si le droit du travail reste guidé par l'adaptation aux impératifs économiques le droit de l'emploi, à travers la réduction imposée du temps de travail, a un caractère impératif.

67 A. LYON-CAEN, *« Le maintien de l'emploi »*, Dr. soc. 1996, p. 655.

68 Si on peut voir là quelque progrès en diagnostiquant l'avènement d'un « management participatif », il faut en relativiser la portée à certains salariés, qui sont déjà les mieux lotis.

69 CFDT Aujourd'hui, *« Les nouvelles relations sociales : le défi »* 06/1993 p. 103. La négociation presque permanente qui en découle aide à l'accroissement du caractère contractuel des accords collectifs d'entreprise.

70 L'innovation porte surtout sur des thèmes liés à la gestion économique de l'entreprise en matière d'emploi, de temps de travail...

71 Rapp. COFFINEAU, *« Les lois Auroux 10 ans après »*, p. 45.

humeur en modérant l'évolution des avantages. Ceci peut surprendre dans la mesure où la partie patronale, en quête de stabilité des relations professionnelles, a longtemps privilégié les accords à durée relativement longue. Il est probable que, la négociation annuelle remettant de toute façon les intéressés en présence, l'employeur préfère éradiquer pour mieux rebâtir. Seul l'accord à durée déterminée convient alors.

54 - On trouve par ailleurs dans les accords d'entreprise des dispositions plus classiques, sources d'avantages à plus long terme (lesquels sont parfois ébranlés en période de crise). La durée déterminée n'a plus alors sa raison d'être. Il en va de même pour les modalités et les moyens de négociation[72]. Dans un même contenant, peuvent bien sûr coexister des clauses à durée de vie variable. La tendance est plutôt cependant au morcellement des accords et il semble, qu'en cas de conflit, la durée la plus réduite l'emporte. Ce découpage du tissu conventionnel est en corrélation directe avec l'esprit « donnant-donnant » qui anime un nombre croissant de textes. Plus impératif est encore le souci d'éviter que l'exercice du droit d'opposition ne prive la totalité des dispositions du contrat de leur efficacité. Rappelons en effet que, reprenant la formule de l'article L. 132-26 du Code du travail relative aux accords dérogatoires, l'article L. 132-7 du même Code précise que les textes frappés d'opposition sont *« réputés non écrits »*. Tout se passe donc comme si ces textes n'avaient jamais existé. Ainsi, les parties choisissent d'isoler les dispositions dérogatoires.

A ce propos, l'accord national interprofessionnel du 31 octobre 1995[73] relatif à la politique contractuelle invite *« à un meilleur équilibre entre accords à durée indéterminée et à durée déterminée en opérant une distinction entre les éléments qui posent des grands principes à durée indéterminée et ceux qui sont destinés à faire face aux contraintes de compétitivité, nécessairement plus évolutifs et, de ce point de vue, mieux pris en compte par des accords à durée limitée »*[74].

55 - En conclusion, il nous paraît utile de relever que les accords portant sur des thèmes concernés par la négociation collective annuelle obligatoire sont fréquemment d'une durée d'un an, ce qui dément l'opinion selon laquelle la durée limitée empêche la continuité des thèmes conventionnels. Bien au contraire, l'accord à terme précis oblige parfois les parties à renégocier puisque à défaut le vide conventionnel les menace. Il est donc garant d'une adaptation satisfaisante de l'accord (c'est une révision forcée) et ce n'est pas le moindre de ses avantages. Il rend de plus possible un contrôle réel de l'application de l'accord qui, par ailleurs, fait souvent défaut.

La fixation d'un terme court peut cependant être révélatrice d'une absence de maîtrise du sujet traité. Lorsqu'une entreprise s'attaque, par

---

72 Par exemple, la définition des parties amenées à négocier, les moyens donnés aux délégués pour exercer leur mandat, les informations dont ceux-ci disposent pour pouvoir négocier en toute connaissance de cause. Ces accords ne sont pas légion.

73 Reconduit pour trois ans le 08/04/1999.

74 Art. 1-3-4 *in fine*, accord publié à LS 09/11/1995, légis. soc. n° 7354.

l'intermédiaire d'un accord collectif, au difficile problème de l'emploi, on peut douter de l'efficacité d'un texte à la durée de vie très limitée[75].

Section II : Les niveaux supérieurs

56 - La négociation des conventions collectives tend à devenir de jour en jour une opération de plus en plus complexe et le renouvellement de ces conventions, à intervalles trop courts, présenterait de sérieuses difficultés matérielles. D'autre part, les données justifiant l'instauration d'un terme dans l'entreprise ne se retrouvent pas dans la branche. Dès lors que l'organisation productive en tant que telle devient un objet de négociation, le niveau de l'entreprise apparaît seul pertinent. C'est là que les éléments de la stratégie sociale et économique peuvent être examinés dans leur interdépendance (liaison entre rémunérations, gains de productivité, organisation et contenu du travail, aménagement et réduction du temps de travail, maintien ou création d'emplois...). Les textes de branche gardent cependant un caractère normatif mais les dispositions prises ne sont souvent que des minima et n'empêchent pas la durée indéterminée.

57 - Pour l'avenir, on peut parier sur une persistance de ces textes, essentiels pour les entreprises ne pouvant se doter d'accords propres[76]. Cependant, apparaissent de plus en plus d'accords-cadres de branche à moyen terme, sur le thème général de l'emploi ou tout autre sujet innovant, qui organisent la négociation à des niveaux inférieurs pour rendre le droit conventionnel à la fois plus cohérent et plus efficace[77].

58 - Quant au niveau interprofessionnel, il organise des régimes de prévoyance (au sens large du terme). Il est très probable que ce rôle lui échoira encore longtemps. La grande majorité de ces textes sont à durée indéterminée... en fait si ce n'est en droit[78] ! Quant au reste, certains voudraient

---

[75] En particulier, il faut regretter la courte durée des engagements dans le cadre des « accords Robien » ; les sacrifices salariaux, eux, demeurent. Voir F. GUIOMARD, *« Temps de travail et emploi, un objet conventionnel problématique (Loi du 11 juin 1996 dite Robien) »*, Dr. soc. 1997, p. 1052 *in fine*. Au contraire, beaucoup d'accords conclus en application de la loi Aubry n° 98-461 du 13/06/1998 sont à durée indéterminée. L'intervention prochaine du législateur, afin d'obliger pour l'avenir aux 35 heures, est pour beaucoup dans l'installation durable des dispositifs conventionnels.

[76] La négociation de branche, après s'être essoufflée, se reprend. Si essoufflement il y a eu, cela tiendrait surtout, semble-t-il, à l'organisation inopportune des branches. Sur le rôle essentiel de la négociation de branche, Rapp. COFFINEAU, *« Les lois Auroux 10 ans après »*, p. 51 ; confirmé par l'accord national interprofessionnel du 31/10/1995 sur la politique contractuelle (reconduit pour trois ans le 08/04/1999), M.-L. MORIN, *« L'articulation des niveaux de négociation dans l'accord interprofessionnel sur la politique contractuelle »*, Dr. soc. 1996 p. 11 ; J.-D. REYNAUD, J. SAGLIO, M. TALLARD, *« Les conventions collectives de branche, déclin ou renouveau ? »*, CEREQ n° 65, 11/1993.

[77] C'est le cas de certains accords de branche qui appliquent la loi Aubry n° 98-461 du 13/06/1998. Par exemple, l'accord national du 16/10/1998 sur la durée du travail dans l'industrie textile (au sein de la partie : *« examen des possibilités de réduction du temps de travail »*) ; l'accord du 29/10/1998 concernant l'industrie et le commerce en gros des viandes (chap. II) ; accords reproduits in *« 35 heures, mode d'emploi »*, F. LEFEBVRE (dossiers pratiques), 1999. Les accords précités ne prévoient pas de dispositions directement applicables aux salariés. Il est vrai que la loi Aubry I du 13/06/1998 invite prioritairement à la négociation d'entreprise ou d'établisssement.

[78] Voir sur ce point les accords relatifs à la protection sociale complémentaire, thèse n° 263 et suiv..

voir ces accords se mêler de plus en plus de la question de l'emploi en dynamisant la négociation aux autres niveaux[79]. L'accord national interprofessionnel du 31 octobre 1995[80] sur la politique contractuelle constitue l'archétype de cette conception[81]. En tous cas, les difficultés techniques qui président à la conclusion de ces accords empêchent un renouvellement trop fréquent. Il n'en demeure pas moins que ces accords de branche et interprofessionnel se trouvent marqués par le morcellement, par la nécessité d'adaptation aux données économiques et sociales, par le phénomène des accords innovants. S'ils sont à durée déterminée, ce qui n'est pas encore très courant, ils adoptent souvent l'échéance maximale (cinq ans)[82]. Là encore, la durée déterminée ne signifie pas toujours l'arrêt des relations entre les parties sur le(s) thème(s) traité(s) par l'accord.

59 - Tout comme la clause qui stipule un terme à un acte collectif, la clause d'indexation en matière de salaires ne se contente pas de prévoir la remise en cause. C'est un mécanisme complet puisqu'il n'est nul besoin de décision ultérieure pour que l'adaptation ait lieu.

---

79 Ce qu'ils font depuis quelques années : voir CFDT Aujourd'hui, précité p. 101.

80 Reconduit pour trois ans le 08/04/1999.

81 Acc. publié par AJ CFDT cité plus loin et par LS préc.. Voir pour les commentaires, G. COIN, M.-L. MORIN et F. FAVENNEC-HERY dans Dr. soc. 1996, n° 1, mais aussi AJ CFDT n° 116, 01/1996 ; Sem. soc. LAMY 20/11/1995, n° 768.

82 L'accord national interprofessionnel du 31/10/1995, limité à trois ans, a été reconduit pour trois ans le 08/04/1999.

CHAPITRE DEUXIÈME

L'INDEXATION DES SALAIRES[83]

60 - Si la technique d'indexation est bien connue du droit du travail et ce depuis fort longtemps, la crise économique et la législation de 1982 ont provoqué de nouvelles discussions à son propos. Nous mettrons en lumière ces développements récents *(sect. II)* après avoir évoqué l'-ancien- droit de l'indexation *(sect. I)*.

Section I : Le droit de l'indexation

61 - L'indexation n'est pas un phénomène propre au droit du travail. Nous aborderons dans un premier temps le droit commun *(§ 1)* pour en venir à son application dans les rapports employeurs/salariés *(§ 2)*.

§ 1 Les textes généraux

62 - Par le terme « indexation » il faut entendre la variation automatique des salaires par référence à un index précédemment défini dans l'acte[84].

---

[83] Sur ce problème, « *Les salaires* », n° spécial RPDS n° 615-616, spéc. p. 242.

[84] Voir B. MERY, « *La pratique de l'indexation dans les conventions collectives* », Dr. soc. 1973, p. 354 et thèse du même auteur, « *L'indexation des salaires* », PARIS 1972, qui parle d'indexation dès lors qu'un index est en cause quant à la variation des salaires.

Notre droit national la réglemente mais les textes afférents ont aujourd'hui quelque vingt-cinq ans. Huit années après la loi du 11 février 1950 qui avait établi, après les rigueurs d'une période de reconstruction, le principe de la liberté contractuelle dans la fixation des salaires, la loi de Finances pour 1959, modifiée par l'ordonnance du 4 février 1959, entrave la libre négociation des salaires dans le cadre d'une disposition générale[85]. Ces textes prévoient que sont nulles et de nullité absolue les clauses prévoyant l'indexation des salaires sur le SMIC[86], sur le niveau général des prix ou des salaires, sur les prix de biens, produits ou services n'ayant pas de relation directe avec l'activité de l'entreprise. Il est aisé de déduire que, par la raison des contraires, doivent être considérées comme valables les clauses faisant varier les salaires d'après un indice en relation directe avec l'activité de l'entreprise, ce dont il est peu fait usage. Ces dispositions légales interdisent le recours à des clauses –très moyennement répandues à l'époque- tendant à réaliser l'adaptation du revenu salarial aux besoins du travailleur, besoins compromis par la dépréciation monétaire.

63 - Au terme d'une évolution jurisprudentielle de presque une dizaine d'années, toute velléité d'interdiction généralisée de l'indexation disparut[87]. Les textes précités n'ont eu dès lors d'autre but que de s'opposer à l'indexation des seuls salaires, facteur d'inflation[88]. L'échelle mobile, en donnant aux hausses de salaires un caractère automatique, représentait un péril de propagation des hausses des coûts et des prix[89]. Cependant, l'indexation des revenus, qui consistait à rajuster périodiquement leur montant nominal à l'indice des prix, était un mécanisme profondément légitime. Elle tendait au maintien du pouvoir d'achat et tous les sujets économiques aspiraient à cette protection contre la détérioration monétaire. C'était d'ailleurs là toute la question. *Tous les revenus,* de quelque nature qu'ils fussent, auraient dû être indexés, ou pas. La législation de la fin des années 50 apparaissait alors à la fois fondée au regard de l'intérêt général et particulièrement injuste pour ceux qui souffraient de la hausse des prix : les salaires modestes.

64 - La jurisprudence s'est montrée restrictive quant au champ d'application de la prohibition générale[90] ; elle a adopté la même attitude en droit du travail :

---

85 La loi vise « *toute clause* » ; voir art. 14 ord. n° 59-246 du 04/02/1959.

86 Le texte originel parlait du SMIG remplacé par le SMIC en 1970.

87 L'indulgence des juges pour l'indexation s'est d'abord manifestée par le maintien de la clause une fois celle-ci purgée de son caractère illicite, à ce propos voir Cass. civ. 16/07/1974, D 1974, note P. MALAURIE, au besoin par substitution de clauses, CA LYON, 04/07/1990, D 1991, p. 47 ; F. DION, C. THIERACHE, *« Faut-il abroger les ordonnances de 1958 et 1959 sur les indexations ? »*, D 1995, chr. p. 55.

88 L'exception d'application de la législation de 1959 aux dettes d'aliments ne paraît pas applicable aux salaires bien que ceux-ci aient, au moins pour partie, un caractère alimentaire.

89 L'expression « quick-acting » traduit bien ce que les systèmes rigides et accélérés d'inflation ont d'inquiétant. Au Royaume-Uni, à partir d'octobre 1973, les salaires furent automatiquement indexés sur la hausse des prix. Il a fallu y renoncer depuis.

90 Cass. civ. 22/07/1987, Bull. civ. III, n° 151.

« ce qui est interdit, c'est l'automatisme de l'indexation et non la hausse des salaires pour les adapter au coût de la vie » [91].

Rien n'interdit, en conséquence, de stipuler dans une convention collective qu'à chaque hausse déterminée du SMIC ou de l'indice général du coût de la vie, les parties ou une commission ad hoc se réuniront pour discuter des salaires.

§ 2 Le droit du travail

65 - La loi du 2 janvier 1970 qui a créé le SMIC a confirmé cette prohibition, au moins sur un point particulier. Aux termes de l'article 141-9 du Code du travail,

« Sont interdits dans les conventions ou accords collectifs de travail, les clauses comportant des indexations sur le salaire minimum de croissance ou des références à ce dernier en vue de la fixation et de la révision des salaires prévus par ces conventions ou accords ».

66 - Cette loi, unique dans le domaine du travail, accentue la prohibition de l'indexation. Elle constitue tout d'abord un rappel des textes généraux antérieurs[92]. Elle contient en effet une des interdictions de la loi de 1958 puisque l'article L. 141-8 du Code du travail précise que *« dans toutes les dispositions législatives ou réglementaires qui comportent une référence au SMIG, ce dernier est remplacé par un minimum garanti (...) »*[93]. Plus avant, le législateur prohibe désormais *toute référence à l'indice des prix et au SMIC* ; aussi bien n'est plus possible la clause qui se réfère à l'un de ces indices pour provoquer une libre négociation sur les salaires. Cet aspect du texte est hautement critiquable et n'a jamais été appliqué. De manière générale, la prohibition de l'indexation n'a pas empêché le développement de cette dernière. Après mai 1968, les salariés concernés par la variation automatique de leur revenu sont passés de 200 000 à 600 000. Au plus fort de la croissance, ils étaient largement plus d'un million[94]. Ce phénomène très important de transgression de la loi s'explique en partie par l'absence de sanctions pénales. D'autre part, la présence d'une telle clause dans un acte conventionnel n'empêche ni le dépôt de celui-ci ni l'application volontaire de l'indexation par l'employeur ; l'extension provoque la

---

[91] J. SAVATIER, Dr. soc. 1965, p. 377 sous Cour supérieure d'arbitrage, 17/12/1964. Dans le même sens, Cass. soc. 15/02/1972, D 1972, jurisp. p. 339.

[92] Il a été soutenu, puisque l'art. L. 141-9 C. Trav. ne concerne que le SMIC, qu'a contrario il autorisait dans la matière des conventions collectives toutes les autres indexations (dans ce sens B. MERY préc. p. 354) ; outre que cette interprétation est isolée et n'a guère de sens au regard de l'intention du législateur de contenir l'inflation, elle n'a pas été adoptée par la jurisprudence.

[93] La loi interdit donc les indexations sur le SMIC, le revenu général des prix ou des salaires, ou sur les prix des biens, produits ou services n'ayant pas de relation directe avec l'objet du statut ou de la convention ou avec l'activité d'une des parties ; pour des exemples de clauses licites, Cass. soc. 23/10/1974, Bull. civ. V, n° 496 ; Cass. soc. 16/10/1991, RPDS 1992, n° 568-569, som. p. 300.

[94] Quel bel exemple de l'importance du rapport des forces... Même les directions d'entreprise nationalisées ont accepté l'indexation générale des salaires sur le coût de la vie ! (Accord SNCF 1971). M. COHEN et F. ROCHOIS, *« L'échelle mobile des salaires dans les accords collectifs »*, RPDS 09/1970, p. 201.

mise à l'écart des clauses en cause mais elle ne concerne pas les accords d'entreprise. Reste l'action de l'employeur devant la juridiction sociale à l'appui d'un refus d'augmentation des salaires. Eu égard à la détérioration du climat social que pareille tentative aurait engendré, elle n'a jamais eu lieu en des temps de prospérité. Il n'en va plus de même aujourd'hui ; si les textes sont inchangés, la pratique de l'indexation est à revoir.

Section II : La pratique contemporaine de l'indexation

67 - La crise économique a ébranlé la pratique de l'indexation *(§ 1)* alors que, paradoxalement, le contexte économique mais aussi juridique ne justifie plus la prohibition *(§ 2).*

§ 1 Prohibition de l'indexation à la lumière de la crise économique

68 - La crise économique a rendu précaire la situation des entreprises et renversé le rapport des forces entre les acteurs sociaux. Ainsi, depuis 1977, les tribunaux ont eu à connaître d'actions d'employeurs visant à affranchir ces derniers de l'observation de clauses d'indexation et ont fait droit à leurs demandes d'annulation des clauses illicites[95].

L'indexation pratiquée en dépit des textes se conjugue selon d'infinies modalités. A l'occasion de ces jugements, la frontière entre le licite et l'illicite s'est vue préciser. Même si l'augmentation n'est pas proportionnelle à la variation de l'indice officiel des prix elle tombe sous le coup de l'interdiction, car il suffit d'un lien entre l'augmentation du salaire et l'indice prohibé[96]. Parfois, les juges se sont montrés très rigoureux en censurant l'engagement patronal pris devant le comité d'entreprise d' *« augmenter périodiquement chaque année la rémunération du personnel en fonction du coût de la vie »*[97]. L'engagement restait pourtant très vague en ne faisant référence à aucun indice. Enfin, il apparaît que les juges ont opté pour une interprétation peut-être trop respectueuse de la lettre des textes. Dans une espèce du 16 mai 1984, la Cour suprême a prohibé l'indexation sur le SMIC d'une prime de panier. On peut pourtant émettre des doutes quant à l'impact réel, sur l'inflation, de la variation d'un tel accessoire du salaire[98]...

69 - Par-dessus tout, l'annulation des clauses conduit à de nombreuses injustices. Rappelons que les textes de 1959 et de 1970 n'excluent pas la hausse des salaires. Ce n'est qu'*une modalité* de l'augmentation de ces

---

95 Il est important de souligner qu'aucune répétition de l'indu n'est possible pour le passé. Cette absence de rétroactivité est souhaitable, elle s'explique probablement par le caractère –en partie alimentaire- du salaire. Sur cette jurisprudence annulant des clauses d'indexation, Cass. soc. 02/03/1977, Dr. soc. 1977, p. 485 obs. J. SAVATIER, plus récemment Cass. soc. 18/03/1992, D 1992, IR 119.

96 Cass. soc. 19/01/1983, Dr. soc. 1983, p. 221 obs. J. SAVATIER.

97 Cass. soc. 23/09/1982, Dr. soc. 1983, préc..

98 J. SAVATIER, *« Développement de la jurisprudence condamnant l'indexation des salaires »*, Dr. soc. 1984, p. 687.

derniers, à savoir l'indexation, qui se trouve interdite. La hausse des salaires dont on parle ici vise aussi bien à maintenir le pouvoir d'achat –implicitement- qu'à augmenter ce dernier. Il y a là un paradoxe néfaste à la cohérence de l'ordre public de direction qui conduit finalement à créer des situations plus ou moins favorables pour les salariés selon que l'augmentation de leurs salaires est indexée (sur les prix ou le SMIC) ou pas[99]. A l'appui de ces réflexions, il est utile de rappeler un arrêt de la Cour de cassation qui traitait d'une espèce où il avait été convenu, dans le cadre d'une négociation annuelle sur les salaires, qu'ils seraient augmentés de 5 % au 1er avril, de 3 % au 1er juin, de 2,5 % le 1er octobre. En outre, une clause de sauvegarde prévoyait que *« si la variation de l'indice INSEE était supérieure aux augmentations provisionnelles accordées, une majoration de salaire égale à l'écart ainsi déterminé serait appliqué rétroactivement au 1er janvier »*[100]. Cette clause fut déclarée illicite. Elle ne l'aurait sans doute pas été si les parties s'étaient abstenues de cet ultime réajustement. Ces incohérences ne sont-elles pas le reflet de l'oubli du sens des textes législatifs, en l'occurrence le combat contre l'inflation ? Peut-être les textes eux-mêmes sont-ils en question.

70 - Enfin, le prononcé de l'annulation de la clause qui découle de l'exception d'illégalité opposée par l'employeur à une demande en paiement du salaire provoque d'autres inégalités. Le plus souvent, l'employeur décide de cesser l'indexation des salaires pour tout le personnel. Cependant, il arrive que seuls quelques travailleurs parmi ceux de l'entreprise aient réellement à se plaindre de la suppression de l'application de l'indexation. Seuls les salariés modestes souffrent de l'application de l'ordre public de direction[101].

71 - Les textes sur l'interdiction de l'indexation accusent beaucoup d'imperfections, à tel point que l'on peut douter de l'opportunité de ce mécanisme de protection contre l'inflation. Même en considérant le seul point de vue économique, il faut remarquer que, si les prix n'ont jamais diminué en France, le taux d'inflation est aujourd'hui peu élevé[102]. L'indexation est acceptable tant qu'elle rajuste les salaires à la hausse des prix au sein d'une inflation modérée. Elle ne devient explosive que lorsqu'elle s'applique à des revendications excessives.

En conclusion, il serait sans doute souhaitable de réserver l'interdiction aux seules indexations sur le SMIC. En effet, ce dernier est toujours apparu comme un indice fort mal adapté puisqu'il progresse plus vite que le coût de la vie.

---

[99] G. LYON-CAEN a mis en évidence la réalité de ce paradoxe à l'époque du plan Barre pour le strict maintien du pouvoir d'achat et la maîtrise des prix. Des entreprises prétendaient que le blocage des prix entraînait celui des salaires, autrement dit que les clauses d'augmentation des salaires réels étaient frappées de caducité (comme les clauses d'indexation). Deux arrêts de la Cour de Paris (...) ont estimé que les employeurs étaient tenus d'appliquer les engagements unilatéraux d'augmentation pris. *« Subtilité juridique qui conduit à sacrifier celle-ci (la clause du maintien du pouvoir d'achat) au nom de l'ordre public, mais à valider celle-là (la clause d'augmentation du pouvoir d'achat) au nom de la liberté contractuelle », « Traité de droit du travail, Les salaires »*, n° 75 et suiv..

[100] J. SAVATIER, Dr. soc. 1984, préc..

[101] J. SAVATIER, Dr. soc. 1983, préc..

[102] En 1981 le taux était de 13 %, en 1990 il est tombé à 3,4 % ; à comparer avec les autres pays de la CEE : Allemagne 2,8% ; Italie 6,1% ; Royaume-Uni 7% ; Portugal 13,2%.

§ 2 *Prohibition de l'indexation et négociation périodique des salaires*

72 - Avant 1959, le critère de discrimination entre les clauses nulles et celles qui ne l'étaient pas était général, fondé sur l'article 1895 du Code civil et le nominalisme monétaire. Le législateur de 1959 a adopté un critère qui oppose *« l'indexation externe à l'indexation interne à l'entreprise »*[103]. Il est tout à fait probable qu'il aura ainsi voulu prévenir l'entreprise des dangers d'une variation automatique et donc aveugle. A-t-il voulu encourager les rencontres des parties ? La réponse doit être négative. La promotion légale du dialogue social n'est apparue qu'en 1982 avec les obligations de négocier. Depuis lors, le législateur invite les acteurs sociaux liés par une convention de branche ou par des accords professionnels à négocier les salaires[104]. Dans les entreprises où sont constituées une ou plusieurs sections syndicales d'organisations représentatives l'employeur est tenu d'engager chaque année une négociation sur les salaires effectifs[105]. On peut s'interroger sur le point de savoir si ces obligations périodiques de négocier constituent des freins au mécanisme de l'indexation. Il a souvent été reproché à l'échelle mobile de figer la négociation des salaires. Les faits plaident cependant en sens contraire, puisque l'essor des indexations dans les années 70 n'a pas freiné la négociation salariale, cette dernière s'effectuant simplement sur d'autres bases. Il est bien évident qu'en temps de crise les augmentations de salaires se raréfient ; cependant, le maintien du pouvoir d'achat est toujours aussi légitime. Il y a sans doute, selon l'expression désormais célèbre d'un syndicaliste français, moins de « grain à moudre », ou plus exactement il a changé de teneur. En tout cas, il n'y a nulle alternative entre la négociation périodique et l'instauration d'une clause d'indexation.

73 - En résumé, la prohibition des échelles mobiles en matière de salaires concrétise le souci du législateur de protéger l'entreprise et de contenir l'inflation. Cette dernière préoccupation n'est plus guère d'actualité ; la protection de l'entreprise, quant à elle, ne relève pas de l'ordre public de direction et apparaît quelque peu inopérante en des temps de difficultés économiques. La crise de l'emploi[106] que nous connaissons –depuis une vingtaine d'années...- a largement renversé les rapports des forces en présence dans la négociation sociale ; les employeurs n'ont guère besoin d'en appeler à la prohibition de l'indexation devant les tribunaux pour faire reculer les avantages acquis en matière salariale[107].

---

[103] G. LYON-CAEN, *Traité*, préc. n° 77.

[104] Art. L. 132-11 C. Trav..

[105] Art. L. 132-27 C. Trav..

[106] Il n'est pas sûr que la crise économique n'est pas terminée pour les entreprises ; à ce propos, D. MEDA, *« Le travail, une valeur en voie de disparition »*, AUBIER 1995 ; V. FORRESTER, *« L'horreur économique »*, FAYARD, 1996 ; à propos des ouvrages récents qui dénoncent l' « imposture économique », A. SUPIOT, *« Une littérature de fin du monde »*, Dr. soc. 1997, p. 85.

[107] Sauf intention –peu louable- de la part de l'employeur de réserver la baisse de salaire à certains membres du personnel.

Plus avant, il ressort que la prohibition de l'indexation est l'histoire d'un échec ; c'est celui de *« l'ordre public civiliste, mal adapté sociologiquement aux relations collectives de travail »*[108].

Dans l'ombre des clauses d'indexation et de celles de fixation d'un terme, on trouve dans les actes collectifs d'autres dispositions *incitant* à la remise en cause ou, plus rarement, la provoquant.

---

108 G. LYON-CAEN, *« Négociation collective et législation d'ordre public »*, Dr. soc. 1973, p. 89, spéc. p. 98.

CHAPITRE TROISIÈME

LES AUTRES CLAUSES ENVISAGEANT UNE REMISE EN CAUSE

74 - Ces clauses se retrouvent de plus en plus dans les actes conventionnels. Les parties doivent trouver, à cette occasion, le juste équilibre entre adaptabilité, disparition du texte normatif d'une part et stabilité d'autre part.

Les dispositions en cause vont souvent dans le sens du droit à la négociation collective : elles font une large place à la renégociation et privilégient en conséquence le mécanisme de révision[109]. Prévoir qu'un accord disparaîtra, ou du moins ne sera plus opportun et ce, à l'avènement d'un terme défini, laisse craindre un vide conventionnel sur le ou les thèmes abordés. Toutefois, il ne faut pas oublier le régime de la dénonciation qui oblige à la renégociation. Mieux encore, les accords à tacite reconduction font de la continuation des relations professionnelles l'hypothèse la plus probable. Souvent même, la rencontre des parties est provoquée à chaque échéance, ce qui, à l'évidence, favorise le maintien du dialogue. Toutes ces stipulations contractuelles ont d'ailleurs une importance qui dépasse le cadre des thèmes traités dans le texte. C'est, plus avant, le climat des relations professionnelles entre les deux acteurs qui, à chaque rencontre, se rejoue.

75 - Reste à savoir si les acteurs ont pleine conscience de la résonance juridique des termes employés. On peut en particulier craindre que

---

[109] La dénonciation n'est cependant pas à exclure dès lors que le texte est remis en question, dès lors que les parties conviennent d'en examiner le sort.

l'obligation conventionnelle de renégociation ne diffère pas vraiment, en pratique, de la simple obligation de rencontre[110]. Pourtant, la notion de négociation implique propositions et contre-propositions, discutant là de *l'attitude* des acteurs en présence[111].

76 - Monsieur ALIPRANTIS distingue, parmi les clauses qui régissent la relation de négociation dans le cadre d'un accord, les clauses relatives à la négociation proprement dite (celles qui créent des procédures ou des institutions dotées d'un pouvoir normatif) et celles relatives à l'application de l'accord (création de commissions d'interprétation, de conciliation...)[112]. Madame MORIN réactualise cette summa divisio en remarquant que la seconde catégorie de clauses fait une place de plus en plus importante à la négociation et que, dans le même temps, certaines commissions ont un pouvoir normatif[113]. Ainsi, elle propose de distinguer d'une part les clauses qui instituent une gestion paritaire de l'accord, entraînant parfois sa révision, et d'autre part *« les clauses préparatoires des négociations futures et les obligations de négocier qui permettent de compléter ou de transformer la norme »*[114].

77 - Les clauses évoquées par ces deux auteurs ne nous concernent pas en totalité. L'interprétation de l'acte conventionnel est liée au temps dans la mesure où celui-ci accroît la nécessité même de l'interprétation au fil de l'application du texte. Ceci étant, le temps ne révèle pas le besoin en interprétation et, ainsi, on ne peut parler *d'épreuve du temps* à cette occasion. D'ailleurs, la volonté d'éclaircir une ou plusieurs dispositions de l'accord collectif ne débouche pas –en principe- sur la remise en cause de celui-ci[115]. Dans le même esprit, certains organismes paritaires chargés de l'application de l'accord ont une mission qui peut sembler a priori équivoque. C'est ainsi, qu'à titre d'exemple, les commissions paritaires de l'emploi doivent définir les diplômes permettant d'accéder aux niveaux de qualification conventionnelle auxquels peuvent prétendre les salariés ayant suivi les stages qu'elle est chargée d'instituer. Là encore, manque l'épreuve du temps qui entraîne, telle que définie dans l'introduction, des changements objectifs ou subjectifs (tenant à la modification de la volonté des parties) ou la révélation de l'inefficacité d'une norme.

78 - Qu'en est-il de l'activité des commissions de conciliation et des arbitres ? On sait que la convention de branche conclue au niveau national fait obligatoirement mention, pour pouvoir être étendue, des *« procédures*

---

110 C'est le même regret que celui exprimé à propos de l'obligation légale périodique de négocier.

111 Sur cette notion de négociation, F. LE FICHANT, *« L'obligation de négocier en droit privé »*, Thèse RENNES 1992, voir l'introduction.

112 N. ALIPRANTIS, *« La place de la convention collective dans la hiérarchie des normes »*, LGDJ 1980.

113 M.-L. MORIN, *« Le droit des salariés à la négociation collective »*, LGDJ 1994 spéc. pp. 537 et 538. Au cours de ces lignes, l'auteur plaide pour la reconnaissance, par la jurisprudence, du pouvoir normatif des commissions d'interprétation lorsque les parties ont délégué une partie de ce pouvoir à ces organisations paritaires.

114 M.-L. MORIN, op. cit. p. 535.

115 Elle débouche pourtant parfois sur une modification du texte ; nous y reviendrons à la toute fin de cette première partie (la remise en cause incidente).

conventionnelles de conciliation suivant lesquelles seront réglés les conflits collectifs de travail susceptibles de survenir entre les employeurs et les salariés liés par la convention » (art. L. 133-5 C. Trav.). La convention de branche susceptible d'extension peut aussi contenir « *les procédures conventionnelles d'arbitrage suivant lesquelles seront ou pourront être réglés les conflits collectifs de travail susceptibles de survenir entre les employeurs et les salariés liés par la convention* » (art. L. 133-7 C. Trav.). Les acteurs de la négociation peuvent décider la mise en place de telles institutions, malgré l'absence de prescription législative. Cependant cette éventualité est rarissime. Les commissions de conciliation et les arbitres ont à connaître des conflits survenant quant à l'application du texte (conflits juridiques) qui les instituent mais aussi de conflits économiques et sociaux divers. A ces occasions, la commission et l'arbitre s'attachent à résoudre le litige, soucieux d'équité et du maintien du dialogue. La première a pour mission d'amener les parties à la renégociation ; le deuxième va plus loin en réglant lui-même le problème. Ces procédures conventionnelles ont pour objet, en favorisant la révision de l'acte négocié, le règlement amiable et prompt des éventuelles frictions survenant entre les acteurs de la négociation. Les conflits, occasions éventuelles de remises en cause de l'acte collectif, sont ainsi circonscrits et réglés au plus vite. Seuls certains d'entre eux, en ce qu'ils peuvent aboutir à une remise en cause du texte, nous intéressent. Ceci étant posé, elles favorisent la renégociation de ce dernier ou même sa révision. Nous aborderons ces clauses qui ne traitent pas exclusivement ni directement[116] de la remise en cause dans un dernier sous-titre à propos de la remise en cause incidente.

79 - Enfin, ces auteurs traitent à part les clauses qui envisagent ou provoquent la disparition des conventions et accords collectifs. Pourtant, elles ne sont pas si éloignées que cela de celles qui entraînent une renégociation. Cette dernière suit souvent la disparition de l'acte ; la différence entre les deux types de stipulations est aussi affaire de stratégie.

80 - C'est une troisième distinction, basée sur deux modalités différentes de maîtrise du temps, qui sera adoptée. Très simplement, certaines clauses définissent un moment pour la remise en cause *(sect. I)*. D'autres s'efforcent de nommer l'événement générateur de remise en cause *(sect. II)*. Ce choix de présentation est éminemment pratique et permet de mettre clairement en évidence les difficultés d'élaboration et de fonctionnement de chacune des clauses *(sect. III)*.

Section I : Remise en cause envisagée à un moment défini[117]

81 - Il s'agit principalement des clauses de bilan, de suivi du texte ou encore de son application. Elles sont révélatrices de la préoccupation légitime de voir l'accord prendre toute la mesure des ambitions qui l'ont nourri.

---

[116] Leur objet est avant tout de régler un conflit.

[117] La clause de bilan, la clause de rendez-vous et l'obligation périodique de renégocier sont concernées. Les appellations dont nous usons ici ne manquent pas de recouvrir en pratique des réalités différentes. Nous n'avons pas, pour autant, renoncé à employer ce vocabulaire habituel. Il reste éclairant, à condition de définir clairement chaque terme. C'est ce à quoi nous nous attachons à chaque occasion.

Cette préoccupation est celle des parties ; c'est aussi celle du législateur qui oblige, dans l'article 3 de la loi Aubry I du 13 juin 1998, les accords sur les 35 heures à organiser les modalités du suivi de leur mise en œuvre (le projet de seconde loi reprend cette obligation dans son article 19-IV (chaque année, obligation d'établir un bilan de la réduction du temps de travail concernant notamment les emplois crées ou préservés, le travail à temps partiel, la rémunération des salariés...). Souvent le bilan est l'œuvre des parties, mais un tiers peut tout aussi bien intervenir. L'inspection du travail est également appelée à *« veiller à l'application (...) des conventions et accords collectifs de travail (...) »*[118]. C'est parfois un organisme ad hoc qui remplit cette mission. Ce dernier est habituellement composé de représentants des parties ; il n'aura pas de pouvoir modificatif du texte collectif qui l'institue mais son avis sera éventuellement la première étape d'un « processus révisionnel ». En effet, il n'est pas rare que la clause en question soit insérée dans un article traitant de la révision ou de la durée de l'accord[119] ou que les parties mentionnent expressément que le bilan peut mener à une révision[120]. Cette action récapitulative peut avoir lieu à l'échéance de l'accord, pour décider ou non sa tacite reconduction[121]. Elle est aussi fréquente dans les accords-cadres, afin de vérifier l'application du texte général ou de juger des démarches réalisées aux niveaux inférieurs pour la réalisation des objectifs[122]. Tacite reconduction et accord-cadre : ce sont là deux cas dans lesquels on trouve très fréquemment ce type de clause. Il arrive aussi que le bilan s'impose pour tirer les conclusions d'un accord à durée déterminée innovant :

« les parties signataires conviennent de se rencontrer avant l'expiration du présent accord afin d'examiner ensemble son état de réalisation et se fixer, si nécessaire, de nouveaux objectifs suivant le résultat du dispositif ainsi que les améliorations éventuelles »[123].

---

118 Art. L. 611-1 C. Trav..

119 A titre d'exemple, Accord Crédit Lyonnais, accord-cadre sur l'aménagement du temps de travail du 10/04/1996 et son art. 12, LS 19/04/1996, légis. soc. n° 7449 C3.

120 Par exemple, Accord Giat Industries sur l'aménagement et la réduction du temps de travail (application de la loi Robien-volet défensif) du 15 janvier 1997 qui prévoit dans un article 27 sur la révision que : *« La commission d'application de l'accord se réunira au moins à la fin de chaque semestre pour faire le bilan de l'expérimentation de l'accord et proposer, le cas échéant, des modifications éventuelles à y apporter »*, LS 31/01/1997, légis. soc. n° 7599 C3.

121 Par exemple, Accord EdF-GdF sur les 32 heures intitulé *« Développement, service public, temps de travail, emploi des jeunes - 15000 embauches : un projet pour tous »* du 31 janvier 1997 et son article 5-2, LS 25/02/1997, légis. soc. n° 7617 C3 ; Crédit Lyonnais, accord-cadre sur l'aménagement du temps de travail du 10/04/1996 et son art. 12, LS 19/04/1996, légis. soc. n° 7449 C3.

122 Voir tout particulièrement l'accord national interprofessionnel du 31 octobre 1995 (reconduit pour trois ans le 08/04/1999) dans son article 2-5.

123 BTP, Accord sur la préretraite à mi-temps et l'insertion des jeunes ; Accord du Crédit Lyonnais sur la réduction et l'aménagement du temps de travail (Loi Robien volet défensif) du 12/12/1996, LS 06/01/1997, légis. soc. n° 7581 C3 dans son art. 2 et aussi Accord Yves Rocher sur l'aménagement et la réduction du temps de travail (Loi Robien volet offensif) du 15/11/1996, LS 28/11/1996, légis. soc. n° 7559 C3 ; voir enfin l'accord national interprofessionnel du 31 octobre 1995 (reconduit pour trois ans le 08/04/1999) dans son art. 2-5.

Plus largement, une clause de bilan est concevable dans tout texte qui n'est pas à exécution instantanée. Nous nous contenterons de rappeler qu'un nombre croissant d'actes conventionnels novateurs tendent à la gestion économique de l'entreprise et se projettent donc dans le temps, sur une plus ou moins longue durée.

82 - On peut encore citer la clause de rendez-vous qui prévoit la rencontre des parties –à fin de révision- à une date donnée, mais sans précision d'événement générateur.

Viennent enfin les obligations périodiques de négocier qui permettent de prolonger la négociation initiale ou de constituer une méthode de révision de l'accord conclu.

83 - Ces obligations ne sont pas toujours ponctuellement ou périodiquement prévues. Il peut arriver qu'elles dépendent, avec d'autres clauses sources de remise en cause, de la réalisation d'un événement conventionnellement décrit.

Section II : Remise en cause envisagée à la suite d'un événement donné[124]

84 - La modification de la législation existante (au sens large du terme) est l'événement le plus souvent décrit dans les actes collectifs *(§ 1)*. Certains autres, en référence à l' « économie » de leur dispositif, déclenchent une remise en cause plus personnalisée *(§ 2)*.

§ 1 La modification de la législation existante

85 - L'objectif de la clause de modification de la législation apparaît le plus souvent comme étant la sauvegarde du texte. Par sauvegarde de l'accord on entend conservation de son objet, de son « économie », de son plein effet mis en péril, autrement dit de son intégrité menacée au sens large du terme. Parfois aussi, compte tenu du nouveau rôle de la négociation collective ou de la spécificité des accords sur la retraite, il s'agit de la sauvegarde de l'intérêt de l'entreprise ou de l'équilibre financier d'un autre organisme.

86 - Les clauses les plus fréquentes dans cette « catégorie » sont celles qui essaient de faire réagir les parties face aux modifications de la législation et des règlements en vigueur, mais aussi face à celles d'un autre texte conventionnel collectif. Ces autres normes portent évidemment sur les mêmes objets que l'accord considéré. Des variantes existent qui se préoccupent plus largement de l'évolution des normes juridiques qui environnent le contrat collectif. Beaucoup de stipulations prévoient la rencontre des parties[125], d'autres font état d'un engagement de renégociation. Il s'agit, dans ce dernier cas, de véritables obligations conventionnelles de négocier qui attestent une réelle bonne foi des cocontractants quant à leur volonté de poursuivre le dialogue. Cette

---

[124] La clause de sauvegarde, la clause de modification de la législation, entre autres clauses d' « adaptation événementielle », sont ici concernées.

[125] Par exemple, Accord Roussel Uclaf sur l'emploi, la durée et l'aménagement du temps de travail du 27/11/1996 dans son art.12, LS 02/04/1997, légis. soc. n° 7641 C3.

volonté devrait d'ailleurs permettre au juge de sanctionner des comportements non conformes. Enfin, ces clauses diffèrent dans la modification mentionnée.

87 - La plupart des textes prennent en compte, de manière plus ou moins précise, l'avènement de dispositions de niveau supérieur et plus favorables, qui viendraient affecter[126] le système conventionnel mis en place :

« les parties signataires conviennent de se rencontrer si un accord globalement plus favorable intervenait au niveau de la branche des industries des crèmes glacées et des produits surgelés »[127].

Dans le même esprit,

« les parties signataires conviennent de se rencontrer si un accord sur l'annualisation du temps de travail, globalement plus favorable, intervenait au niveau de la branche des industries métallurgiques. Elles conviennent également de se rencontrer au cas où des modifications du code du travail interviendraient, compte tenu notamment de l'entrée en vigueur des décrets d'application de la loi quinquennale du 20.12.93, qui pourraient influer favorablement sur les dispositions du présent accord »[128] ;

« au cas où des dispositions législatives, réglementaires ou conventionnelles affecteraient le système issu du précédent accord, les parties signataires se réuniront dans un délai de deux mois pour en examiner les incidences. Pendant ces deux mois, les dispositions du présent accord resteront en vigueur »[129].

Ce dernier exemple n'évoque pas explicitement l'avènement de dispositions plus favorables. Cependant, il semble que l'hypothèse dans laquelle le système est affecté rejoint cette occurrence.

88 - Les clauses du type de celles précédemment citées sont à rapprocher des articles L. 132-13 et L. 132-23 du Code du travail qui disposent, pour le premier dans son deuxième alinéa :

« S'il vient à être conclu une convention ou un accord de niveau supérieur à la convention ou à l'accord (de branche) intervenu, les parties adaptent celles des clauses de leur convention qui seraient moins favorables aux salariés » ; pour le deuxième, dans son deuxième alinéa :

« Dans le cas où des conventions de branche ou des accords professionnels ou interprofessionnels viennent à s'appliquer dans l'entreprise

---

126 Au moins dans son application...

127 Accord d'établissement Miko, portant sur l'annualisation du temps de travail ; LS législ. soc. n° 7253 C3.

128 Accord-cadre de l'entreprise Salomon, traitant de l'annualisation du temps de travail et de ses contreparties, LS législ. soc. n° 7139 C3.

129 BTP, accord sur la préretraite à mi-temps et l'insertion des jeunes ; Accord professionnel sur l'emploi du 12/07/1996, dans le cadre de la CCN du 24/05/1988 (eaux embouteillées, boissons rafraîchissantes sans alcool, bière) dans son chap. VIII : *« l'ensemble de ces dispositions sur l'emploi sera soumis à révision en cas d'évolution législative mettant en cause l'équilibre dudit accord, ou posant difficulté d'application, ou nécessitant son adaptation »*, LS 24/09/1996, législ. soc. n° 7531 C2 ; Accord-cadre sur l'aménagement du temps de travail au CMLACO du 03/01/1996 qui stipule dans son chap. 8 que *« dès lors que des évolutions législatives ou des accords interprofessionnels ou de branche auraient des effets directs sur les dispositions du présent accord, les parties signataires s'engagent à reprendre les négociations en vue d'une révision de cet accord »*, LS 22/02/1996, législ. soc. n° 7418 C3.

postérieurement à la conclusion de conventions ou accords (d'entreprise), *les dispositions de ces conventions ou accords sont adaptées en conséquence »*.

Ces articles invitent à la renégociation suite à des événements précis. Il ne s'agit pas seulement d'une autorisation de modification unilatérale du texte collectif (par l'employeur), assimilable à une prise d'acte d'un changement intervenu.

Les parties, à travers les écrits conventionnels relatés, répondent à l'ordre public social qui impose l'application des dispositions supérieures plus favorables. Leurs précautions apparaissent redondantes à la lecture des articles précités. Cependant, elles en profitent, et ce n'est pas négligeable, pour guider l'appréciation du principe du plus favorable. Les deux premiers exemples précités évoquent l'avènement d'un texte collectif *« globalement plus favorable »*. Ainsi, les cocontractants rejettent-ils –efficacement- la comparaison des actes par la méthode habituelle, par dispositions ayant le même objet.

Du même coup, les accords ne sont-ils pas en retrait par rapport à l'article L. 132-23 ? En effet, ce dernier préconise une adaptation de la norme d'entreprise en cas de modification des textes conventionnels supérieurs qui s'y appliquent et, ce, sans référence réductrice au principe du plus favorable. Ainsi, tout en ayant le même objet que l'article L. 132-13, il a le mérite, contrairement à celui-ci, de viser l'adaptation des normes conventionnelles –supplétives ou simplement d'orientation- qui suggèrent mais ne contraignent pas. Cependant, il est peu probable que le législateur a réellement visé ce cas. Que conclure ? Le verbe appliquer se contente, à l'évidence, d'évoquer la situation d'une entreprise comprise dans le champ d'application de l'accord supérieur et ne fait pas référence à une nécessaire entrée en vigueur dans l'entreprise des dispositions de l'accord supérieur. Ainsi, à s'en tenir au texte, on peut opter pour une acception large des hypothèses d'adaptation, qui, au demeurant, respecte la liberté des parties à l'accord inférieur. Cependant, sur ce point de controverse doctrinale[130], les précisions des acteurs sociaux sont les bienvenues. Certains accords les délivrent et il est alors plus juste de parler d'adaptation au sens large du terme plutôt que de sauvegarde :

« en cas de modification de la législation actuelle concernant l'intéressement, les parties conviennent que cette modification entraînera, si les conditions de cette modification l'exigent, la dénonciation du présent accord et l'engagement de négociations pour son aménagement ou sa refonte sur des bases prenant en compte la nouvelle législation »[131] ;

« si la loi à laquelle il est fait référence (loi Aubry I) *devait être abrogée ou fondamentalement modifiée, les parties signataires adapteront le présent accord à la situation ainsi créée ou le dénonceront »*[132].

---

130 M.-L. MORIN, *« L'accord-cadre »*, Dr. soc. 1988, p. 741, n° 22 pour une obligation générale d'adaptation ; Y. CHALARON quant à lui pense *« qu'il ne devrait pas y avoir de grande différence d'interprétation entre ce texte et l'article L. 132-13 »*, Jurisclasseur Trav. Fasc. 19-25, n° 28.

131 Accord d'intéressement du Groupe André du 18/01/1995, LS 1995, législ. soc. n° 7247 C3.

132 Acc. Bruker SA du 30/06/1998, art. 14, reproduit in *« 35 heures, mode d'emploi »*, F. LEFEBVRE (dossiers pratiques) 1999, p. 310. La plupart des accords conclus en application de la loi Aubry n° 98-461

Il est à noter que la dénonciation est aussi envisagée dans ces derniers exemples[133].

89 - On peut concevoir également que les parties conviennent de se rencontrer à l'issue d'une modification du droit précisément décrite, sans que soit discutée l'incidence plus favorable ou non de celle-ci sur l'acte concerné. Il s'agit alors de mettre l'accent sur un changement à venir, auquel il faut être attentif car il bouleverserait les données :

« les parties conviennent de se revoir et d'examiner le sort à donner aux cotisations prévues sur les tranches B et C si l'évolution de la réglementation venait à autoriser la déductibilité des cotisations employeurs et salariales versées à titre facultatif »[134].

90 - Nous croyons judicieux de rédiger une clause de sauvegarde en cas de modification de la législation de façon à comprendre l'évolution de la réglementation aux niveaux supérieurs, sans spécifier de conséquences sur l'accord. Rien n'empêche cependant les parties de réserver le jeu de la clause aux évolutions d'une certaine importance.

§ 2 La réalisation d'un autre événement

91 - Certains textes se préoccupent aussi de leur sauvegarde en cas de changement de nature économique ou sociale. Il s'agit de dispositifs conventionnels au sein desquels se distinguent un ou plusieurs paramètres chiffrables, pour lesquels sont déterminés des seuils de révision :

« les parties signataires conviennent de se rencontrer dès lors que l'augmentation des prix, mesurée par l'indice INSEE atteindrait un niveau de 102.3 en 1995 (base 100 au 01.01) »[135].

92 - D'autres dispositions conventionnelles s'attachent à faire face à des changements indéterminés et donc d'origines diverses. Les parties prévoient bien sûr de se rencontrer quand les changements en question ont des conséquences critiques pour l'acte en cause. La description de ces dernières est forcément assez floue et ne manque pas de susciter des problèmes d'appréciation :

---

du 13/06/1998 ont prévu leur révision en cas de modification de la législation ; par exemple, acc. Samsonite SA du 06/08/1998 (modifié par avenant du 14/09/1998), art. 14 : dans le même sens, acc. Groupe Commercial Union France du 01/07/1998, art. 12. Cette attitude se justifie par la proche perspective d'une seconde loi portant sur la réduction du temps de travail.

[133] Voir aussi, mettant en œuvre la loi Aubry n° 98-461 du 13/06/1998, l'acc. Charot SA du 21/09/1998, art. 1 ; dans le même sens, acc. J.-C. Decaux services du 09/07/1998, art. IX qui prévoit une dénonciation par l'entreprise qui rendrait caducs l'ensemble du texte et ses annexes (ce dernier associe maladroitement les termes de dénonciation et de caducité (dans le cadre d'une résolution conventionnelle)) reproduits in *« 35 heures, mode d'emploi »*, préc. pp. 290 et 304.

[134] Accord-cadre Elf-Aquitaine du 08/03/1995 pour la consolidation du régime de retraite complémentaire LS 1995, légis. soc. n° 7242 C3 ; voir aussi Accord du Crédit Lyonnais sur la réduction et l'aménagement du temps de travail (Loi Robien volet défensif) du 12/12/1996, LS 06/01/1997, légis. soc. n° 7581 C3 dans son art. 3 qui vise l'abaissement de la durée du travail.

[135] Roussel Uclaf, convention sociale 1995 et accord d'entreprise du 17/02/1995 concernant la formation des jeunes, LS 10/03/1995, légis. soc. n° 7225 C3.

« au cas où des dérives seraient constatées dans l'exécution de l'accord, les parties signataires se rencontreraient pour examiner la situation »[136] ;

« si des difficultés d'application se posaient, il (l'accord) *pourrait être modifié par accord entre les deux parties »*[137] ;

« il est retenu le principe d'une réunion immédiate si des difficultés particulières venaient à apparaître »[138] ;

« si s'avéraient nécessaires des modifications jugées substantielles par l'une ou l'autre des parties (exemple donné), le présent accord ferait l'objet d'une renégociation avec l'ensemble des organisations syndicales »[139].

Ces clauses veillant à la sauvegarde de l'acte collectif ont beaucoup à voir avec la clause de « hardship », connue en matière commerciale. Cette dernière envisage les situations d'altération inattendue et profonde de l'équilibre du contrat et se révèle tout de même différente des clauses d'adaptation qui nous intéressent. En effet, la clause de « hardship » stigmatise le bouleversement de l'équilibre des prestations des cocontractants. Cette référence à l'équilibre du contrat rappelle son caractère synallagmatique ; l'exigence d'un *bouleversement* s'explique par l'acceptation du risque contractuel. D'ores et déjà, il faut rappeler que l'accord collectif, même si on s'en tient à sa phase d'élaboration, n'est pas un contrat synallagmatique. Il n'y a pas lieu de se soucier d'équilibre des prestations. Que dire des désormais célèbres accords donnant-donnant ? Il semble inexact de parler à leur endroit de synallagmatisme. Les salariés ne s'engagent pas à la réalisation de prestations[140] mais *concèdent* des réductions ou des suppressions d'avantages. Cependant l'acte a un équilibre interne, entre promesse (de l'employeur) et concession (des salariés). Théoriquement, on peut concevoir qu'un texte fixe un seuil au-delà duquel des réductions d'avantages (d'ordre salarial, par exemple) imposées aux salariés seront remises en cause dès que sera réalisé un bénéfice donné. Dans l'air du temps, il est aussi envisageable que tel ou tel point de l'accord soit revu en cas de difficultés économiques déclarées. Les clauses d'adaptation réagissent parfois à la mise en péril de l'intérêt de l'entreprise quand la négociation à ce stade participe à la gestion économique de cette dernière. Dans ce cas, les parties prévoient en général et plus radicalement la fin du dispositif mis en place. A ce propos, elles n'attendent pas toujours la mise en péril de l'entreprise pour stipuler des causes de caducité :

---

136 Accord d'entreprise du 25/11/1994 des Chantiers de l'Atlantique, sur l'organisation du temps de travail, pour la mise en place d'horaires individualisés ; LS 1994, légis. soc. n° 7173 C3.

137 Accord-cadre Elf-Aquitaine du 08/03/1995 pour la consolidation du régime de retraite complémentaire LS 1995, légis. soc. n° 7242 C3.

138 Accord d'entreprise du 19/01/94 de Jean Lefebvre (BTP), sur l'aménagement du temps de travail ; LS Doc n° 127/94 R.

139 Banque Directe-CCF, accord sur l'aménagement du temps de travail LS légis. soc. n° 7199 C3.

140 Sauf obligations d'ordre secondaire.

« (...) dans le cas où le dernier alinéa de l'article L. 431-1 du Code du travail trouverait application, au niveau du groupe AXA ou de certaines de ses parties, quelle qu'en soit la raison, le présent accord et l'ensemble de ses dispositions seraient d'emblée caducs »[141] ; ou encore :

« 2.2 Dénonciation

Le présent accord pourra être dénoncé sous préavis de trois mois par lettre recommandée.

Le présent accord pourrait être remis en cause notamment aux motifs suivants :

** modifications des dispositions réglementaires et législatives ayant contribué à la conclusion du présent accord ;*

** suppression de l'aide de l'Etat avant la fin de la période de sept ans ;*

** baisse significative du résultat de l'entreprise rendant inéluctable une restructuration »*[142] ;

En écho au deuxième cas de caducité, certains des accords conclus en application de la loi Aubry I stipulent leur caducité automatique en cas de suppression ou de suspension de l'aide financière de l'Etat[143].

Enfin, on peut noter cette clause :

« Article 1 : Durée de l'accord

Le présent accord est conclu pour une durée indéterminée avec clause résolutoire. Il deviendra caduc si les parties signataires ne parviennent pas à se mettre d'accord sur les modalités de la réduction du temps de travail à partir du 1er janvier 1998. (...)»[144].

93 - Les revendications salariales, quant à elles, ne sont jamais planifiées conventionnellement. Les clauses de sauvegarde ou d'adaptation, accessoires au contrat, n'ont pour but, en effet, que de maintenir le rapport de forces entre les parties. La revendication, plaidant quant à elle pour un contrat différent, est affaire de valeurs et ne donne pas matière à dire le droit. Sauf ces considérations d'équilibre du contrat, et comme on a pu le constater à l'aide d'exemples, la convention collective reprend son habit réglementaire et son inadaptation est mesurée à l'influence néfaste qu'elle a sur son environnement ou au fait qu'elle ne remplit plus ses objectifs.

La plupart de ces clauses souffrent du peu d'attention accordé au droit à la négociation collective. Leur relation au principe du plus favorable

---

141 Accord sur les instances sociales Axa en France du 19/03/1996, LS 28/03/1996, légis. soc. n° 7439 dans son art.8-1.

142 Accord Quelle France sur l'aménagement et la réduction du temps de travail (Loi Robien-volet offensif) du 21/01/1997, LS 17/04/1997, légis. soc. n° 7653 C3.

143 Aussi en cas de défaut d'obtention de cette aide. Par exemple, acc. Thomson-CSF-Optronique du 12/06/1998, art. 6-2, reproduit in *« 35 heures, mode d'emploi »*, préc. p. 265.

144 Accord Thomson-CSF Services Industries sur la réduction du temps de travail en vue d'éviter des licenciements du 26/06/1996, LS 23/07/1996, légis. soc. n° 7500 C3 ; voir aussi accord VVF sur la réduction, l'annualisation, la modulation et l'aménagement de la durée du travail pour la création d'emplois stables du 23/09/1996, LS 04/10/1996, légis. soc. n° 7534 C3.

n'est pas réglée et, de manière générale, elles connaissent un problème d'effectivité.

Section III : Validité et effectivité des clauses

94 - Les clauses précédemment décrites pêchent souvent par leurs termes trop vagues. Il est alors légitime de craindre que la stipulation ne puisse trouver application *(§ 1)*. Plus fondamentalement, la question de leur validité au regard du principe du plus favorable se pose *(§ 2)*.

§ 1 Effectivité et rédaction des clauses

95 - La force obligatoire des dispositions citées ne va pas sans laisser le juriste perplexe. A commencer par la possible ambivalence des termes qui rejoint la crainte de ne voir dans ces écrits que des « clauses de style ». Plus généralement, la fréquente imprécision de leur rédaction est un obstacle technique sérieux pour leur mise en œuvre. Il faut donc inciter les parties à y prêter une attention redoublée. Puisque leur accord y gagnera à tout coup en sécurité et en intensité, on peut penser qu'elles sauront s'y astreindre. Au-delà de l'écueil terminologique, on doit s'interroger sur la portée de l'obligation conventionnelle de négocier. Si le texte fait état d'une simple obligation de rencontre, il n'existe bien sûr aucune contrainte quant au dénouement du processus qui reste très ouvert. Si l'accord mentionne plus précisément un engagement ou une volonté de renégocier ou de réviser, on est en droit d'attendre des signataires la recherche réelle d'un consensus. La rupture anticipée du dialogue, la mauvaise foi dans le déroulement des négociations (rétention d'informations...) constitueraient des manquements à une obligation contractuelle, sanctionnables par le juge. Pour l'instant, ce dernier se contente de veiller à la réunion des parties, en temps et en heure. Même s'il est écrit que les parties s'engagent à adapter l'accord, on ne peut parler d'obligation de conclure. *Par nature*, l'obligation de négocier est rétive à cette fin, indépendamment de son support[145]. Il est toutefois possible que les accords sur l'emploi réactivent ces clauses. Les manquements des employeurs à leurs promesses quant au maintien de l'emploi ou de l'effectif pourrait, entre autres, conduire le juge à les forcer à renégocier[146].

§ 2 Validité et application du principe du plus favorable

96 - Le principe de faveur a envahi l'ensemble du droit qui organise l'activité salariée ; à ce titre M. le professeur CHALARON le qualifie d' *« âme du droit du travail »*[147]. Les clauses sur la fixation du terme, celles prévoyant des remises en cause ou les favorisant y sont-elles assujetties ? Plus

---

[145] F. LE FICHANT, *« L'obligation de négocier en droit privé »*, Thèse RENNES 1992, p. 62.

[146] M.-A. SOURIAC-ROTSCHILD, *« Engagements et arrangements sur l'emploi : quelle efficacité juridique ? »*, Dr. soc. 1997, p. 1061, spéc. pp. 1063 et 1064.

[147] Y. CHALARON, *« L'application de la disposition la plus favorable »*, Mélanges LYON-CAEN, p. 243.

concrètement, si on considère l'obligation légale de négocier une fois l'an les salaires dans l'entreprise, doit-on penser que les parties à ce niveau ont toute liberté pour en décider autrement ? La réponse n'est pas aisée. Certes, la règle du plus favorable dépasse le plan des rapports individuels en se détachant du contrat de travail. Dans le domaine des rapports collectifs, la conception d'un ordre public relatif a progressivement prévalu sur celle d'un ordre public absolu. La convention ou l'accord collectif peut ainsi prévoir un plus grand nombre de délégués syndicaux, un plus grand nombre d'heures de délégation, une plus grande liberté d'invitation de personnes extérieures à l'entreprise[148]... Ces hypothèses ont toutes en commun de mettre en œuvre des droits *« qui relèvent de l'organisation des relations collectives »*[149]. Madame MORIN oppose ces clauses avec celles qui ont trait *« au pouvoir des agents de la négociation dans l'exercice du pouvoir de négociation »*. Sont visées, dans ce dernier cas, les dispositions concernant la révision de l'accord ou son administration (clauses de bilan, de modification de la législation, ou instituant une gestion paritaire du texte ; plus largement, l'auteur vise les clauses de rencontre des parties ayant pour objet l'application de l'acte, destinées à préparer des négociations futures). Ce sont ces dernières, qui font intervenir les parties à l'acte et forment ce qu'il est de tradition d'appeler la partie obligatoire[150] de celui-ci, qui seules nous concernent. Qu'en est-il à leur endroit de l'application du principe du plus favorable ?

97 - La partie obligatoire n'est censée ne se préoccuper que des seules organisations syndicales signataires et de leurs membres. Mais la réponse à nos interrogations s'impose à l'identification de la raison d'être du principe de faveur. Il n'existe que pour protéger les salariés. Or l'intérêt des salariés investit l'ensemble du texte collectif. Il n'attend pas l'effet normatif des dispositions en cause. Madame MORIN rappelle que les syndicats ont pour mission exclusive et « existentielle » de parler au nom des salariés[151]. Jamais ils ne se défont de cet attribut. D'ailleurs, pour ce qui concerne la négociation collective, ce sont les salariés qui sont les *titulaires* du droit à la voir mener pour l'ensemble de leurs conditions de travail et d'emploi, ainsi que pour leurs garanties sociales. Le droit à la négociation collective est même un droit individuel, sous peine de voir les travailleurs isolés exclus de son emprise. Les syndicats ont, quant à eux, simplement *qualité* pour exercer ce droit. L'exemple-type de la clause qui est réservée aux agents de négociation est celle qui prévoit l'institution d'un permanent syndical. Elle ne peut être considérée comme indifférente à l'intérêt collectif du personnel ; et, à notre sens, il en va de même avec la disposition qui institue une priorité de réembauchage de ces permanents syndicaux. Même si ces clauses leur sont rarement applicables, les salariés ont à

---

148 G. LYON-CAEN, J. PELISSIER, A. SUPIOT, *« Droit du travail »*, Précis DALLOZ 1996, 18ème éd., n° 845.

149 M.-L. MORIN, *« La signature des accords collectifs - A propos de la réforme de la procédure de révision »*, RJS 2\93, p. 74, spéc. pp. 80 et suiv..

150 DURAND et VITU, Traité, t. III, n° 191 et suiv. ; J.-C. JAVILLIER, *« La partie obligatoire de la convention collective »*, Dr. soc. 1971, p. 258 ; Y. CHALARON, *« Négociations et accords collectifs d'entreprise »*, LITEC, 1990, n° 166, p. 155.

151 M.-L. MORIN, *« Les titulaires du droit à la négociation collective »*, Dr. soc. 1988, p. 24.

voir avec ce genre de décisions. Aussi bien, les obligations annuelle et quinquennale de négocier sont, elles aussi, et sans que cela se soit beaucoup remarqué jusqu'à présent[152]... visitées par « l'âme du droit du travail ». Quelles en sont les conséquences ? Il n'est pas possible, pour les acteurs de la négociation, de prévoir moins de réunions. En revanche, une fréquence plus importante de celles-ci est concevable. Le législateur, par ces obligations, n'a certes pas voulu imposer aux parties un rythme immuable quant aux renégociations ; l'ordre public absolu n'a, ici, pas lieu d'être. L'objectif poursuivi par ces dispositions est clair : il s'agit de promouvoir la négociation collective à tous les niveaux et en particulier dans l'entreprise. Que doit-on penser, en conséquence, des clauses organisant et restreignant l'exercice de cette activité essentielle au droit social en son entier ? A titre d'exemple, la plupart des accords prévoient qu'une demande de révision de l'acte collectif doit s'accompagner d'un projet précis concernant les nouvelles dispositions. En l'absence de toute proposition, les parties, dans leur ensemble, n'ont pas à traiter la demande. Plus avant et toujours à titre d'exemple, les signataires du texte collectif peuvent stipuler qu'aucune demande relative à la modification de celui-ci ne peut avoir lieu durant les six premiers mois de sa mise en œuvre ou de sa renégociation. Ce type de dispositions conventionnelles réglementent la révision et nous en traiterons plus spécialement à propos du droit à réviser. D'ores et déjà, leur validité apparaît douteuse ou du moins limitée[153].

98 - Quel que soit le sort à venir des clauses prévoyant une remise en cause, il faut saluer ces initiatives pour la maîtrise du temps. Il est cependant certain que tout ne peut être prévu. Outre l'imprévisible, il faut aussi se méfier d'une trop grande volonté d'encadrer l'avenir. De manière générale, il faut laisser la place à l'expression spontanée d'un besoin de remise en cause.

---

152 Ce thème est pratiquement vierge de toute jurisprudence.

153 Voir thèse n° 182 et suiv..

SOUS-TITRE DEUXIÈME

REMISE EN CAUSE IMPRÉVUE AU COURS DE L'APPLICATION DE L'ACTE CONVENTIONNEL

99 - Lorsque les agents de négociation conviennent ensemble de la nécessité de procéder à une remise en cause de l'acte collectif, aucun problème ne se pose quant à son éventualité. Pareil consensus laisse même entrevoir une fructueuse négociation prochaine. L'hypothèse d'un désaccord des parties est évidemment plus complexe mais aussi plus intéressante. Peut-on contraindre la partie salariale ou patronale à réviser un acte collectif ? La seule révision est, en effet, au cœur du problème ; la dénonciation, quant à elle, a un caractère unilatéral. Pour que la dénonciation soit recevable il n'est même pas nécessaire que le syndicat ou le groupement professionnel agissant soit soutenu par ses semblables, autres parties à l'acte[154].

Par ailleurs, il peut arriver que le désaccord dépende de l'exécution d'une clause contractuelle dont l'objet est de prévoir la révision de l'acte à un moment donné ou suite à un événement donné. Les parties sont alors divisées sur la portée du texte conventionnel. Le problème a trait à la fois à l'interprétation et à l'exécution de l'acte. Rien à voir avec le droit substantiel et la question spécifique des remises en cause à l'épreuve du temps. Consacrer un entier sous-titre au problème d'une « remise en cause forcée » n'a d'intérêt que

---

[154] La dénonciation n'aura toutefois, dans ce cas, qu'une incidence limitée et ne fera pas disparaître la convention ou l'accord collectif concerné.

lorsque rien n'est dit, au sein de l'accord, sur la révision envisagée. Dans ce cas, l'acte collectif dénaturé par le temps peut-il, à lui seul, dicter les termes d'une révision ? Plus modestement, une partie est-elle en mesure de forcer l'autre à s'asseoir à la table des négociations à fin de modification de l'accord ?

100 - La grève peut être utilisée pour contraindre la partie patronale à renégocier. En dépit du faible nombre de syndiqués et de l'épée de Damoclès du licenciement, elle reste d'actualité. Mais sans doute n'est-elle plus la même. La contestation est moins revendicative, elle peut être plutôt qualifiée de « réactive ». Les salariés protestent ainsi à l'annonce d'un plan social ou d'une fermeture d'entreprise. Lorsque les conditions économiques sont plus favorables, les mouvements se font plus revendicatifs[155]. La grève peut donc être à la source d'une révision ou orienter celle-ci en cours de négociation. La loi, à cet égard, prévoit toute une série de dispositions légales bien connues pour encourager la reprise du dialogue et aboutir à une renégociation de l'accord s'il y a lieu[156]. Il s'agit des articles L. 523-1 et suivants du Code du travail. L'administration du travail et le juge s'emploient également au même objectif. Nous reviendrons, à la fin de la première partie, sur ces modes de règlement des conflits collectifs. Pour alors, ce n'est pas tant la résolution du conflit mais son rôle générateur de remise en cause que nous tentons de mettre en lumière *(Chap. I)*.

101 - Si le cas de figure dans lequel le salarié est demandeur à la négociation est toujours d'actualité, il arrive de plus en plus souvent que l'employeur souhaite une négociation d'adaptation du droit du travail à l'entreprise. Face aux réticences des organisations syndicales, il recoure parfois à l'appui des salariés pour convaincre leurs représentants. Il organise alors une consultation de l'ensemble du personnel en espérant remporter une majorité de suffrages. Comme pour la grève, le référendum envisagé est celui qui précède la négociation[157] *(Chap. II)*.

102 - Indépendamment de manifestations de volontés ultérieures à l'élaboration de l'acte collectif, il est concevable que l'expression écrite des volontés initiales suffise à provoquer la remise en cause. Le temps érode le contrat, le dénature dans le cas le plus extrême et c'est cette dénaturation qui est parfois prise en compte par le droit. Le principe de bonne foi dans l'exécution des contrats est alors valorisé. En droit commun des obligations, le juge prononce parfois, en son nom, une obligation de renégocier. L'acteur judiciaire est là sensible à certaines revendications de parties en difficulté. L'impact du droit civil dans le domaine du social existe ; les débats d'il y a quelque temps autour de la jurisprudence Basirico sont éloquents à cet égard. Aussi bien, au profit d'une renégociation de l'acte collectif, il y a lieu d'envisager la transposition de la bonne foi en droit du travail *(Chap. III)*.

---

155 Pour preuve le mouvement de grève en 1997 chez le coursier américain UPS, pour l'obtention de meilleures conditions de travail.

156 Voir la thèse de M. CORPECHOT, *« Les modes de règlement des conflits collectifs du travail dans la CEE »*, Thèse PARIS II 1988.

157 Evidemment, certains référendums comme certains conflits collectifs prennent place au cours du processus de négociation afin d'influer sur les positions des partenaires en présence.

CHAPITRE PREMIER

LE RECOURS À LA GRÈVE

103 - Une grève proche de la conclusion d'un accord et revenant sur les thèmes de ce dernier pose problème au regard du principe légal de bonne foi dans l'exécution des contrats. Ce point rejoint l'examen d'une éventuelle clause –implicite ou pas- de paix sociale et doit être examiné premièrement *(§ 1)*. Quand ils se produisent, les conflits *incitent à la renégociation* et sont des *sources* de révision dans la mesure où ils se sont noués autour du droit conventionnel en place *(§ 2)*.

§ 1 Remise en cause et paix sociale

104 - Jusqu'à présent, on a envisagé la remise en cause de l'acte collectif sous un jour positif, puisqu'elle est garante de son adaptation et, partant, de sa pérennité. A priori, il n'existe pas d'obligation de paix sociale. Pourtant, une grande part de la doctrine française a plaidé pour un devoir de paix au moins *relatif,* c'est-à-dire concernant les points réglés par la convention collective. DURAND, influencé par la doctrine allemande, a voulu introduire cette obligation dans notre droit national[158]. Cette initiative n'a jamais eu d'écho en jurisprudence. L'obligation de paix, qui découle du principe de la force obligatoire des contrats mais aussi de sa loyale exécution, n'a jamais été de mise en droit français. Les milieux syndicaux en France et en Italie ont propagé l'idée

---

158 En ce sens, M. DESPAX, « *Traité de droit du travail, négociations, conventions et accords collectifs* », 1989 2ème éd, n° 206.

que, puisque la convention collective est un « constat », les syndicats ne prennent pas d'engagements pour l'avenir en la signant. Au final, cette idée a prévalu. Un acte collectif n'est pas un « contrat de paix ». Il fixe l'état des rapports professionnels à un moment donné ; il ne vaut rien pour l'avenir, sauf à servir de base pour des négociations futures. Qu'en est-il de la loyauté avec laquelle il doit être exécuté ? L'obligation d'exécution loyale, d'après l'article L. 135-3 du Code du travail, ne concerne que les organisations de salariés ou d'employeurs, pas les salariés eux-mêmes. L'argument, s'il ne manque pas de force, est néanmoins vite oublié s'agissant, par exemple, d'obligations de non-concurrence conventionnelles –et non contractuelles-. Peu de doutes planent sur la validité de telles obligations même s'il n'est pas évident que les salariés soient tenus par des clauses qu'ils ne se contentent pas de subir, comme la plupart de celles qui leur sont appliquées suite à l'entrée en vigueur d'un acte collectif. Se pose notamment le problème de la *connaissance* par les salariés de ces dispositions. Par dessus-tout, l'engagement de paix va à l'encontre du droit de grève. La dévolution exclusive –au profit de la loi- de l'aménagement de ce droit, prévue par le Préambule de la Constitution de 1946, ne permet pas aux agents de négociation d'intervenir. Est illicite toute interdiction de déclenchement d'un mouvement collectif à fin de révision[159].

105 - D'un autre côté, un engagement de paix sociale *–à durée limitée-* aurait sans doute permis aux organisations syndicales d'obtenir des avantages sociaux accrus. Si la réciprocité des engagements n'est pas souhaitable ni à attendre au sein de la partie dite « normative » de l'acte, il est concevable que s'instaure un équilibre des rapports de force au sein de la partie obligatoire. Aujourd'hui, le droit conventionnel se transforme en se décentralisant et la possibilité d'un statu quo à court terme mérite d'être envisagée à nouveau. Dans l'entreprise, les parties se rapprochent des sujets à l'accord et la paix sociale est, à n'en pas douter, une des composantes de la négociation à ce niveau. Surtout, et de manière plus universelle, peut-on tolérer que des syndicats signataires déclenchent une grève pour la révision d'un accord qu'ils ont récemment signé[160] ? N'existe-t-il pas un devoir de paix forcément relatif, forcément temporaire, à la charge des signataires d'un accord ? C'est la durée très limitée pour laquelle ce devoir serait effectif qui devrait le rendre possible mais le priverait du même coup de véritable utilité. Dans le même sens, certains attendaient de l'obligation annuelle de négocier de nouvelles règles du jeu dans l'entreprise. Elle se serait naturellement conjuguée avec l'obligation de paix sociale ; cela n'a pas été le cas.

106 - Toutefois, il nous semble qu'une meilleure santé du tissu conventionnel nécessiterait une bonne structuration de la négociation collective avec des périodes ciblées pour les négociations et des périodes de

---

[159] Cass. soc. 07/06/1995, Dr. soc. 1995, p. 835, obs. J.-E. RAY ; C. RADE, Dr. soc. 1996, pp. 42 et 57 ; RJS 1995, n° 933, p. 564 chr. J. DEPREZ ; JCP 1995, éd. E, I, 499, n° 8 obs. B. TEYSSIE ; D 1996, 575, obs. B. MATHIEU ; jurisp. soc. UIMM 1995, n° 586, p. 271 ; AJ CFDT 1995, n° 115, p. 17 ; CSBP 1995, n° 74, pp. 307 et 310 ; Sem. soc. LAMY 10/07/1995, n° 752, p. 6 ; voir thèse n° 341 et suiv..

[160] Cass. soc. 20/07/1982 JCP 1982, IV, p. 367.

réelles mises en œuvre des dispositions prévues dans l'accord[161]. Le législateur américain a d'ailleurs établi entre l'obligation de négocier et l'obligation de respecter l'accord conclu un lien étroit qui interdit, en pratique, le déclenchement d'un conflit en vue de remettre en cause les termes de la convention sur l'un des points tranchés. Cependant, le niveau de l'entreprise reste vulnérable face au libre arbitre de certains employeurs et parfois face à l'incompétence des représentants syndicaux ; l'interdiction de la grève aggraverait ces risques. Plus juridiquement, la question est de savoir si la vertu première de l'acte collectif continue d'être l'évolution en cas de changement des conditions économiques, juridiques ou sociales ou si les transformations de la négociation (en faveur de plages de paix sociale) vont avoir raison de cette vertu d'évolution. Il apparaît que face aux atteintes subies par les protections collectives, la jurisprudence s'attache à préserver les droits de chaque salarié[162]. L'évolution n'est pas non plus à attendre du législateur. Il n'est même plus certain, après la décision du 7 juin 1995[163] en matière de clauses d'attente avant-grève, que les organisations syndicales signataires soient réellement tenues par une clause de paix sociale qui les obligerait à tout faire pour éteindre un conflit naissant. Ainsi, au détriment de la notion de paix sociale, s'affirment la liberté de la grève et la renégociation.

§ 2 Grève et (re)négociation

107 - La négociation est au cœur de toutes les résolutions des conflits collectifs. Nous avons évoqué les dispositions conventionnelles prévoyant la (re)négociation à l'occasion d'une grève. Les parties ont la possibilité de prévoir la mise en place de modes légaux et non juridictionnels de conflits, lesquels font une large place à la (re)négociation. Il s'agit ici de prévision contractuelle et a fortiori d'accord des parties. Puisque nous nous penchons dans ce second point sur une remise en cause imprévue, il nous faut envisager les liens impromptus entre grève et renégociation. Il convient tout d'abord de préciser que l'attraction entre les deux notions dépend en premier lieu de l'objet du mouvement revendicatif. Encore faut-il, en ce qui nous concerne, que les dispositions d'un acte collectif soient au cœur de l'opposition des parties patronale et syndicale. La suite est d'intérêt mineur si les opposants s'accordent sur la nécessité de négocier[164]. Plus intéressant est le cas où la partie patronale prolonge son appréciation négative sur l'éventualité d'une révision en refusant de négocier sous la pression de la grève. Existe-t-il alors d'éventuels moyens de contrainte ? C'est le juge qui, seul, peut ordonner à l'employeur lui-même ou à l'un de ses groupements de rencontrer, à fin de dialogue, les représentants des salariés.

---

161 CFDT Aujourd'hui, *« Les nouvelles relations sociales : le défi »*, n° 109, 06/1993, p. 104. Le rapp. Coffineau, *« Les lois Auroux 10 ans après »* se fait l'écho de l'utilité des conventions et accords à terme fixe pour obliger les partenaires sociaux à revoir, à intervalles réguliers, l'ensemble du problème qui fait l'objet du texte conventionnel.

162 A travers une certaine valorisation de la source contractuelle ; voir toutefois le bémol apporté par le projet de seconde loi Aubry (cf thèse n° 552 et suiv.).

163 Arrêt préc. note 159.

164 Reste, et ce n'est pas la moindre des tâches, à faire aboutir la négociation.

108 - Avant de développer ce rôle de médiateur –au sens large- que remplit l'acteur judiciaire, il nous faut préciser que ce dernier ne peut en aucun cas résoudre lui-même le conflit. Il ne saurait en être autrement puisque le juge est dans l'incapacité de modifier les actes collectifs. Cette solution est nettement affirmée dans le « conflit Peugeot » par le juge des référés[165] qui dispose :

« Attendu que la fixation des salaires relève de l'autorité du chef d'entreprise, à défaut d'accord avec ses interlocuteurs ; qu'aucune juridiction de l'ordre judiciaire n'a qualité pour statuer sur un tel problème ».

Toutefois, en filigrane du refus de prononcer l'expulsion des grévistes occupant les locaux de l'entreprise ou en empêchant l'accès et à travers la nomination d'experts, se profilent[166] le jugé du caractère raisonnable des revendications et celui du degré de rigidité de l'attitude patronale. De manière explicite, la partie judiciaire plaide alors pour une réelle écoute patronale des réclamations salariales. Ce parti pris apparaît nettement dans le jugement du Tribunal de grande instance de Paris[167] qui, à la suite d'une mesure d'information préalable, refuse la demande d'expulsion en ces termes :

« En définitive, aussi bien le caractère non manifestement illicite du trouble occasionné en l'espèce par les piquets de grève que le refus de négocier de bonne foi, de façon réelle et sérieuse, conduisent à rejeter en l'état la demande d'expulsion ».

109 - Si le juge peut être amené à regretter l'absence de négociation, il ne se reconnaît pas compétent pour en ordonner la tenue en dehors des obligations légales[168]. Néanmoins, outre l'émergence d'un principe général de négociation, ne pourrait-on considérer qu'une injonction en ce sens relève de la mission du juge de concilier les parties ? Contraindre à négocier est une affaire délicate. Il faut rappeler que négocier n'est pas seulement dialoguer ; dans la première hypothèse les parties doivent avancer des propositions, des contre-propositions en étant déterminées à sortir du conflit par un compromis. En somme, la négociation requiert un état d'esprit qu'il est difficile de commander. Quand le législateur oblige représentants syndicaux et patronaux à négocier, il prend parti sur la nécessaire évolution de l'acte collectif sur les thèmes précisés par la loi. L'obligation, pour tout magistrat, d'officier en toute impartialité exclut de sa part l'ordonnance d'une injonction de (re)négocier. Outre de pareilles considérations sur un des principes généraux qui gouvernent la justice, il faut évoquer l'article 21 du Nouveau code de procédure civile qui fonde le pouvoir de conciliation du juge. Le terme « conciliation » a, en droit national, un sens bien précis qui fait référence à l'accord des parties. En revanche, lorsque cela lui paraît possible, le juge peut travailler à l'ouverture de négociations. Aussi bien, la recherche de terrains de conciliation, la bonne connaissance, par chacune des

---

[165] TGI PARIS 02/10/1989, JCP 1990, II, 21518 obs. F. BEAUCHARD, Dr. soc. 1990, p. 173, obs. A. JEAMMAUD ; voir aussi M. LE FRIAND, *« La grève, le juge et la négociation »*, Dr. soc. 1990, p. 167.

[166] Le juge constate aussi l'absence de trouble manifestement illicite.

[167] TGI PARIS 04/11/1987, Dr. ouvr. 1988, p. 28.

[168] Ord. TGI PARIS préc..

parties, des prétentions et des argumentations de l'autre sont primordiales. L'autorité judiciaire peut donc trouver opportun d'entendre les uns et les autres, de provoquer à cette occasion des entrevues tripartites. Parfois, la réalisation de tels objectifs nécessite la nomination de techniciens, d'experts[169] ou celle d'un médiateur chargé d'organiser la rencontre des représentants syndicaux et patronaux et de conduire d'éventuelles négociations. Certains ont critiqué ces procédures en analysant leur prononcé comme un déni de justice. En effet, la volonté de conciliation du juge ne répond pas directement à une demande patronale d'expulsion des grévistes. Toutefois, si le conflit se résout, les choses rentrent bien évidemment dans l'ordre. Reste au juge à se prononcer sur d'éventuels dommages-intérêts à verser à l'entreprise. De manière générale, l'accusation de déni de justice ne tient pas si le juge fixe un rendez-vous ultérieur afin de statuer sur la requête d'expulsion.

110 - La négociation de révision, comme toute négociation, permet à l'antagonisme existant entre les parties à l'acte de s'exprimer. A cette occasion, chacun peut essayer, très classiquement et comme au stade de l'élaboration de l'accord, de faire pression sur l'autre. Cependant, les très actuelles révisions in pejus et/ou celles qui transforment l'acte collectif en instrument de la gestion économique de l'entreprise se heurtent parfois aux solides réticences des organisations syndicales. Ainsi, au niveau de l'entreprise, pour amener les représentants salariaux à signer l'avenant ou pour se prémunir d'une éventuelle opposition, il n'est plus question de grève. L'employeur soucieux de la santé de son exploitation n'a pas bien sûr pas recours au lock-out. Il introduit une troisième volonté dans le processus modificatif : celle du personnel.

---

[169] La jurisprudence abonde en décisions qui, sur le fondement de l'article 145 du NCPC, ordonnent la nomination d'experts : TGI BOBIGNY 08/03/1974, GP 1974, I, 378 ; TGI PARIS 28/06/1979, Dr. ouvr. 1980, p. 72 ; Cass. soc. 26/07/1984, Dr. soc. 1985, p. 118 ; dans cette dernière espèce l'expert est invité à *« recueillir tous renseignements sur l'ampleur et l'origine de la grève »* mais il lui est également demandé de faire le point *« sur les moyens d'y mettre fin »* ; voir aussi J.-E. RAY, *« Le juge et les conflits collectifs du travail »*, Dr. soc. 1986, p. 617.

CHAPITRE DEUXIÈME

LE RECOURS AU RÉFÉRENDUM

111 - La technique référendaire est d'utilisation croissante *(§ 1)* et coexiste souvent difficilement avec le droit de la négociation collective *(§ 2)*. Néanmoins, le référendum à fin de révision peut se concilier avec celui-ci, à condition pour l'employeur de respecter ses partenaires de négociation *(§ 3)*.

§ 1 Opportunité du référendum

112 - Le couple formé par la révision et le référendum se rencontre de plus en plus souvent en pratique. Il s'agit essentiellement de faciliter la révision in pejus, ou du moins celle qui établit un certain statu quo social, en organisant la consultation du personnel de l'entreprise. L'approbation d'une forte majorité est en général requise à cette occasion. Pour preuve certains accords d'entreprise récents, dits de partage du travail, qui associent la sauvegarde de l'emploi et le gel ou la baisse des rémunérations à la technique référendaire[170]. Bien sûr, ces initiatives ne sont pas légion mais elles ne manquent pas, par leur originalité et leur pertinence, d'interpeller qui se penche aujourd'hui sur la modification du tissu conventionnel d'entreprise. L'opportunité d'une consultation

---

[170] Accords Potain et Montabert, LS 22/03/1993, légis. soc. n° 6813 C3 ; Accords Thomson Tubes électroniques, LS 15/04/1993, légis. soc. n° 6826 C3 et Accords Thomson Brandt Armement, LS 06/10/1993, légis. soc. n° 6918 C3, cités par M.-A. SOURIAC-ROTSCHILD, *« Regards sur le référendum »*, LS, revue, 12/1993, p. 88 ; voir aussi sur ce phénomène et des exemples dans d'autres domaines J. GRIMALDI d'ESDRA, *« Nature et régime juridiques du référendum en droit social »*, Dr. soc. 1994, p. 397 ; *« Consultations ou négociations ? »*, LE MONDE-Initiatives, 17/01/1996, p. 5.

du personnel est évidente quand il s'agit, d'une part, de créer des obligations pour ce dernier. Les accords portant sur la retraite, la prévoyance et la participation financière en témoignent[171]. A la mise en place d'engagements on peut assimiler la remise en cause d'avantages collectifs[172]. Le référendum fonde ou renforce le consensus, garant d'un bon climat social, entre l'employeur et ses salariés. D'autre part, la faible audience des organisations syndicales auprès des salariés peut empêcher les prises de position syndicales constituant des reculs. Le référendum institue alors une légitimité certaine des dispositions collectives. Bien sûr, il n'est pas propre à la remise en cause de dispositions collectives et peut être utilisé à l'occasion d'un nouvel accord sans aucun effet modificatif. C'est dans ce cadre général que l'envisage le projet de seconde loi Aubry (art. 19). Dans le dessein d'une révision, sa mission ne se borne pas toujours à la stricte modification des dispositions conventionnelles en cause. Au-delà, parce qu'elle fait intervenir chaque salarié, la consultation anticipe sur la modification des contrats de travail si tant est que celle-ci soit nécessaire[173]. Quand vient le moment d'accepter ou pas la modification de leur contrat, les salariés sont évidemment guidés par le résultat du référendum. Nous reviendrons dans la deuxième partie sur cette concrétisation de la modification. Enfin, un succès référendaire met l'accord à l'abri du droit de veto que les organisations non-signataires, soucieuses de se rapprocher des salariés, n'utiliseront pas.

113 - Quel est l'avenir du procédé référendaire ? S'il est vrai qu'aujourd'hui, en des temps de précarité de l'emploi, il trouve sa place, qu'en sera-t-il pour le futur ? La crise conduit à la remise en cause d'avantages mais, au-delà, c'est tout le droit social qui s'est transformé ces dix dernières années. Il apparaît comme étant *aussi* un instrument de gestion économique de l'entreprise au service de l'intérêt de celle-ci. L'heure est à la « flexibilité »[174]. Toutes les sources du droit du travail en témoignent. Du côté du contrat, la rémunération et l'aménagement du temps de travail sont censés fonder la motivation du salarié et sa productivité en même temps que se développent ses obligations « d'après-travail »[175] et que, plus généralement, se renforce son lien à l'entreprise[176]. Pour ce qui est des sources conventionnelles collectives, elles acquièrent un rôle

---

[171] Art. L. 911-1 CSS ; art. L. 441-1 C. Trav..

[172] A ce sujet, on peut relever les réflexions de J. BARTHELEMY : « *Au-delà du domaine qui lui est réservé par la loi actuellement (l'auteur vise la protection sociale), le référendum mériterait d'être exploré comme instrument de définition du statut collectif du personnel, lorsque soit sont créées des obligations à la charge du salarié, soit sont remis en cause des avantages, tout spécialement lorsque, par l'accord dérogatoire, est renversée la hiérarchie des normes* », in « *Le référendum en droit social* », Dr. soc. 1993, p. 89 spéc. p. 96 *in fine*.

[173] C'est le cas quand le contrat de travail améliore l'accord d'entreprise. Le projet de seconde loi Aubry lie l'avantage de la légitimité à une modification des contrats de travail facilitée (art. 30).

[174] « *1997 : sous le signe de la flexibilité* », LS 02/01/1997, Revue de presse n° 2272. Les lois Aubry font encore une large place à la flexibilité : la réduction du temps de travail peut s'accompagner d'une baisse des rémunérations ; la loi fait une large place à l'aménagement du temps de travail dans l'entreprise.

[175] Ces obligations s'expriment principalement à travers les obligations de non-concurrence et de dédit-formation.

[176] F. GAUDU, « *Fidélité et rupture* », Dr. soc. 1991, p. 419.

marquant de mise en œuvre de la flexibilité. En effet, cette dernière se conjugue nécessairement avec adaptabilité. C'est aux niveaux de la branche et de l'entreprise que se concrétisent les dérogations autorisées par la loi. Ces stades collectifs, au sein desquels les organisations syndicales –directement ou indirectement- sont normalement garantes de l'intérêt des salariés, sont indispensables. Bien sûr, il ne faut pas oublier la mission de régulation économique et sociale impartie à la convention collective de branche qui est toujours porteuse du « minimum social ». Ainsi, si la convention et l'accord de branche sont concernés par cette évolution de la négociation collective, c'est dans une mesure relative, en considération du niveau de l'entreprise où négociation se conjugue fermement avec gestion économique et sociale[177]. Il s'agit donc de faire la part belle à l'intérêt de l'entreprise. Ce dernier est censé réunir intérêt de l'employeur et intérêt des salariés et installe au sein de l'entreprise un climat de consensus. Le référendum est alors tout désigné pour instaurer ce climat de collaboration. Au-delà de considérations propres aux difficultés économiques de notre temps, il véhicule l'idée séduisante d'une gestion plus commune de l'entreprise, imprégnée de l'idée démocratique.

114 - Cependant, le droit de la négociation collective est là. Quant à cette dernière justement, si le monopole des organisations n'est plus de mise[178], l'exigence d'une caution syndicale demeure. Aussi bien, la consultation du personnel, on le pressent, atteint les prérogatives des organisations salariales[179].

Plus avant, le référendum est-il compatible avec le droit de la négociation collective et son louable objectif de promotion des intérêts salariaux ? Organisé à fin de révision, il présente des dangers certains.

§ 2 Incompatibilité du référendum avec le droit de la négociation collective

115 - En premier lieu, un accord peut-il être modifié en usant d'un succès référendaire ? En l'état actuel de la législation, aucun référendum ne peut, à lui seul, valoir accord collectif[180]. En effet, les règles d'élaboration des

---

177 J.-E. RAY, *« Droit du travail, droit vivant »*, Editions sociales 1997 6ème éd., n° 540. L'auteur y développe cette « logique nouvelle » de la négociation d'entreprise, outil d'organisation de cette dernière, outil de productivité et enfin outil d'adaptation des normes supérieures.

178 Loi n° 96-985 du 12/11/1996, LS 26/11/1996, légis. soc. n° 7558 C1 ; en l'absence d'accord de branche permettant la conclusion d'accords avec un salarié mandaté ou des représentants du personnel, la loi Aubry I n° 98-461 du 13/06/1998, a prévu que les entreprises pourront recourir à une procédure de mandatement spécifique si elles se placent dans le cadre des accords ouvrant droit à l'aide financière de l'Etat (art. 3 du texte de loi). Le projet de seconde loi (art. 19) ne dément pas cette forme de développement de la négociation collective (35 h. pouvant être mises en place par des salariés mandatés, des délégués du personnel et même par l'intervention directe du personnel).

179 En 1982, le Ministre du Travail, n'a-t-il pas affirmé devant l'Assemblée Nationale, lors du vote de la loi du 13/11/82, que l'introduction, dans notre arsenal légal, du référendum *« équivaudrait à la négation du fait syndical »*, in JOAN 06/1982, p. 3245.

180 La note ministérielle qui commente la loi du 12 novembre 1996 précise, concernant la voie du référendum, qu'aucune disposition légale ne la rend possible à ce jour, s'agissant de la négociation d'accords collectifs de travail distincts des accords spécifiques prévus par la loi dans certains domaines

conventions et accords collectifs de travail ont un caractère d'ordre public absolu. C'est la combinaison des mécanismes légaux avec la technique référendaire qui, seule, peut être d'actualité. Pourtant, dans un souci de prospection juridique, nous pensons utile d'examiner cette hypothèse de référendum valant avenant d'acte collectif.

116 - Pareille éventualité se heurte à la règle du parallélisme des formes et surtout à la tradition française qui veut que la voix des salariés s'exprime par représentation.

La règle du parallélisme des formes n'a pas –nous semble-t-il- grande valeur fondamentale. Ce principe, qui intéresse le droit en son entier, a plutôt rang de constat logique. Pour ce qui nous préoccupe, la loi du 31 décembre 1992 a d'ailleurs permis qu'*un seul* des signataires initiaux valide l'avenant[181].

117 - Toutefois, il n'est pas admissible que l'employeur recoure, par pure opportunité, aux suffrages des salariés lorsqu'il se heurte au refus des interlocuteurs habilités par la loi. Cette attitude conduirait à mettre ces derniers en porte-à-faux avec leur base. Si référendum il y a, il doit impérativement être suscité par l'accord des *deux* parties, patronale et salariale, et faire intervenir pour cette dernière une représentation des salariés concernés. Cette représentation doit-elle être syndicale ou bien peut-elle être élective ? Ces deux possibilités sont à envisager, de même que l'intervention d'un salarié mandaté. En résumé, ce sont, à notre avis, toutes les parties susceptibles de négocier qui peuvent et doivent être consultées, par l'employeur, sur l'intervention d'un référendum à fin de révision. Le projet de seconde loi Aubry prévoit l'organisation d'un référendum *« à l'initiative d'une ou des organisations syndicales signataires de l'accord »* n'ayant pas recueilli la majorité des suffrages lors d'élections. En cela, il évite que la consultation du personnel aboutisse à contourner l'opinion des syndicats.

118 - Par ailleurs, dans quelle mesure l'acte référendaire, à lui seul, est-il un *accord* ? Un accord implique une rencontre de volontés entre deux ou plusieurs personnes. Le référendum-contrat met aux prises celui qui se soumet à son résultat (ici l'employeur) et ceux qui sont consultés (la *totalité* des salariés). En effet, il ne saurait être question des seuls salariés ayant donné leur approbation puisque le secret du vote et le principe du succès de la majorité s'y opposent. En somme, pour que le référendum fonde à lui seul un contrat, le personnel d'une entreprise devrait avoir la personnalité morale. Cette dernière est aussi nécessaire pour reconnaître à l'acte référendaire une portée d'application étendue, comparable à celle de la convention ou de l'accord collectif d'entreprise définis à l'article L. 132-19 du Code du travail. Or on peut douter, concernant le personnel, de la reconnaissance à venir d'une personne morale. Il n'en est pas question dans

---

limitativement énumérés : prévoyance –au sens large- et participation financière ; voir Sem. soc. LAMY 24/02/1997, n° 828 ; LS 17/02/1997, C1, p. 5 ; Cass. soc. 13/05/1982, Bull. civ. V, n° 305 ; dans le même sens, Cass. soc. 18/12/1991, Bull. civ. V, n° 600. Le projet de seconde loi Aubry précise que les salariés, appelés à intervenir directement, approuvent *« le document précisant les modalités selon lesquelles la durée du travail est fixée (...) »*. Le document n'est pas, à l'évidence, un acte collectif ; logiquement, l'approbation n'y change rien.

181 Dans le même sens, pour les accords traitant de la protection sociale complémentaire, voir thèse n° 265, note 455.

le droit positif. De plus, une collectivité de travailleurs ne semble pas pouvoir se prêter à une telle qualification juridique.

Surtout, la notion d'acte collectif recèle plus qu'une rencontre de volontés. D'une part, elle s'oppose à la mesure unilatérale en suscitant un contre-pouvoir face à l'employeur. La tradition française d'expression exclusive des salariés par l'intermédiaire de représentations a jeté les bases d'une hostilité durable à l'idée démocratique majoritaire[182]. A cette occasion, nous mesurons les difficultés posées par l'expression directe de la collectivité des salariés. Le droit des sources collectives du travail a pour vertu essentielle de rétablir l'inégalité originelle employeur-salarié. Plus avant, le droit français a choisi de donner la parole à des groupements indépendants, capables de défendre une vision ambitieuse de l'homme au travail. Aussi surannés que peuvent paraître ces propos, ils ont le mérite de la générosité. D'autre part, nul ne peut dire si les salariés livrés à eux-mêmes feront valoir l'intérêt collectif. Leur décision ne se résumera-t-elle pas plutôt à l'addition de volontés individuelles ?

119 - Les exemples de la participation, de l'intéressement, de la retraite et de la prévoyance sont bien singuliers. Ces matières impliquent d'ailleurs le comité d'entreprise dans l'élaboration d'un *projet* présenté aux suffrages et c'est cela qui rapproche plus l'acte qui en est issu d'un accord[183] que d'une décision unilatérale. Outre ces dispositions spéciales, l'amplitude des attributions du comité d'entreprise l'installe comme interlocuteur obligé, sous peine de délit d'entrave. En revanche, en l'absence de toute représentation du personnel dans l'entreprise, la ratification ne transforme pas l'acte en cause qui reste une décision unilatérale, même si elle apparaît légitimée.

120 - Au sein de la combinaison précédemment évoquée, le référendum n'a et *ne peut avoir* qu'un rôle secondaire. Il faut travailler à lui trouver une juste place, où se conjugueront ses vertus et le respect des règles de la négociation.

§ 3 le référendum licite, après la négociation

121 - Le référendum a pour finalité, dans un premier temps capital, de décider en plein consensus la modification in pejus de la convention ou de l'accord collectif. Dans un deuxième temps éventuel, il a pour finalité d'envisager la modification des contrats de travail quand celle-ci s'avère nécessaire. Pour bien comprendre qu'il ne s'agit pas pour autant d'oublier les instruments, irremplaçables, que sont les conventions et accords collectifs de travail, il nous faut être concrets. Prenons l'hypothèse où l'accord d'entreprise est négocié et modifié par une ou plusieurs organisations syndicales représentatives. Les parties conviennent, et c'est là que se situe l'originalité de la technique référendaire, de soumettre l'accord à l'approbation d'une forte majorité du

---

[182] Cette tradition n'a pas été démentie par la loi sur le développement de la négociation collective et la loi Aubry I : élus et organisations syndicales sont sollicités dès lors qu'il y a *acte collectif*. Le projet de seconde loi permet au personnel d'approuver un *document* sur les 35 heures ; cette possibilité a, de plus, un caractère dérogatoire.

[183] Il faut comprendre que ce terme fonde un *contrat unilatéral*, comme l'accord collectif de travail.

personnel (75 % ou plus des suffrages exprimés). Cela revient à instaurer une condition supplémentaire pour l'entrée en vigueur du texte à portée collective. Cette intervention du référendum, postérieure à la négociation et à la signature de l'accord par les parties décrites à l'article L. 132-19 du Code du travail mais aussi par celles éventuellement mises en place par un accord de branche conformément à la loi du 12 novembre 1996 ou par les lois Aubry (notamment le projet de seconde loi Aubry), est –seule- respectueuse de l'intervention des organisations syndicales dans la négociation collective. En revanche, une consultation du personnel de l'entreprise se situant en amont de la négociation avec les interlocuteurs désignés par la loi pourrait créer, sur ces derniers, une pression aux accents démagogiques regrettable. D'un autre côté, on ne peut nier l'éloignement des syndicats de leur base ; le thème des horaires individualisés, à propos duquel salariés et représentants s'opposaient[184] a fini par contaminer beaucoup d'entreprises. Dans un cas similaire, un référendum incitant les représentations syndicales à négocier présenterait un sérieux intérêt. Mais on peut tout aussi bien craindre que la partie salariale n'exprime qu'un point de vue à court terme... Evidemment, le principe d'une consultation du personnel en amont de la négociation peut très bien recueillir l'assentiment des syndicats. Dans ce cas de figure et pour que les données du scrutin soient les plus claires possible, il est à notre avis souhaitable que les parties présentent aux suffrages un *projet d'accord*. Il s'agit d'inverser l'ordre des choses et de situer la négociation, ou du moins son départ, *avant* la consultation référendaire.

Si le processus révisionnel doit se poursuivre par une proposition faite à chaque salarié de modifier son contrat de travail, le référendum prend un autre relief. Le personnel de l'entreprise peut en effet mesurer l'adhésion aux dispositions envisagées. Etant donné qu'une majorité très confortable est en général de mise pour ce type d'opération, son succès peut emporter d'autres suffrages... a posteriori. Le salarié rétif face à la remise en cause subira la pression d'un entourage favorable. Cependant, et c'est là l'important, le principe reste celui de l'appréciation souveraine de chaque salarié, la majorité d'entre eux étant impuissante à rassembler[185]. De plus, en l'absence de consultation, la situation du salarié n'est pas vraiment plus satisfaisante. Il doit décider de la modification de son contrat de travail sans savoir dans quel sens se seraient globalement prononcés ses collègues. Cette méconnaissance ne constitue pas forcément un avantage.

122 - Au cas où le référendum ne remporterait pas les suffrages désirés, les parties patronale et salariale devront rechercher un nouveau terrain d'entente. Le référendum, allié au respect du principe de primauté de l'accord collectif, fait place aux voix des intéressés et fonde la crédibilité du texte en cause[186]. Dans ce sens, le projet de seconde loi Aubry y fait appel une fois

---

184 Le désir d'auto-gestion du temps de travail exprimé par les salariés a bien sûr fini par primer les réticences syndicales.

185 Il en irait autrement si le personnel d'une entreprise avait la personnalité morale.

186 En faveur de l'utilisation du référendum afin de *« légitimation (finale) des accords de gestion »*, S. YANNAKOUROU, *« L'Etat, l'autonomie collective et le travailleur »*, LGDJ 1995, p. 336 et suiv. ; en sens contraire, D. BOULMIER, *« L'expression majoritaire des salariés dans l'entreprise, lie-t-elle la*

l'accord de réduction du temps de travail signé par une ou des organisations syndicales, par un salarié mandaté ou par les délégués du personnel[187]. A l'heure où les syndicats manquent d'appuis, conjugué sur le mode préconisé, le référendum les rapproche de leur base sans pour autant les nier. En revanche, nous sommes plus réservés sur les dispositions de la partie VIII de l'article 19 du projet (document sur les 35 heures approuvé par les salariés et validé, quand elles existent, par les commissions nationales ou locales décrites à l'art. L. 132-30 du C. Trav.). Le législateur semble refuser à la seule intervention du personnel le pouvoir d'établir un acte collectif. Toutefois, les dispositions en résultant permettent à l'entreprise, semble-t-il, de bénéficier de l'allégement des cotisations et influent sur la modification du contrat du salarié. Elles ont donc même effet que l'accord collectif tout en n'en ayant pas la nature. Le fait que l'approbation par le personnel d'un document sur les 35 heures soit réservée à l'entreprise de moins de onze salariés et ait un caractère dérogatoire n'atténue que peu la position équivoque du projet à l'égard du référendum.

123 - Au cas où aucune pression de l'une ou de l'autre partie en faveur de la remise en cause n'aboutirait, celle-ci est-elle exclue ? Ne peut-on pas avoir recours à l'expression écrite de la volonté des parties à l'acte pour exiger l'évolution de ce dernier quand le temps dénature son application ? Il s'agit d'en appeler à l'exégèse afin de juger de la nécessité –ou pas- de remettre en cause. C'est à la lumière des stipulations conventionnelles et en considérant les bouleversements de l'environnement initial que peut s'imposer la révision des engagements. La réalisation de cette faculté dépend de la portée du principe de bonne foi dans l'exécution de l'acte.

---

minorité ? », Sem. soc. LAMY, 09/02/1998, n° 873 ; B. GAURIAU, *« Le référendum, un préalable nécessaire ? »*, Dr. soc. 1998, p. 338.

[187] Art. 19-VI et VII du projet.

CHAPITRE TROISIÈME

LE RECOURS À LA BONNE FOI DANS L'EXÉCUTION DE L'ACTE CONVENTIONNEL

124 - La vertu adaptative de la bonne foi n'est pas familière au juriste du travail. Mais on peut considérer que les clauses conventionnelles et collectives d'adaptation[188] sont des applications soignées du principe de bonne foi qui obligent les cocontractants à chercher un nouvel équilibre pour leurs relations. Par ailleurs, aux termes de l'article L. 135-3 du Code du travail, les organisations de salariés et d'employeurs liés par une convention ou un accord collectif de travail *« sont tenus de ne rien faire qui soit de nature à en compromettre l'exécution loyale. Ils ne sont garants de cette exécution que dans la mesure déterminée par la convention ou l'accord »*. Il est facile de rapprocher cet article du principe général de l'exécution loyale (de bonne foi) des contrats, principe que l'on trouve énoncé dans l'article 1134 du Code civil[189]. Ce dernier est étoffé par l'article suivant qui dispose que *« les conventions obligent non seulement à ce qui y est exprimé, mais encore à toutes les suites que l'équité, (l'usage) ou la loi donnent à l'obligation d'après sa nature »*. Ainsi, au-delà de ce qui est exprimé

---

[188] Voir thèse n° 74 et suiv..

[189] Voir B. TEYSSIE, *« Droit du travail - les relations collectives »*, LITEC 1993, 2ème éd., p. 363. Remarquons tout de même que l'article L. 135-3 n'impose qu'une obligation *de ne pas faire*. On peut se demander d'emblée si sa portée n'est pas moindre que celle de l'alinéa 3 de l'article 1134 C. Civ.. Cependant, en cette matière, les obligations de faire et de ne pas faire sont très liées.

dans le texte, les parties sont tenues d'adopter un comportement honnête dans leurs relations contractuelles.

Le droit des contrats servira donc d'appui *(§ 1)* pour une éventuelle transposition des solutions aux conventions et accords collectifs de travail *(§ 2)*.

§ 1 La vertu adaptative de la bonne foi

125 - La notion de bonne foi au sein des contrats a été relancée par de récents travaux doctrinaux[190]. Or elle a –parmi quelques autres semble-t-il- une vertu *adaptative* de l'acte juridique[191] qui nous concerne tout particulièrement. Certains droits légaux étrangers, favorables à l'imprévision[192], ont permis à leurs tribunaux de tenir compte des buts premiers recherchés par les parties lors de la conclusion du contrat. Ils ont imposé un rééquilibrage de celui-ci suivant la modification des règles du jeu économique. Un contractant de bonne foi ne peut profiter, lors de l'exécution de l'accord, d'une modification des conditions économiques qui n'est en rien imputable à l'autre partie.

126 - Plusieurs décisions des tribunaux et Cours français mettent en valeur la bonne foi dans la conclusion et l'exécution des contrats. Tout d'abord, un arrêt du 25 janvier 1983[193] a tranché en faveur d'un locataire qui garantissait son bailleur commercial en remboursant à sa place les échéances de l'emprunt qu'il avait souscrit pour acquérir. Le locataire ayant manqué à certaines obligations, il a été jugé que la mise en jeu de la clause résolutoire a été faite de mauvaise foi car elle aurait eu pour résultat de permettre au bailleur de récupérer le fonds de commerce sans bourse délier, contrairement à l'équité. Dans un arrêt du 6 juin 1984, un bail emphytéotique avait été consenti moyennant une redevance d'un franc : la mise en jeu de la clause résolutoire pour défaut de paiement d'un tel loyer a été jugée de mauvaise foi car excessive, disproportionnée[194]. Dans une décision du 5 juin 1991, le bailleur a encore été jugé de mauvaise foi parce que le délai prévu par la clause résolutoire elle-même pour

---

[190] R. DESGORCES, *« La bonne foi dans le droit des contrats : rôle actuel et perspectives »*, Th. PARIS II, 1992 ; Y. PICOD, *« Le devoir de loyauté dans l'exécution du contrat »*, LGDJ 1989, p. 199 et suiv. ; *« La bonne foi »*, Trav. Ass. H. Capitant, t. XLIII 1992.

[191] Voir Trav. Ass. H. Capitant préc. p. 224 et suiv..

[192] L'Argentine, le Brésil, la Pologne, le Portugal et la Turquie acceptent l'imprévision, essentiellement au nom du principe de la bonne foi. La Hollande a même codifié l'imprévision. Le texte de l'article du Code néerlandais en témoignant se présente ainsi : *« 1 - Le juge peut, à la demande de l'une des parties, modifier les effets du contrat ou le résilier en tout ou en partie en raison de circonstances imprévues d'une nature telle que, d'après les critères de la raison et de l'équité, l'autre partie ne peut s'attendre au maintien du contrat. La modification ou la résiliation ne peut être accordée avec effet rétroactif. 2 - La modification ou la résiliation n'est pas prononcée dans la mesure où les circonstances invoquées par le demandeur, de par la nature du contrat ou de l'opinion généralement admise lui incombent. 3 - Pour l'application du présent article, est assimilé à une partie au contrat celui à qui a été transmis un droit ou une obligation en résultant »*. Ce texte est rapporté par D. HAGENAARS, dans le rapport néerlandais des Trav. Ass. H. Capitant préc..

[193] Cass. civ. 25/01/1983, Bull. III, n° 21.

[194] Cass. civ. 06/06/1984, Bull. III, n° 111.

exécuter les travaux était trop court compte tenu de l'importance de ceux-ci[195]. C'est encore à la bonne foi que l'on peut rattacher la jurisprudence récente rendue en matière de marchés à forfait : si le maître de l'ouvrage demande des modifications trop importantes, la jurisprudence admet que le forfait est exclu car il y a *« bouleversement de l'économie du contrat »*[196]. Les cas relatés font indirectement place à l'imprévision[197] ; deux d'entre eux évoquent même la théorie de la lésion. Il y aurait mauvaise foi de la part de celui qui s'obstine à refuser de renégocier le contrat. Cet avis se trouve directement corroboré par deux célèbres arrêts de la Cour de cassation. Le premier, en date du 25 février 1992[198] et rendu par la chambre sociale, reproche à un employeur de n'avoir pas exécuté de bonne foi le contrat de travail d'une salariée en s'abstenant d'assurer son adaptation. Le second, en date du 3 novembre 1992[199] et rendu par la chambre commerciale, admet qu'un contractant favorisé par l'évolution économique pouvait voir engager sa responsabilité au titre de l'obligation d'exécuter le contrat de bonne foi. M. le professeur BENABENT voit quant à lui l'alinéa 3 de l'article 1134 *« se hisser peu à peu à la hauteur de l'alinéa 1er, que là où il y avait une colonne unique, il y aurait désormais un arc à deux piliers qui s'équilibrent et se répondent »*[200].

127 - Au sein du droit des conventions et accords collectifs de travail, l'article L. 135-3 du Code du travail est-il ou sera-t-il porteur des mêmes développements ? Aucune décision, à notre connaissance, n'en fait état. Plus avant, peu de décisions font valoir cet article[201].

Les réflexions ci-dessus relèvent donc de la prospection pour ce qui est de la matière des conventions et accords collectifs de travail laquelle, néanmoins, se prête de plus en plus nettement à l'analyse évoquée.

§ 2 Les conséquences de la rupture de l'équilibre de l'acte

128 - Cet équilibre, qu'il s'agit de maintenir par une renégociation provoquée par une décision jurisprudentielle, existe-t-il dans le domaine des actes collectifs ?

---

[195] Cass. civ. 05/06/1991, Bull. III, n° 163.

[196] Cass. civ. 24/01/1990, D 1990, p. 257.

[197] Qui pourtant n'a pas droit de cité en droit privé français ; V. VOIRIN, *« De l'imprévision dans les rapports de droit privé »*, Thèse Nancy 1922 ; Trav. Ass. H. Capitant t. 22 1970, *« Le rôle du juge en présence des problèmes économiques »* ; R. FABRE, *« Les clauses d'adaptation »*, RTDCiv. 1983, p. 1.

[198] Bull. civ. V, n° 121 ; RTDCiv. 1992, p. 760, n° 5 ; JCP éd. G, 1992, I, 3610, n° 8, obs. D. GATUMEL.

[199] Cass. com. 03/11/1992, Bull. civ. IV n° 340 ; RTDCiv. 1993, p. 124 ; JCP 1993, II, 22164.

[200] A. BENABENT, Trav. Ass. H. Capitant préc., *« Rapport français sur la bonne foi et l'exécution du contrat »*, p. 11 et suiv. ; dans le même sens, C. THIBIERGE-GUELFUCCI, *« Libres propos sur la transformation du droit des contrats »*, RTDCiv. 1997, p. 357, spéc. n° 29 et suiv. ; C. JAMIN, *« Révision et intangibilité du contrat, ou la double philosophie de l'article 1134 du Code civil »*, Dr. et patr. 03/1998, p. 46.

[201] Voir toutefois la jurisprudence Basirico et particulièrement Cass. soc. 19/02/1997 *« Cie générale de géophysique c/Bloy et autres »*, jurisp. soc. UIMM 1997, n° 609.

La réponse est nuancée car ces derniers ne sont pas voués au synallagmatisme[202]. Néanmoins, y transparaît parfois une certaine interdépendance des dispositions qui dépend beaucoup de la lisibilité de la volonté des parties. L'exemple-type, en ces temps de crise, c'est l'accord d'entreprise dans lequel les salariés, en contrepartie de promesses quant au maintien de l'emploi, consentent à une réduction de leur temps de travail et corrélativement de leur rémunération. Dans ce type d'accords, la réciprocité est patente. Si la situation économique de l'entreprise s'améliore, ces mêmes salariés vont-ils pouvoir réclamer un retour au statu quo ante[203] ? Il est permis d'en douter. La même question se pose en présence d'un accord dérogatoire dont l'équilibre est évident. Prenons maintenant le cas d'un accord d'entreprise procurant au salarié des avantages. L'employeur, arguant de l'intérêt de l'entreprise en difficulté, va-t-il pouvoir contester ces avantages au regard du principe de bonne foi ? La réponse doit être très réservée.

Cependant, à condition qu'il y ait une rupture très nette dans l'interdépendance des dispositions de l'acte collectif (intérêt de l'entreprise mis en péril, retour certain de bénéfices pour l'entreprise, dénaturation de l'objectif de l'acte), l'application du principe de bonne foi n'est pas impossible. Dans l'hypothèse où des salariés sont mécontents de leur sort au regard d'un acte collectif, la grève leur permet de manifester leurs revendications. Sans qu'il soit aucunement question d'introduire un préalable au mouvement collectif, il apparaît qu'une action en justice, pour obliger à la renégociation, permettrait peut-être aux salariés d'éviter de trop lourdes pertes financières[204]. La grève est un instrument privilégié des salariés et ne doit pas les priver d'un recours à une action plus classique. De plus, c'est un droit individuel, qui exclut quelque peu les organisations syndicales. Bien sûr, la dénonciation est, pour elles, toujours possible mais la disparition de l'acte collectif requiert tout de même l'unanimité des syndicats signataires. D'autre part, la brutalité du mécanisme incite à rechercher la renégociation. Pourrait-on raisonner de même dans le cas de difficultés économiques de l'entreprise ? L'hypothèse est délicate. En effet, le progrès social a vocation à se pérenniser et il ne saurait être question de le réduire à la composante d'un équilibre contractuel. Plus avant, le droit conventionnel d'entreprise n'a pas vocation à être un contrat globalement synallagmatique. Sa finalité ne diffère en rien de celle de la convention de branche ou de l'accord

---

[202] Cf thèse n° 92.

[203] La jurisprudence insiste, et c'est une première étape, sur le respect des engagements de l'employeur : Cass. soc. 22/01/1998 commenté et reproduit partiellement in *« Non-respect d'engagements conventionnels »*, (D. J.) Sem. soc. LAMY, 09/02/1998 n° 873, p. 8 ; Cass.soc. 01/04/1997, Dr. soc. 1997, p. 646, obs. J.-E. RAY ; RJS 06/1997, n° 653 ; CSBP 1997, n° 92, p. 223 ; CA VERSAILLES 21/05/1996, RJS 10/1996, n° 1072. Sur la question, M.-A. SOURIAC-ROTSCHILD, *« Engagements et arrangements sur l'emploi : quelle efficacité juridique ? »*, Dr. soc. 1997, p. 1061 qui insiste sur l'importance de la précision –peu fréquente- des engagements patronaux. L'arrêt du 1er avril 1997 faisait état d'un engagement de ne pas licencier ; celui du 22 janvier 1998 a été rendu à propos d'un engagement de maintenir une activité sur un site donné (l'emploi n'était pas en jeu). Dans les deux cas, les salariés ont pu prétendre à être indemnisés.

[204] L'application du mécanisme civiliste n'est pas ici forcément défavorable au salarié et c'est une nouveauté ; A. SUPIOT, *« Le juge et le droit du travail »*, Thèse BORDEAUX 1979, spéc. p. 570 et suiv. sur l'influence du droit civil sur la jurisprudence sociale.

interprofessionnel. Il serait donc délicat d'intervenir avant que l'entreprise soit en difficulté, juridiquement parlant. En revanche, l'action patronale peut être envisagée dans un tel cas de difficultés économiques qui engendre une inadaptation objective de l'accord.

Par ailleurs, est-il concevable de mettre en application le principe de bonne foi sans véritable réciprocité du point de vue de son utilisation ? Il faut en douter. Trouvant sa source dans l'article 1134 du Code civil, la bonne foi va de pair avec la notion de synallagmatisme ou du moins d'interdépendance des prestations[205].

129 - L'éventuelle application jurisprudentielle du principe de bonne foi, dépendante de la lisibilité des conditions de conclusion de l'acte, ne pourrait être que limitée et réservée aux deux parties signataires de l'acte.

Il faut garder de ces développements l'opportunité d'une obligation de renégocier les accords inadaptés[206]. Sans doute est-ce au droit des conventions et accords collectifs de réfléchir à la mise en place d'une telle obligation.

130 - Au terme de l'examen des contraintes possibles en faveur de la remise en cause, il apparaît que le désaccord des parties, s'il trouve certains terrains d'expression, reste de résolution délicate. La dénonciation est souvent son seul aboutissement.

---

205 Le synallagmatisme suppose un équilibre des prestations ; l'interdépendance fait fi de la présence ou non d'un équilibre pour ne retenir que la réciprocité des prestations.

206 En particulier, les accords dérogatoires dans lesquels des contreparties sont prévues (modulations de type II et III ; à noter que le projet de seconde loi Aubry envisage de supprimer les différents types de modulations par un seul : art. 8 et suiv. du projet)

Conclusion du titre premier

• Il est recommandé aux parties de préparer, dès sa conclusion, la remise en cause de leur accord. La maîtrise du temps, qui est au cœur de la démarche, commence par la fixation –ou pas- d'un terme à l'acte négocié. Cette précision à laquelle les contractants ne manquent pas ne constitue pas la moins achevée des tentatives. Les partenaires sociaux doivent y consacrer beaucoup d'attention indépendamment des régimes de remise en cause applicables. Aujourd'hui les accords à durée déterminée progressent[207] ; ils conviennent à des textes innovants. Par ailleurs et de plus en plus souvent, les parties se contentent d'envisager la remise en cause. Les clauses de modification de la législation, prévoyant une renégociation ou une dénonciation sont désormais très courantes. D'autres dispositions ont parfois un caractère obscur. Pourtant, leur intérêt est grand et s'étend aux salariés en déclenchant l'application du principe de faveur.

• A défaut de prévisions contractuelles, la remise en cause aura un caractère spontané. En cas de désaccord des partenaires sociaux sur son principe, seul le rapport des forces arbitre. En particulier, un syndicat peut susciter une grève. les liens du conflit collectif avec la renégociation, vus par la jurisprudence, sont à améliorer.

Quant à lui, l'accord est encore impuissant à dicter une renégociation. L'employeur se trouve ici assez démuni ; l'utilisation du référendum étant incertaine, il ne dispose que de la dénonciation du texte pour amener le syndicat à la négociation.

---

[207] Certaines de leurs dispositions ont pourtant vocation à durer.

TITRE DEUXIÈME

LES MODES DE LA REMISE EN CAUSE

131- Il s'agit de discuter des changements[208] de contenu, de la disparition de l'acte ou de son application défaillante, provoqués par l'inadaptation du texte conventionnel[209]. Ces remises en cause sont pour le moins *suscitées*, *guidées* par les parties contractantes mais pas toujours réalisées par elles[210].

La révision et la dénonciation sont, sur fond d'autonomie collective, les principaux mécanismes de remise en cause. Aussi familiers soient-ils, les notions correspondantes ne sont pas abordées ou s'effacent derrière la technique juridique *(sous-titre I)*. Leurs régimes, complexes, font l'objet de plus d'attentions mais posent toujours de nombreuses interrogations *(sous-titre II)*. Enfin, changements du contenu et disparitions de l'acte collectif se retrouvent au cœur de mécanismes qui, incidemment, provoquent sa remise en cause *(sous-titre III)*.

---

[208] Ce terme, « changement », nous apparaît comme un pis-aller mais il est suffisamment neutre pour être générique. Celui de « modification », habituellement employé pour définir la révision convient certes mieux, à condition de s'entendre sur son acception (langage courant). Ce n'est pas évident dans la mesure où certains auteurs considèrent que la modification constitue un mécanisme à part entière de remise en cause (voir thèse n° 136 et suiv.).

[209] Ce n'est pas le cas de la disparition d'un acte collectif consécutive à celle des parties signataires ou de la disparition qui suit la restructuration de l'entreprise. Dans cette dernière hypothèse, c'est l'entreprise qui s'adapte, voir thèse, introduction note 55.

[210] C'est alors une commission ad hoc ou un tiers arbitre qui agit, conformément aux vœux des parties.

SOUS-TITRE PREMIER

LES NOTIONS ESSENTIELLES DE RÉVISION ET DE DÉNONCIATION

132 - Les objectifs que poursuivent les parties, en exerçant les droits de révision et de dénonciation, peuvent être assez facilement énoncés. La révision vise à adapter le texte concerné. La dénonciation, quant à elle, sanctionne son inadaptation ou, parfois, est utilisée dans le seul but de créer un vide conventionnel afin de presser l'issue des renégociations. Cependant, la révision, technique juridique à part entière, ne peut être utilisée pour décrire *tout* changement du contenu d'un contrat collectif. Ainsi, on ne peut parler d' « interprétation valant (ou portant) révision » si les parties à l'acte ne sont pas les auteurs de cette interprétation[211]. Il est plus correct de remarquer que l'interprétation a débouché sur une modification ou un changement du contenu de l'acte. Il reste aussi à préciser l'exacte mesure du changement (ou de la modification) opéré. Certes, c'est le dispositif entier du contrat qui est susceptible d'être touché[212], mais la révision peut-elle s'accommoder d'un changement d'objet ou de cause de l'acte ? Même si le mécanisme de dénonciation présente de ce point de vue moins de difficultés nous tenterons, en partant des conséquences certaines des deux techniques en question (changement de contenu et de

---

[211] De surcroît, l'interprétation est un mécanisme à part entière.

[212] Les variations dans la composition des parties au contrat ne relèvent pas de la révision. Aucune définition ne va dans ce sens.

disparition des actes), de cerner plus avant leurs finalités et les éventuels abus découlant de leur exercice *(Chap. I)*.

133 - Par ailleurs, lorsque les parties révisent, dénoncent, elles exercent les droits subjectifs correspondants. Les sources de ces droits sont en partie légales ; si le régime de la dénonciation date de 1982, celui de la révision est plus récent. Cependant, les conventions et accords collectifs s'emparent de plus en plus de ces droits pour organiser leur occurrence[213] mais aussi pour les restreindre. Cet essor de la source contractuelle pose la question de la portée et donc de la protection des droits en cause. Constituent-ils de simples facultés, essentiellement disponibles ? *(Chap. II)*.

---

[213] Voir thèse PI, TI, s. titre I et, pour les restrictions, n° 182 et suiv..

CHAPITRE PREMIER

LES FINALITÉS RESPECTIVES DES DEUX MÉCANISMES

134 - Les aboutissants de la révision sont flous. Quel(s) changement(s) recouvre-t-elle ? Il est légitime de s'essayer à la définition unitaire de ce mécanisme, d'une grande utilité pratique pour l'ensemble du droit *(sect. I)*.

Les problèmes gravitant autour de la dénonciation de l'acte sont mineurs à ce propos. Cette dernière vise à la disparition de l'acte, et c'est bien ce résultat qui doit être recherché, à l'exclusion de tout autre *(sect. II)*.

Section I : La révision, un changement du contenu de l'acte conventionnel

135 - Une seule certitude : après l'opération de révision, qui a pour conséquence de modifier les dispositions conventionnelles existantes et/ou d'aboutir à l'adjonction de dispositions nouvelles, le contrat se poursuit. Compte tenu de cette permanence à travers la révision mais aussi au vu des considérations sur la force obligatoire du contrat et sur sa traditionnelle immutabilité, il est légitime de se demander si tout changement, quelles que soient son importance et sa nature, peut constituer une révision du contrat initial.

La révision est une notion juridique transversale ; elle est familière au droit privé *(§ 1)* et en particulier au droit du travail à travers son contrat *(§ 2)* et sa norme conventionnelle *(§ 3)*.

§ 1 Quelques exemples de révision en droit privé

136 - En droit civil des contrats, on traite de la révision ; cependant, le mot même est absent du Code Civil de 1804[214]. Toutefois, il se rencontre dans la législation contemporaine la plus variée[215], mais coexiste avec nombre de termes s'en rapprochant : modification[216], augmentation/modération[217], majoration[218], réduction[219], indexation[220], variation[221], revalorisation[222], réévaluation[223], actualisation[224], évolution[225], modulation[226], adaptation[227]. Il est difficile, du moins a priori, de déterminer s'il entretient avec eux des rapports de complémentarité, d'opposition, ou d'inclusion.

137 - Dans un premier temps, on peut tout de même s'accorder à définir la révision comme *« la technique juridique par laquelle les parties au contrat modifient celui-ci dans son contenu, afin de l'adapter aux circonstances nouvelles »*[228]. Cette définition sera affinée par la suite.

138 - Ces modifications sont vues par le Code Civil originel comme autant de ruptures, elles riment avec altération et substitution, ne parlent pas d'évolution interne de l'acte et sont vécues comme des échecs. Cependant, les

---

214 Comp. le droit des traités avec la Convention de Vienne et sa partie IV, *« Amendement et modification des traités »* ; la révision est aussi familière au droit constitutionnel, voir le titre XIV, art. 89 de la Constitution du 4 oct. 1958.

215 Par exemple, art. 900-3 et 900-4 C. civ. ; loi n° 49-420 du 25/03/1949 révisant certaines rentes viagères constituées entre particuliers ; loi n° 64-678 du 06/07/1964 art. 19 sur les contrats d'intégration en agriculture. Nous concernant plus directement, les art. L. 132-7 et L. 525-4 C. Trav. parlant de révision des conventions et accords collectifs de travail.

216 Art. L. 112-2 al. 2 et L. 112-3 al. 2 C. Ass. dont on parlera infra ; art. 1836, 1840 C. Civ. et art. 449 al. 3 Loi 24/07/1966 sur la modification des statuts de société ; art. 1396 et 1397 C. Civ. sur la modification du contrat de mariage (le législateur parle aussi de changement).

217 Art. 1152 C. Civ. sur la modification de la clause pénale *par le juge*.

218 Loi n° 49-420 du 25/03/1949 révisant certaines rentes viagères constituées entre particuliers.

219 Art. 491-2 et 510-3 C. Civ. sur la réduction pour lésion ; art. 132-20 C. Ass. sur la réduction du contrat pour non-paiement des primes.

220 Art. 208, 294, 276-1 C. Civ. à propos de la pension alimentaire et de la prestation compensatoire ; ord. n° 58-1374 du 30/12/1958, art. 79 sur les clauses prévoyant une indexation.

221 Art. 208 C. Civ. précité et art. 833 du même code sur la soulte.

222 Ord. n° 58-1374 du 30/12/1958, art. 79-3 al. 2.

223 Art. 2148-4° C. Civ sur la réévaluation éventuelle de la créance donnant naissance au privilège ou à l'hypothèque.

224 Décret n° 78-373 du 17/03/1978, art. 3 sur la valeur actualisée, à la date de résiliation du contrat, de loyers non encore échus (dans le cadre d'un contrat de location assorti d'une promesse de vente ou d'une location-vente).

225 Loi n° 82-526 du 22/06/1982 relative aux droits et obligations des locataires et des bailleurs (loi Quillot), art. 52 al. 1.

226 Même loi, art. 52 al. 2.

227 Loi n° 64-678 du 06/07/1964, art. 20 et surtout art. L. 132-13 et L. 132-23 C. Trav. sur l'adaptation des conventions et accords collectifs lors de l'avènement de normes conventionnelles, supérieures et plus favorables.

228 C'est la définition donnée par le lexique de termes juridiques DALLOZ ; il faut toutefois se montrer réservé sur la définition des origines de la révision (cf thèse n° 151).

esprits ont bien évolué depuis et le contrat apparaît, aujourd'hui, naturellement immergé dans le flot changeant des choses. Il est sensible au problème du devenir qu'il intègre de plus en plus. Les fluctuations de notre environnement économique, ajoutées à la nécessité d'être adapté, ne lui ont guère laissé le choix.

L'accord collectif de travail, en prise avec les données économiques et sociales, ne fait pas exception. Les parties le révisent, changent son contenu. Reste encore à étudier l'importance du changement affectant alors le contrat. Autrement dit, quels sont les paramètres de ce dernier qui sont, dans tous les cas, maintenus après une opération de révision ? Nous sommes à la recherche d'une éventuelle frontière qui distinguerait des catégories de modifications et qui permettrait ainsi de mieux cerner la notion de révision.

139 - A ce propos, au sein d'un même contrat, on oppose en droit civil modification –révision ?- et novation[229]. La novation, qui substitue une nouvelle dette à une dette ancienne, laquelle est éteinte, est compatible avec une certaine continuation du contrat. Cependant, l'importance du changement et l'intention de nover des parties entraînent la disparition des clauses accessoires à l'obligation qui n'est plus. Ainsi, les sûretés de tous types tombent. Ce n'est pas le cas si les parties ont, par exemple, simplement modifié l'époque de l'exigibilité de la dette ou si le débiteur a consenti de nouvelles sûretés. Il n'y a pas non plus novation quand le remboursement d'un prêt doit avoir lieu non plus en francs, mais en livres, selon le cours du change. En effet, l'objet de la dette demeure le remboursement du prêt, l'objet de la prestation reste une somme d'argent[230]. Le seuil de novation est atteint dès que le contrat et/ou la prestation et/ou l'obligation changent d'objet[231] ; ces changements doivent être d'une certaine importance, laquelle rend incompatible les anciens objets avec les nouveaux. Il y a également novation quand l'obligation change de cause, ce dernier changement s'accompagnant parfois d'un changement de l'objet de l'obligation. Le terme « cause » désigne ici non pas la cause finale, but de l'opération, mais la cause efficiente, son fait générateur[232]. Il y a ainsi novation lorsque le débiteur d'une

---

229 D'emblée, l'assimilation de la modification à la révision est guidée par les termes même de la définition que l'on adopte pour cette dernière (cf page précédente). Mais il ne faut pas oublier que le terme modification a un sens courant dans la définition. A ce sujet, les développements exhaustifs d'A. GHOZI, « *La modification de l'obligation par la volonté des parties* », LGDJ 1980. Voir également, sur la novation en général, C. PACTET, « *De la réalisation de la novation* », RTDCiv. 1975, pp. 435 et 643.

230 Il est important de définir et de distinguer les trois notions de l'objet auxquelles nous ferons appel dans ces développements : *l'objet du contrat*, défini comme l'opération juridique que les parties cherchent à réaliser (le transfert de la propriété d'un bien, la prestation d'un service...) ; *l'objet de l'obligation*, ce à quoi s'oblige le débiteur (délivrer un bien, réaliser une prestation) et enfin *l'objet de la prestation*, à savoir la chose qui fait l'objet de la prestation (une voiture...). Voir à ce propos J. GHESTIN, « *Traité de droit civil, la formation du contrat* », LGDJ 1993, 3ème éd., n° 675, p. 654.

231 Au changement d'objet de l'obligation il faut ajouter le cas où il y a adjonction ou suppression d'une condition qui atteint la substance de l'obligation initiale. C'est le cas lorsque l'obligation, de pure et simple, devient conditionnelle ou vice versa. C'est une concession à l'idée de novation par changement des modalités puisqu'en principe l'adjonction, la suppression ou la modification du terme d'une obligation ne méritent pas la qualification de novation. A. GHOZI a même construit une notion de novation plus restreinte dans la mesure où il écarte celle-ci lorsque les objets différents qui se sont succédés ont la même « valeur satisfactoire ».

232 Voir J. GHESTIN, préc..

somme d'argent (loyers, salaires...) devient débiteur de la même somme à un titre différent (en qualité d'emprunteur par exemple)[233].

Quels rapports entretiennent la révision et la novation ? Peut-on parler de rapports d'inclusion ? La novation requiert un changement d'une importance certaine ; la révision n'est-elle pas plus large[234] ? Peut-elle, à l'opposé, suivre la novation jusqu'aux changements profonds qu'elle peut impliquer ? Nous tenons à faire remarquer d'ores et déjà que *la révision s'applique au contrat, alors que la novation s'applique à l'obligation*[235]. La première doit logiquement montrer un plus grand respect des caractéristiques de l'opération juridique en question. Nous pensons ainsi que la révision ne peut aller jusqu'au changement de l'objet ou de la cause du contrat (l'opération juridique réalisée change). Ainsi, novation et révision entretiendraient des rapports de complémentarité (la révision vise, contrairement à la novation, des changements de peu d'importance ; la novation, contrairement à la révision, peut aboutir à un changement de l'objet du contrat) et non d'inclusion.

Enfin, il est important de souligner qu'entre novation et modification, la comparaison ne se résume pas à juger de l'importance des changements affectant les normes. L'intention des parties joue un rôle primordial et nous y reviendrons dans les conclusions à venir. Il n'y a pas novation sans intention de nover ; un changement potentiellement novateur ne se concrétisera pas sans cette intention. Selon M. le professeur GHOZI, il restera modification, les parties ayant manifesté la volonté de maintenir le lien de droit originaire.

140 - Un autre exemple très parlant de cette frontière délicate, au-delà de laquelle, suite à une modification, il y a rupture entre deux contrats successifs, peut être trouvé dans le droit des assurances.

L'article L. 112-2 du Code concerné qui dispose dans son alinéa 2 : *« est considérée comme acceptée la proposition faite par lettre recommandée, de prolonger ou de modifier* (réviser) *un contrat, ou de remettre en vigueur un contrat suspendu si l'assureur ne refuse pas cette proposition dans les dix jours après qu'elle lui est parvenue »* a suscité une jurisprudence significative de la difficulté du propos. Le concept de modification du contrat a mis en présence, en l'espèce, deux interprétations. Pour la plus restrictive, favorable à l'assureur, la modification ne peut concerner les données fondamentales du contrat ; à savoir sa durée, la faculté de le résilier, le montant de la prime, les obligations des parties... Pour l'autre, l'article L. 112-2 du Code des assurances concerne toutes les modifications, sans discrimination aucune. La jurisprudence a consacré en principe la deuxième interprétation[236], mais l'a

---

[233] Au critère objectif qui « mesure » la modification opérée et qui seul nous intéresse, s'ajoute une deuxième exigence pour qu'il y ait novation : l'intention de nover.

[234] Cf le terme de modification dans la définition.

[235] Du moins quand elle ne consiste pas en un changement de débiteur ou de créancier. En parallèle avec la révision, c'est la novation visée dans le 1° de l'article 1271 C. Civ. qui est en cause.

[236] Voir Cass. civ. 26/06/1961, GP 1961, 2, 233 à propos d'une résiliation anticipée. La C. Cass a posé à l'occasion que *« la généralité des termes de l'art. L. 112-2, lequel est d'ordre public, interdit d'introduire des distinctions entre les diverses modifications possibles du contrat »*. L'attendu est remarquable, mais la Cour suprême a modifié depuis sa jurisprudence en décidant que la résiliation du contrat ne constituait pas

assortie de limites concernant l'adjonction de garanties nouvelles[237]. Bien sûr, une adjonction de dispositions nouvelles peut être analysée comme une modification ; il faut pour cela prouver le lien de ces dispositions avec l'objet de l'obligation ou celui de la prestation de départ, qu'elle modifie. La proposition de l'assuré ne doit en aucun cas bouleverser l'économie du contrat en créant un risque nouveau. L'article L. 112-2 n'est pas plus applicable lorsque la garantie demandée a été antérieurement refusée par l'assureur. Il faut d'autre part que la proposition de l'assuré soit *suffisamment précise pour constituer une pollicitation susceptible de se transformer en accord par le seul acquiescement de l'assureur.* En liaison avec ce qui vient d'être dit, le départ entre ce qui est révision et ce qui ne l'est pas a beaucoup à voir avec les clauses du contrat, en ce qu'elles prévoient, ou non, ces changements. Ce qui nous intéresse reste toutefois une définition plus abstraite de la modification –révision- et ce indépendamment de la volonté des parties. La modification visée à l'article L. 112-2 du Code des assurances s'oppose-t-elle aussi à la novation ? Pratiquement, la modification portant sur des risques nouveaux peut-elle être analysée comme une novation par changement d'objet ? La novation réalise simultanément la disparition d'une obligation et la substitution d'une obligation nouvelle ; elle se contente de la transformation d'*une* des prestations ou obligations. Enfin, à travers l'intention de nover, elle se révèle bilatérale. L'adjonction d'une nouvelle garantie, qui pose problème en matière de modification de la police d'assurance, n'entre pas dans ce schéma. Il n'y a rupture que lorsque le changement requis par l'assuré est tel qu'il implique le remplacement du contrat existant par un autre, avec une redéfinition des prestations de *chacune* des parties[238].

Quand il y a « modification » du contrat d'assurance, y a-t-il a fortiori révision de ce contrat ? La réponse affirmative s'impose, en référence à la définition donnée plus haut. En revanche, la révision va au-delà de la « modification » au sens de L. 112-2. En effet, les réserves émises par la jurisprudence quant à la mise en œuvre de la modification tiennent au caractère unilatéral de la proposition et à la nature tacite de l'acceptation de l'assureur. Si les parties joignent explicitement leurs volontés, il ne fait aucun doute que le point de rupture est alors reculé.

141 - La révision est aussi une opération pratiquée par le juge. Les articles 900-4, 1152, 1244-1 du Code civil la prévoient expressément et respectivement pour l'objet de la prestation incombant au gratifié, la modération

---

une proposition de modification : Cass. civ. 5/02/1968, GP 1968, 1, 210 et Cass. civ. 28/04/1980, RGAT 1980, 523. Voir surtout Cass. civ. 21/05/1990, RGAT 1990, 533 où est admise l'augmentation des capitaux garantis dans les assurances de dommages (extension de garantie), plus récemment, Cass. civ. 11/10/1994, D 1995, jurisp. p. 177.

237 En ce domaine la jurisprudence a varié : voir Cass. civ. 28/11/1978, RGAT 1979, 341 ; en l'espèce, l'assuré, commerçant, qui avait souscrit une police le garantissant contre l'incendie, avait demandé à l'agent général une modification de son contrat par adjonction du risque vol. Un vol survint. L'assureur n'ayant pas répondu dans le délai s'en trouva pour ses frais. La Cour suprême est revenue désormais sur cette jurisprudence ; voir Cass. civ. 13/03/1990, RGAT 1990, 309.

238 Dans la novation il suffit qu'une des prestations ou obligations soit touchée.

de la clause pénale, l'octroi du délai de grâce. Dans ces trois cas, la révision judiciaire du contrat semble respecter la substance des engagements[239].

142 - A l'issue de ces exemples, il est délicat de cerner la notion de révision. Elle va à la fois plus loin et reste en retrait par rapport à la novation et elle inclut chaque fois la notion de modification.

Mais surtout, les concepts dont on discute sont soumis à des enjeux chaque fois très différents[240]. Dans le premier exemple, l'objet des développements est la recherche d'un seuil minimal pour qu'il y ait novation. Dans le second et pour la révision judiciaire, il est question, à l'inverse, du changement maximal. On peut ajouter à ces différences la prise en compte de l'esprit des textes. Il en ressort que la notion de modification est à géométrie variable. L'époque est aussi pour beaucoup dans l'appréciation des différents mécanismes. La novation, on l'a vu, discute des changements affectant l'obligation ; le passage d'un type de contrat à l'autre est normalement indifférent. Mais les modifications de législation et de réglementation sont aujourd'hui plus fréquentes et influencent les critères de la novation. D'autre part, les parties s'occupent de plus en plus de l'évolution de leurs relations ; leurs prévisions guident l'appréciation du point de rupture. Il est évident, par ailleurs, que la distinction novation/modification fait peu de cas d'une relation contractuelle évolutive.

Au final, le concept de révision, s'il se dessine, reste incertain[241]. Le droit du travail ne répond guère plus à nos interrogations.

§ 2 La révision du contrat de travail

143 - La jurisprudence a longtemps distingué à son sujet modification substantielle et modification non substantielle. La modification substantielle, qui se rapproche plutôt de la novation, ne lui a cependant jamais été assimilable. En effet, au-delà de considérations objectives, c'est par interprétation de la volonté des parties que la jurisprudence recherche ce qui a pu être considéré, par elles, comme essentiel lors de la conclusion du contrat. La novation implique bien sûr l'intention de nover mais la détermination des changements par nature novatoires se mène *aussi* avec des critères objectifs alors que l'appréciation du caractère substantiel de la modification varie profondément selon les espèces et en fonction de la volonté des parties.

144 - De manière certaine, la jurisprudence considère qu'il y a novation –par changement de cause et d'objet- lorsqu'il y a *substitution* à un contrat de travail de relations contractuelles de nature différente : contrat

---

239 N. LOUSSOUARN, *« Contribution à l'étude de la révision judiciaire des contrats en droit privé »*, Thèse RENNES I 1996, p. 32 et suiv..

240 Ces différences d'enjeux font que les conséquences même de la reconnaissance –ou non- de la réalisation d'une novation (maintien ou non des sûretés) n'ont pas de sens pour beaucoup de contrats.

241 Nous n'irons pas plus loin, cependant, sur cette notion de révision en droit civil. Nous espérions y trouver une aide pour traiter de la révision de l'accord collectif du travail, nous avons rencontré des notions à dimension variable ou inadaptées, et des pistes pour affirmer l'originalité du droit du travail.

d'association, contrat de représentation[242] ou mandat social[243] et bien sûr lorsque se manifeste l'intention de nover. Une partie d'entre elle reste divisée quant à la présence ou non d'une novation quand il s'agit de modifications d'une certaine importance affectant seulement des conditions d'exécution du contrat de travail (lieu, horaire, durée, rémunération, nature des tâches...)[244]. Il nous semble pourtant qu'un cantonnement de la novation à un changement de la nature du contrat est nécessaire. La révision coïnciderait alors avec la notion de modification du contrat de travail.

Au-delà de ces considérations, il faut noter que les conclusions émises sont en adéquation avec le contexte économique actuel qui rend probable la modification –importante- de la nature de la tâche d'un salarié[245]. Elle est même, parfois, la seule solution de remplacement face au licenciement. De la même façon, on peut constater que les changements par novation ou concernant le contrat d'assurance et n'entrant pas dans le cadre de l'article L. 112-2 du Code des assurances, étaient avant tout « contre-nature » eu égard aux contrats ou obligations qu'ils concernaient.

145 - La nouvelle jurisprudence sur la modification du contrat[246] a banni la distinction entre modifications pour désormais parler de modification du contrat *ou* de changement des conditions de travail. Elle distingue ainsi la sphère contractuelle du pouvoir de direction de l'employeur et renforce les observations précitées sur l'indifférence de l'importance de la modification. Cette jurisprudence a le mérite essentiel d'éluder la qualification de modification du contrat lorsque seul l'employeur décide.

§ 3 La révision de l'acte conventionnel

146 - La convention collective de travail, quant à elle, ne réalise pas d'opération juridique déterminée ; elle a vocation à couvrir le plus grand nombre de domaines parmi ceux concernant les conditions de travail, d'emploi et les garanties sociales. D'aucuns pensent même que, compte tenu du rôle nouveau de la négociation sociale, la définition de l'article L. 131-1 du Code du travail s'avère peut-être dépassée. En somme, on est loin des problèmes évoqués à propos du contrat civil et du contrat d'assurance. La convention collective de travail a un objet très vaste, et toute disposition concernant les conditions de

---

[242] Cf Cass. soc. 08/05/1967, Bull. civ. IV, n° 378 ; Cass. soc. 07/07/1988, Bull. civ. V, n° 435.

[243] Cf Cass. soc. 22/11/1972, Bull. civ. V, n° 636 ; la novation doit être établie et ne se présume pas, T. Com. Lyon, 22/06/1976, Rev. soc. 1977, p. 477.

[244] Et ce, indépendamment de l'expression d'un éventuel animus novandi, dont l'absence exclut bien sûr toute novation. Cf Cass. soc. 10/12/1984, JCP 1985, éd. G, IV, 68 ; en sens contraire, Ass. plén. C. Cass. 4/04/1983, D 1983, 381. Voir pour d'autres exemples et en faveur d'un cantonnement de la novation à un changement de nature du contrat de travail, Précis DALLOZ, *« Droit des obligations »*, p. 997, n° 1329 note 8 ; en sens contraire, un arrêt récent Cass.soc. 02/03/1994, RJS 04/1994, n° 376.

[245] Il est de plus en plus fréquent que le contrat de travail envisage ces modifications ; sont visées tout particulièrement les clauses de mobilité géographique et professionnelle ; voir J.-E. RAY, *« Droit du travail, droit vivant »*, Editions sociales 1997, 6ème éd., n° 148.

[246] P. WAQUET, *« La modification du contrat de travail et le changement des conditions de travail »*, RJS 12/1996, p. 791.

travail, d'emploi et les garanties sociales a vocation à s'y intégrer. En conséquence, il apparaît que tout changement du contenu de la convention collective doit être analysé comme une révision[247]. Ce qui est révisé, en l'espèce, ce sont les relations des parties entre elles, relations qui se transforment inévitablement. La convention collective organise le dialogue[248] patronat/organisations syndicales. On ne peut préciser son objet sans renier sa vocation à se compléter et les profonds changements qui peuvent affecter un acte d'une telle durée.

A l'appui de ces constatations, il faut remarquer l'évolution assez générale de l'objet des contrats. La collaboration des parties s'impose de plus en plus au détriment d'un objet du contrat résumé en une opération juridique à l'occasion de laquelle deux ou plusieurs intérêts se rencontrent furtivement[249].

147 - Une distinction s'impose cependant entre la convention et l'accord collectifs. La révision de la convention collective de travail ne va jamais heurter l'obstacle constitué par son objet. A l'inverse, si plusieurs accords séparés témoignent de la préférence des parties pour le morcellement des dispositions, la situation devient délicate. L'accord collectif porte sur un thème précis, ce thème ne fait-il pas partie de son intégrité ? Dans la probable affirmative, à la disparition de cet objet, ne doit-on pas conclure à la disparition de l'accord ? Si les parties provoquent la disparition de leur texte et mettent au point une autre série de dispositions *au cours de la même réunion*, il semble logique de traduire explicitement leur comportement en distinguant l'étape de la suppression de celle, consécutive, de la création d'un nouvel acte. Toutefois, cette distinction n'a pas beaucoup d'importance dans la mesure où la rupture d'un commun accord n'est pas une dénonciation. Il en aurait été autrement en cas d'hésitation sur l'application ou non des mécanismes de survie.

148 - Enfin, cette acception très large de la révision est confirmée par la loi du 31 décembre 1992 qui parle de révision de *« tout ou partie »* de l'acte[250].

Il n'y aura cependant pas révision en cas de dénonciation claire de l'acte précédant son immédiate renégociation. Si celle-ci échoue il y aura survie de l'acte puis maintien des avantages individuels acquis.

On peut concevoir également que la révision s'analyse en une transaction, ou encore expurge l'accord collectif d'un vice originel qui le menaçait de nullité. Mais il ne s'agit plus là de discuter du champ d'application de la révision, qui en ces hypothèses est évidente, mais de la licéité de celle-ci au travers des mécanismes de transaction et de consolidation de l'acte nul.

La modification de la convention et de l'accord collectifs de travail se traduit donc juridiquement par une révision, du moins tant qu'il n'y a pas rupture du lien conventionnel.

---

247 L'avenant en résultant, même s'il ne le mentionne pas explicitement, a la même durée que la convention collective dont il change le contenu : CE 30/12/1998, *RJS 3/1999, n° 398*.

248 Le terme « dialogue » est préféré à celui de « collaboration », compte tenu de l'antagonisme –selon nous irréductible- des intérêts des deux parties.

249 J. MESTRE, *« L'évolution du contrat en droit privé français » in « L'évolution contemporaine du droit des contrats »*, Journées R. SAVATIER 24 et 25/10/1985 PUF.

250 Art. L. 132-7 C. Trav..

Au terme des exemples précédents, il semble que l'on puisse définir la notion de révision comme *la modification de tout ou partie du contenu d'un contrat, pour autant que ce contrat conserve son objet, à savoir la même utilité économique*. La matière des conventions collectives se distingue dans la mesure où celles-ci ont un très large objet ; la révision permet *le maintien du lien contractuel, tout en modifiant le contenu de tout ou partie de l'acte collectif*. La poursuite du lien contractuel se retrouve dans le cas où la volonté réciproque des parties de rompre l'accord (mutuus dissensus) serait immédiatement suivie d'une renégociation.

Pour compléter l'étude de la révision dans la mesure des développements auxquels elle donne lieu ici, il nous reste à fixer un éventuel seuil minimal. Y a-t-il une modification minimum requise pour qu'il y ait révision ? Est-ce que cette dernière concerne notamment l'interprétation de l'acte (accompagnée d'une modification de celui-ci par les parties), son actualisation, son adaptation ? Le seuil dont il est question a à voir avec les tenants de la révision ; il ne s'agit plus des conséquences du mécanisme mais bien de ses origines ou, du moins, de sa mise en œuvre.

149 - L'interprétation de l'acte peut-elle engendrer une révision ? A priori, la réponse est négative. L'employeur qui a démissionné n'est pas tenu par les dispositions révisées postérieurement à sa démission, alors qu'il se doit d'observer la norme interprétée[251]. D'emblée, il peut apparaître délicat de faire la distinction entre une modification portant interprétation et une modification portant révision. Pourtant, deux éléments peuvent aider dans cette tâche. Tout d'abord, l'interprétation peut émaner d'un organisme ad hoc ; si l'activité de cette commission est suffisamment circonscrite, ce critère organique se révèle très efficace[252]. Ensuite, la révision a pour origine une inadaptation du texte collectif. Il ne s'agit pas seulement de préciser les positions conventionnelles, ce à quoi mène l'interprétation qui a un effet rétroactif. Ce second critère mérite attention car, lorsqu'elle est menée par les parties, la

---

[251] Il convient de nuancer cette observation compte tenu d'un arrêt remarqué de la C.Cass. en date du 10/02/1999 (ch. soc. Bull. civ. V, n° 65 ; Dr. soc. 1999, p. 422, obs. P. LANGLOIS ; RJS 3/1999, n° 396) qui juge *que « l'employeur qui démissionne (...) demeure lié par ces textes ainsi que par les accords postérieurs à sa démission lorsqu'ils ne sont que l'application de la convention ou de l'accord »*. La Cour va sensiblement au-delà du texte de l'art. L. 132-15 C. Trav. en considérant, en l'espèce, qu'un avenant traitant du niveau des salaires est conclu en application de la convention initiale (pas de nouvel avantage). En application de cette décision, doit-on désormais distinguer entre les négociations nouvelles et celles qui ne le sont pas ?

[252] Il nous faut ici faire état de la jurisprudence de la C. Cass. qui se montre réservée sur la portée de l'interprétation conduite par l'organe paritaire ad hoc (la loi du 13 novembre 1982 a rendu obligatoire l'institution de commissions d'interprétation dans les accords ou conventions de branche). A priori, cette interprétation n'apporte aucune modification au texte conventionnel sauf si les parties ont prévu que les avis de la commission s'intègrent automatiquement au texte de l'accord. Le juge doit dès lors, conformément à la volonté des parties, considérer l'avis comme faisant partie du dispositif normatif (Cass. soc. 11/10/1994, Bull. civ. V, n° 272 ; Dr. soc. 1994, 984-985 ; voir thèse n° 281). Par ailleurs, la même juridiction offre à l'ensemble des parties la possibilité de lier le juge en qualifiant un avenant d'interprétatif (Cass. soc. 01/12/1998, Dr. soc. 1999, p. 303 ; RJS 2/1999, n° 244 ; JCP éd. G, 1999, IV, n° 1123). Cette faculté est d'autant plus appréciable que, dans la même affaire, le juge admet la portée rétroactive de l'interprétation donnée. Pour en revenir à la distinction entre interprétation et révision, cette jurisprudence récente octroie implicitement aux parties la faculté de choisir entre les deux mécanismes.

procédure d'interprétation peut-être semblable à celle de la révision. Ceci étant, si l'interprétation n'est pas assimilable à la révision, elle aboutit parfois à une remise en cause de l'acte collectif[253].

Plus avant, prenons le cas de l'actualisation. On peut la définir comme une modification peu importante, qui frappe par son évidence, du texte conventionnel. Elle s'effectue sans renégociation ni même concertation (absence d'échange de propositions et de contre-propositions)[254]. L'employeur est-il tenu par la convention collective actualisée ? Sans doute. Les modifications entrant dans la capacité intrinsèque d'adaptation sont-elles des révisions ? Une réponse négative s'impose ; la révision requiert pour le moins une rencontre des parties pour permettre l'accord des volontés. Tout lecteur de la norme collective, averti des questions sociales qui y sont traitées, peut actualiser de fait son contenu, même si ce dernier reste inchangé en droit. La fixation annuelle du niveau du SMIC donne l'occasion d'une actualisation du texte collectif. Il est en revanche du ressort des parties de décider, suite à une ou plusieurs augmentations du salaire de base, *« le maintien d'un éventail assez ouvert des rémunérations »* ou le tassement de la hiérarchie en cette matière[255].

L'adaptation, quant à elle, découle de la survenance d'éléments économiques, sociaux ou juridiques qui impliquent une renégociation mais ne bouleversent pas l'accord dans ses fondements. La renégociation aboutie doit cependant être qualifiée de révision ; cette dernière ne renferme donc pas à tout coup la marque d'un « certain changement »[256].

A l'appui de cette opinion, il faut relever quelques hypothèses dans lesquelles le législateur parle de révision alors qu'un bouleversement économique ou social n'est pas toujours de mise. Il suffit de citer l'article L. 132-12 du Code du travail qui encourage la *révision* quinquennale des classifications ; l'article L. 133-5 4° du même Code impose à une convention de branche conclue au niveau national, pour pouvoir être étendue, de contenir des dispositions relatives aux procédures et à la périodicité prévues pour la *révision* du salaire applicable par catégorie professionnelle. Cependant, il nous faut aussi mentionner l'article L. 132-15 qui, à propos des droits et obligations des adhérents à la totalité des clauses d'une convention de branche ou d'un accord professionnel ou interprofessionnel, précise que ces derniers peuvent *« prendre part aux négociations portant sur la modification ou la révision du texte en cause »*. Que penser de cette distinction ? Elle signifie, par exemple, qu'un changement des seules modalités du texte collectif ne vaut pas révision mais modification. Il est toutefois peu probable que le législateur ait voulu, à travers l'article L. 132-15,

---

[253] Voir thèse n° 275 et suiv..

[254] L'actualisation doit à son appartenance au jargon économique de concerner des données chiffrées.

[255] J. PELISSIER, *« La négociation sur les salaires : problèmes juridiques »*, Dr. soc. 1984, p. 678, l'introduction.

[256] Voir pour l'opinion contraire, A. PECYNA, *« Les mécanismes juridiques de transformation de la convention collective de travail »*, Thèse Toulouse, 1981 et P. CHAUCHARD, Répertoire DALLOZ, Travail t. 2 *« Conventions et accords collectifs...(Droit de la négociation collective) »*, n° 206.

promouvoir la modification au rang de notion juridique. Il a plus sûrement tenu à englober toutes les renégociations, diversement nommées, prévues par l'accord.

Par dessus-tout, il ne semble pas que le vocable adaptation doive se distinguer par l'importance très moyenne du changement qu'il imprime à la norme. Le critère de distinction entre révision et adaptation ne se situe-t-il pas plutôt dans la présence ou non d'un dessein de mise en conformité, clairement affirmé à propos du deuxième phénomène ? A tel point que lorsqu'il est fait mention d'une adaptation, s'en suivent le plus souvent des précisions sur son origine et donc implicitement sur sa substance. Les articles L. 132-13 et L. 132-23 du Code du travail confirment cette acception du terme : ils encouragent tous deux la norme collective à s'adapter en cas de survenance d'un texte supérieur[257]. De la même façon, il paraît juste de parler d'adaptation à propos de bien des clauses conventionnelles favorisant la révision de la norme dès la survenance d'un événement donné.

De plus, il n'est pas toujours vrai de penser qu'un dessein d'adaptation est suivi d'une modification modérée en importance. D'un bilan sur l'application d'une norme peut découler son remaniement global ; lorsque les parties sont réunies, nul ne sait ce qu'il ressortira de leurs échanges. Enfin, il est de faible intérêt de ne pouvoir parler d'adaptation qu'a posteriori, sachant que, de surcroît, le départ entre ce qui est révision ou ce qui ne mérite pas de l'être est œuvre difficile et peu constructive. En effet, le seul intérêt à cette distinction serait de pouvoir, à son issue, dire ce à quoi reste tenu l'employeur démissionnaire d'un groupement patronal signataire. Or il semble bien qu'à partir du moment où il y a eu discussion des parties il n'est pas concerné par son aboutissement[258].

150 - S'il convient de ne pas tenir compte de l'importance des révisions, certaines d'entre elles nous intéressent cependant plus que d'autres. Quand elles se traduisent par un simple ajout de dispositions nouvelles, sans changement de celles qui sont existantes, le mécanisme modificatif n'est pas complet. Le droit d'opposition n'a pas lieu d'être mis en œuvre[259]. Par ailleurs, dans ce cas précis, il y aurait pu tout aussi bien ne pas avoir révision de la norme collective si les parties avaient choisi, comme cela se passe de plus en plus souvent, d'isoler les dispositions nouvelles dans un accord particulier. La révision par excellence est celle qui modifie des dispositions existantes. La « révision-ajout » ou « révision-complément » reste quand même une révision à part entière et il faut se garder de l'exclure de la définition que l'on peut donner de la technique. Conclure différemment reviendrait à oublier la particularité du droit social et son attachement (passé ?) à l'addition d'avantages. D'autre part et au final, nous sommes convaincus que la volonté des parties de maintenir le dialogue

---

[257] L'exégèse de ces articles n'est pas aussi simple. Nous y reviendrons dans la deuxième partie.

[258] CA NIMES 16/05/1979, JCP 1980, éd. CI, I, 8488, p. 55, n° 1, obs. B. TEYSSIE, les employeurs qui démissionnent doivent respecter les avenants *qui visent seulement à assurer l'application de la convention* ; en sens contraire, une récente décision de la Cour suprême (voir thèse note 251) qui tend à lier l'employeur dès lors que la discussion ne porte pas sur un nouveau thème (autrement dit dès lors qu'il y a adaptation ?)

[259] Cf thèse n° 250.

social ou, du moins, de s'essayer à ce maintien[260] est primordiale. Enfin, la distinction entre les deux formes de révision aboutirait à isoler les « vrais avenants » des créations d'actes par stipulation sur de nouveaux thèmes. Le tissu conventionnel à un même niveau serait formé de multiples accords, sans possible lien formel les uns avec les autres. Ce morcellement va à l'encontre de la tradition française qui privilégie la convention sur l'accord collectif[261] et refuse la dénonciation partielle d'un ensemble conventionnel[262].

151 - Au moment de livrer une définition de la révision, doit-on faire référence à des faits générateurs ? Certains lexiques parlent de *« circonstances nouvelles »*. La révision par les parties se distingue ici de la révision judiciaire qui régularise parfois des actes inadaptés dès leur formation[263]. Qu'en est-il des modifications guidées par l'application d'un texte qui révélerait ses insuffisances ? On ne voit aucune raison de leur refuser le qualificatif de révision. Leur omission, dans les différentes définitions, tient sans doute au caractère récent de l'introduction des clauses de bilan dans les conventions et accord collectifs de travail ; on en rencontre aujourd'hui de plus en plus dans les textes guidés par un objectif précis (notamment en matière d'emploi).

Nous terminerons donc par l'énoncé de notre conception de la révision des conventions et accords collectifs de travail : *le changement, par les signataires d'un acte, de tout ou partie de son contenu, à fin d'adaptation (du lien contractuel maintenu)*[264].

Cette définition de la révision l'oppose en principe, si ce n'est en pratique, au mécanisme de dénonciation.

Section II : La dénonciation, un rejet du lien conventionnel

152 - La dénonciation, mécanisme de rupture unilatérale d'un acte, provoque la disparition de la convention ou de l'accord collectif à durée indéterminée. Elle trouve son origine profonde dans l'interdiction, en droit français, des engagements à perpétuité, et il est utile de la comparer avec les autres modes de rupture unilatérale des contrats à durée indéterminée *(§ 1)*. Après

---

260 Les fractures entre les mécanismes de remise en cause ne sont pas aussi nettes. La prévision d'un terme déterminé pour un accord ne signifie pas forcément l'arrêt des relations entre les signataires à l'arrivée de l'échéance (voir thèse n° 50 et suiv.). Dans le même esprit, il peut arriver que la dénonciation précède la refonte globale d'un texte. La dénonciation peut faire alors l'unanimité des parties, qui ont pour ambition de *tout remettre à plat*. L'unanimité en matière de dénonciation c'est déjà le début d'un consensus, prélude à d'autres.

261 Voir l'article L. 132-11 C. Trav. qui dispose dans son alinéa 2 : *« Lorsqu'un accord professionnel a le même champ d'application territorial et professionnel qu'une convention de branche, il s'incorpore à ladite convention, dont il constitue un avenant ou une annexe »* mais également l'art. L. 132-19 C. Trav. : *« La convention ou, à défaut, les accords d'entreprise sont négociés entre l'employeur et les organisations syndicales de salariés représentatives dans l'entreprise (...) »* ; pour plus de développements, voir thèse n° 225 et suiv..

262 Voir thèse n° 158 et suiv..

263 Lorsque les parties régularisent, il convient de parler de réduction ou de régularisation du contrat.

264 Si l'avenant change toujours, parfois en complétant ; l'annexe complète seulement. Sur la durée de l'avenant, voir thèse note 247.

avoir évoqué sa signification, sa finalité, nous nous pencherons sur les conséquences du mécanisme, en abordant la mesure de la disparition de l'acte par dénonciation *(§ 2)*.

§ 1 Le refus d'espèce de l'engagement à perpétuité

153 - La dénonciation peut se définir comme *le* mode de rupture unilatérale de la convention et de l'accord collectifs de travail à durée indéterminée. Elle ne concerne pas l'acte à terme et, dans les esprits, est étroitement associée à l'absence de définition de la durée. L'acte à durée indéterminée fonde une base de relations a priori durable entre les parties. C'est justement ce postulat de stabilité des relations contractuelles qui rend impossible la prévision d'un terme. Dans le même temps, l'environnement économique et social particulièrement changeant ne peut être maîtrisé au-delà du moyen terme. Ainsi, même si les acteurs en question estiment que les engagements pris méritent un support solide, la réalité refuse l'engagement perpétuel. Le droit national va jusqu'à le prohiber[265]. Cette interdiction est guidée par le souci de ne pas voir une partie injustement prisonnière d'obligations qu'elle rejette. L'exigence d'unanimité ou d'une majorité pour mettre fin au contrat n'assurerait pas que soit satisfaite la faculté d'une juste délivrance. Un bouleversement de l'environnement du contrat est susceptible de n'atteindre qu'un seul des contractants. Dans ce cadre, la motivation de la rupture unilatérale est patente.

154 - Au regard de ce qui vient d'être dit, la dénonciation se révèle être un mode particulièrement brutal de fin de l'acte conventionnel. Comment ne pas la qualifier ainsi alors qu'aucune motivation n'est requise, qu'aucun délai de carence ne la restreint, qu'aucune négociation ne se pose comme son préalable ? Seul le préavis tempère les conditions de sa survenance. Si on prend l'exemple d'un autre acte à exécution successive, le contrat de travail, il apparaît que le caractère unilatéral de la rupture à l'initiative de l'employeur est principalement tempérée par l'exigence d'une motivation. D'aucuns, même s'ils conviennent que la dénonciation de l'acte collectif peut constituer un recul social ou au moins une rupture du dialogue entre les parties, rappelleront l'existence de la grève et surtout le régime de survie de l'acte dénoncé. Cependant, les conséquences de la dénonciation sont une chose ; la brutalité de la décision unilatérale en est une autre.

155 - Deux questions se posent alors : peut-on craindre, au regard de la facilité de mise en œuvre de la dénonciation, que la durée indéterminée soit abusivement stipulée ? C'est une hypothèse improbable, eu égard au caractère risqué de la dénonciation et au régime de maintien des avantages acquis ajouté à la survie du texte qui préservent de ce genre de manipulation. Il est une autre interrogation, qui nous semble beaucoup plus pertinente : les modalités de la décision de dénonciation ne méritent-elles pas d'être revues ? La stipulation d'un délai de carence ne réglerait le problème que très partiellement, pour la durée du délai qui ne pourrait qu'être brève. Le préavis

---

265 Art. 530, 619, 1709 et 1780 al. 1er C. Civ. ; I. PETEL, *« Les durées d'efficacité des contrats »*, LGDJ 1969, n° 551 et suiv..

est déjà de rigueur. Restent l'exigence de motivation et l'instauration d'un préalable de négociation. A la réflexion, ces deux mesures ne manquent pas d'intérêt. Certes, la loi organise une négociation dans les trois mois de la dénonciation. L'opportunité de cette dernière ne serait-elle pas plus évidente si elle se situait *avant* la mise en œuvre de la décision de dénoncer ? Elle contribuerait à diminuer le nombre des dénonciations patronales, dont beaucoup sont conduites par la volonté d'une renégociation des dispositions conventionnelles. D'autre part, la communication de la motivation permettrait que soit préparée cette ultime rencontre des parties avant que ne soit effective la décision de rupture déjà prise par l'une d'entre elles. Bien sûr, la réciprocité de ces formalités serait de rigueur. En somme, il conviendrait de favoriser le maintien de la convention ou de l'accord à durée indéterminée, conformément à la volonté implicite des parties et en considération de la promotion de la négociation collective par le législateur de 1982. C'est dans ce sens que statue la Cour de cassation[266] à propos de la célèbre affaire Berliet ; elle relève *« l'absence de recherche d'un accord préalable »*.

156 - Plus avant, cette espèce traite de l'abus du droit de dénoncer. Tous les accords d'entreprise avaient fait l'objet d'une dénonciation. Celle-ci fut suivie de la remise en vigueur, à titre unilatéral, de la partie des textes relative aux seuls droits individuels des salariés. Le tribunal de grande instance de Lyon[267], suivi par la Cour de cassation, a condamné au pénal l'employeur pour avoir entravé l'exercice des droits syndicaux et porté atteinte au fonctionnement régulier des institutions représentatives. Enfin, sur le mode de ce qui a été décidé pour l'usage[268], il faut préciser qu'une dénonciation ne survivrait probablement pas à l'illicéité de son motif.

§ 2 La mesure du rejet de l'acte par dénonciation

157 - Il s'agit de mesurer l'impact qu'a la dénonciation sur les relations collectives, étant acquis qu'elle a pour objectif –mais pas toujours pour conséquence- la disparition totale du tissu conventionnel. Cette mesure de la technique de la dénonciation se réalise utilement par comparaison avec ce qui a été dit précédemment sur la révision *(B)*. A l'appui du caractère fréquent de cette hypothèse, il nous faut préciser tout d'abord que la dénonciation partielle de l'acte collectif n'est pas permise, sauf dispositions expresses des parties en ce sens *(A)*.

---

266 Cass. crim. 24/02/1977, RPDS 07-08/1977, p. 164.

267 TGI LYON 02/12/1974, Dr. soc. 1975, p. 117 ; P. RONGERE, *« Vie et mort des accords d'entreprise : la dénonciation des accords Berliet »*, Dr. soc. 1975, p. 105.

268 Dans ce sens M. DESPAX, *« Dénonciation des conventions et accords collectifs de travail »*, in *« Révision, dénonciation et mise en cause des conventions et accords collectifs de travail »*, LITEC 1996, p. 49, spéc. p. 60 ; pour la dénonciation de l'usage pour un motif illicite, Cass. soc. 13/02/1996, LS 29/02/1996, légis. soc., n° 7424, (le quotidien) ; JCP éd. E, 1996, pan. n° 376 ; jurisp. soc. UIMM 1996, n° 594, p. 148.

A - La dénonciation partielle

158 - La dénonciation partielle est donc exclue, sauf stipulation contraire *(a)*. Si la règle est apparemment simple, la pratique, compte tenu du morcellement des actes, est plus complexe *(b)*.

a) La faculté de dénonciation partielle

159 - L'article L. 132-8 du Code du Travail est muet à ce sujet. La jurisprudence, dans un arrêt du 21 novembre 1973, a clairement énoncé le caractère illicite de la dénonciation partielle en déclarant, à propos d'un accord d'entreprise, qu'il forme *« en principe entre les parties signataires un ensemble contractuel réciproque dont certaines dispositions ne peuvent être écartées partiellement que d'un commun accord ou dans les conditions convenues »*[269]. Le fait que l'article L. 132-15 permette à une organisation syndicale de ne pas adhérer à la totalité des clauses d'une convention de branche n'ébranle pas l'interdiction. En effet, l'organisation ne peut dénoncer que lorsqu'elle a adhéré à la totalité des clauses. Et les termes de la loi sont assez laconiques quant à la liberté proposée aux parties en la matière : *« ils* (la convention et l'accord collectifs) *prévoient les conditions dans lesquelles ils peuvent être dénoncés »*. Que doit-on entendre par le terme « conditions » ? D'emblée, il est tentant de n'y voir que les modalités de la dénonciation. Cependant, la jurisprudence n'exclut pas d'autres stipulations contractuelles lesquelles, d'ailleurs, progressent en importance.

Toutefois, depuis 1973, les juges n'ont pas cessé de se prononcer en faveur de l'indivisibilité de l'acte collectif[270] qui découle, en principe, du caractère contractuel de ce dernier. Ce souci ancien pour le maintien de l'économie du contrat collectif ne peut manquer d'étonner si l'on veut bien considérer ce qu'est (ce que fut ?) aussi la norme collective. Est-il besoin de rappeler que l'acte conventionnel peut s'analyser comme un règlement, qu'il apparaît ainsi comme formé d'une suite d'avantages et qu'il peut être annulé partiellement ? Sous cette lumière, la partie normative de l'acte ne peut souffrir de se voir amputée.

160 - Si la solution jurisprudentielle est fondée, l'explication se trouve donc ailleurs. La dénonciation partielle est proche de la révision en ce qu'elle aboutit à modifier partiellement l'acte collectif. Elle peut remplacer le processus révisionnel, et c'est en cela qu'elle se révèle contestable. La dénonciation n'est guère favorisée par le législateur ; ses effets sont ouvertement limités par la survie de l'acte et le maintien des avantages acquis. La révision, qui œuvre pour le maintien du lien contractuel, est en revanche encouragée. Ainsi, la

---

[269] Cass. soc. 21/11/73, Bull. civ. V, n° 592.

[270] Cass. soc. 16/10/1974, Bull. civ. V, n° 478 ; Cass. soc. 15/10/1987, arrêt n° 3362 D. cité par R. KESSOUS, *« Dénonciation partielle des conventions et accords collectifs de travail »*, in *« Révision, dénonciation et mise en cause des conventions et accords collectifs de travail »*, LITEC (coll. Droit, t. VII), 1996 ; Cass. soc. 16/03/1995, CSBP 1995, n° 70 A26 commenté *infra* ; comp. Cass. soc. 30/03/1977, Bull. civ. V, n° 239 ; voir aussi M.-A. SOURIAC-ROTSCHILD, *« Les accords collectifs au niveau de l'entreprise »*, Thèse PARIS I, 1986, p. 1114 et suiv..

suppression d'une partie du texte collectif doit prendre, de manière prioritaire, la forme d'une révision. Cette solution découle tout naturellement de la hiérarchie que l'on peut établir entre les deux techniques fondamentales au regard de la loi. Sauf prescriptions conventionnelles en sens contraire, il est souhaitable que la dénonciation partielle soit exclue, un autre instrument juridique étant en l'espèce à la disposition des parties. Ou alors, ne serait-il pas judicieux d'obliger celui qui veut dénoncer partiellement, comme l'accord le lui permet, d'explorer préalablement la possibilité d'une révision en obligeant à une renégociation ? Dans le paragraphe précédent, à propos de la dénonciation en général, nous avons déjà conclu à l'opportunité d'une telle étape préalable.

161 - Si la recherche du dialogue entre les acteurs de la négociation s'impose comme une priorité, on peut songer à remettre en cause la faculté même de dénonciation partielle. La dénonciation –totale- pourrait être alors qualifiée sans bémol de solution extrême, encourageant les parties à s'essayer sincèrement à la révision. D'un autre côté, une dénonciation partielle peut parfois éviter la disparition de l'acte collectif. Sans que cela apparaisse dans les décisions excluant la faculté de dénonciation partielle sauf prévision ad hoc, les juges ont parié sur la force du principe du dialogue social continu. Finalement, la promotion du dialogue social rejoint le droit à la négociation collective, lequel plaide pour une décision négociée en matière de conditions de travail, d'emploi et de garanties sociales. La dénonciation, par son caractère unilatéral, heurte ce droit fondamental. Cependant, même si une règle d'autorité supérieure est en jeu, des aménagements ne sont pas à exclure par principe. Ainsi, une renégociation préalable permettrait peut-être à la dénonciation partielle d'exister sans avoir besoin pour cela d'être prévue par les parties.

Celle-ci est d'ailleurs reconnue de fait par la jurisprudence qui autorise l'employeur à appliquer volontairement une partie de l'acte collectif dénoncé[271]. DESPAX remarque aussi que le ministre du Travail peut, après avis motivé de la Commission nationale de la négociation collective, distraire des textes qu'il étend certaines clauses *« qui ne répondraient pas à la situation de la branche ou des branches, dans le champ d'application considéré »*. Certes, l'article L. 133-8 alinéa 4 du Code du travail prend soin de préserver l'économie de la convention ou de l'accord. Mais rien n'empêcherait de poser cette condition pour la validité d'une dénonciation partielle. Par ailleurs, les avenants et annexes à une convention ou un accord étendu ne sont pas applicables aux entreprises non-signataires ou non-adhérentes s'ils n'ont pas fait eux-mêmes l'objet d'un arrêté d'extension[272].

162 - Enfin, les parties peuvent-elles se contenter d'autoriser la dénonciation partielle sans en préciser les modalités au niveau des groupes de dispositions indivisibles ? La réponse est à l'évidence négative, l'absence de précision privant l'intention de dénonciation partielle de toute possibilité de

---

271 Cass. soc. 10/06/1964, Bull. civ. IV, n° 500 ; JCP 1964, éd. G, II, 13833, l'application de certaines dispositions de la convention dénoncée n'implique pas que l'employeur ait entendu continuer à faire bénéficier son salarié de toutes les dispositions de la convention ; en ce sens, Cass. soc. 07/07/1980, D 1981, IR 132.

272 Cass. Ass. plén. 06/04/1990, Bull. civ. V, n° 6 ; voir thèse note 381.

concrétisation. Le défaut de modalités n'enlève pas au texte collectif son caractère unitaire ; le découpage des dispositions est essentiel. Les parties devront prévoir, par exemple, que tel groupe de dispositions sur la réduction du temps de travail, tel autre sur les garanties sociales peuvent être dénoncés séparément. Une espèce récente amène à poser le problème du morcellement « naturel » des conventions collectives quand celles-ci sont constituées par des accords différents. Au sein de la même convention, se trouvent des dispositions aux thèmes très divers, qui ne sont pas forcément conclues par les mêmes acteurs, ni aux mêmes époques, mais qui cependant ont le même champ d'application territorial et professionnel. Même si les parties n'ont rien prévu, ne peut-on pas considérer que ces accords peuvent être dénoncés séparément ?

b) Dénonciation partielle et morcellement des actes

163 - Les organisations syndicales patronales signataires de la convention collective nationale des industries de la maroquinerie ont dénoncé cette convention en visant les clauses communes, les trois annexes catégorielles, l'accord relatif à l'apprentissage, l'accord d'indemnisation du chômage partiel, l'accord relatif à la mensualisation. En revanche, n'ont pas été dénoncés l'accord instituant un régime complémentaire de retraite, l'accord sur le financement des formations en alternance, l'accord sur les moyens et objectifs de la formation professionnelle. La Cour d'appel de Paris a considéré que la convention collective et les accords collectifs ayant le même champ d'application territorial et professionnel ne constituaient qu'un seul instrument juridique. La dénonciation effectuée, en l'absence de prévision conventionnelle, constituait une dénonciation partielle condamnée par la jurisprudence. Elle en a conclu que cette dénonciation partielle ne pouvait produire aucun effet.

« Avec ses avenants, accords particuliers, annexes, la convention collective constitue-t-elle un ensemble indivisible qui ne peut être dénoncé que de manière globale, ou, au contraire, certains accords qui s'y rattachent possèdent-ils une autonomie qui leur permet de vivre sans le support de la convention ? ».

C'est en ces termes que Monsieur l'avocat général KESSOUS a résumé le problème qui s'est posé à la Cour suprême le 16 mars 1995[273]. Il a conclu en souhaitant le renvoi du pourvoi des organisations patronales signataires, et la Cour de cassation l'a suivi.

164 - Les accords conclus postérieurement à une convention de branche, traitant d'un sujet autonome mais ayant le même champ d'application territorial et professionnel que celle-ci, s'y incorporent[274]. En l'espèce, les parties n'ayant pas prévu l'isolement explicite des accords postérieurs à la convention, les juges ont pu en déduire l'application de l'article L. 132-11 du Code. Néanmoins, cet article n'a pas été cité dans le texte de la décision ; à l'appui de l'argumentation

---

273 R. KESSOUS, *« Sur la dénonciation partielle des conventions collectives - Cour de Cassation, ch. soc. 16/03/1995 »* Conclusions de l'avocat général, Dr. soc. 1995, p. 365.

274 Art. L. 132-11 C. Trav. al. 2 : *« Lorsqu'un accord professionnel a le même champ d'application territorial et professionnel qu'une convention de branche, il s'incorpore à ladite convention, dont il constitue un avenant ou une annexe ».*

les magistrats parlent de textes *« pris en application de la convention collective »*. Les accords en cause ont certes des objets qui les rattachent à la convention. Cependant, décider l'indivisibilité de clauses conventionnelles séparées est du ressort des parties ; les juges sont impuissants à contrecarrer le morcellement de celles-ci. Peu importe leur objet commun. Il est donc probable que les juges ont statué en application de l'article L. 132-11 du Code du travail. Pourquoi ne pas l'invoquer ? Il est vrai que c'est un fondement particulièrement peu usité. Par ailleurs, il est difficilement compatible avec l'article L. 132-7 du Code lorsque les parties à la convention et à l'avenant sont différentes.

Ainsi, sauf isolement formel, il n'y a pas de morcellement naturel d'une convention lorsqu'elle est formée par des accords différents, qui lui sont adjoints. Cette jurisprudence est très intéressante en ce qu'elle révèle bien des problèmes.

165 - Le refus du morcellement naturel des accords, avenants et annexes précités vis-à-vis d'une éventuelle dénonciation doit être relativisé. Certes, porter atteinte à l'unité d'un ensemble juridique en admettant la dénonciation de quelques-uns de ses éléments constitue bien une dénonciation partielle. Cependant, et les conclusions de Monsieur l'avocat général KESSOUS ne l'ignorent pas, le nouvel article L. 132-7 Code du travail concernant le régime des avenants bouleverse les données. Les acteurs aux diverses parties d'un même acte ne sont plus forcément les mêmes. Parmi ces différents pans d'un même texte, nous distinguerons les avenants modificatifs *(1)* de ceux que nous qualifierons de « complétifs » (qui ajoutent sans modifier) *(2)*[275].

1 - Avenant modificatif et morcellement

166 - En permettant la révision d'un acte collectif par une partie seulement des organisations syndicales signataires, l'article L. 132-7 confère à des accords au sein d'un même contenant une réelle spécificité de fait. La réforme du 31 décembre 1992 permet la révision d'une convention de branche par une partie seulement de ses signataires d'origine, du moins du côté salarial. La dénonciation du texte (en son entier) par la partie salariale à l'avenant (par hypothèse réduite) aura des effets distincts selon que l'on considère le texte originaire ou pas. Elle aboutira à la disparition de l'acte dans sa partie révisée alors que pour le reste, l'acte de remise en cause *« ne fait pas obstacle au maintien en vigueur de la convention entre les autres parties signataires »*[276]. Quelle est la convention ou l'accord qui restera en vigueur ? Les dispositions originaires peuvent-elles réapparaître bien que l'avenant s'y soit substitué de plein droit[277] ? En tout cas, il y a bien là dénonciation partielle de la convention collective. Par ailleurs, une organisation syndicale, non-signataire de l'avenant, va-t-elle pouvoir dénoncer celui-ci avec l'ensemble du texte ? C'est hautement improbable, puisque seules les parties à l'accord peuvent dénoncer ; prétendre le contraire serait

---

275 Il est bien entendu que l'avenant qui serait à la fois modificatif et agrégatif verrait son premier caractère l'emporter.

276 Art. L. 132-8 C. Trav. al. 4.

277 D'ores et déjà, on peut noter que la substitution est définitive et ne permet pas un retour des anciennes dispositions.

simuler l'adhésion de l'organisation syndicale non-signataire de l'avenant. Ainsi, les non-signataires du seul avenant n'ont pas la maîtrise entière d'un texte qui, paradoxalement, est unique. La réforme de l'article L. 132-7 peut donc entraîner une distinction au niveau du régime de la dénonciation et plus encore une parcellisation de ses effets.

167 - Par avance sur ce qui sera développé ultérieurement, nous pouvons d'ores et déjà remarquer, qu'en ce qui concerne la révision, des situations tout aussi curieuses apparaissent. Seules les organisations syndicales parties à l'avenant pourront y apporter des modifications. Là encore, l'acte collectif, qui pourtant forme une seule et même norme, change de maîtres au fil de son énoncé et au gré des époques successives de son élaboration. La circulaire de la Direction des relations du travail prise en application de l'article L. 132-7 distingue d'ailleurs, pour l'exercice du droit d'opposition, les signataires d'un même acte, nonobstant les dispositions du deuxième alinéa de l'article L. 132-11[278]. Cependant, il serait faux de croire que ces problèmes dus au morcellement naturel des actes collectifs sont très récents ; ils existent depuis 1982, portés par l'article L. 132-11. Ce dernier n'a cependant pas donné lieu à jurisprudence dans le cadre de nos propos.

2 - Avenant complétif et morcellement

168 - De la même façon, à l'époque où le régime de la révision était guidé par celui du contrat classique, se posait déjà le problème des avenants « complétifs » (qui ajoutent à un texte sans le modifier). La conclusion d'un accord professionnel ayant le même champ territorial et professionnel qu'une convention de branche s'incorpore à celle-ci. Si les parties à l'acte le plus récent sont tout à fait étrangères à celles de la convention de branche, la gestion des remises en cause pose de sérieux problèmes. Au moment de la dénonciation ou de la révision, apparaissent les mêmes décalages que ceux observés plus haut. Faut-il faire prévaloir l'article L. 132-11 et considérer que toute partie à l'acte initial ou à l'avenant est partie de l'entier texte ? Compte tenu des instructions de mise en œuvre de la réforme du droit de la révision, nous ne pensons pas que, désormais, cette solution soit retenue.

169 - Finalement, la dénonciation partielle *de fait* ne peut être évitée en l'état actuel de notre législation. La jurisprudence ne peut que proscrire les morcellements « artificiels », guidés par la seule volonté d'une partie : le signataire d'accords professionnels incorporés à une convention de branche à laquelle il participe également ne peut dénoncer l'un ou l'autre de ces textes séparément. Si dénonciation de sa part il y a, elle sera globale. Pour revenir une dernière fois à l'arrêt du 16 mars 1995, il n'est pas concevable que les organisations patronales, signataires de tous les textes successifs qui forment la convention collective nationale des industries de la maroquinerie, dénoncent partiellement leurs engagements. Par souci d'égalité entre les parties à l'acte

---

[278] *« En cas de doute sur le caractère détachable ou non d'un accord professionnel par rapport à la convention collective ayant le même champ d'application territorial et professionnel, on se référera à l'intention des parties »*, Circ. DRT n° 93-8 du 16/03/93 relative à la révision des conventions et accords collectifs de travail, BOMT n° 93-9 texte n° 376.

collectif, il faut aussi refuser aux organisations syndicales cette faculté de désengagement incomplet.

Ces observations sont évidemment à rapprocher de la jurisprudence précédemment citée qui autorise l'application volontaire d'une partie de la norme dénoncée, consacrant ainsi la dénonciation partielle *de fait*.

La prohibition de la dénonciation partielle –non prévue- ne peut lutter, en l'état des régimes de la révision et de la dénonciation, contre le morcellement naturel des accords successifs aux signataires divers.

Enfin, ces développements confirment une certaine remise en cause de l'indivisibilité, en tant que fondement de la prohibition évoquée (cf. *a*)).

B - La dénonciation, solution extrême

170 - Instruments irremplaçables, complémentaires et essentiels pour la remise en cause de l'acte collectif par les parties, la révision et la dénonciation sont naturellement bien distincts. A tel point qu'il est opportun de les opposer pour mieux les cerner. C'est cette opposition que nous allons développer pour appréhender la technique de l'article L. 132-8 du Code du travail.

La différence capitale entre les deux mécanismes se caractérise par le maintien du texte collectif après la révision. La dénonciation vise à la disparition de l'acte ou du moins à la réduction de son champ d'application. Ainsi, si la convention et l'accord collectifs sortent renforcés d'une révision qui les met en harmonie avec le temps qui passe, ils se trouvent pour le moins affaiblis par une dénonciation. Celle-ci, quand elle aboutit à la disparition de l'acte, fait figure de solution extrême. On peut cependant trouver des points communs à bien observer les deux techniques, cela même en ne se plaçant pas au stade de leur mise en œuvre. En effet, il est important de souligner que la dénonciation doit être suivie d'une renégociation[279]. Ainsi, elle peut déboucher finalement sur une révision du texte. Par ailleurs, dès qu'il y a renégociation d'une convention ou d'un accord, l'exacerbation des divergences de parties fondamentalement antagonistes est toujours à craindre. Aussi bien, la dénonciation n'est jamais loin lorsque l'acte est ainsi mis en danger. Cependant, la rupture des relations entre les agents de négociation n'est jamais définitive. Ils restent fondamentalement des partenaires obligés et, ce, indépendamment d'éventuelles obligations légales et périodiques de négocier.

171 - En rapprochant ces instruments juridiques de remise en cause de l'acte par jeu de l'autonomie collective, on relativise la difficulté de franchissement du passage de l'un à l'autre. Dans certains cas, l'emploi de l'un plutôt que de l'autre ne pourrait-il pas résulter d'un choix d'ordre stratégique ou, à l'opposé, être le fruit du hasard ? La seule jurisprudence que l'on peut rapprocher de la question est l'arrêt précité du 30 mars 1977[280] qui témoignait d'une « révision détournée ». Etait en cause l'attitude de l'employeur ayant dénoncé tous les accords collectifs comportant des dispositions relatives à la représentation du

[279] Art. L. 132-8 al. 5 C. Trav..
[280] Cass. soc. 30/03/1977, note 270.

personnel et qui, simultanément, avait remis en vigueur de manière unilatérale les dispositions relatives aux avantages sociaux individuels inclus dans lesdits textes. Dans la même affaire, les juges ont sanctionné au pénal en regrettant *« l'absence de recherche d'un accord préalable »*[281]. C'est seulement une fois close toute négociation et son échec avéré que la dénonciation aurait dû intervenir, au bout du préavis. Ce n'est qu'après celle-ci que l'employeur aurait recouvré la faculté de mettre en œuvre des mesures unilatérales concernant les thèmes abordés au cours des discussions avec les organisations syndicales. De manière générale, il faut encourager la négociation préalable à la dénonciation. Celle-ci évincerait la négociation qui, actuellement, découle de la rupture unilatérale. La proposition accompagnant la dénonciation équivaudrait finalement à sa motivation. Il ne faut bien sûr pas exclure que l'employeur n'ait rien à proposer aux organisations syndicales. Son intention peut être le rejet du texte en son entier[282]. La négociation préalable aura tout de même lieu, et ce ne sont plus des propositions que l'employeur formulera mais des explications concernant son rejet. On retrouve ici l'idée de motivation de l'acte de dénonciation[283].

En résumé, l'attitude de rejet de l'acte doit se faire constructive, ou du moins être expliquée.

172 - Cette volonté de rejet comme celle de changer le contenu de l'acte sont protégées par la loi et la jurisprudence. Dénoncer, réviser sont des droits dont l'exercice et la portée n'ont guère été discutés.

---

281 Voir thèse n° 155, note 266.

282 Ce dessein, même s'il semble réalisable en temps de crise, est tout de même très risqué pour qui se préoccupe du climat social. Bien sûr, l'importance et les thèmes abordés par la norme en jeu ne sont pas indifférents.

283 Dans ce sens, M. DESPAX, *« Dénonciation des conventions et accords collectifs de travail »*, n° 13, p. 59 in *« Révision, dénonciation et mise en cause des conventions et accords collectifs de travail »*, (coll. Droit t. VII), LITEC, 1996.

CHAPITRE DEUXIÈME

L'EXERCICE DES DROITS DE RÉVISER ET DE DÉNONCER

173 - Dénoncer et réviser sont des mécanismes ouverts à qui entend modifier ses engagements ou s'en défaire (du moins pour ceux qui sont à durée indéterminée). Dans leur principe, ils peuvent être rapprochés du droit de contracter. Dans ces trois cas, c'est à dessein que nous ne parlons pas de libertés puisque l'accès à ces pratiques juridiques supporte quelques entraves. Plus largement, les droits de réviser et de dénoncer connaissent des restrictions diverses. Nous essaierons d'identifier ces entraves et de préciser leurs limites *(sect. II)*. Avant d'aborder cette question primordiale, il nous faut rappeler, en guise de préliminaires, les conditions d'exercice des droits étudiés *(sect. I)*.

Section I : Les conditions d'exercice des droits de réviser et de dénoncer

174 - Ces conditions seront vues successivement pour la dénonciation *(§ 1)* puis pour la révision *(§ 2)*.

§ 1 le droit de dénoncer

175 - Seuls les actes collectifs à durée indéterminée peuvent être dénoncés, à l'exclusion de ceux qui ont un terme[284]. Le droit de dénoncer est un droit d'exercice unilatéral, qui n'empêche pas l'accord des parties sur la nécessité de mettre fin à un acte collectif. Pareil consensus n'est pas prévu par l'article L. 132-8 du Code du travail qui précise le régime de la dénonciation et qui, seul, traite de la fin des actes collectifs. Comment doit-on analyser l'accord des parties en faveur de la disparition d'une convention ou d'un accord collectif ? La jurisprudence n'est pas intervenue sur ce point mais, malgré l'application du régime de la dénonciation à divers avatars touchant le contrat collectif[285], la requalification du mutuus dissensus en dénonciations conjointes semble exclue. La volonté réciproque des parties est à rapprocher de leur accord pour mettre un terme au contrat. En l'absence de renégociation aboutie[286], il faut exclure dans ce cas la survie de l'acte dénoncé et le maintien des avantages individuels acquis.

§ 2 le droit de réviser

176 - Son approche est plus délicate que celle du droit de dénoncer. Parce que la révision du contrat s'oppose explicitement à la force obligatoire des termes de celui-ci, il est nécessaire de s'interroger sur le caractère conditionnel ou non du droit en question. Nous tenterons de répondre à cette interrogation *(A)* avant de faire le point sur les actes collectifs susceptibles d'être révisés *(B)*.

A - L'ouverture de la faculté de réviser

177 - L'article L. 132-7 du Code du travail dispose que *« la convention et l'accord collectif de travail prévoient dans quelle forme et à quelle époque ils pourront être renouvelés ou révisés »*. A l'opposé de ce que l'on a pu dire à propos de la dénonciation, la révision n'est pas d'ordre public, c'est une simple faculté.

On doit s'interroger sur la portée de ce texte. Signifie-t-il qu'une révision ne peut avoir lieu si elle n'est pas prévue par les parties ?

Ces dispositions légales sont antérieures à la réforme du 31 décembre 1992 et jusqu'à cette date il était évident, et la pratique en attestait, que la faculté de réviser n'attendait pas d'être prévue. En effet, le principe d'autonomie de la volonté a toujours permis aux parties de modifier leur accord

---

[284] Nous ne reviendrons pas ici sur l'hypothèse de fixation d'un terme, développée à travers les clauses concernées, voir thèse n° 45 et suiv..

[285] Pour le dernier en date, la disparition des organisations signataires.

[286] Si la renégociation suit immédiatement le mutuus dissensus et qu'elle aboutit, le nouvel accord doit être considéré comme un accord de révision. Alors, le droit d'opposition trouve éventuellement à s'appliquer. C'est à cette lumière *aussi* que la requalification du mutuus dissensus en dénonciations conjointes peut alors apparaître *contestable*. Cette *requalification* aurait tout de même l'avantage d'entraîner l'application de l'art. L. 132-8 C. Trav..

dans les mêmes conditions que celles de son élaboration. Cette faculté de réviser l'acte à l'unanimité des signataires initiaux ne peut être entamée. Elle cohabite avec la « révision minoritaire » permise par la réforme du 31 décembre 1992.

Ce dernier texte de loi a modifié les règles de la révision puisque *« sous réserve de l'exercice du droit d'opposition (...), l'avenant portant révision de tout ou partie de la convention ou de l'accord collectif, signé par une ou plusieurs organisations syndicales de salariés (...), se substitue de plein droit aux stipulations de la convention ou de l'accord qu'il modifie... »*. A n'en pas douter, ces règles sont dérogatoires au regard de la forme usuelle de révision des contrats. Leur application nécessite-t-elle un rappel de leur substance au sein du texte conventionnel ? Les parties doivent-elles se situer de manière explicite dans le cadre de l'application de ces règles dérogatoires ? A défaut, il ne leur resterait que la possibilité de réviser à l'unanimité. Cette exigence serait sensée ; elle conduirait cependant à donner un sens nouveau à un texte ancien, et ce à la lumière de compléments récents... Par ailleurs, la réforme du 31 décembre 1992, en donnant force à l'avenant signé par une seule organisation syndicale, déroge au droit commun des contrats mais est imprégnée des règles de la représentativité syndicale à la française. Seul le droit d'opposition apparaît dérogatoire. Et encore... La suite de l'article L. 132-7 plaide en faveur de l'application inconditionnelle des règles nouvelles de la révision en présence d'une convention de branche ou d'un accord professionnel ou interprofessionnel. Le paragraphe III du texte législatif concernant le droit d'opposition précise que *« les dispositions du présent paragraphe ne sont applicables qu'à défaut de stipulations différentes concernant la révision des conventions et accords conclus par l'ensemble des organisations représentatives liées par ces conventions et accords »*. Le caractère supplétif des dispositions en cause prend le pas ici sur leur caractère dérogatoire. Il reste tout de même étonnant que ces dispositions ne concernent que les accords de large niveau précités. A contrario, le législateur a-t-il voulu distinguer entre les niveaux de négociation ? L'opposition serait de droit dans l'entreprise (sauf dispositions plus favorables[287]), elle serait supplétive par ailleurs. A moins d'une maladresse de rédaction, ce fait se justifie par les prédispositions que montre la norme d'entreprise pour la révision in pejus et par la particulière réceptivité dans l'entreprise des pressions patronales. C'est peut-être l'amorce d'un régime légal spécifique à l'entreprise.

178 - Quoiqu'il en soit, l'application inconditionnelle des règles de la révision à tous les niveaux (sans obligation de prévision contractuelle) permet d'affirmer que la réforme de 1992 a bien construit un droit de la révision propre à la norme conventionnelle collective. C'est un pas de plus vers l'autonomie du droit social où, jusqu'à présent, les principes civilistes tenaient la place c'est-à-dire au stade de l'élaboration du contrat collectif de travail.

---

[287] Nous reviendrons sur le droit d'opposition ultérieurement.

B - Le champ d'application des encouragements à réviser

179 - Quand la loi édicte que *« la convention et l'accord collectif prévoient dans quelle forme et à quelle époque ils pourront être renouvelés ou révisés »*, il faut entendre des encouragements vifs pour que les textes contiennent des précisions sur les modalités de la révision et sur le maintien des relations à la survenance du terme. Il s'agit ici d'une nouvelle interprétation de ces textes à la lumière des transformations récentes de cet article. Auparavant, les « formes de la révision » ne concernaient en pratique que les modalités de la demande unilatérale.

Le législateur encourage la révision et, ce, pour tous les actes collectifs. La présence ou non d'un terme est indifférente au regard de la faculté de réviser. Il ne faut pas se laisser tromper par les termes de l'article L. 132-7. L'alternative dans *« révisés ou renouvelés »* n'est qu'apparente ; la révision de la norme collective à durée déterminée est non seulement possible mais, plus encore, elle est souhaitable. D'ailleurs, il suffit pour s'en convaincre d'avoir à l'esprit les obligations légales et périodiques de négocier dans l'entreprise qui se soucient peu de la présence ou non d'un terme. Bien sûr, certaines de ces obligations dans la branche ont une périodicité quinquennale[288] alors que la durée maximale des conventions à durée déterminée est de cinq ans. Cependant, la périodicité légale constitue un minimum et il est dans l'intérêt des salariés qu'il soit dépassé.

Notons enfin que le rapprochement du renouvellement de l'acte et de sa révision témoigne peut-être de ce qu'ils participent tous deux à son maintien.

180 - Puisque le champ d'application des facultés en question est ainsi cerné, nous allons tenter d'en prendre les exactes mesures. Il convient de récapituler les différentes clauses qui aménagent la révision puis la dénonciation en les restreignant, avant de poser les limites de ces stipulations pour chacun des droits en question.

Section II : Des restrictions apportées aux droits de réviser et de dénoncer

181 - Ces restrictions sont diverses *(§ 1)* et doivent s'inscrire dans certaines limites *(§ 2)*.

§ 1 Typologie des restrictions

182 - Certaines restreignent la survenance et les conséquences des révisions et dénonciations *(A)*. A un degré plus sensible, d'autres excluent toute possibilité de dénoncer ou de réviser *(B)*.

---

288 Art. L. 132-12 C. Trav. : *« les organisations qui sont liées par une convention de branche ou, à défaut, par des accords professionnels, se réunissent, au moins une fois par an, pour négocier sur les salaires et, au moins une fois tous les cinq ans, pour examiner la nécessité de réviser les classifications »*.

A - les clauses restreignant la survenance et les conséquences des révisions et dénonciations

183 - *les clauses de préavis ou de cantonnement périodique des droits de réviser et de dénoncer*

Elles sont légion dans les conventions et accords, de quelque niveau qu'ils soient. Souvent, préavis de dénonciation et cantonnement périodique de cette dernière sont mêlés :

« L'accord et ses avenants éventuels peuvent être dénoncés par l'une ou l'autre des parties signataires avec un préavis de quatre mois (au moins) *avant l'expiration de chaque période annuelle sur notification écrite par LRAR adressé à l'autre partie »*[289].

La clause précitée implique qu'aucune dénonciation ne peut avoir lieu moins de quatre mois avant le terme de tacite reconduction.

On trouve aussi des préavis en matière de révision :

« Le présent accord pourra être complété et modifié par voie d'avenants ou d'annexes, à la condition que la partie souhaitant engager des négociations en informe l'autre dans les deux mois précédant les négociations »[290].

184 - *les clauses amendant le régime légal de la révision*

Il arrive ainsi que certains accords disposent :

« La révision est possible sous réserve de recueillir l'accord de toutes les parties signataires du présent texte (...) »[291].

Dans le même sens[292], un accord applicable à la CGE-Sahide et signé le 10 mars 1999 prévoit que, jusqu'au 31 mars 2002, aucune révision ne pourra intervenir sans l'accord de la majorité absolue des organisations syndicales signataires ; à partir du 1er avril 2002, toute révision devra être approuvée par des organisations syndicales représentant au moins la majorité des suffrages exprimés aux dernières élections des comités d'établissement de la CGE-Sahide (même condition pour l'entrée en vigueur du dispositif).

Le mécanisme révisionnel peut également être limité à des périodes précises. Dans le même esprit, c'est parfois l'entrée en application de l'avenant qui est retardée[293].

185 - *les clauses amendant le régime légal de la dénonciation (clauses augmentant la survie provisoire, clauses de maintien des avantages acquis).*

---

289 Accord Whirlpool-Amiens sur l'aménagement et la réduction du temps de travail (Loi Robien-volet offensif) du 28/11/1996, LS 16/12/1996, légis. soc. n° 7569 C3 ; dans le même sens, Accord Hewlett Packard France, LS 18/01/1996, légis. soc. n° 7386, C3 et CET-Sté française de distribution d'eau, LS 03/01/1996, légis. soc. n° 7378 C3.

290 Accord Hewlett Packard préc. dans son art. 13 sur la révision.

291 Air France, accord du 10/10/1994 sur l'échange volontaire de salaire contre des actions ; sa durée est de 3 ans ; LS 23/12/94, légis. soc. n° 7173 ; Accord EDF-GDF sur les 32 heures à fin d'embauches dans son art. 5-3, LS 25/02/1997, légis. soc. n° 7617 C3.

292 M. COHEN, *« Représentativité syndicale : une innovation exemplaire »*, RPDS 03/1999, p. 75.

293 Accord Hewlett Packard, préc..

Les parties peuvent prévoir, post-dénonciation, une durée de maintien en vigueur supérieure à un an, à la condition toutefois que cette durée soit déterminée. La loi du 3 janvier 1985 a rajouté cette exigence de durée déterminée au troisième alinéa de l'article L. 132-8. Le législateur reprend là une exigence déjà présente dans le texte de 1971, supprimée par la loi du 13 novembre 1982[294].

186 - Par ailleurs, bien avant 1982, les partenaires sociaux avaient songé à insérer des clauses de maintien des avantages acquis dans les conventions et accords collectifs[295]. Ces initiatives ont conservé leur actualité. Ces clauses ont évidemment leur utilité lorsque la conservation légale ne joue pas, mais aussi dans le cas contraire. Elles permettent alors de clarifier le jeu de la règle légale, voire d'y déroger de manière plus favorable. Malgré les conseils de la doctrine, les clauses de maintien sont rarement rédigées avec précision et n'assurent que médiocrement leur rôle conservatoire[296]. Lorsque les parties n'indiquent pas clairement les salariés visés, doctrine et jurisprudence s'accordent pour reconnaître que seuls ceux dont le contrat était en cours lors de la conclusion de l'acte remplaçant bénéficient du maintien. L'arrêt récent rendu par la Cour de cassation le 10 octobre 1995[297] dans l'affaire Société Française des Nouvelles Galeries Réunies illustre le rapprochement avantages acquis/contrat de travail. La clause litigieuse stipulait que *« les avantages supérieurs à ceux prévus par la présente convention collective, en application de conventions locales ou d'accords d'entreprise, sont maintenus »*. Dans ce cas, les avantages sont-ils incorporés aux contrats de travail existants au jour de la signature de l'acte ? Trois arrêts, à propos du mécanisme légal, se prononcent clairement en faveur de l'incorporation[298]. La doctrine dominante considère aujourd'hui inopportun d'empêcher les parties de défaire ce qu'elles ont fait[299]. L'opinion contraire conduirait à pérenniser certains engagements Les auteurs de la clause de maintien peuvent-ils, en l'absence d'une contractualisation légale reconnue, préciser que les avantages visés seront incorporés ? La réponse négative s'impose, en raison du caractère aisément distinct des parties aux deux normes. Il est alors important de préciser la force de ce maintien conventionnel. Est-il lié à l'accord qui le porte ? Est-ce un engagement que d'autres acteurs professionnels doivent respecter ? L'absence d'homogénéité, dans le temps, des parties patronale et syndicale rend

---

[294] Pour une interprétation de l'article après la loi de 1982 et avant la loi de 1985 : M. DESPAX, *« La dénonciation des conventions collectives de travail après la loi du 13 novembre 1982 »*, Dr. soc. 1984, p. 532 et une position en faveur de la validité des clauses prévoyant une survie pendant une période déterminée.

[295] G.-H. CAMERLYNCK, *« La clause de maintien des avantages acquis »*, Dr. soc. 1959, p. 406.

[296] E. DOCKES, *« L'avantage individuel acquis »*, Dr. soc. 1993, p. 826.

[297] Cass. soc. 10/10/95, RJS 1995, n° 1153.

[298] Cass. soc. 06/11/1991, Bull. civ. V, n° 479 ; D 1992, som. 294, obs. M.-A. SOURIAC-ROTSCHILD, Dr. soc. 1992, p. 81 ; JCP 1992, éd. E, II, 264 note P. POCHET ; CSBP 1991, A59 ; RJS 1991, n° 1342 ; CA AIX, 05/06/1989, Dr. soc. 1990, p. 163 obs. M. DESPAX et Cass. soc. 20/10/1998, Bull. civ. V, n° 435 ; JCP éd. G 1999, II, 10206, note F. MILLET.

[299] Y. CHALARON, *« Négociations et accords collectifs »*, LITEC 1990 ; E. DOCKES, *« L'avantage individuel acquis »*, Dr. soc. 1993, p. 826 ; DESPAX, *Traité*, p. 281.

impossible la poursuite d'un engagement d'acte en acte. La portée de la clause de maintien doit être calquée sur celle de l'acte qui la prévoit. Ainsi, que leur origine soit légale ou conventionnelle, il est à craindre que les avantages acquis ne résistent pas à l'avènement de nouvelles dispositions.

Les clauses de maintien des avantages acquis doivent surtout préciser les avantages maintenus. Appelée à interpréter l'expression *« acquis antérieurement à la date de la signature de la présente convention »*, la jurisprudence estime que sont visés les avantages conditionnels subordonnés à la réalisation d'un événement déjà intervenu et les avantages permanents dont le salarié a bénéficié.

Doit être privilégiée, dans la mesure du possible, la technique de la liste limitative plutôt qu'une définition de l'avantage maintenu. A défaut d'indication précise, la clause risque de donner lieu à un contentieux comparable à celui né de l'application de la règle légale. Il appartiendra alors aux tribunaux de déterminer les avantages maintenus.

B - Les clauses excluant toute révision ou toute dénonciation

187 - Elles sont assez rares. Les clauses excluant les dénonciations sont, néanmoins, appelées à se développer au sein des accords pour l'emploi qui, souvent, prennent des engagements envers l'Etat ou les salariés[300].

§ 2 Validité des restrictions

188 - Cet examen de la validité[301] fait ressortir un domaine d'ordre public absolu restreint *(A)* et quelques interrogations sur l'application du principe de faveur *(B)*.

A - L'emprise restreinte de l'ordre public absolu

189 - En matière de révision, la loi autorise la négociation du régime légal puisqu'il y est dit : *« la convention et l'accord collectif de travail prévoient dans quelle forme et à quelle époque ils pourront être renouvelés ou révisés »* (art. L. 132-7 C. Trav.). Le mot « forme » exclut-il les aménagements portant sur les acteurs de la révision ? La définition du vocable en question est large et conduit à répondre par la négative. De manière générale, l'ensemble des modalités d'origine légale qui suivent cette première phrase de l'article L. 132-7 sont-elles dispositives ? Il est incontestable que les parties ont une grande latitude en la matière. Le législateur autorisant la négociation collective en ces domaines, il n'y a pas lieu de conclure à l'illicéité des aménagements par intervention d'un ordre public absolu. Il est tout de même une exception : on ne peut concevoir que des non-signataires soient autorisés à signer l'avenant. Les termes de la réforme de 1992 sont fermes à cet égard : *« les organisations syndicales représentatives (...)*

---

300 Accord Yves Rocher (Loi Robien-volet offensif) dans son art. XX, LS 28/11/1996, légis. soc. n° 7559 C3.

301 Voir pour un autre aspect du problème, thèse n° 320 et suiv..

ou celles qui (y) ont adhéré (...) sont seules habilitées à signer les avenants portant révision de cette convention ou de cet accord ». En revanche, une révision unanime peut être a priori exigée[302].

Plus précisément, rien n'empêche les partenaires sociaux de stipuler qu'aucune révision de l'accord ne pourra avoir lieu durant une certaine période : six mois, un an après sa conclusion ou après chaque révision ou reconduction. Si les parties ont toute latitude pour prévoir les révisions, elles doivent pouvoir s'accorder sur des périodes d'immutabilité. Il arrive que cette disposition soit jumelée avec l'exclusion de toute dénonciation et la stabilité de l'acte est alors assurée. Il faut toutefois prendre garde à limiter la durée de la période de statu quo. Sur ce point, les conclusions se sont modifiées avec la réforme de 1992.

Avant elle, la révision des conventions et accords collectifs de travail était directement inspirée du droit commun des contrats et découlait de la force obligatoire de ceux-ci. Autrement dit, les parties pouvaient défaire ce qu'elles avaient fait, à tout moment et selon la règle du parallélisme des formes, l'accord de l'ensemble des parties étant nécessaire pour réviser. Les engagements de ne pas réviser n'avaient d'utilité qu'en cas de conflit sur l'opportunité de la demande de modification du texte. Ils étaient donc assez inoffensifs, n'ayant que peu d'impact. Par ailleurs, il faut se garder d'oublier que, pour encore, le droit commun des contrats est pétri du principe de la force obligatoire et rejette ainsi toute imprévision, faisant la part belle au risque contractuel. Le droit à révision trouve difficilement sa place en dehors de toute disposition légale précise l'établissant. Les parties pouvaient donc très librement exclure toute révision de l'acte pendant une certaine période, sauf obligation légale de négocier. Le droit à la négociation collective constituait un faible rempart face à l'application généralisée du droit civil des contrats.

La réforme de l'article L. 132-7 a quelque peu modifié le contexte. Cette modification de la législation a été conduite pour faciliter la révision. La jurisprudence Basirico l'avait rendue délicate, et avait eu pour conséquence d'obliger les partenaires sociaux à dénoncer. Puisqu'il est vrai que l'absence pare de toutes les vertus, la dénonciation s'est révélée, à juste titre, inapte à remplacer la modification de la norme sur le mode de la permanence de la collaboration. Au terme de la réforme, la révision facilitée s'affirme précieuse, et le droit à la négociation collective appuie la nécessité de l'évolution dans la continuité. Pour autant, les clauses restreignant la faculté de révision ne sont pas à bannir de manière générale. Cependant, il faut souhaiter que les tribunaux rejettent les interdictions d'une durée certaine.

190 - Concernant la dénonciation, la situation est a priori similaire. L'article L. 132-8 du Code du travail dispose : *« la convention et l'accord collectif de travail à durée indéterminée peuvent être dénoncés par les parties signataires. Ils prévoient les conditions dans lesquelles ils peuvent être dénoncés ».* Si les aménagements conventionnels sont autorisés, l'article L. 132-8 affirme aussi le droit à dénonciation. Le fondement plus général de ce droit, qui

---

[302] Nous reviendrons infra sur sa validité au regard du principe de faveur.

se situe dans la prohibition des engagements à perpétuité, consacre son importance. La dénonciation, pour être effective, n'attend évidemment pas que le droit de dénoncer soit prévu conventionnellement. Toutefois, comme pour la révision, l'autonomie collective va au-delà des seules modalités d'exercice du droit en cause.

191 - Aussi bien, si le droit de dénoncer ne peut être anéanti, il est possible de prévoir qu'aucune dénonciation ne pourra avoir lieu pendant une période déterminée[303]. Pratiquement, cela revient à scinder la nature de l'acte au regard de sa fin ; il fonctionne comme une norme à durée déterminée tant qu'aucune dénonciation n'est possible, puis la durée indéterminée reprend ses droits. La durée déterminée des conventions et accords ne peut excéder cinq ans. Par analogie, la dénonciation ne peut être écartée pendant plus longtemps.

En cas de dénonciation, les parties peuvent prévoir une survie de l'acte d'une durée déterminée supérieure à un an[304]. La Cour interprète strictement la qualification de *« déterminée »* puisqu'une clause prévoyant simplement que la convention dénoncée demeure en vigueur jusqu'à la conclusion d'une nouvelle convention ne constitue pas l'exception prévue[305]. Le droit de la survie de l'acte met ici en avant le caractère impératif du droit de dénoncer un texte à durée indéterminée[306]. Par ailleurs, il est probable[307] que la jurisprudence rapproche les textes L. 132-6 et L. 132-8 en interdisant à une survie conventionnelle d'excéder cinq ans. Au final, le droit de dénoncer un acte négocié n'est impératif qu'en l'absence de stipulation prévoyant une durée déterminée.

Dans le même sens, Monsieur ALIPRANTIS remarque que les libertés fondamentales (et les droits du même ordre), jusqu'aux principes constitutionnels, ne sont inviolables qu'en ce qui concerne leur noyau[308].

192 - Enfin, les clauses de maintien des avantages acquis sont en principe valables. Ce n'est donc qu'exceptionnellement qu'elles sont annulables. C'est le cas des stipulations qui méconnaissent tant le principe de la prohibition des engagements perpétuels que l'article L. 132-8 alinéa 3 du Code du travail. A été ainsi annulée, sur ce double fondement, la clause selon laquelle *« les avantages acquis à titre personnel et à titre collectif du fait de la loi, de la convention collective nationale et de tout avenant, y compris le présent, resteront acquis et toutes dispositions contraires audits avantages acquis seront inopposables au personnel »*[309].

---

303 Nous reviendrons infra sur les problèmes que pose la soumission de ces restrictions au principe de faveur.

304 La durée d'un an constitue le minimum légal.

305 Arrêt *« Société Fermière du Casino Municipal de Cannes »* Ch. soc. 12/02/91, Dr. ouvr. 1992, p. 226.

306 Le principe d'interdiction des engagements illimités a été clairement rappelé dans la même affaire *« Soc. Fermière du Casino Municipal »* par la Cour d'Aix le 5 juin 1989, Dr. soc. 1990, p. 163, obs. M. DESPAX.

307 Aucune décision n'est intervenue sur ce point.

308 N. ALIPRANTIS, *« La place de la convention collective dans la hiérarchie des normes »*, LGDJ 1980 p. 145 et suiv. à propos du droit de grève.

309 CA AIX, préc..

Il est évident que les parties à un acte donné sont impuissantes à priver le législateur ou d'autres partenaires sociaux du droit d'abroger ou de dénoncer leurs propres normes. Pour ce qui est de l'acte lui-même, la clause de maintien des avantages acquis revient-elle à priver les cocontractants du droit de dénoncer les avantages qu'elle recouvre ? Bien évidemment, ceux-ci peuvent décider de supprimer la clause en question. Le consensus alors nécessaire équivaut néanmoins, pour chaque partie, renonciation au droit de mettre fin unilatéralement au dispositif conventionnel. Cependant, dans la mesure où seuls les salariés en place sont concernés, l'atteinte au droit de dénoncer ne nous semble pas caractérisée.

B - L'application du principe de faveur

193 - D'autres points restent en suspens concernant les clauses qui heurtent des principes fondamentaux. Tout d'abord, peuvent-elles n'être restrictives qu'à l'endroit d'une seule des parties ? La loi semble instaurer une réciprocité des dispositions afférentes à la révision et à la dénonciation[310]. Leur rattachement à la partie obligatoire de la norme collective va dans le même sens. Cette partie, dont l'objet est de réguler les rapports de force entre les acteurs en présence, est imprégnée d'un synallagmatisme totalement étranger à la partie normative[311]. Dans la plupart des cas, les obligations stipulées sont réciproques. Cependant, s'agissant d'obligations secondaires relatives à l'administration de l'accord, nous ne pensons pas que le défaut de réciprocité puisse avoir des conséquences juridiques. Par ailleurs, rien n'empêche que la partie syndicale soit favorisée par l'octroi de préavis de dénonciation et de révision plus courts que ceux de la partie patronale. Rien n'interdit même que la partie syndicale soit, à l'inverse, défavorisée. Le principe de faveur ne trouve pas application dans les rapports entre les parties à un acte collectif. Lorsque les clauses d'attente avant-grève étaient effectives[312], il n'a jamais été question d'étendre les préalables mis en place au lock-out. En revanche, les préavis de dénonciation et/ou de révision d'un acte collectif donné ne sauraient être plus courts que ceux expressément prévus à son encontre par une norme qui lui est supérieure hiérarchiquement.

194 - Cette dernière application du principe du plus favorable à la partie dite obligatoire des conventions et accords collectifs découle de l'action forcément univoque des organisations syndicales. En négociant avec la partie patronale, les syndicats agissent *au nom et pour le compte* des salariés. Certes, la grande majorité des dispositions de la partie obligatoire ne leur est pas applicable, elle met en scène les seuls agents de négociation. Cependant, ces clauses n'ont pas besoin de s'appliquer aux salariés pour que ceux-ci soient concernés par elles. En

---

310 L'art. L. 132-8 C. Trav. parle, de manière neutre, de *« la durée du préavis qui doit précéder la dénonciation »*.

311 Toutefois, au sein de cette dernière, se dessine de plus en plus un *équilibre* des clauses stipulées (voir thèse n° 92 pour des précisions sur cet équilibre qui n'est pas assimilable à du synallagmatisme).

312 C'était avant l'arrêt fondamental de la C. Cass. ch. soc. 07/06/1995, voir réf. note 159 ; N. ALIPRANTIS, *« La place de la convention collective dans la hiérarchie des normes »*, LGDJ 1980, p. 143 ; voir thèse n° 341 et suiv..

la matière, l'action syndicale, menée dans l'intérêt collectif, suffit à déclencher l'application du principe de faveur.

Revenons sur les hypothèses d'éventuelle censure de certaines clauses conventionnelles, censure due à leur caractère moins avantageux que d'autres dispositions contenues dans la loi ou les actes collectifs de large champ d'application. La loi dit peu sur les préavis de remise en cause (elle est supplétive concernant celui de trois mois précédant la dénonciation[313]) ; pour le reste elle renvoie à l'autonomie collective. Les conflits possibles mettent donc aux prises deux ou plusieurs accords collectifs. Nous considérons à cet endroit qu'un retard supplémentaire dans la prise d'effet d'une dénonciation, un cantonnement de ce mécanisme ou une exclusion de sa mise en œuvre qui n'existeraient pas aux niveaux supérieurs, sont favorables aux salariés. Les clauses évoquées, qui constituent des entraves à la dénonciation, ne posent pas de problème. A l'inverse, puisqu'elles entravent la révision, elles sont moins favorables que d'autres qui encourageraient ce même mécanisme. Si la loi ne concerne pas directement les clauses exposées dans le premier paragraphe, les obligations légales de négocier s'opposent, à notre avis, à ce qu'une stipulation empêche la révision alors qu'elles se tiennent. Seules les prévisions de rencontres plus fréquentes sont plus favorables que la loi. D'autres fois, il est difficile de se prononcer sur le caractère plus ou moins favorable de certaines dispositions. C'est particulièrement le cas de celle qui prévoit la révision à l'unanimité des parties. Dans le doute, il nous semble que la règle légale doit prévaloir (révision possible par un des signataires).

195 - Chaque notion, sous peine d'ineffectivité, trouve sa part d'application concrète. Conformément aux objectifs décrits précédemment, les droits de réviser et de dénoncer sont mis en œuvre selon des modalités dont nous allons discuter à présent.

---

313 Voir thèse n° 256.

SOUS-TITRE DEUXIÈME

LES MÉCANISMES DE RÉVISION ET DE DÉNONCIATION

196 - Révision et dénonciation s'opposent très nettement dans leur principe. Pour l'examen des mécanismes correspondants, mais aussi bien sûr dans un souci de clarté, nous les distinguerons une fois de plus en donnant la primauté à la révision, dont le droit est récent et guère établi *(chap. I : la révision de l'acte conventionnel ; chap. II : la dénonciation de l'acte conventionnel).* Ces mêmes mécanismes s'appliquent avec difficulté aux accords portant sur la protection sociale complémentaire *(chap. III).*

CHAPITRE PREMIER

LA RÉVISION DE L'ACTE CONVENTIONNEL

197 - La plupart du temps, la toute première étape du mécanisme révisionnel est la demande qu'une des parties à l'acte transmet, par écrit, aux autres signataires. Généralement, une négociation s'ouvre[314], laquelle débouche –ou pas- sur une révision[315]. La négociation, pour être une notion plutôt sociologique[316], n'est pas pour autant délaissée par le droit. Les différentes étapes de son déroulement *(sect. I)* sont parfois appréhendées par les parties. Le législateur et la jurisprudence s'en préoccupent aussi mais leurs développements se concentrent sur la signature de l'avenant *(sect. II)*.

---

[314] Lorsque la rencontre des parties est prévue dans l'acte, le problème du refus qu'oppose une des parties à l'autre peut se résoudre par une action en exécution du texte en cause. Lorsque rien n'est stipulé à ce propos, une action en jurisprudence sera, pour l'instant, mal reçue. En dehors de la négociation obligatoire, les juges ne font droit à aucune obligation de négocier. Néanmoins, les moyens de pression existent. La grève en constitue l'archétype. C'est d'ailleurs à son propos que la jurisprudence a montré des réserves quant au devoir de négocier en dehors de toute prescription légale. D'autres moyens –de fait- existent. La perspective de licenciements peut inciter à la négociation. L'organisation d'un référendum ouvert à l'ensemble du personnel de l'entreprise peut aussi, selon les résultats obtenus, contraindre les syndicats à la négociation ; voir thèse n° 111.

[315] Fréquemment les conventions et accords collectifs conviennent d'un préavis de révision, délai dans lequel doivent se réunir les parties.

[316] J.-D. REYNAUD, *« Conflits et régulation sociale »*, Revue française de sociologie 1979, n° 2 ; *« La négociation et la règle »*, Pouvoirs 1980, n° 15, p. 51.

Section I : La négociation de l'avenant

198 - Les présents propos ne concernent pas les manifestations d'éventuels conflits ou pressions diverses qui entourent la demande en révision et la négociation elle-même. Deux de ces moyens de pression –ceux organisés par le droit- ont été vus précédemment, en tant que sources de remise en cause. Nous nous contentons donc ici de rappeler qu'un mouvement de grève, l'organisation d'un référendum peuvent provoquer le départ du mécanisme révisionnel ou orienter la négociation.

Le processus de la négociation de révision sera donc vu sous un aspect formel *(§ 1)*. La question particulière et primordiale de la participation à la négociation des organisations syndicales non-signataires fera l'objet d'un traitement séparé *(§ 2)*.

§ 1 Le processus de négociation

199 - La demande en révision constitue son point de départ *(A)*. Dans un délai –prévu par les parties- la renégociation doit suivre *(B)*.

A - La demande en révision

200 - L'article L. 132-7 du Code du travail, déjà évoqué à de multiples reprises, invite les parties à prévoir *« dans quelles formes »* la convention ou l'accord collectif de travail pourront être révisés. L'article, dans son premier alinéa, n'est pas apparu avec la loi du 13 novembre 1982. Il date de 1950 et s'est trouvé, au cours de ces 45 années (jusqu'au 31 décembre 1992, qui a réformé l'article L. 132-7) et particulièrement pour l'invitation exposée plus haut, fort mal appliqué. Les partenaires sociaux ne se sont pas épanchés sur les formes de la révision de l'acte collectif. Ils se sont satisfaits de la liberté fondamentale de réviser à l'unanimité[317]. Sur un plan plus procédural, les acteurs de la négociation sociale ont presque toujours prévu une négociation obligatoire à la demande d'un signataire ou d'un adhérent. Ce dernier est tenu de présenter, à l'appui de sa demande, un projet de modification de la norme collective en cause à la suite duquel les parties se réunissent (en général dans les trois mois qui suivent la requête).

B - Le déroulement de la négociation

201 - La négociation doit être menée de bonne foi[318] et ne provoque évidemment pas la suspension de l'application de l'acte ou même de la partie de celui-ci dont la modification est envisagée.

---

[317] J. ROCHE, *« La paralysie minoritaire ? »*, Dr. soc. 1992, p. 680, spéc. p. 683.

[318] Le contenu des obligations conventionnelles de négocier sera abordé en même temps et à la suite des obligations légales de renégocier. En effet, seules ces dernières ont donné matière à jurisprudence sur la substance de leur déroulement. La force particulière des obligations légales s'explique par l'appui qu'elles apportent au droit de la négociation collective promu par le même législateur (le droit à la négociation

202 - Dans l'hypothèse où cette modification promet d'être importante, assimilable à une entière refonte de la convention collective en cause et génératrice de nombreuses difficultés, il arrive que les partenaires sociaux mettent au point, dès les premières réunions, un processus de négociation. Ce dernier décrit les enjeux et les nécessités de cette dernière, prévoit et prépare les réunions et négociations à suivre[319].

203 - Les parties n'envisagent pas, généralement, les conséquences de l'échec des négociations. En pratique, le(s) signataire(s) ou le(s) adhérent(s) demandeur(s) à la révision, en cas d'échec de celle-ci, ont le choix entre une dénonciation ou l'acceptation du statu quo. Si la demande n'aboutit pas, elle mène parfois à la détérioration des relations entre les partenaires sociaux.

204 - En pratique, un négociateur d'habileté moyenne ne sera jamais inquiété quant au défaut de bonne foi dans le déroulement de la négociation de révision. Il est regrettable que cette notion de droit commun n'imprègne pas plus le droit conventionnel du travail. D'autres fois, ce dernier ne se démarque pas suffisamment du droit commun. La révision, notion juridique largement transversale, est marquée par le dogme de l'autonomie de la volonté. Elle est basée sur la conviction profonde que (seules) les parties ont la faculté de défaire ou de modifier ce qu'elles ont fait. Le droit des conventions et accords collectifs y va de son particularisme en posant avec acuité la question de la participation des organisations syndicales non-signataires.

§ 2 La participation des organisations syndicales non-signataires à la négociation

Préliminaires :

205 - La question a trait à celle, plus vaste, des droits des non-signataires d'un acte conventionnel. Ces droits existent, la jurisprudence en témoigne.

Un arrêt du 20 novembre 1991 de la chambre sociale de la Cour de cassation[320] a autorisé la participation de non-signataires à une institution représentative du personnel. Etait en cause, en vertu d'une disposition conventionnelle améliorant ici la représentation légale du personnel, le droit de désigner un représentant syndical au CHSCT. Les juges ont fondé leur décision sur le *« caractère normatif des dispositions conventionnelles visant à améliorer les institutions représentatives du personnel »*. Cette décision de la Cour suprême

---

collective est un principe fondamental qui pourtant ne s'impose pas (encore ?) à l'employeur en dehors des obligations légales précitées). Voir thèse PII, TI, s. titre II, chap. I, sect. IV.

319 Par exemple, pour les Industries pharmaceutiques, la révision de la CCN LS 29/09/94 législ. soc. n° 7118 ; *« Attendu que les organisations syndicales (...) s'engagent conséquemment à entrer dans un processus de révision des dispositions existantes pour parvenir à une convention collective (CC) révisée »* ; *« Attendu que les organisations de salariés signataires du présent protocole, constatant avec le SNIP la nécessité de réviser la CC de la profession de façon à l'adapter aux situations d'aujourd'hui et aux mutations qui s'annoncent afin que la CC favorise l'essor de l'industrie pharmaceutique en France, dans l'intérêt des entreprises et des salariés ; qu'il appartient en conséquence aux partenaires sociaux de faire vivre dans le temps les textes qu'ils ont signés »* (extraits).

320 Cass. soc. 20/11/1991, Bull. civ. V, n° 522 ; RJS 1992, n° 57 ; Dr. ouvr. 1992, p. 72, note R. PASCRE.

est approuvée par une doctrine autorisée[321] ; elle s'est trouvée confirmée par un arrêt de la chambre sociale en date du 9 juillet 1997[322] et, par ailleurs, élargie par une décision en date du 5 mai 1998[323].

206 - Si nous approuvons le sens de la décision rendue en 1991, nous sommes réservés sur le fondement avancé par les juges. Nous ne pensons pas que l'effet normatif de la norme collective concerne les organisations syndicales[324]. La justification de la solution n'est sans doute pas non plus à chercher dans les textes relatifs aux conventions et accords collectifs de travail, notamment et indirectement dans l'article L. 132-15 du Code, trop restrictif puisque ne concernant que les conventions et accords de niveau supérieur[325]. De manière générale, il s'agit plutôt de refuser toute discrimination syndicale, à laquelle, d'ailleurs, font allusion plusieurs espèces (dont celle du 5 mai 1998)[326]. Celles-ci ne vont pas forcément dans le même sens ; l'enjeu est de savoir où commence la discrimination. Les arrêts refusant la participation des non-signataires jugent qu'elle n'a pas lieu d'être à partir du moment où chaque organisation s'est vue octroyer toutes les chances de participer à l'accord relatif au droit syndical et à la représentation du personnel[327]. Les magistrats voient une injustice dans le fait d'admettre les récalcitrants au bénéfice de l'acte sans les soumettre à ses obligations. De plus, cette attitude ne favorise pas la signature syndicale et délivre certaines organisations salariales d'une prise de responsabilité. Ces arguments ne sont pas négligeables.

Mais plus qu'une affaire d'égalité juridique des syndicats, c'est l'intérêt des salariés qui est en jeu et qui, finalement, doit emporter les suffrages. N'est-il pas souhaitable, pour eux, qu'une pluralité maximale d'avis puisse être

---

321 Voir les critiques de J. PELISSIER à propos d'un arrêt en sens contraire, Cass. soc. 02/04/81, D 82 som. p. 82 ; et le rapport du conseiller P. WAQUET, favorable à cette large participation des organisations syndicales, Dr. soc. 1992, p. 53. Mais également, M.-L. MORIN citée ci-après et R. PASCRE (note 320) qui cependant émettent des réserves sur certains points de la décision.

322 Cass. soc. 09/07/1997 rendu sur le fondement de l'art. L. 132-15 C.Trav., Dr. soc. 1997, p. 994, obs. G. COUTURIER.

323 Dr. soc. 1998, p. 585 avec le rapp. du conseiller référendaire J.-Y. FROUIN, p. 579, spéc. p. 584 ; D 1998, jurisp. p. 608, note G. AUZERO.

324 Voir thèse n° 97.

325 Idem pour l'art. 412-2 C.Trav., inapplicable en l'espèce.

326 Voir aussi, Cass. soc. 02/04/1982, D 1982, IR, 82 ; G. BORENFREUND, *« La licéité des accords collectifs relatifs au droit syndical et à la représentation du personnel »*, Dr. soc. 1992, p. 893 ; J.-M. VERDIER, *« Liberté et égalité : le pluralisme syndical à l'épreuve des accords collectifs relatifs à l'exercice du droit syndical »*, in *« Le Droit collectif du Travail »*, Etudes en l'honneur du Professeur H. SINAY, p. 69, spéc. p. 82 et suiv..

327 *« (...) le juge du fond relève que la CGT, qui n'avait pas signé cet accord et son avenant, avait refusé d'y adhérer.Qu'en en déduisant que cette organisation syndicale ne pouvait, dans ces conditions, prétendre bénéficier de leurs dispositions plus favorables que celles du Code du Travail, dès lors qu'elle n'acceptait pas les engagements qu'ils imposaient, le Tribunal d'Instance, qui ne pouvait étendre la portée de cet accord et n'a pas porté atteinte au principe de l'unité de régime du personnel d'une même entreprise a légalement justifié sa décision »*, Cass. soc. 09/12/85, Bull. civ. V, n° 591. Le principe de « l'unité de régime du personnel » rejoint celui de non-discrimination par le biais de celui de liberté syndicale, qui implique qu'un salarié peut adhérer à l'organisation de son choix ; celle-ci ne devant pas subir de discrimination.

donnée[328] ? Au regard du système de représentativité nationale, la réponse ne peut qu'être affirmative et justifie que soient relégués les regrets qu'elle peut susciter relativement à la responsabilisation syndicale.

Ce fondement exclut par ailleurs que puissent être distinguées les hypothèses de participation à des améliorations conventionnelles d'institutions légales et celles qui concernent des institutions purement conventionnelles. Pourtant, l'arrêt du 20 novembre 1991[329] souligne :

« ... si la participation aux organismes paritaires ou aux institutions crées par une convention ou un accord collectif est réservée aux syndicats signataires de la convention ou de l'accord collectif qui y adhèrent, les dispositions conventionnelles à caractère normatif visant à améliorer les institutions représentatives du personnel, sont applicables de plein droit à tous les salariés et syndicats, sans distinction ; ... ».

La justification de cette attention pour les origines des institutions représentatives s'explique par la possibilité que donne expressément la loi d'améliorer les institutions légales au profit des salariés[330]. Les juges doutent-ils de la licéité des améliorations purement conventionnelles ? M. le professeur BORENFREUND remarque qu' *« il paraît bien difficile, en ce domaine, de repérer précisément où se situe le noyau des libertés »*[331]. L'auteur continue en observant tout de même que *« la tendance depuis une vingtaine d'année est «à un certain dépérissement de l'ordre public absolu »* et, partant, à *« un accroissement de la sphère de l'autonomie collective »*[332]. D'après M. le professeur BORENFREUND, nombre d'incertitudes devront se régler par l'application du principe du plus favorable qui, à n'en pas douter, avalise nombre de ces clauses. En tout cas, les juges ne peuvent exclure a priori la validité de telles dispositions. Aussi, il faut approuver sans réserves l'arrêt du 5 mai 1998 précité qui ouvre aux non-signataires la porte d'un organisme purement conventionnel[333].

207 - Si nous nous sommes attardés sur les clauses relatives au droit syndical et à la représentation du personnel, c'est que les principes qui gouvernent leur sort ont beaucoup de commun avec ceux qui *devraient* présider à l'aménagement des relations professionnelles.

---

328 Si l'intérêt collectif des salariés est satisfait, nous précisons encore une fois qu'il n'y a pas, pour autant, effet normatif des dispositions à l'égard de l'ensemble des organisations syndicales. Les organisations syndicales ne stipulent pas les unes pour les autres, aucun intérêt collectif ne les lie, aucun effet normatif ne les concerne. L'effet normatif ne bénéficie qu'aux seuls salariés (encore faut-il que les clauses dont il est question leur soient applicables). Pour cette solution voir M.-L. MORIN, *« La signature des accords collectifs »*, RJS 1993, p. 74, spéc. p. 80.

329 Voir aussi Cass. soc. 02/04/81 préc..

330 C'est le cas pour le CHSCT avec l'article L. 236-13 C. Trav. Le principe d'amélioration se retrouve pour les délégués syndicaux dans l'article L. 412-21, pour les délégués du personnel dans l'article L. 426-1, et enfin pour les comités d'entreprise dans l'article L. 434-12.

331 G. BORENFREUND, *« La licéité des accords collectifs relatifs au droit syndical et à la représentation du personnel »*, Dr. soc. 1992, p. 893 spéc. p. 900.

332 G. BORENFREUND se réfère ici à la thèse de M.-A. SOURIAC-ROTSCHILD, *« Les accords collectifs au niveau de l'entreprise »*, PARIS I 1986.

333 Voir toutefois en sens contraire, TGI Paris, 01/12/1998, D 1999, jurisp. p. 465, note P. IRIART.

Un arrêt récent de la chambre sociale de la Cour suprême s'est prononcé en faveur de la participation des organisations syndicales non-signataires d'un acte donné aux négociations ultérieures ayant pour but la mise en œuvre de cet acte (y compris sa révision)[334]. Cette décision, quoique ne résolvant pas tous les problèmes, doit être approuvée *(B)*. Jusqu'alors, le droit positif, malgré quelques indications légales en sens contraire, semblait rejeter la participation des non-signataires aux négociations de révision d'une norme collective et aux organismes ou rencontres paritaires favorisant la révision *(A)*.

A - Un droit positif défavorable jusqu'en 1998

208 - En droit des obligations, les participants à l'opération de révision sont ceux qui ont la capacité de réviser l'acte. En conséquence, seuls les signataires initiaux sont concernés.

209 - Le droit légal du travail ne confirme que partiellement la règle ci-dessus ; la réglementation des obligations légales de (re)négocier est en effet duale sur ce point.

Les dispositions concernant les niveaux les plus larges ne sont guère originales. Ce sont les organisations syndicales représentatives *« déjà liées par une convention de branche ou, à défaut, par un accord professionnel »* qui sont chargées de renégocier les salaires et les classifications[335]. Au niveau de l'entreprise, le législateur incite aussi à la négociation. A cette occasion, il ne distingue pas entre négociation initiale et renégociation si bien qu'il est légitime de conclure que toutes les organisations syndicales représentatives sont concernées pour les matières citées :

« Dans les entreprises où sont constituées une ou plusieurs organisations syndicales représentatives (...), l'employeur est tenu d'engager chaque année une négociation sur les salaires effectifs, la durée effective et l'organisation du temps de travail... » (art. L. 132-27 C. Trav.).

Mais surtout :

« La convention ou, à défaut les accords d'entreprise sont négociés entre l'employeur et les organisations syndicales de salariés représentatives dans l'entreprise au sens de l'article L. 132-2 » (art. L. 132-19 C. Trav.).

A priori, la différence constatée entre la branche et l'entreprise se justifie mal. Elle doit tout de même être relativisée par les prescriptions du législateur à propos de la négociation d'avenants susceptibles d'extension ou d'accords soumis à agrément.

« La convention de branche ou l'accord professionnel ou interprofessionnel, leurs avenants ou annexes doivent, pour pouvoir être étendus, avoir été négociés et conclus en commission composée des représentants des organisations syndicales d'employeurs et de salariés représentatives dans le champ d'application considéré » (art. L. 133-1 C. Trav.).

---

334 Cass. soc. 02/12/1998, Dr. soc. 1999, p. 199 ; RJS 1/1999, n° 78.

335 Voir l'art. L. 132-12 C. Trav..

Si la réunion d'une commission mixte paritaire composée de l'ensemble des partenaires sociaux est nécessaire, cela ne signifie bien sûr pas que la convention ou l'accord doit rassembler toutes les signatures. Même si le texte conventionnel ne fait pas l'unanimité (et c'est certainement l'hypothèse la plus fréquente), il est intéressant de remarquer que l'ensemble des organisations se trouveront de nouveau réunies à l'occasion de la négociation d'avenants ou d'annexes. Pour les conventions et accords susceptibles d'être étendus, négociation et conclusion, du point de vue de l'identité des protagonistes, sont dissociées. C'est la portée de tels actes qui justifie sans aucun doute de telles précautions de représentativité. L'atavisme légal est fort en la matière. Il suffit de rappeler que, sous l'empire de la loi du 11 février 1950, l'extension était subordonnée à la signature de toutes les organisations représentatives. La réforme de 1967, qui a substitué à la condition d'unanimité l'absence de toute opposition des non-signataires a atténué l'exigence de représentativité. Les réformes de 1978 et de 1982, dont l'objectif était de faciliter l'extension, se sont encore plus nettement affranchies de la précaution initiale. Au regard du premier de ces textes, l'extension était prononcée sans condition afférente aux signataires, sauf opposition de deux organisations représentatives. Aux termes du texte actuel, le ministre peut passer outre cette opposition, qui doit être motivée, après un deuxième avis de la commission nationale de la négociation collective.

Il convient de regretter le caractère particulier de l'article L. 133-1 car l'importance d'une expression variée des sensibilités syndicales ne dépend pas du nombre de salariés concernés par l'accord. Par ailleurs, s'assurer de la présence de l'ensemble des organisations lors de la négociation et de la *conclusion* d'un acte collectif serait sans doute plus opportun au niveau de l'entreprise. C'est là que des avantages sont de plus en plus souvent remis en cause, c'est à ce niveau que l'on peut craindre, de la part des interlocuteurs syndicaux, une trop grande perméabilité aux assertions patronales.

A l'appui de ce souhait, il faut relever les termes de la note ministérielle[336] qui commente la loi du 12 novembre 1996 permettant aux entreprises dépourvues de représentation syndicale de conclure des accords collectifs de travail. L'Administration souhaite, à propos de la négociation avec des élus, que l'ensemble des organisations représentatives de la branche siègent au sein de la commission paritaire destinée à valider ces accords.

Cependant, l'arrêt du 9 juillet 1997 précité[337], qui a refusé la participation d'un syndicat à un comité paritaire, a précisé à cette occasion :

« (...) il résulte de l'article L. 132-15 du C. Trav. que seules peuvent prétendre participer aux organismes paritaires ou aux institutions créés par une convention collective de branche ou un accord professionnel ou interprofessionnel, les organisations d'employeurs et de salariés signataires de ces textes conventionnels ou celles qui y ont adhéré ; que cet article, conçu en termes généraux, n'introduit aucune distinction suivant que les organismes ou institutions ainsi créés ont ou non vocation à émettre des normes ». Il faut enfin

---

[336] Sem. soc. LAMY, n° 828 du 24/02/1997.

[337] Voir thèse note 322.

relever une décision de la Cour de cassation[338] qui fait peu de cas de la participation de *toutes* les organisations représentatives dans l'entreprise à la négociation annuelle obligatoire. Voici les faits : au cours de deux réunions dans le cadre de la négociation obligatoire, un employeur annonce son intention de parvenir à une révision d'un accord collectif concernant le mode de rémunération dans son entreprise ; il présente aux délégués syndicaux, et notamment à celui de la CGT, une nouvelle grille des salaires. Une nouvelle réunion est fixée ultérieurement pour la poursuite des négociations. Avant que celle-ci n'arrive, la société signe, avec certains délégués syndicaux, un accord décidant le remplacement du salaire au pourboire par un salaire fixe, conformément aux propositions faites. La Cour d'appel de Paris a déclaré nul l'avenant en question, en remarquant que si la CGT avait eu connaissance de la grille des salaires proposée par l'employeur, elle n'avait pas été convoquée à la négociation de l'accord ni appelée à en discuter. Sa décision a été cassée par la Cour suprême.

B – Une évolution à approuver

210 - Au sein des accords sur le droit syndical et la représentation du personnel, les organisations syndicales sont considérées en tant que telles et non pas en tant qu'agents de négociation. Madame MORIN systématise cette distinction en parlant de « règles de conduite » d'une part, et de « règles de structure » (le syndicat est agent de négociation) d'autre part[339]. D'après ce qui a été dit auparavant, les règles de structure sont réservées aux signataires. A leur sujet, Madame MORIN prend pour premier exemple les instances paritaires de « concertation » qui, dans « l'accord à vivre » de Renault, ont pour objet de définir des droits collectifs d'expression nouveaux pour compléter les dispositions légales. Elle remarque alors que les salariés doivent avoir, dans ce cas, des droits identiques et qu'il est dommageable qu'un syndicat non-signataire ne siège pas dans l'instance concernée. Certains accords interprofessionnels, qui instituent des régimes obligatoires concernant la prévoyance sociale (au sens large du terme), posent également avec acuité la participation de l'ensemble des organisations syndicales. A n'en pas douter, le pouvoir des membres des commissions paritaires qui gèrent l'assurance-chômage, par exemple, fait partie de celui des agents de négociation. Le grand nombre d'instances, de commissions, d'organismes, de négociations concernés ne doit pas faire oublier le cas spécifique de l'interprétation de l'acte collectif. A l'évidence, ne peuvent s'essayer à cet exercice de clarification que ceux qui se sont impliqués dans le texte, autrement dit les parties à celui-ci.

211 - La participation des seules organisations syndicales ayant paraphé l'acte apparaît particulièrement dommageable dans le cas où la négociation a porté sur des sujets nouveaux. Cela peut être le cas lors d'une révision, bien sûr, mais aussi lors d'instances portant sur l'application de l'accord au cours desquelles, si les parties sont réunies, des négociations inédites peuvent

---

338 Cass. soc. 01/06/1994, CSBP n° 63, A48.

339 M.-L. MORIN, préc. p. 81, n° 19.

naître. Par ailleurs, il semble légitime que tous les acteurs du système professionnel soient avertis des réussites et des difficultés de la norme ; ils peuvent sans aucun doute enrichir les débats. Contrairement au « contrat classique », pour lequel ceux qui ne sont pas parties à l'accord sont des tiers, la norme collective ne peut exclure des organisations syndicales d'un épisode (pour le moins) de la vie conventionnelle à un niveau donné. Il est incontestable que la restriction des participants aux négociations de révision contribue à réduire les sources d'expression dans le champ d'application de l'acte. Il s'agit là de flagrantes atteintes au principe du pluralisme syndical. Il faut, en conséquence, souhaiter l'implication future de l'ensemble des organisations.

Bien sûr, nous sommes conscients qu'une pareille réclamation n'aide pas la responsabilisation syndicale, essentielle mais trop volatile pour être une valeur juridique. Cependant, il nous semble que l'intérêt premier des salariés, qui guide notre système de représentativité syndicale, la justifie de manière incontestable.

212 - C'est en ce sens que la Cour de cassation s'est prononcée le 2 décembre 1998 en décidant que des avenants à un accord d'entreprise portant sur le financement de la caisse de retraite et les mesures de préretraite totale ne sont régulièrement conclus que s'ils ont été négociés avec l'ensemble des organisations syndicales représentatives dans l'entreprise. Est-ce le revirement attendu par Monsieur PASCRE[340] ? Peut-être. La portée de l'arrêt, rendu sous le visa des articles L. 132-19 et L. 132-7 du Code du travail et publié au bulletin de la Cour de cassation, est certaine. Il ne concerne cependant que les accords d'entreprise et vise l'article L. 132-19 qui n'a pas son équivalent au niveau de la branche[341]. Mais, plus avant, la matière requiert une intervention législative. Cette affirmation concernant la participation des organisations syndicales non-signataires d'un acte donné aux négociations futures mérite d'être prolongée au stade de la signature des futurs avenants. En effet, pourquoi persister à figer l'identité des acteurs de la négociation en refusant toute possibilité d'intervention concrète des non-signataires au stade de la conclusion de l'acte[342] ? On rejoint là le principe de droit commun des contrats qui commande que ceux qui participent à la révision soient ceux qui sont en mesure d'amender l'acte. Finalement, il nous semble que le nombre des participants à la négociation doit correspondre avec le nombre de signataires potentiels. Une remise en cause partielle des règles de l'article L. 132-7 n'aurait que peu de sens en ne permettant pas à chacun des syndicats de faire valoir son opinion[343].

---

340 C'est le souhait de R. PASCRE, Cass. soc. 20/11/1991, Dr. ouvr. 1992 p. 72 *in fine*.

341 Cet important arrêt était peut-être annoncé par celui en date du 05/05/1998 (voir thèse note 323) qui prenait soin de préciser que les syndicats non-signataires n'étaient pas exclus de futures négociations.

342 La signature de l'avenant par une organisation non-signataire de l'accord initial ne prive pas de validité les dispositions révisées (par une ou plusieurs organisations déjà signataires), voir thèse n° 221 et suiv..

343 L'instauration d'un système majoritaire de révision (voir thèse n° 224) et de signature initiale résoudrait les problèmes de la représentativité syndicale et particulièrement celui de la participation des organisations syndicales non-signataires. Il est entendu que la majorité syndicale ne rassemblerait pas forcément les mêmes organisations au fil du temps. Evidemment, signataires et non-signataires se trouveraient mêlés au sein de cette majorité. A la lumière de la réforme du droit de la révision, de l'accord

Section II : La signature de l'avenant (les parties à l'avenant)

213 - Avant 1992, l'exigence d'identité des parties à l'avenant et au texte initial n'allait pas sans difficultés. Elle s'opposait principalement à la nécessité de réviser l'acte collectif. La modification de l'état du droit légal *(§ 1)*, de laquelle on pouvait attendre un règlement définitif des problèmes, n'est finalement pas satisfaisante *(§ 2)*.

§ 1 La loi du 31 décembre 1992

214 - Le texte correspondant *(B)* est en liaison très directe avec le contexte jurisprudentiel de cette modification législative *(A)*.

A - Le contexte

215 - « *Les conventions légalement formées tiennent lieu de loi à ceux qui les ont faites. Elles ne peuvent être révoquées que de leur consentement mutuel, ou pour les causes que la loi autorise* ». Ainsi dispose l'article 1134 du Code civil, sur le fondement duquel la jurisprudence exige l'unanimité des parties pour la révision d'un contrat de droit commun[344].

Pour la signature de l'avenant d'un acte conventionnel, doit-on faire application de cette règle civiliste ou doit-on faire prévaloir, en l'espèce, le droit des conventions et accords collectifs ? Ce dernier, en se fondant sur l'article L. 132-2 du Code du travail et le pluralisme syndical, conduit à valider la signature d'une seule organisation.

Ce débat important a eu lieu à l'occasion de l'arrêt Basirico[345].

---

interprofessionnel du 31/10/95 (reconduit pour trois ans le 08/04/1999) et de son aboutissement législatif du 12/11/96 (repris en partie par le projet de seconde loi Aubry (art. 19)), la participation des organisations non-signataires trouve un nouveau fondement. On voit mal comment on pourrait refuser à une organisation syndicale, fût-elle non-signataire de l'accord initial, le paraphe d'un avenant alors que, dans le même temps, un salarié mandaté ou une institution élue sont habilités à intervenir. Bien sûr, il n'est pas dit que ces derniers acteurs soient en mesure de réviser un acte collectif signé par une ou plusieurs organisations syndicales. Plus avant, la loi du 12/11/96 conduit à la reconnaissance d'une volonté syndicale unique aux lieu et place des volontés syndicales distinguées auparavant. C'est en effet une volonté syndicale qui valide, c'est une volonté syndicale qui mandate (voir thèse n° 234 et suiv.). Enfin, le projet de seconde loi Aubry consacre encore plus explicitement le principe majoritaire en exigeant que l'accord d'entreprise portant sur les 35 h. soit, pour ouvrir droit à l'allégement des cotisations sociales, signé par une ou des organisations syndicales représentatives dans l'entreprise ayant recueilli la majorité des suffrages exprimés lors des dernières élections au comité d'entreprise ou, à défaut, des délégués du personnel. Disons pour le moins que le déblocage de la négociation de révision auquel aboutirait l'habilitation d'un non-signataire s'inscrit dans la tendance actuelle du droit de la négociation collective.

344 On peut remarquer que le droit privé n'admet pas explicitement la révision des contrats. Précisément, l'article 1134 peut être considéré comme y faisant obstacle.

345 Ass. plén. C. Cass. 20/03/92, trois arrêts, Bull. civ. n° 3, Dr. soc. 1992, p. 370 et le rapp. TRICOT p. 360 ; décision confirmée par Cass. soc. 27/05/92, RJS 07/1992, n° 896. Cette décision confirme elle-même Cass. soc. 04/03/89, Bull. civ. V, n° 200. Ces décisions ont été abondamment commentées et critiquées.

Pour l'arrêt du 04/03/89, M. DESPAX, « *Conditions et effets de la révision d'une convention collective par voie d'avenants, lorsque cet avenant est signé par certains seulement des signataires initiaux* », Dr.

C'est une vieille opposition que celle mettant en lice droit civil et droit du travail. A ce propos, il nous semble y avoir quelques inconvénients à considérer que lorsque le droit du travail ne se distingue pas explicitement, doit s'appliquer le droit civil. L'esprit du droit social, profondément progressiste[346], risque de s'y perdre.

216 - En la matière, le droit des conventions et accords collectifs porte haut le pluralisme syndical, qui veut que chaque syndicat représentatif agisse pour la collectivité des salariés. En somme, la représentativité organique de chacun d'entre eux doit être appréciée uniquement vis-à-vis du collectif précité sans tenir compte des positions des autres organisations. L'arrêt Basirico du 20 mars 1992 va appliquer cet aspect du droit de la négociation collective. Il se fonde sur les articles L. 132-1, L. 132-6, L. 132-10, L. 135-1 du Code du travail et l'article 1134 du Code civil pour décider :

« Si des organisations syndicales représentatives peuvent valablement signer un accord modifiant partiellement une convention collective, le nouvel accord, s'il n'a pas été conclu par l'ensemble des signataires initiaux de la convention collective et adhérents ultérieurs ne peut, en l'absence de stipulation expresse relative à la révision ou, à défaut, de dénonciation régulière de la convention, être opposé à des salariés qui réclament le bénéfice d'un avantage prévu à ladite convention et supprimé par l'accord ».

Il en résulte en premier lieu que les règles de la négociation collective sont des règles particulières qui procèdent d'un principe général propre. L'accord de révision peut être signé, comme tout autre acte collectif, par une seule organisation représentative. Conformément à ces règles, la représentativité du syndicat suffit à assurer la validité de l'accord. Enfin, les salariés peuvent continuer à demander le bénéfice de l'ancien accord, qui n'est pas éclipsé par l'ancien. Les signatures premières des syndicats représentatifs restent valables, au même titre que celles de l'accord de révision. Ce dernier ne peut donc être opposé aux salariés qui veulent bénéficier des dispositions originelles. Il y a en somme un concours de normes qui se résout par l'application du principe de faveur, apprécié individuellement.

Le « premier arrêt Basirico », du 9 mars 1989, refusait également de faire prévaloir l'avenant modificatif défavorable mais cependant son argumentation était sensiblement différente, moins soucieuse du droit des conventions et accords collectifs[347].

S'il est incontestable que l'arrêt le plus récent est imprégné du droit de la négociation collective, il fait cependant référence à l'article 1134 et à

---

soc. 1989, p. 631 ; J. SAVATIER, « *Révision d'une convention collective, conditions de suppression d'un avantage* », RJS 11/1989, p. 492 ; LS mensuel, « *Un point de droit social* », 05/1990, n° 49.

Pour l'arrêt de l'Assemblée plénière, J. ROCHE, « *La paralysie minoritaire* », Dr. soc. 1992 p. 680 ; A. PHILBERT, note sous l'arrêt, CSBP, 1992, 103. G. VACHET, note sous les arrêts du 20/03/92, JCP 1992, éd. E, II, 324.

346 Ne serait-il pas plus juste de dire que le droit social était progressiste ? Voir à ce propos, G. COUTURIER, « *Les techniques civilistes et le droit du travail - Chronique d'humeur à partir de quelques idées reçues* », D 1975, pp. 152 et 221.

347 L'art. 1134 occupait la première place parmi les textes cités en visa. Voir références du « premier arrêt Basirico » note 345.

l'avenant « par excellence », qui est signé par l'unanimité des organisations syndicales. Il faut cependant rappeler que, si l'article 1134 peut fonder cette exigence d'unanimité à l'aide d'un raisonnement conduit a fortiori, il peut tout aussi bien servir l'idée d'immutabilité du contrat puisqu'il ne prévoit pas de possibilité de révision de ce dernier. Il semble plus juste de pencher ici pour l'application en la matière de la règle du parallélisme des formes, commune au droit tout entier. Par ailleurs, les articles du Code du travail auxquels l'arrêt fait référence ne sont pas toujours au nombre de ceux qui peuvent justifier les solutions exposées plus haut. En particulier, l'arrêt Basirico lui-même ne vise pas l'article L. 135-2 qui fonde l'application du principe de faveur. La troisième espèce du 20 mars 1992, en revanche, le cite. Que faut-il penser de ces décisions ?

217 - Admettre qu'un accord modificatif ultérieur, signé uniquement par certains syndicats, puisse remettre en cause l'accord initial reviendrait à privilégier l'intention de certains. Or, si la volonté de chaque syndicat représentatif est respectable au nom du pluralisme syndical, c'est aussi par la vertu de celui-ci que l'une ne peut prévaloir sur l'autre. Le contraire serait *« la négation même du pluralisme syndical par syndicophagie »*[348]. La représentativité de chaque organisation syndicale ne s'étend pas, au-delà de la collectivité des salariés, aux autres organisations. Par ailleurs, lorsqu'un syndicat dénonce une convention collective elle demeure en vigueur si, du côté des salariés, toutes les organisations ne l'ont pas dénoncé. La révision ne doit pas se faire plus brutale que la dénonciation[349]. La jurisprudence Basirico est toutefois critiquable du point de vue du droit de la négociation collective. Si l'intention déclarée des acteurs de l'avenant raté est clairement de réviser l'accord initial, il y a tout lieu d'en tenir compte pour ne lui accorder aucun effet juridique.

La Cour de cassation[350] a cependant réitéré, pour une espèce antérieure à la nouvelle loi du 31 décembre 1992, la « solution Basirico ». Toutefois, elle précise à cette occasion qu'il ne saurait y avoir de choix pour le salarié entre l'ancien et le nouvel accord. C'est celui des deux textes qui est le plus favorable pour *l'ensemble des salariés* qui s'applique.

218 - Les inconvénients pratiques de cette solution jurisprudentielle sont réels. Le principal réside dans la coexistence de plusieurs statuts, qui suit la reconnaissance d'une validité certaine de l'accord modificatif. L'application du principe de faveur n'est pas toujours aisée, d'autant que l'on peut observer de plus en plus de dispositions qui se regroupent et forment un tout. Cette jurisprudence est donc source d'insécurité juridique (même si le caractère plus favorable doit être apprécié pour l'ensemble des salariés). D'autre part, elle jette le trouble chez les employeurs qui ont déjà pratiqué ce type de révision minoritaire et s'inquiètent légitimement de la possible remise en cause des avenants consécutifs. Aussi étrange que cela paraisse, nulle Cour, nul tribunal avant 1989 ne s'était directement prononcé sur le sujet. Toutefois, un jugement du

---

[348] J. ROCHE préc..

[349] G. VACHET préc..

[350] Cass. soc. 19/02/1997 *« Cie générale de géophysique c/Bloy et autres »*, jurisp. soc. UIMM 1997, n° 609. Cet arrêt, sur lequel nous reviendrons dans la deuxième partie, s'est trouvé plus particulièrement commenté parce qu'il prend en compte le maintien de l'emploi dans l'appréciation du principe de faveur.

tribunal de Paris s'était, indirectement, montré plutôt optimiste quant à la validité de l'avenant signé par une partie seulement des signataires initiaux[351]. Le TGI ne posait aucun principe et se contentait d'observer qu'en l'espèce un usage subordonnait la validité de toute modification de la convention collective nationale du personnel des banques à la présence de l'unanimité des organisations syndicales représentant les salariés. Aussi bien, il pouvait donc exister un usage dans une autre profession plaidant pour la modification de la convention collective par la volonté d'une partie seulement de ses acteurs.

Suite à la décision Basirico, deux solutions s'offraient aux négociateurs pour maîtriser l'avenir. Pour un futur immédiat, sauf révision à l'unanimité, il leur restait le mécanisme de la dénonciation pour les conventions collectives à durée indéterminée. Encore fallait-il que les futurs signataires de la modification aient le pouvoir de la dénoncer. Par-dessus tout, privilégier ainsi la dénonciation, mécanisme radical et brutal, semblait dommageable pour le maintien des relations contractuelles que la révision justement ménage.

Ces difficultés d'ordre pratique ont amené le législateur à intervenir, non sans avoir consulté les divers partenaires intéressés.

B - Le texte

219 - Le législateur autorise désormais la modification d'un acte collectif par la volonté d'une seule organisation syndicale signataire :

« Sous réserve de l'exercice du droit d'opposition (...), l'avenant portant révision de tout ou partie de la convention ou de l'accord collectif, signé par une ou plusieurs organisations syndicales de salariés (...) se substitue de plein droit aux stipulations de la convention ou de l'accord qu'il modifie et est opposable (...) à l'ensemble des employeurs et des salariés liés par la convention ou l'accord collectif de travail ».

Cette réforme, qu'un auteur a justement qualifié de *« réactive »*[352], met fin à l'insécurité juridique qui menaçait les avenants n'ayant pas recueilli l'approbation de l'ensemble des signataires initiaux. Pour l'avenir, elle facilite l'adaptation de l'acte collectif puisqu'une seule organisation syndicale signataire se trouve en mesure d'y pourvoir.

220 - Les parties peuvent toutefois, dans la mesure où il ne s'agit pas d'ordre public absolu[353], aménager les règles de révision. Ces règles ainsi que leur aménagement relèvent de la partie dite obligatoire de l'acte collectif. Celle-ci est particulière en ce que ses dispositions sont destinées aux groupements et syndicats signataires. Sauf le cas de l'accord d'entreprise, l'employeur et les salariés ne sont pas ses sujets. Cependant, sa spécificité s'arrête là ; elle concerne les salariés tout autant que la partie dite normative et on ne voit,

---

[351] TGI Paris 29/09/1987, Dr. ouvr. 06/1988, p. 279.

[352] M.-L. MORIN, *« La signature des accords collectifs - A propos de la réforme de la procédure de révision »*, RJS 2/1993, p. 74, spéc. p. 86.

[353] Il est toutefois impossible de prévoir la signature d'un avenant par une organisation non-signataire de l'accord initial.

en conséquence, aucune raison pour ne pas y faire régner le principe de faveur[354]. Ainsi la convention collective des agences générales d'assurances[355], qui prévoit que l'avenant modificatif doit être signé par des fédérations de salariés relevant au moins de deux confédérations, pose problème au regard du principe de faveur. Il semble, comme on l'a déjà évoqué[356], que les restrictions au droit de réviser ne soient jamais favorables au salarié, sauf modifications substantielles in pejus. En cas de doute, la loi doit s'appliquer telle quelle.

221 - Le bilan dressé par l'Administration de la réforme de l'article L. 132-7 a permis de préciser[357] quelques points obscurs concernant l'application du nouveau texte. Au sein de la même organisation syndicale, les diverses fédérations sont-elles interchangeables ? Là comme ailleurs, l'Administration considère que chaque fédération représente l'organisation syndicale en son entier et l'une d'entre elles peut alors se substituer à une autre. Toutefois, l'intervention d'une fédération catégorielle ne complète, supprime ou modifie l'acte que pour la catégorie de salariés qu'elle représente.

Quant à la signature de l'avenant par des organisations syndicales étrangères à l'accord initial, l'Administration vise deux hypothèses. La participation finale d'une organisation non-signataire n'entache pas les dispositions révisées qui restent valides. L'opinion contraire aurait été regrettable au regard du souhait déclaré de voir l'ensemble des groupements représentatifs participer à la négociation[358]. Concernant l'avenant approuvé uniquement par une ou plusieurs organisations syndicales ni signataires ni adhérentes de l'accord initial, il est totalement dépourvu d'effet. Il n'est donc pas susceptible d'entrer en concurrence avec les dispositions qu'il prétend modifier. Cet avis émanant du Ministère du Travail n'a pas, à notre connaissance, été confirmé par l'autorité judiciaire. Loin de là. Sous l'empire de la jurisprudence Basirico, l'avenant qui n'avait pas été signé par l'ensemble des syndicats était impuissant à se substituer à l'accord initial mais était jugé valide. Ainsi, il entrait en concurrence avec le premier et pouvait espérer l'évincer s'il s'avérait plus favorable que lui. Bien sûr, l'organisation syndicale signataire de l'avenant était, dans le cas précis de l'arrêt Basirico, habilitée à le signer. Il nous semble pourtant que les deux hypothèses doivent être rapprochées. Si la jurisprudence Basirico reconnaissait quelque effet aux avenants signés par une seule des parties signataires du côté salarié c'était au nom du pluralisme syndical. C'était en tenant compte de la capacité d'un seul groupement représentatif à décider du statut collectif des salariés du secteur dans

---

[354] Voir thèse n° 97.

[355] (Art. 1-2-1) ; cité par LS 10/06/96, légis. soc. n° 7472, à propos du bilan de la réforme sur la révision cité infra.

[356] Cf thèse n° 189 et suiv..

[357] *Bilan d'application des articles 33 et 34 de la loi n° 92-1446 du 31/12/92*, LS 10/06/96, légis. soc. n° 7472 p. 5, 2ème col ; ces précisions n'ont aucune portée normative ou contraignante.

[358] Plus avant, il nous paraît difficile de trouver quelque opportunité à leurs interventions durant les pourparlers (voir thèse n° 211 et suiv.) et de leur refuser, au moment de la signature, la possibilité de concrétiser leur position au terme du processus révisionnel. Au cours de la négociation, si leurs interventions sont celles d'organisations syndicales à part entière, il n'y a pas de raison de les priver du rôle qui est le leur jusqu'au terme des discussions.

lequel il intervenait que les juges concluaient au maintien de l'avenant. Ceci étant, l'insécurité juridique qui accompagne l'application du principe du plus favorable[359] plaide pour que soit effectué un choix entre les deux textes. Et ce choix doit être conforme au droit de la révision des conventions et accords collectifs[360]. En décider autrement c'est enfreindre les prescriptions légales. Le texte qui n'est pas un avenant en droit le devient, en fait, en étant appliqué quand reconnu plus favorable que l'accord initial. La règle de la révision, spéciale, ne doit-elle pas prévaloir sur la règle générale de capacité de chaque organisation syndicale représentative (pluralisme syndical) ? Nous approuvons donc l'avis de la Direction des Relations du Travail qui écarte fermement l'avenant n'ayant requis que l'approbation de syndicats non-signataires de l'accord initial. Cette prise de position est renforcée par la nécessité de tenir compte de l'intention des parties de *réviser* l'accord initial. Négliger pareille destination de la négociation c'est privilégier le droit des conventions et accords collectifs au détriment de celui, en pleine émergence, de leur négociation. La jurisprudence Basirico était d'ailleurs critiquable de ce point de vue.

222 - Cependant, blocages et exclusions sont encore à redouter, tant la préoccupation du législateur est apparue limitée. Prenons le cas d'un avenant signé par un seul des trois syndicats signataires originels. Les deux autres vont-ils pouvoir modifier l'avenant ? Si la réponse est négative, la menace d'un blocage de l'adaptation de l'acte surgit. De plus, une telle solution engendre à tout coup beaucoup de complications dans la gestion du texte collectif. Une réponse positive, quant à elle, ne va pas sans problèmes. Elle suppose une « certaine approbation » des deux syndicats ; à défaut, leur situation se distingue fort peu de celle des organisations totalement étrangères à l'acte et, cependant, représentatives dans son champ d'application. Cet assentiment ne peut être recherché, en l'état des textes, que dans le défaut d'opposition à l'avenant[361]. Cependant, le domaine du nouveau droit d'opposition est –hélas- limité aux seuls avenants modificatifs qui réduisent ou suppriment des avantages individuels ou collectifs. De surcroît, on peut douter de l'efficacité de cette faculté d'opposition[362] sur laquelle nous reviendrons.

Dans le même esprit, il est une autre interrogation : les organisations évincées peuvent-elles continuer à participer aux commissions

---

359 Cette insécurité se remarque particulièrement lorsque des considérations de maintien ou de création d'emplois sont en jeu. La C.Cass. s'est récemment prononcée pour la prise en compte des améliorations attendues dans ce domaine, voir pour les références, thèse note 203.

360 ... qui, nous le rappelons, est clair sur ce point : *« Les organisations syndicales de salariés représentatives (...) qui sont signataires d'une convention ou d'un accord collectif de travail ou qui y ont adhéré (...) sont seules habilitées à signer les avenants portant révision de cette convention ou de cet accord »* (art. L. 132-7 al. 2).

361 L'adage *« qui ne dit mot consent »* est utilisé dans le droit des conventions et accords collectifs de travail ; cf le problème du choix du niveau de négociation entre entreprise et établissement.

362 Aux termes du bilan de la loi du 31 décembre 1992 entrepris par l'Administration du travail et présenté en février 1996 à la Commission nationale de la négociation collective, le droit d'opposition n'a été que peu exercé. Sur les huit oppositions qu'a eu à connaître le niveau de la branche, seules cinq ont été reconnues comme valides. S'agissant de la négociation d'entreprise, aucun cas n'a pu être recensé, LS 10/06/1996, légis. soc. n° 7472, C1.

paritaires administrant l'accord[363] ? Il n'est pas concevable de priver les non-signataires de l'avenant de leurs prérogatives sur le texte. Par ailleurs, il n'est pas possible de distinguer ce qui concerne le texte originel de ce qui ne le concerne pas. Nous rejoignons là Madame MORIN qui refuse la mise à l'écart des non-signataires du processus conventionnel[364].

D'une manière générale, la réforme du 31 décembre 1992 a rendu bien difficile l'identification des volontés en mesure d'agir sur l'acte collectif révisé.

223 - Au-delà des difficultés à caractère technique que suscite la signature d'un avenant, on peut craindre, dans l'hypothèse où le droit d'opposition se révélerait être un bien mauvais garde-fou, une dégradation importante des avantages sociaux. La disparition et la réduction d'avantages peuvent d'ailleurs survenir dans d'autres cas, à propos desquels la volonté légale de les limiter n'apparaît pas. La dénonciation d'un accord collectif, suivie d'une nouvelle négociation peut aboutir à un nouvel acte très en retrait par rapport au premier. Si la révision envisagée porte sur un grand nombre de dispositions la partie patronale peut penser éviter, par l'emploi de la dénonciation, l'éventuel jeu du droit d'opposition.

224 - Les reproches que l'on peut formuler à l'encontre de cette réforme « réactive » tiennent au fait que le législateur n'a pas voulu (n'a pas pu ?) traiter de manière globale les faiblesses de la représentativité salariale. A cette occasion, l'idée du pluralisme syndical, qui veut que chaque syndicat représentatif puisse engager seul la collectivité des salariés, a persévéré. Si le pluralisme n'est pas gênant dans des périodes de négociations d'avantages, il n'en est plus de même aujourd'hui. Le risque naît de la présence de conceptions radicalement diverses de l'intérêt collectif. Tant que le progrès social est seul en cause, les différences d'opinion entre les organisations syndicales ne sont pas de principe. Aujourd'hui, alors qu'interviennent des révisions in pejus (étant entendu que le recul social peut s'apprécier d'un acte à l'autre) ou des négociations originales portant sur l'emploi, il est légitime de rechercher une certaine qualité de la représentation salariale, qui permettrait l'émergence de l'Intérêt collectif. Nous avons déjà évoqué la nécessité de cette quête de la qualité de la représentativité des salariés. Loin de rejeter le pluralisme syndical, le législateur aurait pu requérir la présence de certaines signatures ou d'un nombre significatif d'entre elles afin de faire prévaloir le critère majoritaire[365]. Il faut aussi noter que l'émergence d'un

---

363 Sont ici visées les commissions d'interprétation, celles qui sont chargées de l'étude de l'application de l'acte et de son bilan...

364 M.-L. MORIN, préc. p. 84, n° 28.

365 En ce sens, R. PASCRE, *« La négociation collective dénaturée et confisquée »*, Dr. ouvr. 04/1992, p. 123, pp. 124 n° 3 ; G. BORENFREUND, *« La représentation des salariés et l'idée de représentation »*, Dr. soc. 1991, p. 685 ; A. SUPIOT, *« Parité, égalité, majorité dans les relations du travail »*, in *« Le droit collectif du travail »*, Etudes offertes en l'honneur de Madame le Professeur H. SINAY, Peter Lang, 1994, p. 59, spéc. p. 67. Nous sommes assez réservés sur la prise en compte des résultats électoraux dans l'entreprise tant il est délicat d'utiliser des élections pour un autre but que celui auquel elles sont destinées. Mais le système proposé dans la branche (décision de la majorité des organisations représentatives) ne convient pas vraiment dans l'entreprise où la représentativité se conjugue avec adhésion des salariés et accuse un caractère plus fluctuant. Malgré ces inconvénients, l'exigence de rassemblement de la majorité

Intérêt collectif résoudrait les problèmes que nous avons abordés dans un premier temps concernant les pouvoirs des organisations syndicales, signataires et non-signataires de l'acte révisé, sur celui-ci[366]. Cependant, une telle réforme de la représentativité suppose, pour ne pas bloquer la négociation collective, que les organisations syndicales soient présentes, puis ensuite déterminées à déboucher sur un accord. On est alors en droit de se montrer dubitatifs quant à la possible émergence d'une volonté commune des acteurs sociaux. A défaut, le droit d'opposition –à condition qu'il se généralise- constitue sans doute le meilleur pis-aller[367].

La réforme du droit de la révision n'est donc pas à l'abri des critiques. Pourtant, elle augure peut-être d'un changement en profondeur du système de représentativité syndicale[368].

225 - Avant de décrire le mécanisme de l'opposition à l'avenant « minoritaire et désavantageux », innovation majeure de cette réforme, il nous semble indispensable de régler le sort de l'article L. 132-11 du Code du travail dans son alinéa 2. Ce texte, avec le principe du pluralisme syndical, était un indice légal important pour œuvrer à la construction d'un droit de la révision. Il s'est d'ailleurs trouvé mêlé, et ce à de nombreuses reprises, au débat doctrinal. Le législateur de 1992, décidé à faire prévaloir la spécificité du droit du travail, aurait peut-être dû s'en inspirer.

* *L'indivisibilité légale de l'acte conventionnel*

226 - L'alinéa en question dispose que :

« Lorsqu'un accord professionnel a le même champ d'application territorial et professionnel qu'une convention de branche, il s'incorpore à ladite convention dont il constitue un avenant ou une annexe ».

---

des voix exprimées apparaît la solution la plus opportune. S. YANNAKOUROU, pour les droits français et italien, résume fort opportunément les problèmes relatifs aux « accords de gestion » par la menace pesant sur l'effet erga omnes des nouveaux textes. Elle expose le système italien du « droit à la dissidence » et critique la solution. Le rassemblement des salariés est indispensable ; *« L'Etat, l'autonomie collective et le travailleur »*, LGDJ 1995, p. 318 et suiv.. Quoi d'autre que la « solution majoritaire » ? C'est apparemment ce qu'a pensé dernièrement le législateur, à la recherche de la légitimité des accords sur les 35 h.. Le projet de seconde loi Aubry contient cette idée majoritaire *(« pour ouvrir droit à l'allégement, l'accord d'entreprise doit être signé par une ou des organisations syndicales représentatives dans l'entreprise ayant recueilli la majorité des suffrages exprimés lors des dernières élections a comité d'entreprise ou, à défaut, des délégués du personnel »*, art. 19-V du projet). Voir aussi thèse note 343.

366 Pour le calcul de la majorité, signataires et non-signataires se trouveraient mêlés.

367 Les juges ne s'y trompent pas qui favorisent l'exercice de l'opposition : Cass. soc. 18/11/1998, C. BARBEROT, *« L'exercice du droit d'opposition à un accord d'entreprise dérogatoire »*, RJS 1/1999, p. 3 ; JCP éd. E, 1999, II, 10 185, note L. BOUTITIE ; Cass. soc. 12/07/1999, RJS 8-9/1999, n° 1105.

368 Il ne faut en tout cas pas confondre la quête d'une meilleure représentativité et celle de l'extension du champ de la négociation à laquelle a abouti la loi du 12 novembre 1996 (reprise en partie par les lois Aubry). Le premier objectif consiste à requérir l'opinion d'une majorité de syndicats représentatifs chaque fois que cela est possible, c'est-à-dire chaque fois qu'il y a décision syndicale. D'ailleurs, pareille intention pourrait trouver à s'exprimer dans la loi précitée (comme elle s'exprime dans le projet de seconde loi Aubry). Le mandatement d'un salarié à fin de négociation pourrait ainsi être délivré par une majorité d'organisations ; quant à la validation par une commission de branche, elle exprime d'ores et déjà des volontés syndicales de différentes tendances.

Il nous semble que ce texte plaide pour une certaine unicité[369] du statut collectif de branche. Il ne se contente pas de permettre ou de faciliter l'uniformité de ce dernier en liant son libellé à celui de l'article L. 133-9 al. 1 du même Code, qui prévoit l'extension des avenants et annexes d'une convention[370] :

« Le ministre chargé du travail peut, de même, conformément aux règles fixées à l'article précédent, rendre obligatoires par arrêté les avenants ou annexes à une convention ou à un accord étendu ».

En effet, l'extension d'un simple accord professionnel est possible[371] ; le mécanisme n'est pas réservé à la convention de branche et à ses avenants ou annexes. D'autre part, ces derniers ne bénéficient pas d'une extension de droit, sous prétexte de leur incorporation à un texte qui en a fait l'objet[372]. Seuls les avenants salariaux bénéficient d'une procédure facilitée. Il n'était nul besoin, au regard des règles de l'extension, de passer par l'intermédiaire de la qualification de l'article L. 132-11 pour satisfaire le souci d'uniformité du statut conventionnel collectif applicable à une même branche. Nous sommes amenés, en conséquence, à trouver une signification propre à cet article[373].

Ce texte organise l'unicité, l'indivisibilité du statut collectif de branche. Il influe bien sûr sur la qualification du nouvel accord professionnel ; celui-ci sera avenant[374], ou annexe[375], selon son contenu. Cette indivisibilité formelle devrait entraîner, en principe, la permanence d'un pouvoir unique, maître du statut collectif. Bien sûr, ce pouvoir pourrait changer de mains ; c'est le critère majoritaire qui devrait servir à en déterminer les acteurs. A cet égard, le droit national de la négociation n'a jamais permis qu'une indivisibilité très relative. Plus précisément, l'alinéa 2 de l'article L. 132-11 ne s'applique pas à un accord *professionnel signé par des organisations étrangères* à la convention de branche. Il n'est pas possible de soutenir que l'article L. 132-11 prévaut sur les règles de l'adhésion ou sur celles de la révision de l'acte collectif[376]. Ainsi, il peut y avoir pluralité de textes au niveau de la branche. Plus précisément, il y avait pluralité avant la réforme de 1992 concernant la révision, et il y aura pluralité après celle-

---

369 Le verbe « incorporer » exclut que soit en cause un simple rassemblement formel des dispositions conventionnelles.

370 M.-L. MORIN soutient cependant l'opinion contraire, *« Le principe général du droit à la négociation collective »*, LGDJ 1994, n° 642, p. 532.

371 L'extension de l'accord professionnel n'est pas soumise à la présence de dispositions précises chez celui-ci, en particulier concernant la gestion des relations entre les parties. Son incorporation à la convention collective de branche n'est donc pas commandée par le souci d'éviter la pluralité des systèmes conventionnels à cet égard ou celui de faciliter l'extension de l'accord.

372 Bien au contraire, il nous semble que l'article L. 133-9, dans son alinéa 1er, rend très commun le régime applicable aux avenants et annexes d'une convention étendue.

373 L'article L. 132-11 C. Trav. a été vu sous plusieurs aspects : il est fréquemment rattaché au mécanisme de l'extension (cf supra) ; il est parfois considéré à la lumière des règles de la révision, voir G. VACHET, *« La révision des conventions et accords collectifs »*, Dr. soc. 1993, p. 134, spéc. p. 135.

374 L'avenant *change* le contenu de l'acte en le complétant ou en le modifiant ; voir dans ce sens LS, bilan de la loi du 31/12/1992 préc..

375 L'annexe ne fait que compléter incidemment, par des dispositions d'ordre particulier, le contenu de l'acte.

376 Voir circ. DRT n° 8/93 du 16 mars 1993, LS 06/04/1993, légis. soc. n° 6821 C1.

ci. La différence se situe dans l'introduction d'une pluralité de pouvoirs du côté salarial pour la révision d'un même acte collectif. Loin de se rapprocher de l'esprit de l'article précité qui témoigne de la conception réglementaire de la convention collective, la nouvelle législation s'éloigne à présent du droit des contrats. Les considérations ci-dessus ne concernent toutefois que le niveau professionnel.

227 - Le législateur, à propos de l'entreprise, n'a que peu manifesté le souhait de voir s'établir un tissu conventionnel complet et uni. Toutefois, il a longtemps été reproché à cette négociation de ne produire que des normes partielles. Les « accords d'établissement » ont fait l'objet d'une reconnaissance spécifique dans la loi du 11 février 1950 mais ils se présentaient alors comme une série d'actes mineurs. Leur contenu était limité et subordonné à la présence ou à l'absence d'une convention collective dans la branche ; leur régime juridique n'était soumis qu'en partie seulement aux règles des conventions collectives. Par ces dispositions, le législateur de l'époque entérinait une pratique mais ces actes au contenu réduit confirmaient sa méfiance envers la négociation d'entreprise, incapable de fonder un second niveau d'élaboration de normes professionnelles à part entière. Le législateur de 1971 a dissipé les doutes qui subsistaient à propos de la nature juridique de ces « accords d'établissement » qui se nommeront alors « conventions d'entreprise ou d'établissement ». Depuis, l'entreprise est devenue le cadre de véritables conventions collectives mais le droit légal ne s'est pas départi de toute réticence envers l'accord qui ne traite que d'un ou plusieurs sujets déterminés. Le législateur de 1982, en anoblissant la négociation à ce niveau, a reconnu l'accord collectif mais subsiste son désir de voir à ce niveau des conventions collectives :

« La convention ou, à défaut, les accords d'entreprise ... »

228 - En ce qui concerne la branche, le législateur a manifesté en 1982 la volonté de voir se pérenniser à ce niveau les principes d'unité et de complétude maximale du tissu conventionnel en adoptant la même réserve. L'absence de transposition de l'article L. 132-11 pour l'entreprise s'explique probablement par les chemins différents suivis par les négociations à ces deux niveaux, sans pour autant que les intentions du législateur soient différentes.

229 - De plus, l'unité du tissu conventionnel à un même niveau est plus que jamais d'actualité, à l'heure où l'ensemble des avantages se renégocient, à l'heure où la cohérence du tissu conventionnel est mise en avant pour la construction d'une politique sociale de branche ou d'entreprise.

230 - Les regrets exprimés sur l'esprit du texte se traduisent concrètement aujourd'hui à travers les évolutions de la jurisprudence et de la loi.

§ 2 Les problèmes conséquents

231 - L'article L. 132-7 du Code du travail affirme que l'avenant à un accord signé par une ou plusieurs organisations syndicales parmi les signataires initiaux se substitue de plein droit aux dispositions en vigueur. Cette affirmation n'a cependant pas de portée absolue. Ce texte est à replacer dans son contexte et ne concerne en fait que la partie salariale de l'acte

conventionnel[377]. La volonté d'une partie seulement des acteurs patronaux de l'acte initial est impuissante à emporter modification des dispositions existantes. Un groupement patronal donné représente ses adhérents employeurs. Sauf extension, la convention ou l'accord collectif de travail applicable dans un secteur géographique ou professionnel est signé par les mandataires organiques ou non[378] des employeurs concernés ou par ces employeurs eux-mêmes[379]. Dès lors, l'employeur qui démissionne de l'organisation ou du groupement signataire d'un acte collectif n'est pas, en principe, tenu par les avenants intervenus postérieurement[380]. Une modification conventionnelle qui ne ferait pas l'unanimité parmi les organisations patronales parties au texte initial n'aurait aucune force obligatoire à l'égard des employeurs membres des organisations non-signataires de l'avenant[381]. La loi du 31 décembre 1992 sur la révision n'a rien modifié sur ce point. La décision de la Cour suprême[382], rejetant l'opposabilité d'un avenant à un employeur membre d'un groupement non-signataire de l'avenant, n'a donc rien qui puisse surprendre. Reste à décider du sort des dispositions qui prétendent constituer révision de l'acte existant. Ont-elles pleine validité à l'égard des seuls signataires patronaux ou doivent-elles être considérées comme autonomes ?

232 - Deux éléments sont à prendre en compte. Importe en premier lieu la volonté du législateur de 1992 de bannir l'insécurité juridique post-Basirico[383]. Nul doute que le regret de l'époque concernant la coexistence de deux statuts applicables pèse encore sur le droit de la révision[384]. La reconnaissance de l'application des dispositions aux seuls signataires patronaux ne pose aucun problème sur ce point. C'est l'appartenance ou non des entreprises

---

377 Notamment, le droit d'opposition ne concerne que *« les organisations syndicales de salariés représentatives »* (art. L. 132-7 II et III). Il est vrai que l'expression légale est source de doute (l'avenant est opposable *« à l'ensemble des employeurs et des salariés liés par la convention ou l'accord collectif de travail »*), doute que ne dissipent pas les travaux parlementaires.

378 Cass. soc. 29/04/1985, D 1988, 232 ; le groupement avait réservé l'application de l'acte collectif à ceux de ses membres ayant donné un mandat spécial par écrit.

379 Cf l'article L. 135-1 al. 1 C. Trav. qui dispose que : *« sans préjudice des effets attachés à l'extension ou à l'élargissement (...), les conventions et accords collectifs obligent tous ceux qui les ont signés, ou qui sont membres des organisations ou groupements signataires »*. Les obligés sont bien sûr les employeurs... mais aussi parfois les salariés, ce qui n'apparaît pas à la lecture du texte.

380 Cass. soc. 08/12/1966, Dr. soc. 1967, p. 377. L'employeur reste donc tenu par les dispositions conventionnelles conclues avant sa démission mais également par les éventuelles nouvelles interprétations et applications des premières, voir, modifiant quelque peu cette (ancienne) position de principe, thèse n° 149.

381 Ass. plén. 06/04/1990, RJS 1990, n° 490, p. 345 ; CSBP 06/1990, A34, p. 157 ; D 1991, som. 153, obs. J. GOINEAU : un avenant à une convention collective étendue n'est pas applicable à un employeur non affilié au syndicat signataire tant que cet avenant n'a pas été lui-même étendu.

382 Cass. soc. 29/05/1996, CSBP n° 82, A42, p. 199 ; JCP éd. E 1996, jp. n° 843 ; Dr. soc. 1996, 613 note J.-Y. FROUIN. La Cour casse l'arrêt d'appel et vise les articles L. 132-2, L. 132-7 et L. 135-1 C. Trav.. La citation de l'article L. 132-7, dont l'application est justement rejetée par l'arrêt de cassation, est pour le moins étrange. Sauf cette maladresse, la décision nous semble incontestable.

383 L'insécurité juridique découlait de l'arbitrage difficile (à l'aune du principe du plus favorable) entre nouvelles dispositions et anciennes.

384 ... et les décisions judiciaires rendues à son propos.

aux syndicats signataires qui arbitre ; le principe du plus favorable, source d'insécurité juridique, n'est pas sollicité. Un autre élément plaide en faveur de cette révision « partielle »[385]. Puisque l'intention de réviser des parties ne fait aucun doute, l'accord doit modifier ou ne pas être. Il ne peut être considéré comme un acte autonome. Lors de négociations, la volonté déclarée des parties d'aboutir à tel ou tel résultat n'est pas indifférente. Les dispositions qui découlent des négociations doivent être envisagées à sa lumière[386]. Cette valorisation du droit de la négociation a, selon nous, grandement manqué aux solutions données dans les « affaires Basirico ». Malgré l'intention des auteurs de l'avenant (signé par une partie des organisations syndicales), les juges ont conclu à la présence de deux statuts autonomes, indépendants l'un de l'autre. Dans l'espèce qui nous préoccupe, le conflit a abouti différemment. La modification est pour partie effective.

233 - L'affaire mérite de plus amples développements. Le pourvoi formé contre le jugement du Conseil de prud'hommes de Lyon, qui a accueilli la demande des salariés de l'association membre du syndicat non-signataire[387], souligne que l'application partielle de l'avenant porte atteinte au principe d'égalité des entreprises devant la loi.

Conventions et accords collectifs ont, de fait, la vertu certaine de permettre une concurrence saine[388] entre les entreprises d'une même branche ou d'une même profession. Cet atout propre aux couvertures conventionnelles de large niveau ne ressort pas à la lecture de la loi de 1982. Le développement de la négociation d'entreprise, que les lois Auroux ont poursuivi, va même à l'encontre de l'unification du droit conventionnel entre entreprises. Il est vrai que les négociations interprofessionnelles mais surtout de branche connaissent un regain d'intérêt à travers la technique de l'accord-cadre. Elles plaident alors pour la constitution d'un socle social commun, à partir duquel les individualités économiques creusent leurs particularités. Cette tendance n'a cependant pas (encore ?) de traduction juridique suffisante. Ce sont les mécanismes d'élargissement et d'extension, qui concernent la grande majorité des textes de branche, qui à la fois règlent le problème et l'empêchent de trop souvent émerger. Ces techniques administratives nous semblent constituer un remède suffisant à la diversité des droits applicables aux entreprises concurrentes.

234 - Enfin, la loi du 12 novembre 1996[389], reprenant les dispositions de l'accord interprofessionnel du 31 octobre 1995 relatif au

---

385 Au plan des sujets à l'acte initial.

386 Dans d'autres hypothèses cette intention importe : elle se traduit parfois dans les préambules des actes collectifs, elle doit être déterminante afin d'identifier, dans le cadre de l'art. L. 132-8, la négociation de substitution d'un acte dénoncé.

387 Ainsi que celui de ST-MALO ; à l'inverse de la juridiction rennaise.

388 Au sein de laquelle les contraintes sociales font l'objet d'un minimum d'enjeux, puisque négociées pour l'ensemble des entreprises concurrentes d'un secteur professionnel donné.

389 JO du 13 novembre, p. 16527 (la loi traite également de l'information et de la consultation des salariés dans les entreprises et les groupes d'entreprises de dimension communautaire) ; Sem. soc. LAMY, législ. soc. C1 n° 7558 du 26/11/1996. Ce texte a fait l'objet d'un recours devant le Conseil

développement de la négociation collective dans les entreprises dépourvues de délégués syndicaux[390], a diversifié les possibles représentants[391] de la partie salariale. Les lois Aubry se sont inspirées, pour la conclusion des accords sur les 35 heures, de la loi du 12 novembre 1996. Ces nouvelles opportunités compliquent fort les problèmes déjà posés quant aux acteurs de la remise en cause d'un accord collectif.

235 – Le projet de seconde loi Aubry[392] prévoit, dans les entreprises dépourvues de délégué syndical, la possibilité pour une organisation syndicale représentative au plan national de mandater spécialement un salarié pour négocier (pour être valable, l'accord doit être approuvé par les salariés à la majorité des suffrages exprimés). Dans les entreprises de moins de 50 salariés dépourvues de délégué syndical, en l'absence d'une convention ou d'un accord de branche étendu et lorsqu'aucun salarié n'a été mandaté, les délégués du personnel peuvent négocier (l'accord doit être également approuvé par les salariés). A compter du 1er janvier 2002, en l'absence d'un texte étendu et quand aucun salarié n'a été mandaté, les entreprises dont l'effectif est inférieur à onze salariés peuvent bénéficier de l'allégement des cotisations lorsque le document en cause est approuvé par les salariés et validé, quand elle existe, par une commission locale ou nationale décrite à l'article 132-30 du Code. En ce qui concerne la loi de 1996, quand le nombre de salariés est inférieur à 50[393], des accords de branche[394] sont habilités à déroger aux articles L. 132-2, L. 132-19 et L. 132-20 du Code du travail. Les accords précités peuvent prévoir que *« les représentants élus du*

---

constitutionnel, Sem. soc. LAMY préc. ; M.-L. MORIN, *« Le Conseil constitutionnel et le droit à la négociation collective »*, Dr. soc. 1997, p. 25.

390 Acc. reconduit pour trois ans le 08/04/1999. M. POIRIER, *« Brefs propos sur le projet de loi inspiré par l'accord national interprofessionnel du 31/10/1995 relatif à la politique contractuelle »*, Dr. ouvr. 1996, p. 311 ; G. COIN, *« L'accord interprofessionnel du 31 octobre 1995 sur la politique contractuelle »*, Dr. soc. 1996, p. 11.

391 Ce terme n'est évidemment pas à entendre au sens classique du terme. Il y a représentation dans la mesure où l'acteur de la partie salariale agit au nom et pour le compte des salariés. La source de la représentation est, quant à elle, originale. A propos des syndicats, on parle de représentativité.

392 A l'heure où s'écrivent ces lignes, il est définitivement voté par l'Assemblée nationale. Voir art. 19-VI sur le mandatement ; art. 19-VII sur la négociation des délégués du personnel ; art. 19-VIII sur les entreprises de moins de onze salariés.

393 Les accords de branche doivent déterminer *« le seuil d'effectifs en-deça duquel les formules dérogatoires de négociation qu'ils retiennent seront applicables »* (Art. 6-IV).

394 Le thème de négociation proposé par la loi du 12 novembre 1996 est nouveau. Aussi bien, la conclusion d'accords sous forme d'avenants n'entraîne pas de suppressions d'avantages et donc ne risque pas l'opposition de l'art. L. 132-7 C. Trav.. Est prévue par la loi une faculté d'opposition particulière ouverte, semble-t-il, à l'ensemble des organisations, salariales et patronales, représentatives *(Art. 6 VI : « L'entrée en vigueur des accords de branche mentionnées au présent article sera subordonnée à l'absence d'opposition de la majorité des organisations syndicales représentatives de la branche »)*. L'ouverture générale du droit d'opposition n'est cependant pas certaine (les travaux parlementaires sont ici de peu d'aide), puisque le législateur emploie également les termes génériques d' *« organisations syndicales représentatives »* à propos du mandatement de salariés. Dans ce cas, il semble que seules les organisations syndicales salariales sont concernées. Le législateur de 1996 a manqué de rigueur ; il aurait pu s'inspirer des lois de 1982 qui distribuent plus clairement les rôles en visant les *syndicats* de salariés et les *groupements* d'employeurs ; voir sur cette faculté d'opposition particulière les remarques en ce sens de P.-H. ANTONMATTEI, *« A propos du développement de la négociation collective »*, Dr. soc. 1997, p. 164, spéc. p. 166, n° 8.

personnel négocient la mise en œuvre des mesures dont l'application est légalement subordonnée à un accord collectif ». Ils peuvent également autoriser la conclusion d'accords collectifs *« par un ou plusieurs salariés expressément mandatés, pour une négociation déterminée, par une ou plusieurs organisations syndicales représentatives »*[395]. Il transparaît, à la lecture de la loi sur la première formule, que ces modes dérogatoires d'élaboration d'actes conventionnels ont pour but essentiel de rendre possible, dans toute entreprise, la négociation à fin d'adaptation de la norme légale[396]. Sont particulièrement visées les négociations sur l'aménagement et la réduction du temps de travail. Le souci de favoriser la négociation occulte, dans un premier temps, la question de la gestion de ces accords particuliers. Un texte signé par un salarié mandaté doit-il obligatoirement être révisé par le même mode ? Plus avant, le salarié doit-il, à fin de révision, être mandaté par les mêmes organisations syndicales qu'initialement ? De la même façon, la modification d'un accord conclu par les représentants élus du personnel doit-elle s'effectuer avec ces (mêmes) représentants ? Quid de la dénonciation de ces actes ? La durée des accords de branche qui organisent leur conclusion est limitée à trois ans[397] mais pour les actes d'entreprise eux-mêmes aucune période déterminée n'est prévue par le législateur. Dans le silence des textes, faut-il conclure à l'application du régime de droit commun des conventions et accords collectifs de travail ? Les accords de branche qui autorisent la négociation selon les deux modes dérogatoires fondent sans doute de véritables accords collectifs. Néanmoins, après trois ans maximums[398], les représentants élus ou les salariés mandatés ne peuvent plus négocier des accords d'entreprise. Aussi bien, l'arrivée du terme de l'accord de branche entraîne de fait la disparition des parties à ces derniers. Conformément à ce qui se passe pour les actes collectifs de droit commun, la disparition d'une des parties signataires devrait entraîner la mise en cause de l'accord concerné et l'application du régime de la dénonciation. Une telle conséquence est d'ailleurs souhaitable car, en l'absence d'habilitation indéterminée des représentants élus ou des salariés à la négociation, le maintien de ces actes n'a plus de sens. Cependant, en prévision, à l'expiration, d'un changement réglementaire du support de l'acte ou d'un changement de législation qui pérenniserait les dispositions en question[399], nous aborderons l'hypothèse de leur dénonciation tels des accords à durée indéterminée.

---

395 La loi n'exclut pas qu'un accord de branche prévoit les deux modes de conclusion. Toutefois, il ne serait pas admissible que l'employeur choisisse entre l'un ou l'autre selon sa convenance. Il est donc recommandé aux négociateurs de branche de se prononcer pour un seul mode P.-H. ANTONMATTEI, préc. p. 165, n° 6.

396 (...) *« les représentants élus du personnel négocient la mise en œuvre des mesures dont l'application est légalement subordonnée à un accord collectif »*.

397 L'application de l'alinéa 2 de l'article L. 132-6 qui prévoit que, sauf stipulations contraires, l'acte à durée déterminée arrivé à échéance se poursuit de manière indéterminée ne doit pas s'appliquer (*« Specialia generalibus derogant »*).

398 Renouvellements compris.

399 Mais aussi, il faut le reconnaître, parce que les commentaires de la loi en question ne semblent pas aller dans ce sens : P.-H. ANTONMATTEI, préc. p. 168, n° 13 et la note ministérielle du 30/01/1997, Sem. soc. LAMY, n° 828 du 24/02/1997 ; cet auteur s'interroge d'ailleurs avec une certaine inquiétude sur le devenir des accords d'entreprise conclus.

236 - A l'égard des phénomènes de remise en cause des actes d'entreprise, plusieurs axes directeurs peuvent être dégagés.

L'implantation syndicale dans l'entreprise doit, à notre avis, rendre caduc l'accord de branche qui autorise tel ou tel des deux modes. Qu'en est-il des dispositions prises dans le cadre de ses prescriptions ? Doivent-elles être considérées comme dénoncées ? Elle doivent disparaître avec les autorités qui ont permis leur élaboration. De la même façon que la disparition d'une organisation syndicale signataire d'un texte vaut dénonciation de celui-ci, il nous semble qu'il doit y avoir application de l'article L. 132-8 du Code du travail.

Cet article doit également pouvoir être sollicité de manière plus directe lorsque la partie salariale à l'accord envisage de rompre unilatéralement ses engagements. Dans le cas où ce sont les représentants élus du personnel (membres du comité d'entreprise ou délégués du personnel) qui ont conclu l'accord, leur volonté de dénoncer devra-t-elle être validée par la commission paritaire de branche[400] ? Un vote négatif de la commission ne risque-t-il pas d'entraver le droit des représentants élus de se délier de leurs engagements à durée indéterminée ? Ces élus agissent au nom et pour le compte des salariés ; le texte légal prévoit qu'ils *« négocient la mise en œuvre des mesures dont l'application est légalement subordonnée à un accord collectif »*. Cette mission légale est restreinte. Elle ne fait pas place à des engagements propres. La nécessaire approbation de la commission pour que la dénonciation soit effective est en principe concevable. La loi prévoit cependant que cet organe paritaire *« pourra se voir également confier le suivi de leur application (celle des accords conclus) »*. Cela signifie-t-il que, dans certains cas, la Commission pourra se voir entièrement relevée de cette tâche (et par extension de la question de la dénonciation) ? Certes, le suivi de l'acte pourra être assuré par les parties elles-mêmes ; en revanche, la prescription légale n'élimine pas, à notre avis, l'éventualité d'une intervention obligatoire de la branche à la perspective d'une dénonciation.

La même question est beaucoup plus problématique dans le cas d'accords conclus par des salariés mandatés. Les représentants élus, au-delà des élections qui se succèdent, gardent leur identité[401]. Il en va de même pour la commission paritaire de branche ou pour l'approbation majoritaire par les salariés. Dans ces deux cas il y a expression d'une volonté organique (quasi-organique en cas d'intervention directe des salariés) qui existe en tant que telle. Le mandatement d'un salarié équivaut certes au mandatement d'un autre. En revanche, le mandat d'une organisation syndicale ne peut être confondu avec celui d'une autre. Un accord collectif ne peut-il être dénoncé ou révisé que par mandat de la ou des mêmes organisations syndicales qui lui ont donné mandat au départ ? Par ailleurs, ce dernier doit être exprès ; doit-il autoriser la dénonciation pour que celle-ci puisse se manifester ? C'est en tout cas une solution envisageable[402]. Elle

---

400 De manière générale, la loi est peu diserte sur les modalités de fonctionnement de la commission paritaire. On suppose tout de même qu'elle décidera à la majorité de ses membres. Ceci demande à être fixé par la commission elle-même.

401 Les modalités de prise des décisions sont prévues conventionnellement.

402 Mais, hélas, pas envisagée par la loi.

est même probable compte tenu de la précision exigée des termes du mandat. Quant aux syndicats habilités, il est dommage que le législateur n'ait pas requis un mandatement à la majorité des voix des organisations représentatives de la branche. La succession de mandats de différentes organisations syndicales complique à souhait révision et dénonciation. Puisqu'il est prévu que les accords de branche arrêtent *« les conditions d'exercice de leur mandat (celui des salariés) »*, il faut souhaiter que des éclaircissements substantiels soient livrés à cette occasion. Sinon, seule l'organisation syndicale signataire de l'acte initial pourra le réviser. A défaut d'indications légales particulières, s'applique ici le droit de la révision tel que défini par l'article L. 132-7. Cela ne privera pas d'autres syndicats de la possibilité de mandater les salariés qui se manifesteraient auprès d'eux. Dans l'hypothèse de pluralité de mandats, tous les salariés concernés devront probablement participer aux négociations de révision. Est-il alors possible que l'avenant à l'accord d'entreprise adopté le soit avec l'approbation de plusieurs salariés mandatés ? Si l'on s'en tient aux précisions apportées par l'Administration à propos de l'application de l'article L. 132-7, la participation finale d'un non-signataire n'entache pas les dispositions révisées qui restent valides[403].

237 - En conclusion, si la loi du 12 novembre 1996 permet d'étendre le tissu conventionnel au niveau de l'entreprise, elle néglige les moyens permettant à ce tissu de se consolider, d'évoluer, de disparaître pour mieux se renouveler. Particulièrement, elle augmente encore l'insécurité juridique qui grève le droit de la révision. Sans doute la jurisprudence contribuera-t-elle à éclaircir beaucoup des interrogations précédemment posées. Elle est cependant impuissante à instaurer une partie salariale une et indivisible quoique plurielle qui, seule, permettrait une remise en cause aisée et sûre des actes collectifs dans le temps. Les lois Aubry posent les mêmes questions non résolues. Le projet de seconde loi, tout en faisant valoir l'idée majoritaire, permet le mandatement par *une* organisation représentative et, surtout, exige que certains accords soient approuvés par les salariés[404]. Dès lors, la révision de ces accords nécessite-t-elle pareille consultation du personnel ? Généralement, on peut observer qu'en matière de révision des conventions et accords, le parallélisme des formes tient peu de place. Il faut espérer que les textes d'application effaceront les incertitudes.

Outre l'affirmation de la conception française du pluralisme syndical, la réforme du 31 décembre 1992 a étendu la technique de l'opposition.

Section III : Le droit d'opposition

238 - Cette technique est apparue dans le droit des conventions et accords collectifs de travail avec les accords d'entreprise dérogatoires à la loi[405]. A la lumière de ce précédent, le rôle du droit d'opposition

---

[403] Voir thèse n° 221.

[404] Art. 19 du projet.

[405] Art. L. 132-26 C. Trav..

apparaît clairement : il s'agit d'encadrer la perte d'avantages sociaux en contrôlant le pouvoir syndical. Pareil contrôle d'un pouvoir est classique : il apparaît comme l'une des manifestations de la pluralité d'intérêts collectifs qui se résout naturellement par l'instillation d'un procédé démocratique. Le législateur aurait pu préférer une décision majoritaire qui témoigne d'un esprit démocratique plus actif[406]. En tous cas, les deux manifestations visent à rendre légitime le pouvoir concerné. Il faut noter qu'habituellement décision à la majorité et contre-pouvoir sont jumelés et n'interviennent pas au même stade du processus décisionnel. En résumant, la légitimité n'affranchit pas de la présence d'un contre-pouvoir.

Pour ce qui nous concerne cependant, les organisations syndicales « majoritaires » disposent d'une faculté d'*annulation* de l'acte signé par une ou plusieurs d'entre elles. La fragilité de la légitimité initiale entraîne la mise en place d'un contre-pouvoir puissant *(§ 2)*. Encore faut-il que ce dernier trouve à s'exercer aux divers niveaux de négociation *(§ 1)*.

§ 1 La technique de l'opposition

239 - L'opposition peut s'exercer dans les branches et les entreprises mais selon des modalités différentes, en particulier en ce qui concerne les titulaires du droit.

A - Aux niveaux professionnel et interprofessionnel

240 - C'est la première fois qu'un contrôle est exercé sur les normes collectives à ces niveaux. L'opposition est réservée aux syndicats signataires ou adhérents de l'acte d'origine qui n'auraient pas signé l'avenant modificatif[407] ; elle doit émaner d'une majorité d'entre eux[408] (la moitié + 1). La démarche d'une organisation adhérente n'est prise en compte que si cette adhésion est antérieure à la date d'ouverture de la négociation de révision[409]. L'exigence de majorité requise exclut l'opposition quand il n'y a que deux signataires à l'acte initial. L'avenant prévaut à tout coup dans ce cas et le législateur prend, de fait, le parti -arbitraire- de l'acte le plus récent. L'opposition est exigée de toutes les organisations sauf une en présence de trois ou quatre signataires, elle doit émaner de trois contractants pour un accord signé par cinq partenaires sociaux[410].

---

406 Cf thèse n° 224.

407 Une fédération peut-elle s'opposer à l'avenant signé par une autre fédération affiliée à la même confédération ? L'Administration fait savoir sa réticence, en remarquant qu'une fédération tient justement sa représentativité de son affiliation à une organisation syndicale représentative.

408 Dans le même esprit que ce qui a été dit dans la note précédente, des fédérations confédérées à la même organisation syndicale doivent être comptabilisées ensemble (pour 1) au titre de leur confédération. Sauf lorsqu'il s'agit d'un avenant catégoriel, la prise en compte des organisations catégorielles –comme la CGC par exemple- doit être semblable à celle des autres organisations.

409 Il s'agit de la première réunion de négociation.

410 Le calcul de la majorité peut poser problème en cas de disparition de syndicats signataires. Leur participation doit-elle être prise en compte ? La jurisprudence aura peut-être à en décider. Cependant, il nous semble juste de considérer les seules volontés capables d'agir *au moment de la formation de*

La circulaire ministérielle du 16 mars 1993[411] précise qu'en référence à l'esprit de la loi du 31 décembre 1992 qui a entendu réserver l'exercice du droit d'opposition aux seuls signataires du texte révisé, il convient, en dépit de l'article L. 132-11 qui les unit, de distinguer, selon leurs auteurs, la convention de branche et l'accord professionnel. Le ministère ajoute qu' *« en cas de doute sur le caractère détachable ou non d'un accord professionnel par rapport à la convention collective ayant le même champ d'application territorial et professionnel, on se référera au contenu de l'accord et à l'intention des parties »*. Ce rejet de l'article L. 132-11, dont l'esprit nous semble pourtant présent dans l'ensemble du droit des conventions et accords collectifs de travail, est regrettable. De plus, la nécessité de morceler la norme collective complique malheureusement la révision de celle-ci et engendre un risque quant à la validité de ses avenants[412]. On peut craindre que l'insécurité juridique ne poursuive la révision[413].

241 - Ces dispositions ne sont applicables qu'à défaut de dispositions conventionnelles différentes. Les acteurs sociaux sont libres de décider autrement quant aux garanties entourant la révision de l'acte collectif auquel ils sont parties et, plus largement, quant au procédé de révision. Le législateur précise toutefois que de telles stipulations doivent être le fait de *l'ensemble des organisations syndicales représentatives liées par la convention ou l'accord*[414]. Les modalités de cette réserve méritent quelques développements. L'exigence d'unanimité ne peut s'expliquer, en l'espèce, par le caractère défavorable d'une dérogation conventionnelle. Tout d'abord, le droit d'opposition, garant d'une juste remise en cause de l'avantage, n'est pas seul concerné ; c'est l'entier droit de la révision dont le législateur autorise le remodelage. D'autre part, il nous semble que les parties n'ont que la liberté de mettre en place un système révisionnel plus favorable ou tout du moins aussi favorable pour les salariés que celui instauré par le nouvel article L. 132-7. Cette prise de position a été développée auparavant. Elle se justifie par le souci constant, qu'ont les organisations syndicales, de l'intérêt collectif des salariés qu'elles ont pour mission de représenter. Jamais elles n'agissent en leur nom propre. Ces réflexions atténuent bien sûr la distinction entre « partie obligatoire » et « partie normative » de l'acte collectif. L'intérêt collectif, qui traverse l'entier contenu de la norme

---

l'opposition. Voir un cas un peu semblable, où il s'agit, non pas de syndicats disparus, mais de syndicats désavoués par leur fédération. Sem. soc. LAMY, Cass. soc. 12/06/95, n° 748, p. 13.

411 Circ. DRT du 16/03/1993 relative à la révision des conventions et accords collectifs de travail, Application des articles 33 et 34 de la loi n° 92-1446 du 31/12/92 ; BOMT N° 93/9, texte n° 376 ; LS 06/04/93, légis. soc., n° 6821 C1.

412 A ce jour on mesure encore mal ce type d'inconvénient dû à la réforme. Il apparaîtra au fil des années, avec les « avenants d'avenants ».

413 Rappelons que la réforme du 31/12/92 est née de l'insécurité juridique créée par la jurisprudence Basirico en matière de révision (coexistence des dispositions initiales et révisées, débouchant sur l'application toujours délicate du principe de faveur)...

414 *« Les dispositions du présent paragraphe ne sont applicables qu'à défaut de stipulations différentes concernant la révision des conventions et accords conclus par l'ensemble des organisations représentatives liées par ces conventions et accords »* (Art. L. 132-7 III). D'emblée, le sens de cette phrase n'apparaît pas clairement. Il faut la relire pour convenir de la seule signification qu'elle peut avoir et alors regretter l'absence de féminin pluriel pour le participe passé « conclu ».

conventionnelle, entraîne l'application du principe de faveur. Les stipulations différentes concernant la révision doivent s'y plier. Il reste que la partie dite obligatoire comporte des dispositions relatives aux relations entre cocontractants du contrat collectif (qui intéressent les salariés), alors que la partie normative s'applique aux salariés. Il est normal que les clauses concernant la révision, comme toutes les clauses ayant trait aux agissements des parties à l'acte, connaissent un régime de révision différent de celui applicable à la partie normative. L'application des dispositions de la partie obligatoire aux seules organisations syndicales justifie que l'accord de chacune soit requis pour la modification de ces dispositions qui, avant la réforme, ne contenait peut-être aucune précision sur la révision. Plus généralement, dans les relations avec ses partenaires, la faculté dont dispose chaque organisation syndicale représentative de stipuler en faveur de la totalité des salariés du secteur professionnel où est reconnue son influence est inopérante[415]. L'exigence formulée par l'article L. 132-7 III mérite entière approbation et il faut espérer que l'obligation qu'elle impose se généralisera à l'avenir.

242 - En l'absence de stipulations conventionnelles différentes, l'opposition doit être exercée dans un délai de quinze jours à dater de la signature de l'accord[416]. Dans la circulaire du 16 mars 1993, l'Administration précise que le point de départ du délai est le jour de la notification de l'avenant[417] (par lettre recommandée avec accusé de réception ou par remise d'un exemplaire de l'avenant, s'il a été signé en séance, contre récépissé) à l'ensemble des organisations syndicales *parties à la négociation*. Il nous semble que la circulaire ne respecte pas, en l'espèce, le texte légal qui ouvre l'opposition aux signataires et adhérents de l'acte en cause. Ainsi, viser les parties à la négociation c'est se montrer trop restrictif[418]. Pour en finir avec les exigences portant sur la forme de l'opposition, il faut préciser que celle-ci doit être exprimée par écrit, motivée et notifiée aux signataires[419]. Cette dernière obligation contraint ceux qui

---

415 Si l'unanimité est requise, c'est évidemment pour la seule *révision* des dispositions de la partie obligatoire. Pour un acte collectif donné, les seules organisations signataires peuvent aménager les rapports de force entre elles sans que l'approbation des autres groupements représentatifs soit requise.

416 Le jour de la signature de l'avenant ne compte pas (art. 641 NCPC) ; par ailleurs le délai qui expire un samedi, un dimanche ou un jour férié ou chômé est prorogé jusqu'au premier jour ouvrable suivant (art. 642 NCPC).

417 La même difficulté quant au point de départ du délai (jour de signature de l'avenant ou jour de sa notification) existait dans l'exercice du droit d'opposition aux accords dérogatoires, F. FAVENNEC-HERY, *« L'opposition à un accord dérogatoire à l'interdiction du travail de nuit des femmes »*, Dr. soc. 1989, p. 315.

418 Les textes professionnel et interprofessionnel non susceptibles d'extension ne sont pas conclus en commission paritaire ; il arrive aussi que les parties abandonnent des négociations en cours.

419 La notification est une condition substantielle à l'exercice de l'opposition. Ainsi, pour que celle-ci soit reconnue comme valide, il est nécessaire de se montrer vigilant quant à son destinataire, voir TGI Paris 19/09/1995, juris-data n° 053035. Dans le même sens, relativement à l'article L. 132-26 C. Trav. : l'opposition adressée au délégué syndical de la société RVI désigné par l'« union des syndicats FO de la métallurgie du Rhône », alors que l'organisation signataire était la « fédération confédérée FO de la métallurgie » -à travers son représentant officiel-, a été déclarée irrégulière : Cass. soc. 09/02/1994, Bull. civ. V, n° 49.

désapprouvent l'avenant à exposer les points de désaccord (texte de l'art. L. 132-7) mais aussi les motifs de leur désapprobation[420].

B - Au niveau de l'entreprise

243 - A la différence de ce qui est prévu pour les conventions ou accords de branche, toutes les organisations syndicales représentatives peuvent manifester leur opposition, qu'elles soient –ou non- signataires de l'accord d'entreprise modifié. M. SOULIER critique cet élargissement du droit d'opposition en évoquant l'hypothèse d'une organisation syndicale majoritaire qui éviterait systématiquement de signer un accord, sachant très bien que son opposition empêcherait ce dernier de survivre. Il nous semble toutefois que l'opposition, dans ce cas, ne se contente pas d'un rôle de garde-fou ; elle travaille plus avant à impliquer l'ensemble des syndicats dans une négociation. De plus, malgré les précautions entourant la reconnaissance de la représentativité d'un syndicat au sein d'une entreprise, il faut convenir des lacunes manifestées par certains délégués syndicaux. La différence ici marquée avec le système opérant dans la branche ne nous choque donc pas.

244 - Pour le reste, le législateur a repris certaines dispositions concernant l'opposition aux accords dérogatoires. Ainsi, les organisations récalcitrantes doivent se manifester dans un délai de huit jours à compter de la date de la signature de l'avenant de révision[421]. L'opposition n'empêche l'entrée en vigueur du texte que dans l'hypothèse où la ou les organisations syndicales opposantes ont recueilli les voix de plus de la moitié des inscrits aux dernières élections du comité d'entreprise[422] ou, à défaut, des délégués du personnel. Cette règle constitue une exigence ardue à satisfaire, compte tenu de l'important absentéisme qui caractérise les élections professionnelles. La doctrine remarque qu'il serait souhaitable de comptabiliser, non pas les inscrits, mais les suffrages

---

420 L'exigence de motivation reste une obligation de forme.

421 Il conviendra, là encore, de faire prévaloir comme point de départ du délai la notification de l'avenant à toutes les organisations syndicales. Les conditions de forme de l'opposition dans le cadre de la négociation de branche se retrouvent dans l'entreprise.

422 Se pose, en pratique, un certain nombre de problèmes dans les entreprises à établissements multiples et à comités d'établissements multiples. Il conviendra alors de comptabiliser les résultats obtenus dans l'ensemble des élections. Les particularités de chaque établissement en matière de poids des différentes organisations syndicales se trouvent inévitablement gommées au profit d'une vision se situant au niveau de l'entreprise. Peu importe que soit en jeu un avenant concernant un établissement en particulier ; voir P. SOULIER, n° 12, p. 41 ; de manière plus traditionnelle, l'auteur évoque (n°s 13 et 14) les cas de listes communes d'organisations syndicales (*quid* si l'une d'entre elles veut s'opposer à l'avenant signé par l'autre ?), et le cas où coexistent deux scrutins (titulaires et suppléants). Dans ce dernier cas, la Cour d'appel de PARIS a proposé de retenir la moyenne des suffrages obtenus dans les deux scrutins (CA Paris 10/10/1989, RJS 1989, p. 582) ; la C.Cass. en décide autrement dans un arrêt du 18/11/1998, rendu à propos de l'opposition à un accord d'entreprise dérogatoire (art. L. 132-26 C.Trav.). Elle juge que le premier tour est significatif. Ainsi, lorsque le quorum a été atteint au premier tour et que les syndicats ont recueilli les voix de plus de la moitié des électeurs inscrits pour les titulaires lors de ce tour, ces syndicats doivent se voir reconnaître le droit d'opposition, pour le commentaire de cette décision : C. BARBEROT, *« L'exercice du droit d'opposition à un accord d'entreprise dérogatoire »*, RJS 1/1999, p. 3 ; JCP éd. G, 1999, II, 10 185, note L. BOUTITIE ; voir aussi G. VACHET, *« Révision des conventions et accord collectifs de travail »*, n° 14, p. 29.

exprimés. Hélas, loin d'être sensible à un assouplissement des conditions d'ouverture de l'opposition le législateur de 1992 n'a pas cru bon reprendre les dispositions de l'article L. 132-26 à propos des textes ne concernant qu'une catégorie professionnelle déterminée (relevant d'un collège électoral défini à l'article L. 433-2)[423]. Ce dernier dispose à leur endroit que *« les organisations susceptibles de s'opposer à son entrée en vigueur sont celles qui ont obtenu les voix de plus de la moitié des électeurs inscrits dans ledit collège »*.

Par ailleurs la référence, dans l'entreprise, aux résultats des élections professionnelles met en évidence la différence sensible de la conception de la représentativité à ce niveau en comparaison de ce qui a été vu pour la branche. Au sein de cette dernière, priorité est donnée au pluralisme ; toutes les visions de l'intérêt collectif sont traitées d'égale façon. Au niveau de l'entreprise, le législateur privilégie l'audience de chaque syndicat. Bien sûr, ce critère se retrouve dans la branche, mais de manière beaucoup moins vive. L'audience électorale est un des paramètres en fonction desquels s'évalue la représentativité. Cependant, si elle peut être appréciée sur une période relativement courte, elle ne sert pas dans la branche, année après année, à remettre en cause la faculté d'opposition d'une organisation syndicale. Outre que la « période-test » d'une année apparaît insuffisante (pour exclure une organisation) il nous semble critiquable de confondre le succès d'un représentant syndical aux élections professionnelles avec l'estime de son syndicat en général et pour la négociation collective en particulier.

245 - Il apparaît finalement qu'en utilisant d'une part le critère électoral, et d'autre part en ouvrant l'opposition à toutes les organisations représentatives, le législateur tire à hue et à dia du point de vue de la fiabilité réelle de la représentation syndicale.

Par dessus-tout, compte tenu de l'exigence en matière électorale, il est à craindre que le droit d'opposition ne suffise pas à assurer une certaine *« qualité représentative »*[424] en cas de réduction ou de suppression d'avantages. Celle-ci est en effet indissociable d'une indépendance marquée de ceux qui parlent au nom de l'intérêt collectif des salariés[425].

§ 2 La portée de l'opposition

246 - L'exercice du droit d'opposition est limité aux avenants de révision *« qui réduisent ou suppriment un ou plusieurs avantages individuels ou collectifs dont bénéficient les salariés en application de la convention ou de l'accord qui les fondent »* (A). Les avenants frappés d'opposition sont réputés non écrits (B).

---

[423] Dans ce sens, P. SOULIER, *« Sur la révision des conventions et accords collectifs de travail »*, n° 9, p. 40, in *« Révision, dénonciation et mise en cause des conventions et accords collectifs de travail »*, LITEC, 1996.

[424] L'expression est de P. LANQUETIN, *« La révision des conventions collectives : le sens d'une réforme » in « Le droit collectif du travail - questions fondamentales - évolutions récentes »*, Etudes en l'hommage du professeur H. SINAY Peter Lang 1994, p. 35, spéc. p. 40.

[425] Il est parfois fait mention du spectre du « clientélisme » qui guette les organisations syndicales.

A - La réduction ou la suppression d'avantages individuels ou collectifs

247 - La notion d'avantages individuels ou collectifs peut se définir au regard de celle d'avantages individuels acquis sur laquelle nous reviendrons dans la deuxième partie *(a)*. En revanche, la réduction et la suppression d'avantages sont propres au mécanisme révisionnel et méritent de plus amples commentaires *(b)*.

a) La notion d'avantages individuels ou collectifs

248 - Elle est beaucoup plus large que celle d'avantages individuels acquis puisqu'elle ne distingue pas le virtuel et l'actuel, l'individuel et le collectif. Tous les avantages sont donc visés.

La garantie mise en place peut-elle être évincée par le lien évident qui existerait entre la suppression d'un ancien avantage et la stipulation d'un nouvel autre ? Que décider en présence d'un avenant à un accord qui ferait échec à l'augmentation conventionnelle des salaires au profit de l'emploi ? Malgré la récente décision de la Cour de cassation en faveur de l'opération de compensation, la difficulté que celle-ci engendre nous pousse à l'exclure[426]. Les bénéficiaires du « volet emploi » sont rarement ceux qui perdent des avantages ; par ailleurs, le recul social n'atteint pas forcément l'ensemble du personnel. En tout cas, s'il est concevable, sur le plan strictement collectif, de qualifier d'avantageux le nouveau dispositif conventionnel, cette vertu mérite d'être confirmée ultérieurement au regard de la pérennité des emplois créés.

249 - Par dessus-tout, il nous semble qu'il importe peu, dans l'esprit de l'article L. 132-7 du Code du travail, que le recul social ait une contrepartie. L'organisation syndicale qui donne son aval à une réduction ou une suppression d'avantages estime, à tout coup, que les salariés y trouveront leur bon compte. La contrepartie clairement mentionnée aide seulement à juger de la clairvoyance de la partie syndicale. Aussi bien, nous plaidons pour une conception stricte du recul social ; l'esprit « donnant-donnant » de certains accords ne doit pas conduire à exclure le jeu de l'opposition.

b) La notion de réduction ou de suppression d'un avantage[427]

250 - Le droit d'opposition répond ici à la remise en cause d'avantages conventionnels alors que celui de l'article L. 132-26 du Code du travail s'exerce à l'endroit d'accords dérogeant à la loi dans les cas précis que celle-ci prévoit[428]. Malgré sa vocation plus générale, il n'est pas exclu que le droit d'opposition de l'article L. 132-7 ait aussi pour but de prévenir des dérogations abusives. Réduire ou supprimer des avantages, n'est-ce pas déroger à un principe,

---

[426] Cf thèse PII, TI, s. titre I, chap. II, sect. I, § 2.

[427] Pour un exemple de décision refusant cette qualification à l'espèce jugée : TGI PARIS 02/02/1999, RJS 4/1999, n° 555.

[428] Voir sur la notion d'accord dérogatoire, F. FAVENNEC-HERY préc..

à une règle ? Cependant, une réponse négative s'impose. Le principe de faveur s'apprécie à un temps t ; il exige alors que la convention collective soit plus favorable que la loi et que l'accord d'entreprise soit plus favorable que la convention collective. Aucun principe, aucune règle ne défend l'acquis, négociation après négociation[429].

Le droit d'opposition répond donc, plus largement, au souci d'instaurer une certaine « qualité représentative » dans le système des relations collectives. A l'énoncé de l'ambition, on comprend mal pourquoi le législateur a limité ainsi le champ d'application de la réforme. Ne serait-il pas souhaitable que le contrôle majoritaire sévisse pour toute décision ? La spécificité de la matière ne doit pourtant pas être niée. Certaines négociations sont, à n'en pas douter, plus délicates que d'autres. Apprécier justement les lacunes du champ d'application de l'article L. 132-7 ne peut se faire sans caractériser du mieux possible les décisions qui peuvent résulter de la révision d'un texte négocié telle que définie précédemment. Les négociations visées sont très liées au contexte actuel de crise de l'emploi. Les réductions ou les suppressions d'avantages en sont des manifestations concrètes facilement repérables. Au-delà, la formule apparemment compréhensive de l'article L. 132-7 laisse de côté nombre de situations problématiques. A titre d'exemple, il arrive, lors de la négociation annuelle obligatoire sur les salaires, que des représentants syndicaux choisissent d'abandonner la proposition qui leur est faite d'une augmentation de salaire en contrepartie de garanties en matière d'emploi. Il n'y a pas, à proprement parler, de réduction ou de suppression d'avantages ; la nouvelle norme résultant d'une telle négociation est pourtant porteuse de concession. Aussi bien, elle est atypique au regard de la matière sociale. Si le critère recherché n'est pas celui de la réduction ou de la suppression d'avantages, quel est-il ? S'il en existe un, il doit opérer dans le texte même de la norme collective. Est-il alors concevable de viser toute négociation sur l'emploi, ou toute négociation de concession (à condition qu'elles s'inscrivent dans le cadre d'une révision) ? Il nous semble que le risque est grand de ne pouvoir caractériser la concession ou le thème de l'emploi dans le texte de la norme.

251 - Toujours à la frontière de la notion de réduction et de suppression d'avantages, on trouve le cas de la création d'obligations ou de contraintes imposées au salarié. Il appartient à l'hypothèse plus générale d'une révision porteuse de recul social par introduction d'une disposition portant sur un nouveau thème[430].

---

429 La dénonciation de l'acte collectif constitue le seul terrain de défense de l'acquis ; il se révèle très partiel : il ne se préoccupe que de certains avantages et ne couvre pas, loin s'en faut, toutes les hypothèses dans lesquelles il est mis fin à une couverture conventionnelle.
L'application dans le temps du principe de faveur conduirait à rigidifier le droit des conventions et accords collectifs et paralyserait la négociation.

430 A ce propos, quels rapports entretiennent l'art. *L. 132-7* et l'art. *L. 132-26* ? L'existence d'une opposition légale propre à l'accord dérogatoire exclut sans doute la mise en œuvre de la règle plus générale (*specialia generalibus derogant*). Ce n'est qu'en cas de rejet de la qualité dérogatoire que la règle générale pourrait trouver à s'appliquer (en matière de révision) ; sur cette question, A. PHILBERT, *« A propos du... droit d'opposition : peut-il s'exercer à l'égard des accords d'annualisation de la durée du travail ? »*, CSBP 06/1996 p. 185 et le jugement du TGI PARIS 27/02/1996 qui suit (favorable à la qualité dérogatoire des accords d'annualisation de la durée du travail et donc à l'application dans ce cas de l'art.

En l'état actuel du droit de la négociation collective, imposer une acception large de la notion de suppression et de réduction d'avantages collectifs reviendrait à déborder du domaine de la révision pour appliquer le droit d'opposition à toute nouvelle négociation défavorable. Il ne serait en effet pas admissible de faire dépendre le jeu du droit d'opposition du plus ou moins grand morcellement du tissu conventionnel. Or les juges ont eu à s'expliquer sur les conditions de mise en œuvre du droit d'opposition à un accord dérogatoire et ils les ont définies strictement. Dans ce sens, il est probable que la négociation portant sur de nouveaux thèmes ne donne pas lieu à opposition. Cette position a le mérite d'éviter d'éventuels écarts contra legem à l'endroit d'un mécanisme mis en place pour la révision et dans ce cas seulement. En effet, il faut souligner le caractère ouvertement restrictif de l'expression légale : *« les avenants de révision susceptibles d'ouvrir droit à opposition (...) sont, à l'exclusion de tous autres, ceux qui réduisent ou suppriment un ou plusieurs avantages individuels ou collectifs (...) »*.

252 - La conception stricte de la notion étudiée résonne au stade primordial de la définition de la révision. Nous avons remarqué que celle-ci, définie précédemment comme *un changement du contenu de l'acte*, est duale. La « véritable révision » est celle qui modifie[431] ou supprime des dispositions existantes. Lorsqu'il y a seulement ajout au dispositif, le mécanisme ne peut être abordé sous le même angle. Il peut même être tentant de revoir la définition de la révision pour la restreindre à *un changement de contenu de la norme collective en tant que règle (ou un changement du dispositif normatif)*. C'est une initiative dont la pertinence dépend beaucoup du type de relation qu'entretiennent les parties. Elle conviendrait particulièrement à la négociation collective laquelle fonde un lien contractuel durable qui peut être amené à s'étoffer au fil du temps. Dans ces conditions, il y a véritablement lieu de s'interroger sur la systématisation de la distinction entre ajout et modification.

Toutefois, celle-ci est rendue vaine par la dualité de contenant des dispositions conventionnelles et collectives du travail. Cette dualité empêche les ajouts de connaître le même régime juridique et la notion de révision d'être délivrée de l'aspect formel des dispositions. Tantôt leur forme juridique est une convention, tantôt c'est un accord. A ce propos, les (mêmes) parties choisissent ou non de morceler le tissu conventionnel. Cette possibilité d'isolement de tel ou tel thème de négociation dans un accord séparé –malgré l'identité des parties- caractérise, sauf exception[432], le lien contractuel ici étudié. Puisque la

---

L. 132-26) ; voir aussi L. MARQUET de VASSELOT, *« La représentativité syndicale, la dérogation à la loi et à l'emploi »*, RJS 08-09/1996 p. 563 : l'auteur conteste que l'on puisse qualifier ces accords d'annualisation de dérogatoires. Ils appartiendraient à une autre logique. Il rappelle aussi un arrêt du Conseil d'Etat du 13/05/1987 qui considère *« qu'un accord de modulation de la durée du travail hebdomadaire du travail pour ramener celle-ci sur l'année devait être considéré comme un accord d'application de la loi et non comme un accord dérogeant au principe de la durée légale hebdomadaire du travail »*. L'art. L. 132-7 trouverait alors à s'appliquer (au moins en cas de révision d'un acte négocié).

[431] Au sens le plus large du terme : la modification peut toucher l'entier dispositif normatif.

[432] L'exception visée est celle de l'article L. 132-11 al. 2 C. Trav. qui réunit l'avenant professionnel à la convention de branche qui couvre un même champ d'application. Nous avons exprimé des réserves quant à l'effectivité de ce texte quand avenant et convention n'ont pas les mêmes signataires. Il nous semble en revanche qu'il doit s'appliquer en cas d'identité des parties.

dénonciation partielle est impossible[433], le découpage du statut collectif d'une branche ou d'une entreprise est, dans bien des cas, un réel atout. Il permet à l'*une des parties*[434] de faire disparaître un accord sur un thème précis sans provoquer un complet vide conventionnel qui pourrait s'avérer traumatisant. Il offre également aux dispositions indivisibles l'écrin formel aidant à la reconnaissance définitive de leur solidarité[435]. Enfin, en cas d'opposition à des dispositions dérogatoires, il fixe clairement les limites de l'annulation de l'acte[436]. Mais le morcellement a aussi ses inconvénients. Son absence oblige à réviser et à s'accorder sur une nécessaire évolution. Le consensus alors nécessaire peut être aidé par des obligations de négocier justement posées dès l'élaboration de l'acte. Morcellement ou pas : l'habileté des organisations professionnelles guidera le type de remise en cause pour un tissu conventionnel donné. Si ce dernier est compact, la révision occupera la première place ; en cas de morcellement des thèmes, la dénonciation ne prévaudra pas forcément[437] mais se trouvera probablement plus sollicitée que dans le premier cas. Certes, l'habileté des parties ne doit pas être par principe critiquée ; elle justifie même l'exercice de nombre de compétences juridiques. Mais l'habileté a ses limites ; elle ne doit pas conduire à l'inapplication frauduleuse d'une technique de remise en cause à la place d'une autre. Néanmoins, il nous semble que le risque n'est pas réel en la matière. Le législateur n'organise aucun regroupement des textes ayant le même champ d'application territorial et/ou professionnel et aucun mécanisme de remise en cause ne s'applique par préférence à un autre dans tel ou tel cas bien défini. Dénonciation et révision se mêlent ; nulle motivation particulière ne les distingue[438].

Dès lors qu'il s'avère impossible d'énoncer des cas de révision ou de dénonciation qui soient de principe, les parties n'encourent aucun reproche à aménager de facto[439] les techniques d'évolution et de disparition de leur accord. Par conséquent, au stade de l'élaboration de nouvelles dispositions conventionnelles, libre à elles de réviser ou de former un nouvel acte. Sur ce point, une intervention législative qui déclarerait que les textes de même champ d'application professionnel et territorial forment un seul et même acte n'est guère concevable. Pareille réforme se heurterait aux règles de la révision et de la

---

433 Sauf prévision des parties à l'acte collectif.

434 Au contraire de la révision qui nécessite un accord.

435 Cette indivisibilité influe particulièrement quand se trouvent comparés deux textes conventionnels ; elle conduit alors au maintien ou à la disparition du groupe de dispositions concerné.

436 P. SOULIER, « *Sur la révision des conventions et accords collectifs de travail* », in « *Révision, dénonciation et mise en cause des conventions et accords collectifs de travail* », LITEC, 1996, p. 37, spéc. p. 46, à propos de « la stratégie de la négociation collective d'entreprise ». L'auteur conclut, en considération des problèmes évoqués à propos de la révision, qu'il convient pour l'employeur de conclure des accords d'établissement distincts, « monothèmes », en prenant soin de prévoir une dénonciation partielle.

437 Compte tenu de la survie post-dénonciation mise en place par le législateur, cette technique de remise en cause peut parfois, au goût des parties, pêcher par manque d'effectivité immédiate.

438 Cette indifférence peut prêter le flanc à la critique dans le cas de la dénonciation.

439 Selon la configuration –morcelée ou non- du statut collectif.

dénonciation qui tiennent grand compte de l'identité des parties signataires d'un accord. La réunion des textes élaborés à différents moments et ayant des auteurs divers aurait finalement un caractère assez formel. Ce dernier adjectif qualifie d'ailleurs assez bien l'alinéa 2 de l'article L. 132-11 du Code du travail qui n'est guère appliqué en ce qu'il prévoit que :

« Lorsqu'un accord professionnel a le même champ d'application territorial et professionnel qu'une convention de branche, il s'incorpore à ladite convention, dont il constitue un avenant ou une annexe »[440].

Il nous semble que la seule possibilité de provoquer une réelle unification du statut collectif à un niveau donné serait de gommer les différences existantes entre les parties à l'acte. Là encore, le critère majoritaire est la solution. Conventions collectives, accords, avenants et annexes seraient approuvés par une majorité d'opinion parmi les organisations professionnelles habilitées dans un secteur professionnel et territorial donné. Ces conventions, accords, avenants et annexes seraient défaits par une majorité d'opinion, pas forcément composée des mêmes organisations. L'élaboration de nouvelles dispositions serait une et indivisible, et non pas qualifiée tantôt de révision, tantôt pas. La révision, délivrée de la référence à l'aspect formel des dispositions, pourrait être mieux circonscrite.

Il reste que les incohérences entre les régimes de remise en cause demeurent. Si suppression d'avantages il y a au terme d'un nouvel accord qui suit une dénonciation, le droit d'opposition ne trouvera pas à s'appliquer. Nous avons précédemment regretté que l'accord qui suit une dénonciation, ou celui qui reprend un thème traité dans une norme à durée déterminée arrivée à échéance, ne bénéficie pas de la même attention que l'avenant classique. Finalement, puisque le droit d'opposition n'est pas source d'insécurité juridique, la généralisation de son application à toute négociation débouchant sur un recul social, qu'elle soit de révision ou pas, apparaît éminemment souhaitable. Pareil élargissement du droit d'opposition viendrait fort opportunément relativiser les différences entre révision et dénonciation[441].

B - Les effets de l'opposition

253 - Les accords de révision frappés d'opposition sont réputés non écrits, ce qui signifie qu'ils sont considérés comme nuls et sont censés n'avoir jamais existé. Qu'ils soient négociés au niveau de l'entreprise ou au niveau de la branche professionnelle, les avenants susceptibles de faire l'objet d'une opposition ne peuvent être déposés auprès des services du ministère chargé du travail qu'à l'issue d'un délai de huit ou quinze jours suivant la date de la signature

---

[440] Seul l'esprit de l'article L. 132-11 C. Trav. habite la décision de la Cour de cassation du 16/03/1995 qui repousse la dénonciation partielle de ce qu'elle considère être un ensemble de textes au niveau de la branche. En effet, la Cour ne se réfère pas au texte précité, se contentant de décider que ce sont les *objets* des textes signés ultérieurement qui déterminent leur incorporation à la convention de branche. En conséquence, la dénonciation de certains d'entre eux est irrégulière et par conséquent nulle (voir thèse n° 158).

[441] Les régimes de remise en cause nécessiteraient d'être tous ensembles revus et repensés. A défaut de la refonte importante du droit des conventions et accords collectifs que cela implique, la généralisation du droit d'opposition est un pis-aller commode.

de l'avenant. Cette disposition évite bien sûr que soient enregistrés par l'Administration des textes conventionnels qui seraient par la suite dépourvus d'existence juridique. Toutefois, cette précaution ne suffit pas ; la personne qui effectue le dépôt, mal informée de la procédure de notification de l'avenant, peut très bien ignorer une opposition à venir. Il serait plus judicieux d'exiger le dépôt des oppositions dans les services départementaux du ministère du travail.

254 - En rupture avec la révision mais aussi en complément de cette technique qui implique le maintien du lien contractuel[442], les textes conventionnels à durée indéterminée sont passibles de *dénonciation*.

---

[442] Ce maintien du lien contractuel, qui nous sert à définir la notion de révision, n'est pas rompu par le mutuus dissensus (volonté réciproque des parties qui met fin au contrat) suivi d'une renégociation *immédiate*.

CHAPITRE DEUXIÈME

LA DÉNONCIATION DE L'ACTE CONVENTIONNEL

255 - Le régime de survie de l'acte dénoncé, imprégné d'hétéronomie légale, sera traité dans la deuxième partie. Nous ne verrons ici que ce qui concerne l'acte de dénonciation : sa procédure *(§ 1)* et ses effets *(§ 2)*.

§ 1 La procédure de dénonciation

256 - L'article L. 132-8 du Code du travail exige que la convention et l'accord collectifs prévoient *« les conditions*[443] *dans lesquelles ils peuvent être dénoncés et notamment la durée du préavis qui doit précéder la dénonciation »*. La loi précise ensuite qu'en l'absence de stipulations expresses la durée du préavis est de trois mois. En application du principe de faveur[444], les parties sont-elles dans l'impossibilité de réduire ce préavis ? Le caractère supplétif de l'article s'oppose à une telle interprétation[445]. Il faut déplorer cette maladresse de rédaction : trois mois est un délai minimum pour que se tienne une nouvelle négociation de l'acte dénoncé.

---

[443] Nous traitons ici uniquement des conditions procédurales de la dénonciation. Les autres conditions – substantielles- pouvant affecter le droit de dénoncer ont été abordées précédemment, voir thèse n° 182 et suiv..

[444] L'application de ce principe à des clauses dites « obligatoires » a été défendue plus haut.

[445] M. DESPAX, *Traité*, n° 152, p. 272.

257 - D'autre part et surtout, la dénonciation doit être exprimée *de manière claire et non équivoque,* doit être notifiée par son auteur aux autres signataires et donner lieu à dépôt conformément à l'article L. 132-10 du Code du travail. La caducité[446] d'une norme collective n'équivaut pas à sa disparition et ne dispense pas la partie qui refuse de l'appliquer de la dénoncer. Enfin, la résolution conventionnelle ne constitue pas une dénonciation réciproque.

§ 2 Les effets de la dénonciation

258 - La portée de l'acte de dénonciation varie selon la personnalité et le nombre de ses auteurs *(A).* La disparition de la norme collective, quand elle a lieu, entraîne une obligation de négocier *(B).*

A - Les auteurs de la dénonciation

259 - Sous réserve du jeu des mécanismes de survie du texte et de maintien des avantages acquis, il y a disparition de l'acte collectif consécutivement à une dénonciation lorsque cette dernière émane de la totalité des signataires employeurs ou des signataires salariés. L'article L. 132-14 précise que lorsque la dénonciation est le fait d'une partie seulement des signataires employeurs ou salariés, mais que cette partie est seule représentative d'un secteur professionnel ou territorial inclus dans le champ d'application du texte dénoncé, ledit champ d'application est modifié en conséquence.

A l'opposé, lorsque la partie des signataires employeurs ou salariés qui dénonce ne caractérise pas un secteur professionnel ou territorial précis, la convention ou l'accord collectif reste en vigueur entre les autres parties signataires. Même si le champ d'application de l'acte reste le même dans ce cas, la couverture conventionnelle est tout de même réduite lorsque la dénonciation est patronale. Les employeurs membres du groupement en cause sont délivrés de l'application de la norme collective. Les mécanismes de survie de l'acte et de maintien des avantages acquis trouvent à s'appliquer aux auteurs de la dénonciation qui ne peuvent cependant plus invoquer ou se voir opposer les droits et obligations des signataires.

B - L'obligation de négocier

260 - La loi du 13 novembre 1982 a introduit une obligation de renégocier pour tenter d'empêcher un vide conventionnel[447].

---

[446] La caducité suppose un événement postérieur à la formation d'un contrat, indépendant de la volonté des parties, qui supprime un élément essentiel de sa validité *et le vide de son sens* ; Y. BUFFELAN-LANORE, *« Essai sur la notion de caducité des actes juridiques en droit civil »*, Thèse Toulouse LGDJ 1963 ; J. GHESTIN, *« Traité de droit civil, La formation du contrat »* LGDJ 1993. Le juge peut décider que la caducité de l'acte collectif entraîne sa résolution ; il arrive aussi et surtout que les parties stipulent, dès l'élaboration de la norme, une condition résolutoire recouvrant une hypothèse de caducité.

[447] Au moins dans les cas de dénonciations qui entraînent une réduction du champ d'application de la norme (cf A) ; Il arrive aussi que l'employeur applique volontairement les dispositions conventionnelles.

« Lorsqu'une convention ou un accord a été dénoncé par la totalité des signataires employeurs ou des signataires salariés, une nouvelle négociation doit s'engager, à la demande d'une des parties intéressées, dans les trois mois qui suivent la date de la dénonciation. Il en est de même, à la demande d'une des organisations syndicales représentatives de salariés intéressés, en cas de dénonciation de la convention ou de l'accord dans les conditions prévues à l'article L. 132-14, en ce qui concerne le secteur visé par la dénonciation » (art. L. 132-8 al. 5).

261 - Dans le premier cas évoqué par l'article, *« une des parties intéressées »* peut demander que soit entamée une nouvelle négociation sur les matières dénoncées. Le législateur n'exige pas que la demande émane de l'ensemble des organisations auteurs de la dénonciation. C'est la même idée qui est reprise dans le cas d'une dénonciation prévue à l'article L. 132-14 qui peut être suivie d'une demande de négociation d'une organisation représentative des salariés démunis. On peut donc envisager qu'une organisation non-signataire de l'acte dénoncé se manifeste en ces occasions ; en tous cas les non-signataires ne doivent faire l'objet d'aucune discrimination lors de la négociation. On peut tout de même s'étonner que le législateur se contente d'évoquer la demande d'une organisation syndicale intéressée. Ignore-t-il qu'un groupement d'employeurs puisse être demandeur à la négociation ou veut-il respecter par là un refus syndical de négocier ? On peut en tout cas regretter la différence marquée entre les deux cas de dénonciation.

L'employeur doit accepter de négocier de bonne foi sur tous les points dénoncés. Aucune sanction pénale n'est prévue et il est peu probable qu'un refus de négocier mettra un jour en péril la validité de la dénonciation.

262 - Les accords relatifs à la protection sociale complémentaire n'échappent pas aux mécanismes décrits mais ils les remettent en cause à bien des égards.

Cette obligation de négocier ne peut remplacer la négociation collective annuelle obligatoire et réciproquement, J.-E. RAY, *« Restructurations et statut collectif »*, Dr. soc. 1989, p. 61.

CHAPITRE TROISIÈME

LE CAS PARTICULIER DES ACCORDS RELATIFS À LA PROTECTION SOCIALE COMPLÉMENTAIRE[448]

263 - Ces accords, en nette augmentation, en particulier s'agissant de la mise en place de régimes de retraite surcomplémentaires[449], accusent un certain nombre de particularités au regard des autres accords collectifs (ceux visés par l'article L. 132-2 du Code du travail mais aussi ceux conclus, de manière dérogatoire, par les représentants élus ou les salariés mandatés[450]). Ces différences qui les caractérisent ne tiennent pas à leur objet. On peut considérer que les garanties sociales qui sont, avec les conditions de travail et l'emploi, du ressort du droit conventionnel du travail, englobent les objets des

---

448 A l'invitation implicite de la loi du 8 août 1994, cette appellation devrait, à terme, remplacer celle d'accords collectifs de retraite et prévoyance complémentaires, à ce sujet, J.-J. DUPEYROUX, *« Sur les accords relatifs à la protection sociale complémentaire des salariés »*, Dr. soc. 1994, p. 820, note 1.

449 Retraites parfois dites « chapeau », en sus des retraites complémentaires obligatoires au titre des accords AGIRC (cadres) et ARRCO (non-cadres) ; sur cet engouement, P.-Y. LAGARDE, *« Retraites d'entreprises par capitalisation »*, Sem. soc. LAMY, n° 747 du 06/06/1995. Pour la prévoyance, la concurrence (depuis la loi du 31/12/1989) entre compagnies d'assurances, institutions de prévoyance et mutuelles pour remporter des contrats ou être désignés par des entreprises, F. VIELCANET, *« Prévoyance : comment mettre en place un régime ? »*, LS (revue), 02/1995, p. 44 (rubrique conseil). Sur la fin du monopole des L. 4 (jusqu'en 1989, la gestion de la sécurité sociale complémentaire était réservée à certaines institutions (dites L. 4) et aux mutuelles par l'art. L. 4 de l'ancien CSS), J. BARTHELEMY, *« Le monopole des « L. 4 » en question »*, Dr. soc. 1989, p. 398.

450 Loi du 12 novembre 1996, LS n° 7558 C1.

accords précités. Par ailleurs, la loi du 8 août 1994, sauf exceptions[451], invite explicitement le juriste à se référer, à leur propos, aux conventions et accords collectifs « de droit commun »[452]. Néanmoins, la loi peut être interprétée comme portant simplement rattachement de régime et, à notre avis, il faut se garder de conclure d'emblée à l'identité des notions rapprochées. Est-ce que ce rattachement est légitime à la lumière des divergences constatées ? Il nous semble a priori qu'aucune des particularités structurelles constatées n'est irréductible. Autrement dit, le législateur a-t-il eu raison de prévoir l'application, aux accords de prévoyance, du régime légal des conventions et accords collectifs ? Si aucune des –nombreuses- singularités frappant les premiers ne semblent exclure les modalités classiques de révision et de dénonciation *(§ 1)*, celles-ci sont bel et bien inadéquates à cette occasion *(§ 2)*.

§ 1 Application de principe des régimes de révision et de dénonciation de droit commun

264 - D'un point de vue structurel et figé, les accords sur la protection sociale se distinguent à la fois par les modes de leur élaboration, leur objet, la diversité de leurs sujets (les destinataires des garanties mises en œuvre) et enfin par la solidarité qui caractérise souvent leur raison d'être[453].

265 - Ces accords sont, comme à l'accoutumée, négociés par les employeurs et les salariés. Il faut toutefois préciser que le référendum est en mesure, de par la loi, de participer à leur création et à leur révision[454]. Il est certain que ce mode original de création les distingue, sans toutefois justifier l'inapplication de principe des régimes de remise en cause de droit commun. Le législateur de 1994 a prévu qu'un décret en Conseil d'Etat précisera les conditions dans lesquelles l'accord atypique résultant du référendum pourra être modifié, dénoncé, remis en cause à l'occasion d'une restructuration. De la même façon, seront déterminées les conditions dans lesquelles une convention ou un accord collectif d'entreprise peut se substituer à un projet d'accord ratifié par référendum

---

451 Cf les articles L. 911-3 et L. 911-4 CSS sur des procédures d'extension et d'élargissement propres à ces textes.

452 Aux termes de l'art. L. 911-3 C. Trav. il résulte désormais que « *Les dispositions du titre III du livre Ier du Code du travail sont applicables aux accords collectifs mentionnés à l'art. L. 911-1* » ; auparavant, l'art. L. 731-2, à propos de l'extension des accords de retraite et prévoyance, se référait aux conditions auxquelles le droit commun des conventions et accords collectifs de travail soumettait l'extension de ces derniers. Selon J.-J. DUPEYROUX, (« *Les exigences de la solidarité - Observations sur la désignation d'une institution déterminée pour la gestion d'un régime complémentaire de prévoyance* », Dr. soc. 1990, p. 741 spéc. p. 742) cette précision n'était nécessaire que parce que les actes en question étaient et sont des actes collectifs d'un type particulier, différents des autres. Cet argument de texte n'est pas définitif : on peut aussi penser que le législateur avait pris soin de réserver l'extension aux accords conclus par les organisations syndicales, en excluant de son bénéfice ceux ratifiés par le personnel d'une entreprise. Le rattachement de ces dernières devait donc être explicite.

453 J. BARTHELEMY, « *Droits collectifs des salariés et nouveau droit de la prévoyance* », Dr. soc. 1990, p. 365 ; sur le fonctionnement de la protection sociale complémentaire, B. TEYSSIE, « *La mise en place de la protection sociale complémentaire et le droit du travail* », Dr. soc. 1986, p. 296.

454 La loi prévoit également la mise en place d'un régime de prévoyance ou de retraite par décision unilatérale de l'employeur.

ou à une décision unilatérale de l'employeur[455]. En attendant ce texte, les juges ont décidé que la mise en place d'un régime de protection sociale complémentaire et sa révision n'exigent pas les mêmes modalités de ratification[456].

266 - Par ailleurs, à la différence des autres actes collectifs, ils concernent des personnes qui ne sont pas reliées par un contrat de travail. Les retraités (par définition) et les ayants-droits des salariés (suivant en cela les bénéficiaires des régimes de sécurité sociale) profitent directement des avantages prévus[457]. Mieux, les dispositions visent les dirigeants qui n'ont que le « statut salarié »[458]. L'extension des garanties aux employeurs non-salariés relève d'une particularité plus générale du droit de la sécurité sociale. Ces singularités sont-elles d'importance ou ne doivent-elles être envisagées qu'au seul plan de la compétence des organisations syndicales à représenter d'autres personnes que les salariés ? A priori, les actes collectifs de retraite et de prévoyance dérogent à l'article L. 135-2 qui précise que *« lorsqu'un employeur est lié par les clauses d'une convention ou d'un accord collectif de travail, ces clauses s'appliquent aux contrats conclus avec lui, sauf dispositions plus favorables »*. Néanmoins, en matière de protection sociale, il est encore vrai que le contrat de travail –ou la reconnaissance d'un statut de salarié- déclenche l'application du statut collectif concerné ; la durée du travail détermine les prestations concernées. En somme, l'avantage prodigué est *lié au travail* mais n'a pas forcément comme support le contrat qui en découle. Or la consécration du contrat en tant que support du statut collectif relève de la fiction juridique. La raison en est l'absence d'incorporation des dispositions collectives à la norme individuelle. La représentation de l'esprit qui veut que le statut collectif du travail trouve son dénouement par réception au sein de chaque contrat parachève l'idée de la pyramide des normes mais ne trouve aucun écho dans la réalité. Outre la fragilité propre à toute fiction juridique, il nous semble, par dessus-tout, que les clauses d'un accord collectif liant l'employeur n'ont pas attendu le domaine de la prévoyance pour échapper au contrat de travail. La partie dite « obligatoire »[459], bien connue du droit conventionnel, est composée de clauses qui n'intéressent pas les contrats. Il est vrai que les dispositions instituant des garanties sociales ont cela de vraiment particulier qu'elles s'appliquent bien souvent à des personnes étrangères à la relation de travail qui les initie. Toutefois, la démonstration suffit. L'extension des

---

455 De même pour la substitution du référendum à la décision unilatérale de l'employeur. Pour les deux types de précisions à intervenir par la voie du décret : voir l'art. L. 911-5 CSS.. Ce même texte, affirmant la volonté de voir les accords de protection sociale rejoindre ceux de l'art. L. 132-2, étend à l'accord référendaire l'application des art. L. 132-4 et L. 132-6 C. Trav..

456 *« Un régime complémentaire de retraite, qu'il ait été créé par voie d'accord collectif ou à la suite de la ratification par la majorité des intéressés d'une proposition de l'employeur, peut indifféremment être modifié ou révisé selon l'une ou l'autre de ces formes » ;* Cass. soc. 10/02/1999, Dr. soc. 1999, p. 384, concl. de Madame l'avocat général COMMARET et note de P. LANGLOIS.

457 Pareille extension des effets de l'acte collectif pose surtout problème au regard de la représentativité des organisations syndicales qui agissent au nom des salariés (donc au nom des retraités qu'ils deviendront et, par extension, au nom de leurs proches).

458 Présidents-directeurs-généraux de SA et gérants de SARL.

459 Principalement occupée par les clauses d'administration de la relation professionnelle concernée par l'acte.

effets des accords de protection sociale ne posant aucune question de principe au regard des conventions et accords collectifs de travail, elle n'empêche pas l'application de leur régime[460]. Reste le problème de la capacité des organisations syndicales à étendre leur champ d'action aux ayants-droits des salariés ainsi qu'aux retraités. Concernant les ayants-droits, ce sont les dispositions visant les salariés qui les concernent *aussi*. Le caractère accessoire de l'application des accords fait que seule compte la compétence des représentants syndicaux pour le principal. Pour les retraités, les choses s'avèrent plus complexes en présence de systèmes de retraite par répartition. L'application immédiate de tels régimes font que les intérêts des uns (les actifs) et des autres (les retraités) peuvent être contradictoires. En période de difficultés, les premiers plaident pour un réajustement des pensions servies alors que ceux-là même qui en bénéficient avancent un droit acquis à leur maintien. Certes, les actifs d'aujourd'hui feront les retraités de demain ; les données de l'emploi peuvent néanmoins varier. Nous n'en dirons pas plus car ces questions sur la représentation des inactifs n'influent guère sur le régime des conventions et accords collectifs concernés. Pour l'instant, rien n'est envisagé à ce propos et les textes conclus ont toute validité. Surtout, un arrêt de la Cour d'appel de Paris reconnaît explicitement aux syndicats capacité pour représenter les retraités[461]. Toujours dans le cadre du problème de la compétence des organisations syndicales, ces accords de protection sociale créent des obligations –de cotisation- à l'égard des salariés[462]. Le droit de la négociation collective n'oblige certes pas au référendum avant l'entrée en vigueur d'obligations conventionnelles[463]. Mais, en l'espèce, un accord de prévoyance ou de retraite conduit à prélever des cotisations sur le revenu perçu par le salarié. Cette atteinte au salaire, élément primordial parmi ceux qui requièrent l'approbation de l'intéressé pour être modifiés, est-elle concevable[464] ? Cette interrogation relève du stade de l'élaboration de l'accord de protection sociale. Pour ce qui est de sa révision, le régime de droit commun, justement, entoure de précautions (droit d'opposition) l'instauration éventuelle d'une augmentation des cotisations salariales. De plus, il nous semble que le législateur a bien conscience de cette particularité de l'accord de retraite ou de prévoyance, qui refuse son opposabilité aux salariés en place lorsqu'il émane d'une décision de l'employeur. Or il ne prévoit rien quand il découle de l'application d'un accord.

Au terme de ce rapide exposé nous pensons que la particularité des accords de retraite et prévoyance au regard de la diversité de leurs sujets n'est pas telle qu'elle doit conduire à l'exclusion du régime des actes collectifs « de droit commun ».

---

460 L'art. L. 132-7 C. Trav. parle tout de même d'opposabilité de l'avenant aux seuls salariés concernés ...

461 CA PARIS 01/07/1997, Dr. soc. 1997, p. 1029.

462 Sauf hypothèse où l'employeur garantit seul les salariés.

463 Les obligations de non-concurrence (et les autres...) en sont la preuve.

464 La qualification des cotisations salariales de « salaires différés » atténue quelque peu l'éventuelle hérésie ; à ce propos, P. LANGLOIS, *« Les accords de prévoyance »* in *« Sur l'entreprise et le droit social »*, Etudes offertes à J. BARTHELEMY, Sem. jur. hors série 1994 ; J.-J. DUPEYROUX, 1994, préc. spéc. p. 823.

267 - Mais la question n'est pas épuisée. Les accords en cause ont la particularité d'installer une relation tripartite entre employeurs, salariés et institution (ou Caisse) de gestion du régime[465]. Cette autre et tangible singularité suffit-elle pour les isoler du reste du droit conventionnel[466] ? Elle conduit inévitablement à la mise en place d'institutions ayant en charge la gestion des cotisations prélevées et la distribution des prestations. Ces institutions donnent souvent corps au principe de solidarité. Si la marque de celui-ci est évidente s'agissant des régimes de retraite fonctionnant selon le mode de la répartition[467], il soutient aussi les régimes de prévoyance. Il en va autrement dans le cadre d'une retraite par capitalisation. Certes, le regroupement des cotisations permet d'optimiser le rendement financier des sommes épargnées tout en diversifiant les risques. L'aspect collectif est donc essentiel pour la gestion du régime. Si les sommes perçues sont inévitablement mêlées, le « chacun pour soi » est quand même de rigueur. Il nous semble qu'on ne peut parler de solidarité sans acceptation consciente d'un certain aléa grevant la perception de la prestation. Dans tous les cas reste la singulière conséquence de la signature de l'acte collectif de prévoyance –au sens large du terme- : la création d'une institution. Pareille conséquence modifie-t-elle la nature de l'acte ? Apparemment la réponse est négative ; institution et acte vivent parallèlement. La création de la première ne tue pas le deuxième ; de plus, lorsque solidarité il y a, c'est l'institution qui la gère. Cependant, acte et institution gardent des liens[468]. Considérons l'hypothèse d'un déficit du bilan de la gestion du régime. Il peut alors arriver que la Caisse en appelle à la modification des taux de cotisations des employeurs et/ou des salariés. Plus avant, l'administration paritaire du régime peut-elle décider elle-même des modifications à apporter aux obligations stipulées dans l'acte ? Techniquement ce n'est pas forcément réalisable dans la mesure où même les organisations syndicales non-signataires sont invitées à participer à sa gestion. Sans en arriver à semblable confusion des genres, il arrive que les réunions entre acteurs sociaux à fin de gestion préparent, voire portent négociation de la révision de l'acte. Retenons également que par leur présence dans les conseils de gestion, les non-signataires participent –dans les faits mais d'une manière plus prononcée que dans les autres cas- à l'évolution du texte conventionnel fondateur. Cet aspect conjoncturel du mécanisme de prévoyance peut encore s'accommoder du régime de droit commun ; en effet, les problèmes évoqués se résolvent facilement par une formalisation des liens entre institution et parties à l'acte, formalisation respectueuse des compétences de chacun. Les choses se compliquent dès que l'on aborde, à l'encontre des dispositions concernées, non plus les techniques de remise en cause mais leurs conséquences.

---

465 Le plus souvent l'accord se contente de désigner l'organisme assurant la gestion (clause de désignation). Si l'accord n'élit pas le plus performant rien ne peut lui être reproché sur le fondement du principe de faveur puisqu'il ne s'agit pas là de comparer deux normes.

466 Les accords de participation –au sens large- des salariés aux bénéfices de l'entreprise constituent d'ores et déjà une catégorie particulière.

467 La loi Evin et la loi du 8 août 1994 sur le provisionnement interdisent désormais la mise en place d'un régime de retraite par répartition comme on l'entendait jusqu'alors.

468 C'est tout l'objet de l'art. L. 912-1 al. 1 CSS.

§ 2 Inadaptation, en pratique, des régimes de révision et de dénonciation de droit commun

268 - Il n'est pas toujours envisageable qu'un régime de prévoyance disparaisse[469]. La dénonciation de la convention collective de 1958 sur l'assurance-chômage par le CNPF a contraint l'exécutif à intervenir par voie réglementaire pour garantir la pérennité du régime. De la même façon, un système de retraite par répartition se doit d'assurer la continuité du service des prestations[470]. C'est ce que la loi de 1972, rendant obligatoire l'affiliation de tout travailleur salarié à un régime complémentaire de retraite, implique à propos des accords AGIRC et ARRCO. Sans doute, la fin d'un tel régime est concevable mais s'avérerait délicate à négocier. La technique de dénonciation décrite dans l'article L. 132-8 du Code du travail ne tient pas suffisamment compte de la relative immutabilité des obligations de cotiser mises à la charge des employeurs et des salariés. Dans le même sens, la révision d'un régime de retraite par répartition pose problème. Est-il possible de réduire le montant d'une pension liquidée ; d'augmenter la durée de cotisation ; d'augmenter le taux d'une cotisation salariale ? Tous ces points donnent lieu à discussion[471]. De manière générale, la doctrine s'accorde à penser qu'en théorie les paramètres du système de retraite par répartition doivent être révisables[472]. Un tel mécanisme de prévoyance, de par les fluctuations que connaissent les populations d'actifs et de retraités, est grevé d'un certain aléa. En pratique, la révision se heurte à la résistance des bénéficiaires des prestations. Un régime de prévoyance fait-il naître, au bénéfice des salariés, des avantages acquis malgré l'absence de toute dénonciation ? Mieux encore, le montant de la pension liquidée peut-il constituer un avantage acquis malgré l'absence, à ce moment précis, de tout contrat de travail entre l'employeur et le salarié ? L'absence de contrat de travail n'empêche pas la naissance d'avantages acquis dans la mesure où ces derniers ne s'y incorporent pas. Mais il nous semble que la simple application de l'acte conventionnel au salarié individualise l'avantage et le fige quelque peu. Nous pensons ainsi que dès lors que la situation individuelle du salarié est en passe d'être modifiée, son désaccord doit pouvoir déboucher sur une rupture du contrat à la charge de l'employeur. Ce dernier point, développé dans la deuxième partie, rapproche bien sûr la révision de la dénonciation dans le cas où la première supprime un avantage collectif

---

469 La disparition évoquée suit une dénonciation ou l'échéance d'un terme. Concernant la prévision de ce dernier au sein d'un accord de protection sociale complémentaire, l'art. L. 132-6 limite sa durée à cinq ans. Compte tenu des particularités de la matière, ce n'est pas suffisant.

470 X. PRETOT, *« Révision, dénonciation et mise en cause des accords collectifs intéressant la prévoyance »*, in *« Révision, dénonciation et mise en cause des conventions et accords collectifs de travail »*, LITEC, 1996, pp. 163.

471 G. BRIENS, *« La négociation des accords collectifs d'entreprise en matière de retraite et de prévoyance »*, JCP 1994, éd. E, I, 16724, p. 357 in fine.

472 Dans ce sens, CA 01/07/1997 et le commentaire de P. LANGLOIS, *« La négociation collective d'un régime de retraite par répartition »*, Dr. soc. 1997, p. 1023.

individualisé[473]. Pour la matière des accords de protection sociale complémentaire, les choses se présentent encore différemment. Il ne s'agit pas de pouvoir résister, en provoquant la rupture du contrat, à la disparition d'avantages collectifs. Il n'est pas non plus question de requérir l'accord du salarié pour faire disparaître l'avantage. Plus radicalement, il est question d'avantages *immuables*. Le mécanisme des avantages individuels acquis a aussi pour objectif d'inciter les partenaires sociaux à renégocier après dénonciation[474]. Finalement, le sens donné au terme « acquis » à cette occasion ne rejoint en rien le sens commun qui est le sien[475]. Cette émergence de l'acquis au sein du régime des accords de prévoyance est donc tout à fait inédite. C'est principalement en cela que ces actes collectifs se démarquent des conventions et accords collectifs de droit commun.

269 - D'ailleurs, quelques dispositions légales tirent conséquences de cette particularité. L'article L. 913-2 du Code de la sécurité sociale frappe de nullité toute clause entraînant la perte des droits acquis ou en cours d'acquisition à des prestations de retraite. Il nous semble ainsi que la loi vise les droits éventuels et non plus seulement nés, se démarquant de la jurisprudence classique sur les droits acquis. De même, concernant la prévoyance, la loi du 31 décembre 1989 rend immuable la prestation dès lors que le risque s'est réalisé[476]. Pareil garde-fou n'étant pas de mise en matière de retraite, les tribunaux n'hésitent pas à fragiliser les positions salariales en appliquant les régimes de droit commun de la remise en cause. Le TGI de Paris a reconnu aux partenaires sociaux la faculté de porter atteinte aux prestations ayant déjà fait l'objet d'une liquidation[477].

270 - Aussi bien, puisqu'il faut convenir d'un vide juridique en matière d'atteinte aux avantages stipulés par la prévoyance, il reste à définir ce qui est immuable et ce qui ne l'est pas (en particulier pour les régimes de retraite par répartition). En premier lieu, la pension liquidée peut-elle être réduite ? Une réponse affirmative sans autres précisions entraînerait trop d'insécurité juridique[478]. Un retraité étant dans l'incapacité de se remettre au travail afin de compléter son revenu d'inactivité, il nous semble au moins que si réduction de la pension liquidée il doit y avoir, elle doit se situer dans une fourchette réduite et *être prévue dans l'accord* dès le départ des cotisations des salariés concernés. Dans le même esprit, nous plaidons pour l'instauration de régimes transitoires concernant la mise en place d'une nouvelle durée de cotisation, d'une nouvelle valeur du point de retraite. Pareille disposition empêcherait (empêche parfois...)

---

473 L'avantage collectif, (pour être révisé) ne peut jamais requérir, à la différence de l'avantage collectif (quand il est acquis aux termes de l'art. L. 132-8 C. Trav.), l'accord du salarié.

474 L'avantage acquis est loin d'être immuable.

475 Définition du terme acquis (à qqn) : qui est reconnu comme lui appartenant, dont il peut disposer de façon définitive et sûre, in Petit Robert.

476 Ces deux exemples sont cités par X. PRETOT, préc. et la doctrine citée p. 166.

477 TGI PARIS, 13/02/1996, Dr. soc. 1996, p. 439, note J.-J. DUPEYROUX ; voir aussi P. LANGLOIS, *« La révision des accords collectifs de retraite après le jugement du TGI Paris du 28 mars 1995 »*, Dr. soc. 1995, p. 696 mais aussi Dr. soc. 1995, p. 396 obs. J.-J. DUPEYROUX.

478 Dans ce sens, P. LAIGRE, *« La retraite collective d'entreprise après la loi du 8 août 1994 »*, Dr. soc. 1995, p. 411.

l'application de la nouvelle durée aux salariés proches du départ et consacrerait l'immutabilité de la situation des plus mal lotis. Avant tout signe d'une réflexion de réelle ampleur sur le sujet, il nous paraît élémentaire de ne pas perdre de vue, pour l'espèce, la vertu essentielle de prévision du droit dans son entier. Concernant les révisions in pejus et les dénonciations suivies de la mise en place de régimes moins favorables, nous anticipons sur la deuxième partie pour plaider la cause d'un régime unifié des *suppressions et des réductions des avantages*[479]. L'instauration d'un régime de transition y trouve un second sens. Il s'agit ici de prévoir le retour à une meilleure fortune et des contreparties précises aux concessions salariales. Ces dispositions auraient vocation à remplacer le maintien légal des avantages acquis, qui protège bien mal le salarié tout en se montrant dénué de toute réelle opportunité sur la question de la disparition d'avantages.

271 - Révision et dénonciation constituent le droit commun voire le seul droit de la remise en cause autonome. Les avenants qui suivent des renégociations de conventions et accords sont chaque année très nombreux[480]. Ils dépassent de beaucoup le nombre de dénonciations enregistrées mais celles-ci sont toutefois d'utilisation constante. En marge de ces mécanismes on ne peut que relever des techniques témoignant d'une remise en cause *incidente*, provoquant *indirectement* la disparition ou plus fréquemment une modification du contenu ou de l'application du tissu conventionnel.

---

479 Indépendamment de tout critère formel et donc indépendamment du mécanisme de remise en cause employé : dénonciation si le tissu est morcelé, révision si ce n'est pas le cas.

480 Voir les bilans de la négociation collective, La Documentation française.

SOUS-TITRE TROISIÈME

LA REMISE EN CAUSE INCIDENTE[481]

272 - Ce sous-titre recouvre des phénomènes juridiques très différents. Contrairement à ce qui sera développé dans la deuxième partie, les mécanismes exposés ici ont un souci évident du texte en cause ou, du moins, du dialogue qu'il instaure. Ils ne sont pas, à ce titre, dissociables du contrat collectif auquel ils s'appliquent. Ils se rattachent donc au principe de l'autonomie de la volonté duquel dérive l'autonomie collective.

Pour les deux cas évoqués dans ce sous-titre, le conflit est le vecteur de la remise en cause. Il est relatif ou non à l'exécution de l'acte conventionnel.

273 - Dans la première catégorie, on trouve l'interprétation de la norme. En théorie, ses liens avec la remise en cause –la révision, en l'espèce-, sont inexistants, mais la pratique de l'interprétation connaît des déviances qui l'en rapproche.

L'interprétation des conventions et accords collectifs n'a pas, a priori, sa place au sein de l'objet de notre étude. Il s'agit en effet de traiter des phénomènes juridiques qui témoignent de l'épreuve du temps sur l'acte collectif. Certes, la nécessité de l'interprétation se révèle, le plus souvent, au fil de

---

481 J. CARBONNIER traite des phénomènes d'incidence à propos de l'application des lois : *« Ne peut-il arriver que des textes, tout en ayant effet, aient un autre effet que celui que leur auteur avait voulu ? C'est, distinct du problème de l'effectivité, le problème de l'incidence. L'incidence est une effectivité qui est tout de même une ineffectivité ; une retombée de la loi en dehors de la cible »* ; in Flexible Droit, 1992.

l'application de ce dernier[482] mais elle est latente dès son élaboration. Surtout, interpréter un texte, quel qu'il soit, c'est le rendre applicable, sans qu'il y ait apport de nouveaux éléments. Cependant, l'interprétation souvent crée et témoigne parfois de l'évolution du droit positif depuis l'entrée en vigueur du contrat collectif concerné *(sect. I)*.

274 - Quant aux autres conflits, collectifs et économiques[483], la révision de l'acte collectif qu'ils engendrent ressort clairement de la compétence des parties ou des organismes ad hoc qui ont compétence pour les régler. Le juge du travail n'ayant pas capacité pour créer le droit, il ne peut intervenir qu'en cas d'inexécution de la norme (pour y mettre fin ou la suspendre)[484]. En revanche, les avis des commissions de conciliation et des arbitres valent accords collectifs. Il peut aussi arriver que les parties au conflit n'aient pas besoin de recourir à des tiers pour régler leurs différends. Elles concluent alors un accord de fin de conflit. De manière générale, la volonté de mettre fin au conflit, en particulier lorsque ce dernier a provoqué une grève, singularise la révision décidée *(sect. II)*.

Section I : Les déviances de l'interprétation ou interprétation et révision

275 - L'interprétation est un remède nécessaire guettant tout écrit qui se révèle, à l'application, par trop vague ou équivoque et mérite donc d'être éclairci[485]. Elle prolonge l'étape de création, qu'elle contribue à parfaire au fil de l'application de l'écrit originel. Si on peut parler de remède, c'est qu'il y a mal ; il est vrai que la lisibilité d'un texte est un témoin important de la maîtrise du thème concerné par ses auteurs. Elle garantit par ailleurs une application efficace et paisible du texte. Il faut, pourtant, se garder de conclusions hâtives : en dépit de la clarté de la volonté des parties à un acte juridique, il peut arriver qu'il ait besoin d'être interprété. La convention et l'accord collectifs ne font pas exception. Parfois même, la stratégie des contractants les conduit à la signature de clauses floues, chacun espérant, par la suite, un dénouement en sa faveur[486].

276 - L'herméneutique est un phénomène qui tient sa singularité dans la description des lacunes du texte qui la requiert. Il s'agit d'expliquer, de rendre clair ce qui est obscur ou ambigu en recherchant la volonté des parties. Dans la pratique, l'interprétation ne va pas, quand la norme ne traite pas complètement un thème donné, sans création du droit *(§ 1)*.

---

482 Cet élément distingue l'interprétation du mécanisme de nullité du contrat collectif. Cependant, depuis un arrêt du 06/12/79 (Bull. civ. n° 957, p. 701), la C. Cass admet qu'une action en interprétation à titre principal puisse être intentée en vue de faire reconnaître certains droits en dehors de tout litige né et actuel.

483 Le conflit d'interprétation peut être individuel ou collectif.

484 Voir thèse n° 109.

485 Pour un exemple-type d'un besoin en interprétation, en matière de calcul de l'indemnité conventionnelle de licenciement : le choix à faire entre les notions de tranches ou de seuils. S. BENAMARA-BOUAZIZ, *« De l'interprétation des conventions collectives : l'indemnité de licenciement des ouvriers du bâtiment et des travaux publics »*, Dr. ouvr. 1990, p. 12.

486 G. VACHET, *« L'interprétation des conventions collectives »*, JCP 1992, éd. E, I, 186, n° 2.

Les règles d'interprétation de l'acte collectif en appellent, en principe, à l'intention des cocontractants. Néanmoins, certaines décisions font la part belle à l'évolution du droit en modifiant la volonté initiale –et claire- des parties. Si la révision dans son expression la plus édulcorée (révision-ajout ou complément) est visée dans le premier paragraphe, c'est à une révision-modification à laquelle procèdent ici certains interprètes. Ils adaptent l'acte collectif désormais dépassé à un nouvel environnement juridique. L'originalité de l'œuvre interprétative –qui, à vrai dire, ne peut même plus être qualifiée ainsi- apparaît à travers les motivations des juges *(§ 2)*.

§ 1 Notion d'interprétation et création du droit

277 - Interpréter c'est, du moins a priori, révéler l'exacte intention des parties au-delà de ce qu'elles ont bien voulu livrer par écrit. Seule une telle acception de la notion permet de ne pas heurter la compétence réservée des acteurs sociaux quand il s'agit de créer le droit conventionnel collectif. Pourtant, les ressorts de l'interprétation sont duaux : par-delà celui, évident, que constitue la disposition ambiguë ou obscure se rencontrent trop souvent des maux plus profonds, qui rendent impossibles la présence d'une intention commune des parties. Une éventuelle création conséquente du droit conventionnel collectif par interprétation rapproche celle-ci de la révision *(A)* et pose problème, principalement au regard de la compétence des interprètes *(B)*.

A - Création du droit par interprétation

278 - Il faut ici rappeler que l'interprète aborde les actes conventionnels comme il aborde les contrats[487]. Cette attitude est à approuver, compte tenu de la dominante contractuelle de l'acte pour ce qui se rapporte à son élaboration. L'interprétation est toujours affaire d'intentions. Cependant, les règles diffèrent sensiblement selon qu'il s'agit de l'éclaircissement d'une loi ou d'un contrat. L'esprit, en revanche, reste le même ; il s'agit de révéler, non de créer ou de réviser. L'interprétation peut être rapprochée d'un problème d'exécution de l'acte. Elle suit une application défectueuse ou du moins incertaine de ce dernier et devrait résulter de la présence d'acceptions différentes de la volonté exprimée des parties. En principe, la volonté commune de celles-ci constitue la base du travail de l'interprète et doit permettre une modification, très formelle il est vrai, du texte collectif.

279 - Parfois, les parties ne se sont pas prononcées sur le point sujet à controverses. L'interprétation revient alors à une véritable création du droit conventionnel. En ce qui concerne la matière des actes collectifs, il arrive très souvent que le besoin en interprétation découle d'une négociation inachevée. Les parties ne sont pas du même avis et l'interprète ne peut rien révéler, il doit bâtir. Il n'y a interprétation, à strictement parler, que lorsqu'un des contractants est de

---

[487] Ce n'est pas l'avis de J.-Y. FROUIN, « *L'interprétation des conventions et accords collectifs de travail* », RJS 1996, p. 137, spéc. p. 139 et suiv..

mauvaise foi, faisant fi de la volonté exprimée, il est vrai, de manière obscure ou ambiguë. Dans ce cas seulement, l'intention commune des parties existe.

Ces constatations ne constituent pas des révélations. Il y a fort longtemps que les juges s'accommodent des lacunes des textes conventionnels et font œuvre de création. Certains préfèrent cependant, en cas de lacune de la convention collective, ne pas aller au-delà de ses termes[488]. Dans leur grande majorité, les interprètes sont plus audacieux et mènent, à l'occasion, une interprétation qualifiée d'objective en en appelant au droit positif ou à la finalité de l'acte.

Un exemple de l'interprétation créatrice est donné par un arrêt de la Cour de cassation du 9 mai 1990 et relatif à la convention collective du notariat. La Cour suprême a considéré que *« la réduction à un seul associé (de la SCP) (...) constitue le changement d'un associé prévu par les dispositions des articles 11D et 11E de la convention collective »*[489]. A l'évidence, les parties n'avaient pas envisagé, dans le texte de l'acte, cette hypothèse de réduction de la SCP à un seul associé. La Cour suprême a été guidée en l'espèce par la finalité sociale du texte négocié.

Ces audaces ne manquent pas de poser problème. Compte tenu de l'effet rétroactif dont la jurisprudence pare l'avenant interprétatif[490], il est dommageable de confondre révision et interprétation. Le même regret peut être formulé à l'évocation de la compétence des interprètes.

B - La compétence des interprètes

280 - Ainsi, l'interprétation peut parfois être assimilée à la révision entendue largement[491] (faisant œuvre de complément) ; il est alors légitime de conclure à l'application du droit de la révision.

Une seule organisation syndicale parmi les signataires peut-elle faire œuvre d'interprétation et interpréter (au sens strict) ou compléter le texte initial ? Il n'y a pas d'obstacle quand il s'agit d'ajouter au texte. Toutefois, interpréter ne consiste pas, de manière fondamentale, à stipuler au nom des salariés mais à développer la volonté des parties contractantes. Il est assez juste de dire que l'interprète parle au nom des parties. Ainsi, seules ces dernières, à nouveau réunies, sont à même de poursuivre leur pensée afin de l'éclaircir.

281 - Que penser de la capacité des juridictions compétentes et de celle des organismes conventionnels ad hoc ?

L'incertitude qui plane sur la définition de la notion d'interprétation pose vraiment problème quand on s'interroge sur la compétence de l'organisme conventionnel. Lorsque les parties confient à une commission paritaire le soin de régler les conflits d'interprétation, faut-il entendre strictement la compétence de cette commission ? Autrement dit, faut-il, comme pour le juge,

488 TGI LYON 09/02/94 et CA LYON 31/03/94, D 94, n° 39, som. com. p. 313.

489 Cass. soc 09/05/90, Rép. Déf. 1991, art. 34931, p. 42, note MAZEAUD.

490 Cass. soc. 01/12/1998, Dr. Soc. 1999, p. 303 ; RJS 02/1999, n° 244 ; JCP éd. G, 1999, IV, n° 1123.

491 Voir thèse n° 135 et suiv..

lui refuser le pouvoir de créer le droit collectif sous couvert d'interprétation ? A ce propos, la Cour a jugé en 1973 que :

« la commission mixte (...) n'avait pas qualité pour modifier la convention collective, ni la compléter »[492].

Faut-il penser que la Cour suprême décide autrement le 11 octobre 1994 en précisant que les partenaires sociaux peuvent lier le juge s'ils prévoient que l'avis rendu par la commission *« aura la valeur d'un avenant*[493] *à la convention »*[494] ? Dans cette espèce il s'agit très clairement d'un conflit d'interprétation. Or il est douteux que l'avis gagne en champ d'application (au cas où, par exemple, les parties prévoiraient que la commission peut compléter la convention collective) tout en continuant à lier le juge.

282 - Si un avis contraint le juge, la compétence d'ordre public –relatif- et de principe des tribunaux (au moins celle des Conseils de prud'hommes) plaide pour une conception stricte de la notion d'interprétation[495]. Surtout, on ne peut ignorer que le Code civil, auquel se réfèrent de nombreuses juridictions ayant à connaître de conflits d'interprétation, entend strictement cette dernière notion[496]. De plus, toute exception à une compétence de droit commun (en l'occurrence, celle des cocontractants pour l'élaboration du droit conventionnel) doit être entendue strictement. Cette règle, qui trouve à s'appliquer en toute matière, prend ici un relief tout à fait particulier. Les règles de l'élaboration du droit collectif sont d'ordre public (social) et visent à établir l'égalité des deux parties à l'accord. Au nom de cette égalité, seuls une organisation syndicale représentative, des représentants élus ou un salarié mandaté peuvent conclure une convention ou un accord collectif. L'organisme conventionnel rassemble généralement les personnalités les plus marquantes ayant participé à l'élaboration de l'acte, sans que celles-ci agissent explicitement au nom d'organisations professionnelles. Aussi bien, on peut émettre de sérieux doutes quant à la possibilité de confier à l'organisme chargé d'interpréter le pouvoir de le faire en toute occasion, au besoin par la création du droit. A moins

---

492 Cass. soc. 23/02/1973, Bull. civ. V, n° 105, p. 95.

493 Nous rappelons que le terme avenant peut être employé dès qu'il y a modification du contenu de l'acte (l'annexe, quant à elle, concerne une catégorie particulière de salariés, K. DOUEDAR, *« L'application des conventions collectives »*, RPDS 05/1985, p. 143, pp. 144). L'article L.132-7 parle d'ailleurs d' *« avenant portant révision »* ou d' *« avenant de révision »*.

494 Cass. soc. 11/10/1994, Bull. civ. V, n° 272 ; Dr. soc. 1994, pp. 984-985. La compétence liée du juge était jusqu'à présent rejetée : Cass. Ass. plén. 06/02/1976, Bull. civ., p. 3, n° 2 ; Cass. soc. 14/05/1987, Bull. civ. V, n° 319 ; ces espèces concernaient cependant un avis donné, par la commission, dans un *but de conciliation*. Voir sur ce thème les écrits récents de G. VACHET et J.-Y. FROUIN préc. et M. MOREAU, *« La portée des avis rendus par une commission paritaire d'interprétation »*, Dr. soc. 1995, p. 359 ; sur l'ensemble du sujet voir la thèse de M. MOREAU sur l'interprétation.

495 De ce point de vue, la décision du 11/10/1994 est critiquable en ce qu'elle ne distingue pas entre litiges individuels et collectifs. Pour les premiers, la compétence de l'organisme ad hoc peut apparaître moins favorable que l'intervention de la juridiction prud'homale.

496 L'interprétation est la recherche de la commune intention des parties (art. 1156).

d'autorisation expresse de la loi[497], les acteurs sociaux sont apparemment dans l'incapacité de déléguer leur pouvoir normatif.

283 - Ceci étant, si l'on convient de l'opportunité d'une *résolution* autonome du problème[498], il nous semble indispensable que, suite à l'intervention d'un organisme ad hoc, le juge ait compétence liée. De manière plus générale, l'intervention d'un organisme spécialisé est, dans bien des cas, salutaire pour le maintien de bonnes relations conventionnelles.

Toutefois, on ne peut concevoir pareille intervention sans que la compétence organique soit suffisamment caractérisée[499]. Lorsqu'une renégociation apparaît nécessaire, ce sont les parties qui doivent agir. Une délégation de pouvoir est-elle concevable ? On peut en douter, au regard de l'article L. 132-7 du Code du travail qui dispose : *« les organisations syndicales (...) qui sont signataires d'une convention collective (...) sont seules habilitées à signer les avenants portant révision de cette convention ou de cet accord ».*

284 - Une fois précisée la notion d'interprétation, il nous faut examiner les règles qui en découlent pour juger, sur ce plan également, de l'immixtion d'une remise en cause.

§ 2 Règles d'interprétation et modification

285 - Il faut rappeler que l'acte collectif est un contrat quand on considère son interprétation. Le Code civil consacre une section à celle des conventions. Il y a transposition de ces articles civilistes mais aussi du principe d'équité à la matière des conventions et accords collectifs. Dans un premier temps, nous nous proposons de décrire ces règles générales d'interprétation *(A)*. Pour une grande part, la matière des conventions et accords collectifs de travail s'accorde mal avec les règles civilistes. Plus particulièrement, la jurisprudence sociale s'en éloigne tout à fait lorsqu'elle prend en compte l'évolution de la jurisprudence qui interfère *(B)*.

A - Règles générales d'interprétation

286 - Le droit civil nous guide et s'applique à la matière des conventions et accords collectifs. S'il est nécessaire de se pencher sur les termes du texte obscur ou ambigu *(a)*, il ne faut pas omettre de le situer dans un juste environnement juridique *(b)* et d'en référer à quelques principes généraux qui gouvernent l'exécution de l'acte *(c)*.

---

497 Le législateur prévoit, dans l'art. L. 522-3 C. Trav., que seules les recommandations du médiateur acceptées par les parties et les sentences arbitrales produisent les effets des conventions et accords collectifs.

498 Dans ce sens, J.-Y. FROUIN, préc. spéc. p. 143 et suiv. et l'art. L. 132-17 C. Trav. qui prévoit que les conventions collectives de branche et accords professionnels et interprofessionnels *« doivent instituer des commissions paritaires d'interprétation ».*

499 Ce qui revient à caractériser le conflit d'interprétation, et, lorsque le conflit dépasse la notion correspondante, à parler de renégociation.

a) L'exégèse des dispositions

287 - Nous avons déjà évoqué la règle fondamentale de l'herméneutique des contrats qui consiste à se fier à la volonté commune des parties. Le Code civil y fait référence dans le premier article de la section qu'il consacre à l'interprétation.

Pour guider l'interprète dans cette quête de l'intention commune, les articles 1157 et 1158 observent qu'il faut tenir compte de la matière dans laquelle s'inscrit le contrat et tâcher de lui faire produire effet, sans toutefois trop s'éloigner des termes de ce dernier (art. 1163). Cette prise en compte qui, à l'évidence, n'est pas toujours aisée, ne peut aller sans considérer l'acte dans sa globalité, voire dans son indivisibilité (art. 1161). La nouvelle négociation sociale, au service de l'entreprise et de l'emploi, concilie les principes d'interprétation précités avec le droit collectif conventionnel. A titre d'exemple, l'opération contractuelle peut consister en un accroissement de la productivité en aménageant le temps de travail, en une répartition du temps de travail sur l'année en contrepartie de sa réduction. On peut même dire que l'acte conventionnel a une finalité, au même titre que la loi qui s'inscrit dans une politique globale[500]. Le droit collectif conventionnel s'attache, de manière très nette aujourd'hui, à la réussite de quelques grands objectifs tels que la sauvegarde et la création d'emplois, la formation professionnelle, l'insertion des jeunes. Bien sûr, ces desseins se retrouvent dans la politique législative qui est, dans le même temps, imprégnée du souci de décentraliser son action.

288 - Cette émergence d'une finalité rapproche les accords des lois pour l'interprétation desquelles sont utilisés les travaux préparatoires. Il a donc été proposé d'élargir la recherche aux écrits traduisant les étapes de la négociation. Hélas, il est à craindre que l'affrontement des partenaires sociaux ne rende pas toujours lisible la finalité ou l'objet des actes collectifs.

289 - Il nous reste à mentionner l'article 1162 qui dispose :

« Dans le doute, la convention s'interprète contre celui qui a stipulé, et en faveur de celui qui a contracté l'obligation ».

La doctrine[501] a souligné l'inadaptation de ce texte aux normes collectives. En effet, il impliquerait, dans une très forte majorité des cas, une conclusion en faveur de l'employeur. L'évolution de la négociation sociale n'a pas apporté plus d'équivoque ; les salariés concèdent mais ne s'engagent pas. Un tel résultat est en contradiction évidente avec le souci du législateur de faire ici prévaloir l'arbitraire... avec une certaine équité ! On ne peut cependant faire l'économie d'une règle adaptée en cas de persistance du doute, règle qui tiendrait compte de la spécificité des contrats collectifs. Nous y reviendrons ultérieurement.

---

500 La finalité commune se retrouve à la fois à un même niveau de négociation et sur un même thème de l'accord interprofessionnel à l'entreprise.

501 En particulier, G. VACHET, *« L'interprétation des conventions collectives »*, JCP 1992, éd. E, chr. 186, p. 491, spéc. p. 493.

b) Les autres sources de droit qui interfèrent

290 - Les conventions et accords collectifs de travail font partie d'un système de normes plus ou moins cohérent, qui leur impose de disposer plus favorablement que la norme supérieure. C'est donc en référence aux dispositions supérieures qui interfèrent que les parties à l'acte collectif élaborent celui-ci. En conséquence, la détermination de leur volonté commune (art. 1156) ne peut se passer de ces références textuelles. Par ailleurs, les articles 1159 et 1160 incitent l'interprète à prendre en compte les usages –au sens large du terme-.

Ce recours aux autres sources est essentiel et il n'est pas justifié de le subordonner à l'échec de l'exégèse.

291 - La référence à la volonté commune des parties impose de considérer les lois, les autres actes collectifs et les usages en vigueur, *à l'époque de la négociation* de la disposition concernée par l'interprétation.

Le 26 avril 1991[502], la Cour de Cassation, en Assemblée plénière, nous a livré un exemple de la prise en compte par l'interprète de la loi en vigueur au jour de la conclusion du contrat collectif. Les dispositions de la convention collective concernée prévoyaient que *« complémentairement aux dispositions légales telles qu'elles figurent aux articles L. 223-1 et s. du C. Trav., (...) la durée du congé légal est augmentée de trois jours ouvrables pour les salariés ayant 20 ans d'ancienneté »*. L'ordonnance du 16 janvier 1982 a allongé cette durée légale pour la porter à 30 jours ouvrables par an. La Cour suprême a donc décidé que les congés légaux institués par la dernière ordonnance en la matière ne se cumulaient pas avec les congés conventionnels ; les salariés n'avaient que la faculté de choisir, entre les deux régimes, celui qui leur était plus favorable.

Cet examen du passé n'est pas toujours aisé. D'une part, il peut être difficile de savoir si tel ou tel usage existait ou non au moment de la conclusion de l'acte. D'autre part, lorsqu'une jurisprudence crée des obligations –accessoires-, et on a déjà remarqué que ce pouvait être le cas sous couvert d'interprétation, doit-on faire prévaloir l'apparence ou la réalité ? Faut-il considérer que ces obligations accessoires ont toujours existé ? Là encore, s'affrontent le dogme de la volonté commune et celui de la protection d'intérêts catégoriels particuliers. Cette constatation est renforcée en droit du travail où l'esprit progressiste guette et conduit souvent les juges à faire valoir la nouvelle règle.

292 - Si le recours à ces sources de droit qui traitent du thème de la disposition à interpréter nous semble inévitable, il n'en va pas de même avec les principes généraux qui conduisent l'exécution du contrat collectif.

c) Les principes généraux qui gouvernent l'exécution de l'acte conventionnel

293 - Le principe d'équité gouverne de manière secondaire l'exécution des contrats de droit commun. Sa transposition à la matière des

---

502 Cass. Ass. plén. 26/04/91, *Société Française des Nouvelles Galeries*, C. Cass., Droit du travail, diffusion de jurisprudence, JO n°14, 04-05-06/91, p. 1 ; voir Cass. soc. 15/12/88, RJS 1989, n° 30 pour un cas similaire ; et aussi Cass. Ass. plén. 12/05/89, JCP 1989, éd. E, II, 15627 note G. LYON-CAEN.

contrats collectifs est à étudier, en tenant compte des transformations de la négociation sociale *(1)*. Au stade de leur application, ces derniers se distinguent d'ores et déjà des premiers par la faveur accordée au salarié. En matière d'interprétation, retrouve-t-on cette faveur en cas de doute persistant *(2)* ?

1 - Interprétation et équité

294 - Jusqu'à présent, le recours à l'équité dans le silence de la norme collective s'est vu prohibé. Il est vrai que la négociation d'acquisition n'a qu'un rapport très lointain avec ce principe. Les actes collectifs se doivent justement d'être univoques pour améliorer la situation des salariés. Il n'est pas pour autant possible de soutenir que leur but est de rendre le rapport de travail équitable. Ce serait, bien souvent, réduire la dignité du salarié à l'obtention d'un revenu confortable. Si équité il y a, elle n'est donc que très partielle et dépasse largement le cadre de la norme collective. Qu'en est-il de ce principe au regard de la négociation sociale actuelle, encline à la réduction des avantages ?

Nous avons déjà abordé les problèmes posés par la soumission du droit du travail aux exigences économiques de l'entreprise. Elle entraîne une modification sensible des contenus des contrats collectifs. Aujourd'hui, l'acquisition d'avantages se fait rare et l'acte collectif doit se contenter de faire prévaloir, au mieux, l'intérêt des salariés dans un contexte de difficultés économiques. La négociation collective « donnant-donnant » se projette dans le temps et se donne des objectifs. Si la balance entre réduction d'avantages et garantie dans le domaine de l'emploi ouvre la voie au principe d'équité, il n'en demeure pas moins que ce sont les organisations syndicales et elles seules qui jugent de l'opportunité de l'accord pour les salariés. Cette responsabilité nouvelle exige d'ailleurs de la représentation salariale une indépendance et une pertinence remarquables. Aussi bien, pour s'en assurer, il est souhaitable que, d'une manière objective, une contrepartie à la réduction d'avantages apparaisse. L'interprète doit favoriser la réalité de l'équilibre conséquent.

2 - Le doute et le principe de faveur

295 - L'herméneutique n'est pas une science exacte et il arrive que l'interprète ne puisse se délivrer de l'incertitude. Dans le doute persistant, il convient de trancher. L'article 1162 du Code civil, qui commande de stipuler en faveur de celui qui a contracté l'obligation, ne peut trouver application en la matière. En faveur de qui ou de quoi résoudre arbitrairement le conflit ? Une partie de la doctrine[503] a proposé que soit privilégiée la partie qui revendique, afin d'assurer le succès de l'acte dans ses objectifs. Il nous semble cependant que le recours au principe de faveur, ultima ratio, implique que la décision de l'interprète n'a pu se faire au regard du respect des autres règles, dont celle qui consiste à donner effet à l'accord (art. 1163). Par ailleurs, cette opinion conduit essentiellement, pour les accords donnant-donnant, à privilégier l'employeur. Or il nous paraît injuste d'invoquer ces nouveaux accords à l'appui du rejet de la solution qui consisterait à statuer, en cas de doute, en faveur du salarié. L'égalité

---

[503] G. LYON-CAEN, note sous Ass. plén. 12/05/1989 cité note précédente ; M. DESPAX, *Traité*, n° 199 ; Y. CHALARON, *« Négociations et accords collectifs de travail »*, LITEC 1990, n° 246.

entre les parties au contrat de droit commun, l'équilibre de leurs forces n'ont pas empêché le législateur de favoriser, en fin de compte, le débiteur. Ce dernier, tout comme le salarié, représente la partie faible au contrat[504].

296 - Sans qu'aucune des règles générales précitées puisse être avancée, quelques arrêts se fondent, de manière tout à fait remarquable, sur l'évolution de la jurisprudence à fin d'interprétation.

B - L'évolution de la jurisprudence

297 - Des décisions témoignent de l'adaptation des conventions et accords collectifs à l'évolution de la jurisprudence. En effet, il arrive que cette dernière soit remarquablement créatrice[505]. De la même façon, en droit civil des contrats, les juges ont développé l'obligation de bonne foi du fournisseur et ont mis à sa charge des obligations de conseil et d'information importantes.

298 - Le modèle de ces initiatives jurisprudentielles a trait à la rupture du contrat de travail pour maladie. Désormais, les juges qualifient la rupture de licenciement[506]. Ils accordent en ce cas l'indemnité conventionnelle dans la mesure où les parties ne l'ont pas exclue expressément. Certaines conventions collectives ont, à l'époque de leur conclusion, pris en compte la double qualification de la rupture –rupture imputable à l'employeur ou non-. Une interprétation à la lumière de la nouvelle jurisprudence n'est évidemment pas respectueuse de la volonté des parties –qui ne fait aucun doute- car elle aboutit à l'octroi systématique de l'indemnité en cas de maladie. Elle adapte la convention collective à ce que la doctrine convient de nommer un « arrêt de règlement », dans les cas où la rupture du contrat pour maladie était autrefois considérée comme imputable au salarié[507]. En effet, si la volonté des parties ne s'est pas exprimée à la lumière de la nouvelle jurisprudence, il n'appartient pas aux juges d'y suppléer en modifiant les règles de la rupture du contrat pour maladie (aucun principe n'intervenant en l'espèce pour annuler les dispositions conventionnelles ou modifier leur application). Ces « arrêts de règlement » sont pourtant inévitables lorsque la loi est insuffisante[508] et la volonté du juge d'uniformiser alors la situation du salarié n'est pas critiquable. Néanmoins, si la matière sociale a tout à gagner avec de pareilles décisions, il faut regretter le vecteur juridique utilisé.

---

504 En sens contraire, M. MOREAU, *« L'interprétation des conventions collectives de travail : à qui profite le doute ? »*, Dr. soc. 1995, p. 175.

505 Il faut souligner ici qu'il n'y a pas création de l'interprète mais bien création de la jurisprudence qui entraîne un travail d'adaptation de ce dernier.

506 Cass. soc. 30/01/91, jurisp. soc. UIMM 1991, p. 91 ; Cass. soc 29/11/90, Dr. soc. 1991, p. 115.

507 Cette attitude de la jurisprudence provoque le *mécontentement* des employeurs et des juges du fond ; le contentieux de l'interprétation a d'ailleurs souvent été porté devant l'Assemblée plénière : Cass. Ass. plén. 18/03/88, jurisp. soc. UIMM 1986, p. 493 ; 12/05/89, JCP 1989, éd. E, II, 15627 ; 06/04/90, Bull. civ. V, 1990, n° 5, p. 9 et n° 6, p. 10.

508 *Le législateur n'est intervenu* que partiellement en matière de maladies ou d'accidents et en matière de maladies professionnelles.

299 - Il faut souligner enfin que les magistrats recourent parfois à une interprétation de la loi ancienne, concernée au moment de la conclusion de l'accord, à la lumière de la nouvelle législation. Il ne s'agit plus alors de l'application d'une nouvelle jurisprudence à un acte qui lui est antérieur mais d'une interprétation au regard d'un nouveau texte de loi. Monsieur LHUILIER[509] donne quelques exemples de ces audaces prétoriennes. Notamment, la Cour a eu à connaître d'une clause imposant, sous peine de nullité, la notification du licenciement à une commission paritaire conventionnelle. En dépit du sens clair et précis de la convention collective[510], elle a refusé de sanctionner cette dernière irrégularité de forme par la nullité.

300 - Cette adaptation de l'acte collectif par la jurisprudence relève de la compétence des parties. Elles auraient dû entamer une renégociation de leur accord suite à l'arrêt fondamental intervenu sur la matière. Certains accords prévoient une obligation de renégocier en cas de modification de la législation sur les thèmes par eux abordés. Compte tenu du rôle important de la jurisprudence sociale, il nous semble judicieux d'étendre le champ des clauses de renégociation. Est-il concevable, à défaut de réaction des intéressés eux-mêmes, que les juges les contraignent à l'adaptation ? Quid d'une obligation judiciaire de renégocier ? Le règlement des conflits collectifs par le juge n'ignore pas la négociation ; la désignation d'un médiateur, à cet effet, est appelée à se développer. Plus avant, ne peut-on renforcer l'obligation ainsi imposée en autorisant le juge à veiller au bon déroulement de la négociation ?

Section II : Les modes non juridictionnels de résolution des conflits

301 - Sauf l'arbitrage, ils flirtent tous avec la solution négociée. Trois procédures coexistent : la conciliation, la médiation et l'arbitrage. Ce dernier était obligatoire sous l'empire de la législation de 1936 ; ce caractère lui a été enlevé en 1950. A l'époque, c'est à la conciliation que les parties ne pouvaient échapper. La médiation n'a fait son apparition qu'en 1955. La loi, en 1982, a généralisé le recours facultatif à ces méthodes[511] et permis leur utilisation par les pouvoirs publics.

---

509 G. LHUILIER, *« Le dualisme de la convention collective devant la Cour de cassation- Réflexions sur le contrôle de l'interprétation des règles conventionnelles de forme du licenciement pour motif personnel »*, Dr. soc. 1995, p. 162, spéc. p. 164 et suiv..

510 La Cour suprême a, depuis l'arrêt Rogie (29/11/90 Dr. soc. 1991, p. 103), énoncé une véritable règle prétorienne en assimilant des irrégularités substantielles de procédure à une absence de motifs du licenciement (qui entraîne une indemnisation pour défaut de cause réelle et sérieuse). Cette jurisprudence s'appuie clairement sur la finalité de la loi voir J.-M. BERAUDO, *« L'évolution de la jurisprudence en matière d'énonciation des motifs du licenciement »*, RJS 04/1992, p. 232. On peut donc considérer qu'il y a soumission de la convention collective à la loi. J.-Y. FROUIN explique pareille décision en rapprochant la situation de la convention collective de celle de la loi et en rappelant l'une des méthodes de l'interprétation de cette dernière dite historique ou évolutive, *« L'interprétation des conventions et accords collectifs de travail »*, RJS 1996, p. 137, spéc. p. 142.

511 Elles sont, dans l'ensemble, peu utilisées par les parties au conflit.

302 - La conciliation[512], comme les autres modes, n'a pas besoin d'être expressément prévue dans un accord entre les parties. La réunion de la commission ad hoc peut être provoquée par le ministre chargé du Travail ou son représentant. Si les parties siégeant parviennent à un compromis, il produit les effets des conventions et accords collectifs de travail[513].

Si elle échoue et s'il s'agit d'un conflit sur la révision ou le renouvellement d'une convention de branche[514], le ministre peut engager, à la demande des parties ou de sa propre initiative, la procédure de médiation. Celle-ci peut aussi être engagée sans préalable. Le médiateur est chargé de présenter aux parties des propositions sur lesquelles elles se prononcent.

303 - L'arbitrage se distingue des deux autres modes en ce qu'il octroie à un tiers le rôle déterminant dans la résolution du conflit. En acceptant l'arbitrage, les parties s'en remettent à un tiers[515] qui statue en équité sur les conflits relatifs à la révision[516]. La sentence que ce dernier rend a la valeur d'un accord collectif et suit son régime[517].

304 - Dans le cadre d'un conflit portant sur la révision ou le renouvellement de l'acte collectif (conflit expressément visé par l'article L. 523-1 C. Trav.), la question est de savoir si l'étendue des effets de l'accord ou de la sentence auquel l'une ou l'autre des procédures précitées aboutit dépend encore et toujours de l'identité des parties agissantes. L'arbitrage, dont les tenants doivent être réglés par un compromis, occupe une place à part. La sentence rendue n'a valeur d'acte collectif qu'entre les parties au compromis. Mais de la même façon, conciliation et médiation n'ont de portée qu'entre les parties au conflit et présentes lors des tentatives de réunion des points de vue. C'est une position qui peut être critiquée. A partir du moment où la procédure arrache la paix sociale, ne vaut-elle pas entre toutes les parties au conflit ? La même remarque peut être faite à propos des accords de fin de conflit. La valeur particulière d'un tel accord ne peut-elle suffire pour que ce dernier s'impose à tous ? L'existence d'une grève générale n'implique-t-elle pas une indignation majoritairement partagée ? Un accord y mettant fin ne doit-il pas être considéré comme majoritairement approuvé par l'ensemble du personnel ? Rien ne permet, actuellement, de répondre par l'affirmative. L'accord de fin de conflit est soit un accord collectif, soit un engagement unilatéral de l'employeur[518]. Dans le premier cas, il a été conclu par l'employeur et une ou plusieurs organisations syndicales représentatives. Dans l'autre cas, l'accord ne saurait imposer des contraintes nouvelles. Les procédures d'élargissement et d'extension restent seules à même de généraliser les termes de la solution. Plus avant, il n'est pas question de donner une quelconque valeur

---

512 Art. L. 523-1 C. Trav. et suiv..

513 Art. L. 522-3 C. Trav..

514 Voir art. R. 524-1 C. Trav..

515 Par la voie d'une clause compromissoire ou d'un compromis.

516 Art. L. 525-4 C. Trav..

517 Art. L. 522-3-1 C. Trav..

518 Pour une espèce récente, voir Cass. soc. 15/01/1997, TPS 03/1997, n° 86.

juridique à l'extinction de fait d'un mouvement de grève. En revanche, un tel mouvement social, et plus généralement un conflit collectif, révèlent des besoins en remise en cause. Leur manifestation rend sous-jacente la négociation de l'ensemble des parties concernées. Il serait judicieux de prévoir, à la demande de l'une ou l'autre des parties au conflit, le prononcé judiciaire d'une obligation en ce sens. Il est évidemment plus simple d'envisager pareille contrainte en préalable au déclenchement d'une grève. Il faut cependant tenir compte de la tradition française qui conçoit cette dernière, non pas seulement comme un instrument de remise en cause du statut collectif existant, mais comme une démonstration des forces salariales. Il est en tout cas impératif que l'obligation de négocier s'impose définitivement dans la matière du conflit collectif[519]. Il en va de la cohérence des manifestations de ce mécanisme dans le Code du travail. Par ailleurs, en cas de blocage des négociations, il est concevable qu'une compétence tierce (à déterminer) intervienne, émettant un avis valant, d'après la loi, accord collectif.

305 - Ces mécanismes de remise en cause incidente sont les ultimes manifestations de volonté des parties patronale et syndicale. Pour le reste, loi, autres normes collectives et contrat de travail commandent à la remise en cause. L'étude de l'ensemble de ces interventions hétéronomes fait l'objet de la deuxième partie.

---

[519] Voir thèse n° 107.

Conclusion du titre deuxième

♦ Les modes de la remise en cause sont divers. Un changement du contenu de l'acte collectif se dissimule même parfois derrière son interprétation. Les règles gouvernant cette dernière heurtent alors celles de la révision ; on peut faire la même observation à propos des normes réglant un conflit collectif. Dans ce dernier cas et à l'inverse du premier, il faut souhaiter que l'accord de fin de conflit ou les décisions des divers organes prévalent et soient appliqués.

♦ Sauf ces hypothèses particulières, révision et dénonciation sont annoncées clairement par les parties. Celles-ci disposent alors des mécanismes légaux correspondants. Le régime de la révision a fait l'objet d'une réforme en 1992. Désormais, une seule organisation syndicale parmi les signataires peut valablement et efficacement signer l'avenant au texte initial. Les avenants –et les avenants d'avenants- peuvent avoir des signataires différents et la diversité des parties aboutit au morcellement, dans le temps, de l'acte négocié. Pour contrebalancer la faculté qu'a une organisation syndicale de porter révision d'un acte signé avec d'autres syndicats, le législateur a instauré un droit d'opposition en cas de réduction ou de suppression d'avantages individuels ou collectifs. Son principe est louable mais sa mise en œuvre est difficile. L'intervention du législateur a clarifié la situation mais n'a pas assuré la continuité du tissu conventionnel. Par ailleurs, le droit positif persiste, et c'est dommage, à laisser les organisations non-signataires du texte initial à l'écart de son devenir, plus précisément à l'écart de la signature des avenants éventuels, non plus à l'écart de leur négociation.

♦ La dénonciation, quant à elle, doit être réservée à l'hypothèse dans laquelle le maintien de la relation n'est pas possible ; son caractère brutal doit être atténué. Par ailleurs, elle ne trouve pas toujours

application. Les accords relatifs à la protection sociale complémentaire sont pérennes et, mieux, font naître de véritables droits acquis.

Conclusion de la première partie

• L'autonomie collective, qui préside à la conclusion des conventions et accords, se poursuit dans le temps avec les mécanismes de révision et de dénonciation. Ces derniers sont organisés par la loi. Comme au stade de l'élaboration, le législateur fait prévaloir le pluralisme des opinions syndicales et professionnelles. Ce maintien de la diversité des acteurs ne va pas sans difficultés, en particulier pour la révision. Il se complique avec l'intervention récente de nouveaux acteurs agissant au nom de la partie salariale.

La continuité de la relation professionnelle et des thèmes traités par les agents de négociation ne trouve pas son pendant au plan de la composition des parties à la négociation, composition qui varie dans le temps. Il serait pourtant possible de concilier la pluralité des organisations et des opinions avec l'unité nécessaire de l'expression syndicale ou patronale en instaurant un système de représentation majoritaire. L'expression de la majorité assurerait la légitimité des révisions opérées au fil du temps (légitimité d'ores et déjà recherchée à travers le droit d'opposition qui s'avère insuffisant) et permettrait l'émission d'opinions diverses. Le projet de seconde loi Aubry fait valoir cette idée pour la conclusion des accords sur les 35 heures.

Par ailleurs, le législateur ne se prononce pas suffisamment en faveur de la continuité de la relation professionnelle, privilégiée par la révision et mise en péril par la dénonciation.

• Toujours sous l'angle de l'autonomie collective, il est surtout remarquable d'observer les ressources propres du droit conventionnel et collectif. Il organise sa révision, sa dénonciation, son interprétation, le règlement des conflits survenant à propos de son application, fixe un terme à sa validité. Mieux, ses clauses sont de plus souvent liées les unes aux autres, faisant ressortir l'équilibre du dispositif. Les cocontractants devraient pouvoir faire valoir ce dernier pour obtenir, sinon la modification, tout au moins la renégociation de leur texte. Il s'agirait alors encore d'autonomie collective, mais plus particulièrement d'autonomie de la norme, au sens strict des termes. Pour lors, en l'absence de dispositions ad hoc, c'est le rapport des forces qui domine en cas de désaccord quant à la nécessité d'une remise en cause. Encore faut-il que le jeu de ce rapport des forces respecte le rôle des organisations syndicales et aboutisse à une renégociation.

DEUXIÈME PARTIE

TEMPS ET INCIDENCE DES AUTRES NORMES

306 - L'originalité de ces interventions hétéronomes réside, en premier lieu, dans le fait qu'elles ne mêlent pas le pour et le contre la remise en cause envisagée. A l'opposé, les mécanismes abordés dans la première partie se révèlent le plus souvent ambivalents : le droit de la révision facilite la signature des avenants mais, dans le même temps, repousse leur entrée en vigueur en cas d'opposition. Les stipulations conventionnelles sur la révision et la dénonciation rendent ces dernières plus aisées mais les restreignent aussi en les aménageant ; la fixation d'un terme, paradoxalement, consolide l'accord pour la durée prévue...

En second lieu, les techniques précédemment évoquées se situent toutes en amont de la remise en cause ou traitent directement de celle-ci (parfois les deux : exemple de la clause d'indexation). En examinant les incidences des autres normes, du contrat particulièrement, nous nous situerons pour la première fois en aval de la remise en cause et en opposition à celle-ci *(titre II)*. Mais les changements de l'environnement juridique provoquent aussi des remises en cause *(titre I)*. Au long de ces deux titres, toutes les autres normes du travail auront l'occasion de participer ou d'influer sur la relation des conventions et accords collectifs avec le temps.

TITRE PREMIER

LES SOURCES DE LA REMISE EN CAUSE

307 - Ces normes sources de remise en cause sont toutes collectives et ont donc pour objet d'organiser et de réglementer une relation professionnelle d'ensemble. Cependant, elles sont de nature et de niveau variés. Par ailleurs, leur incidence sur l'acte négocié est duale. Parfois elles le modifient directement, parfois invitent ses parties à le modifier. On peut donc distinguer deux degrés dans l'hétéronomie ; parfois il y a remise en cause directe du contenu ou de l'application de l'acte conventionnel considéré *(sous-titre I)* ; d'autres fois l'autonomie collective est préservée ; les organisations professionnelles sont alors sollicitées *(sous-titre II)*.

SOUS-TITRE PREMIER

LES DISPOSITIONS DIRECTEMENT APPLICABLES À L'ACTE CONVENTIONNEL

308 - Les dispositions directement applicables à l'acte conventionnel n'ont pas toutes le même impact sur la convention ou l'accord considéré. Si cet impact découle toujours d'une modification des dispositions applicables, il varie selon leur nature. Tantôt le contenu de l'acte négocié est remis en cause par la modification des dispositions légales *(chap. I)*, tantôt c'est son application par la modification des autres dispositions collectives *(chap. II)*.

CHAPITRE PREMIER

LA MODIFICATION DE LA LOI

Préliminaires : L'immédiateté de l'application de la loi nouvelle

309 - L'évolution de la loi a parfois pour conséquence de perturber une ou plusieurs clauses de la convention ou de l'accord collectif considéré.

S'il existe des lois dispositives[1] et même supplétives[2], la plupart d'entre elles sont impératives. Celles-ci ne viennent pas forcément troubler

---

[1] Qui s'appliquent si les partenaires sociaux s'y réfèrent. Ce type d'intervention légale n'apparaît pas dans l'article L. 132-4 C. Trav.. L'interprétation a contrario de la première de ses affirmations (*« la convention et l'accord collectif de travail peuvent comporter des dispositions plus favorables aux salariés que les lois et règlements en vigueur »*) incite à penser que les dérogations défavorables sont exclues. Pourtant, les offres dérogatoires légales sont des modèles de normes dispositives (ou indicatives ou encore facultatives, selon la définition donnée par le Vocabulaire CORNU). C'est le cas de la loi dite Robien, de la mise en place des 35 h. dans le cadre de la loi Aubry I n° 98-461 en date du 13/06/1998, des dispositions relatives à l'annualisation (art. L. 212-2-1 C. Trav. dont l'abrogation est envisagée par le projet de seconde loi Aubry (art. 8) après le vote duquel n'existera plus qu'une seule possibilité de modulation du temps de travail), de celles relatives au compte épargne-temps (art. L. 227-1 lui aussi modifié par le projet de seconde loi Aubry (art. 16)), des art. L. 932-1 et 2 (modifié par le projet de seconde loi Aubry (art. 17)) sur le capital temps-formation et la formation... C'est aussi, plus classiquement, le cas de l'article L. 135-4 qui prévoit qu'un syndicat partie à une convention collective peut exercer une action en justice en faveur de ses membres. Cette action ne nécessite aucun mandat mais est subordonnée à l'information des salariés et à une absence d'opposition de leur part.

[2] Qui s'appliquent à défaut de stipulations contraires. Notamment l'art. L. 132-6 C. Trav. : *« (...) A défaut de stipulations contraires, la convention ou l'accord à durée déterminée qui arrive à expiration continue à produire ses effets comme une convention ou un accord à durée indéterminée (...) »* mais aussi les dispositions concernant le congé individuel de formation (art. L. 931-8-1 C. Trav.), celles concernant la

les actes collectifs de travail ; encore faut-il que ces derniers contreviennent d'une façon ou d'une autre à l'œuvre légale[3] ou plus largement soient concernés par son évolution[4].

Ces perturbations n'existeraient pas si la loi nouvelle n'était pas *immédiatement* applicable à la source conventionnelle.

310 - L'effectivité immédiate et générale[5] que connaît toute nouvelle loi du travail est familière à l'œuvre légale dans le droit tout entier[6]. Le droit du travail s'est toutefois longtemps singularisé par l'essence de son ordre public : la protection du salarié[7]. Le caractère impératif et immédiat de la loi était donc étroitement lié au progrès social par elle apporté.

Pour preuve de la détermination des juges en faveur de l'application immédiate d'une loi *protectrice*, on peut citer une espèce relative à l'entrée en vigueur de la loi du 12 juillet 1977 sur le congé parental[8]. Cette loi rend possible un congé de deux ans et prévoit la suspension du contrat de travail du salarié. Auparavant, n'existait qu'un congé dit « post-natal » d'un an qui entraînait la résiliation du contrat. La convention collective en question l'aménageait en prévoyant la suspension du contrat. Se prévalant de la loi nouvelle, la salariée demande la prolongation de son congé et obtient l'assentiment de l'employeur qui refuse cependant de la reprendre à son service au terme de l'année supplémentaire. La Cour suprême, en arguant de l'application immédiate de la nouvelle loi estime que *« le premier congé avait été un congé parental dont la salariée n'avait fait que demander la prolongation »*. Plus avant que la simple prolongation d'un congé, cette décision revient à interpréter la volonté des parties à la convention collective à la lumière de la nouvelle législation.

La faveur récente du législateur pour la flexibilité du droit social remet-elle en cause le principe de résolution du conflit de droit transitoire qui se règle ici ? Malgré ces évolutions, il n'est pas question d'abandonner le

---

répartition du personnel dans les collèges électoraux (Art. L. 423-3, L. 433-2 C. Trav...), l'assurance-chômage à propos de laquelle le législateur renvoie aux partenaires sociaux pour la mise en œuvre du dispositif mais pallie l'échec d'une négociation (art. L. 351-8 CSS)...

[3] Par une stipulation conventionnelle qui s'avère moins favorable qu'elle, ou plus largement contraire à elle.

[4] Parce que le dispositif conventionnel s'appuie implicitement sur la loi en vigueur au moment de sa conclusion.

[5] Sauf une espèce citée par E. DOCKES, (*« L'application dans le temps des règles de droit du travail »*, Thèse LYON 1992, n° 266, p. 343) concernant le cumul contrat de travail/statut de dirigeant de société où la C. Cass. (Cass. soc. 27/10/1978, Bull. civ. V, n° 727) a refusé l'application de la loi de 1966 (qui porte il est vrai sur le droit des sociétés commerciales), moins favorable que la loi ancienne qui n'exigeait aucune condition d'antériorité du contrat de travail.

[6] J. GHESTIN et G. GOUBEAUX parlent de *« principe de l'effet immédiat de la loi nouvelle »* ; *« Traité de droit civil, introduction générale »*, n° 397 et suiv., p. 357, LGDJ 1994, 4ème éd. et l'article 6 du C. civ. qui se trouve alors implicitement sollicité.

[7] Hier, A. BRUN et H. GALLAND, *« Droit du travail »*, SIREY, 1978, T. I, 2ème éd., n° 94, p. 111 ; aujourd'hui, G. LYON-CAEN, J. PELISSIER, A. SUPIOT, *« Droit du travail »*, Précis DALLOZ 1996 18ème éd., n° 70 et suiv., p. 54.

[8] Cass. soc. 11/12/1990, Sem. soc. LAMY 1991, n° 538 ; Bull. civ. V, n° 630 ; D 1991, 32.

caractère immédiat de l'application de la nouvelle loi[9]. Il est vrai que les lois porteuses de recul social sont supplétives de la volonté des parties ou encore simplement dispositives. Dès lors, en l'absence d'ordre public, le caractère immédiat de leur application n'a aucun impact hétéronome *obligatoire* sur l'acte collectif. Toutefois, lorsque la possibilité offerte par la loi est à la seule initiative de l'employeur comme dans le cas de la mise en place de la délégation unique prévue par l'article L. 431-1-1 du Code du travail, l'application immédiate de cette faculté perturbe l'acte conventionnel. C'est en particulier le cas lorsque ce dernier traite de la double délégation en améliorant la loi par augmentation du nombre de délégués de l'une ou l'autre des deux institutions. Les juges ont exclu d'emblée la survie de l'ancien état de la législation ; ils ont considéré comme acquise l'application immédiate de la loi et ont discuté du point de savoir si les dispositions conventionnelles en cause pouvaient être vues comme améliorant le dispositif de la délégation unique[10].

Cette persistance de l'application immédiate trouve sa justification si l'on porte le regard au-delà de la norme nouvelle. C'est au contrat qu'il faut aussi prêter attention[11]. L'absence d'obligations réciproques des parties, l'absence de justice commutative qui en découle, rendent inutile toute survie de la loi ancienne. C'est le cas pour l'acte conventionnel de travail[12].

311 - Toutefois, lorsque la loi a trait à l'organisation du droit des conventions et accords collectifs de travail, les données sont sensiblement différentes. Aussi importants que soient les changements apportés par la nouvelle norme, l'acte collectif est maintenu. L'agrément qu'imposait la législation de 1946 n'a pas privé ceux conclus auparavant de leur validité[13]. Il se peut toutefois que le contrat subisse dans ce cas une certaine mise à jour. Précisément, la loi de 1936 obligeait les actes conventionnels à organiser en leur sein l'arbitrage des conflits collectifs de leur ressort. La loi de 1946 n'a pas repris cette exigence, au demeurant fort peu pratiquée[14]. En conséquence, la jurisprudence a considéré que

---

9 Cette constatation fragilise l'opinion selon laquelle les nouvelles lois du travail, parce que plus favorables, relèvent d'un ordre public particulièrement énergique, qui n'est pas celui de l'art. 6 C. Civ.. Voir pour un ordre public du travail différent, les auteurs cités par P. ROUBIER et leur critique, *« Le droit transitoire »*, DALLOZ 1960, 2ème éd., n° 83, p. 416 et RTDCiv. 1969, n° 54 ; J. GHESTIN et G. GOUBEAUX, *« Traité de droit civil, introduction générale »*, n° 407, p. 367, LGDJ 1994, 4ème éd..

10 Sur ce point particulier, un des arrêts rendus par la chambre sociale de la Cour de cassation le 14/12/1995 sur les rapports loi nouvelle/convention collective : *« Sté Roussel Desrousseau c./Syndicat Hacuitex »*, Dr. soc. 1996, p. 202 obs. M. COHEN ; RJS 1996, n° 36 ; AJ CFDT, 01/96, n° 116 ; Sem. soc. LAMY 15/01/96, n° 775, p. 13.

11 E. DOCKES, *« L'application dans le temps des règles de droit du travail - Contribution à l'étude du droit transitoire »*, Th. LYON 1992, p. 306 et suiv. spéc. p. 309.

12 Même les accords dits « donnant-donnant » n'engendrent pas d'obligations pour les salariés ; ils ne font que consacrer l'abandon de certains avantages par ces derniers, voir thèse n° 92.

13 Trib. NANCY 30/03/1949, Rec. Nancy, cité par C. FREYRIA, *« Les conflits de lois dans le temps relatifs aux conventions collectives de travail »*, Dr. soc. 1955, pp. 364 et 422, spéc. p. 368 et également par M. DESPAX, *Traité*, n° 177, p. 314.

14 La loi de 1950, concernant la résolution des conflits collectifs, a institué la conciliation obligatoire et l'arbitrage facultatif auxquels s'est ajoutée la procédure de médiation en 1955. La loi de 1982 a rendu facultative la conciliation et a développé la médiation. Ces procédures restent d'utilisation marginale.

les dispositions conventionnelles reprenant la loi antérieure étaient frappées de nullité[15].

Dans une affaire plus récente du 22 octobre 1984[16], la Cour a jugé que la reprise des dispositions légales confortait ces dernières qui subsistaient malgré la modification de la législation. Elle a fait valoir à cette occasion l'accord des parties et a appliqué l'ancienne disposition légale, plus avantageuse en l'espèce pour le salarié.

Les références à la loi parcourent le droit conventionnel et il est important de clarifier les conséquences d'une telle allégeance après la disparition de la loi en cause. Une simple référence à la disposition légale, même si elle s'accompagne d'une citation des dispositions en question, ne saurait suffire pour les consolider. Il n'en va pas ainsi quand il y a reprise du texte légal, lequel est fondu dans le dispositif conventionnel. Les juges considèrent alors que le premier a changé de support. Le doute joue aussi probablement en faveur du salarié[17]. Il n'est pas sûr cependant qu'une telle jurisprudence prospère. Prenons l'hypothèse d'un accord d'entreprise qui reprendrait les cas de recours au contrat de travail à durée déterminée. Une législation venant assouplir les conditions de signature d'un tel contrat précaire pourrait-elle demeurer inappliquée dans l'entreprise ? Rien n'est moins sûr. Une telle loi d'orientation économique, étrangère au principe du plus favorable, peut être entendue comme bénéfique pour l'emploi. Cette dernière priorité tendrait à évincer les dispositions légales reprises. Par ailleurs, sans omettre le principe de l'application immédiate des lois nouvelles, il semble que le législateur prenne garde à ne pas défaire les initiatives conventionnelles en faveur de l'emploi ou les aménagements d'ensemble du temps de travail. A ces occasions, la loi ancienne survit. Dans ce sens, la première loi Aubry a pris soin de préciser les termes de sa compatibilité avec la loi Robien[18]. Le projet de seconde loi, qui envisage d'abroger les modulations du temps de travail de type I, II et III[19], préserve la validité des accords mettant en place de telles modulations[20].

312 - Si les conventions et accords collectifs ne se réfèrent pas toujours explicitement à la loi comme dans les exemples précédents, il n'en demeure pas moins qu'implicitement ils composent avec elle. Une modification de la législation atteint alors l'acte, qui persiste néanmoins *(sect. I)*.

Plus précisément, il arrive que la nouvelle loi ne s'oppose pas seulement à l'ancienne qu'elle remplace. Elle modifie parfois l'acte conventionnel lui-même. La perturbation qu'elle est susceptible de provoquer est alors plus

---

15 Cass. soc. 05/01/1956, Dr. soc. 1956, p. 160 ; dans ce sens, P. DURAND, *« Nouvelle contribution au droit jurisprudentiel de la grève »*, Dr. soc. 1952, p. 531.

16 Cass. soc. 22/10/84, Bull. civ. V, n° 396.

17 Arrêt préc..

18 Art. 3-IX de la loi Aubry I n° 98-461 en date du 13/06/1998. Concernant cette dernière, le projet de seconde loi prévoit une période de transition d'un an pour l'adaptation des clauses contraires à ses propres dispositions. A l'exception des stipulations contraires aux art. L. 212-5 et L. 212-5-1, ces clauses continueront de produire effet pendant ce délai d'un an (art. 28 portant sur la sécurisation juridique).

19 Art. L 212-8-I et II, art. 212-2-1.

20 Art. 8-V du projet de seconde loi.

tangible mais n'a lieu que si l'accord ne respecte pas son caractère impératif. Autrement dit, il y a remise en cause si la loi nouvelle fait progresser l'ordre public absolu[21] ou bien s'avère plus favorable qu'une ou plusieurs clauses de l'accord *(sect. II)*.

Dans les deux hypothèses précédentes, la modification des lois ne résulte pas toujours de l'expression d'une nouvelle volonté du législateur. Ce sont parfois les juges ou les interprètes qui donnent au dispositif légal une nouvelle force ou un nouveau sens.

Enfin, nous tenterons de faire le point sur l'importance de ce phénomène de remise en cause de l'acte par l'entrée en vigueur de la loi. Se dessine à ce propos un certain déclin des dispositions légales directement applicables aux conventions et accords collectifs de travail *(sect. III)*.

Section I : Modification de la loi et maintien des dispositions conventionnelles

313 - Le maintien –par principe- des conventions et accords collectifs en cas de modification de leur contexte légal n'est pas toujours sans conséquence.

Le surcroît de contraintes imposé à la partie patronale peut bouleverser certains équilibres au sein du texte conventionnel et appelle quelques commentaires. A la lecture des différents arrêts portant sur le sujet, il apparaît que les juges n'hésitent pas, en appliquant une loi nouvelle, à accroître les charges de l'employeur. Un arrêt du 14 avril 1988[22] va dans ce sens qui traite de l'éventuel octroi, au bénéfice des cadres préretraités, d'une allocation complémentaire d'une prestation Assedic afin d'assurer une garantie de ressources définie par un accord d'entreprise. Cet organisme ayant décidé la mise en place d'un délai de carence postérieurement à la date de conclusion de l'accord d'entreprise, l'allocation complémentaire s'en est trouvée considérablement augmentée afin d'atteindre le minimum garanti. La Cour, il est vrai, fait valoir la clause conventionnelle aux termes de laquelle *« si des dispositions nouvelles, qu'elles soient d'ordre législatif, réglementaire, conventionnel ou autre –intervenant postérieurement à la signature de l'accord- s'avéraient moins avantageuses, celles du présent accord continueraient d'être appliquées dans les conditions prévues »*. Qu'auraient décidé les juges en l'absence d'une telle clause ? Il est probable que leur décision aurait été la même. Qu'en aurait-il été des termes d'un accord contemporain de la nouvelle réglementation (c'est un décret qui a institué le délai de carence) ? Les intentions de l'employeur n'auraient sans doute pas été les mêmes. Qu'une pareille constatation d'évidence indiffère les juges est-il conforme au droit commun ? La réponse, en présence d'une tradition juridique nationale hostile à l'imprévision, doit être affirmative.

De manière générale, il est frappant de constater que, si la loi s'applique immédiatement aux conventions et accords collectifs, sa modification n'entraîne pas la disparition d'un accord. Cette méfiance générale du droit des

---

21 Ou simplement indérogeable, voir thèse n° 326.

22 Cass. soc. 14/04/1988, Bull. civ. V, n° 236, p. 154.

actes collectifs pour le vide conventionnel (en particulier pour les textes qui ont une durée déterminée) fait peu de cas de l'encouragement puissant en faveur de la négociation que ce dernier constitue.

315 - Les parties ont en revanche intérêt à convenir d'un rendez-vous ou, même, de la dénonciation de l'acte dès sa modification par des textes législatifs ou réglementaires[23]. A ce propos, leur intervention est susceptible de jouer un rôle dans le maintien de la convention collective et sa perturbation par la loi. En faveur de ce maintien, les juges suprêmes ont relevé que *« les dispositions conventionnelles invoquées par ces derniers (les salariés) ont été maintenues lors de la mise à jour de la convention collective effectuée le 15 juin 1981, soit postérieurement à la loi du 19 janvier 1978 sur la mensualisation et restaient donc applicables »*[24]. Aux acteurs de la négociation de se montrer vigilants...

Les clauses conventionnelles ayant trait à la modification de la législation précisent parfois leurs conditions d'application ; certaines limitent –sans doute à tort- leur champ d'action à la survenance d'une loi qui modifierait le libellé de l'accord qui les contient. Cette limitation s'explique cependant par le traumatisme tangible généré alors par le *corpus* légal.

Section II : Modification de la loi et suppression des dispositions conventionnelles

316 - Il nous faudra tout à la fois préciser les modalités de la remise en cause par application de la nouvelle loi et surtout cerner les diverses occasions de cette perturbation.

Ces développements autour de la suppression des stipulations conventionnelles seront menés tant à l'occasion d'une remise en cause imputable à l'application d'une nouvelle disposition d'ordre public absolu ou plus largement indérogeable *(§ 1)* qu'à l'occasion de l'application d'une nouvelle disposition légale incompatible ou plus favorable que l'ancienne *(§ 2)*. Compte tenu des transformations récentes des données de la matière, nous présenterons une critique des solutions classiques du conflit de normes exposé auparavant *(§ 3)*.

§ 1 La loi strictement impérative

317 - La remise en cause ici visée prend place lors de l'édiction d'une loi nouvelle strictement impérative ou encore lorsqu'une nouvelle jurisprudence rend strictement impérative une prescription légale qui, auparavant, supportait les dérogations in melius.

Après un recensement des matières générales dans lesquelles s'expriment toutes ces manifestations *(A)*, nous tenterons de dégager les grandes motivations jurisprudentielles actuelles susceptibles d'entraîner la remise en cause des actes conventionnels existants *(B)*.

---

[23] Voir thèse n° 85 et suiv..

[24] Cass. soc. 13/10/1988, Bull. civ. V, n° 505, p. 328.

A - Manifestations de l'ordre public absolu

318 - Les dispositions correspondantes sont dotées, par nature, d'une force particulière *(a)*. Cette force commande le sort des stipulations contrevenantes *(b)*.

a) La nature des dispositions impératives

319 - La disposition strictement impérative doit s'appliquer telle quelle, sans possibilité pour les organisations professionnelles d'y déroger, même favorablement. L'entrée en vigueur d'une telle disposition entraîne bien évidemment l'inapplication de la clause contrevenante, même si celle-ci est considérée, par les parties, comme plus avantageuse que le dispositif légal.

Il est difficile de tracer précisément les contours de cet ordre public absolu mais, à n'en pas douter, son domaine est plus réduit que celui de l'ordre public social. L'existence de deux corps de règles impératives se devine à la lecture de l'article L. 132-4 du Code du travail :

« La convention et l'accord collectif de travail peuvent comporter des dispositions plus favorables aux salariés que les lois et règlements en vigueur. Ils ne peuvent déroger aux dispositions d'ordre public de ces lois et règlements ».

La doctrine majoritaire[25] considère que la première phrase de l'article vise les normes d'ordre public social, qui supportent d'être aménagées par voie d'acte conventionnel, à condition que celui-ci dispose plus favorablement qu'elles. La deuxième phrase évoque alors l'indérogabilité absolue d'autres règles légales. D'autres auteurs[26] considèrent au contraire que les deux propos ne peuvent être scindés. Ils observent que les conventions et accords collectifs qui sont autorisés à disposer plus favorablement respectent, a fortiori, les lois concernées et ne dérogent donc pas à celles-ci en ce qu'elles sont impératives.

Si les deux interprétations diffèrent incontestablement, il n'en reste pas moins qu'elles ne sont pas vraiment contradictoires sur le fond. Aucune ne remet en cause l'existence des deux ordres publics[27]. L'essentiel est donc d'en revenir au principe de leur démarcation. Il est inévitable, alors, d'en appeler à l'avis du Conseil d'Etat du 22 avril 1973[28] qui, à notre connaissance, reste le seul document traitant directement du sujet et émanant d'une institution autorisée. La juridiction administrative s'est efforcée d'avancer des critères généraux pour aider à l'identification des deux ordres publics en cas de doute ; il incombe aux

---

[25] M. BONNECHERE, *« L'ordre public au sens du droit du travail »*, JCP 1974, éd. CI, II, 11604 ; L. ROZES, *« Remarques sur l'ordre public en droit du travail »*, Dr. soc. 1977, p. 311 ; M. DESPAX, *Traité*, p. 87 et suiv..

[26] G. LYON-CAEN, *« Négociation collective et législation d'ordre public »*, Dr. soc. 1973, p. 101, note 36 ; N. ALIPRANTIS, *« La place de la convention collective dans la hiérarchie des normes »*, LGDJ 1980, p. 177.

[27] La seconde apparaît toutefois peu favorable au développement de l'ordre public absolu ; elle suggère implicitement la supériorité de l'ordre public social.

[28] CE 22/04/1973, Dr. soc. 1973, p. 524 et Dr. ouvr. 1973, p. 190.

Tribunaux de grande instance (action principale) ou aux Conseils de prud'hommes (par voie d'exception) de trancher au cas par cas.

320 - Les dispositions strictement impératives se distinguent tout d'abord par la force des termes qui les énoncent[29]. Le législateur *« interdit »*[30] ou utilise le verbe pouvoir à la forme négative pour exclure tel ou tel comportement[31]. Parfois, en écho à la dernière phrase de l'article L. 132-4, il précise que telle ou telle disposition est *« d'ordre public »*[32]. Mais certaines normes plus neutres sont aussi concernées et, privée d'appui formel, la matière laisse place au doute. Une convention collective ne saurait déroger aux *« principes fondamentaux énoncés dans la Constitution »* ou aux règles qui *« débordent le domaine du droit du travail »*.

Les principes fondamentaux de la Constitution susceptibles d'être aménagés –autrement dit restreints- conventionnellement défendent la liberté de négociation collective, la liberté syndicale et la liberté de grève[33].

La définition des restrictions conventionnelles à la négociation collective nous intéresse plus particulièrement. Plusieurs mécanismes sont en effet susceptibles de poser problème, notamment les clauses qui restreignent les droits à révision et à dénonciation des actes collectifs. D'ores et déjà, il faut préciser qu'il est impossible de porter atteinte conventionnellement aux obligations de négocier qu'impose la loi. Mises à part ces prescriptions légales, qu'en est-il des dispositions excluant toute demande de révision ou tout acte de dénonciation du statut collectif trois mois avant la date de tacite reconduction de l'acte ou qui prévoient la survenance de ces mécanismes seulement quelques mois par an[34] ? Quid des dispositions conventionnelles qui repousseraient à moyen terme (entre un et cinq ans par exemple) toute négociation sur un ou plusieurs sujets déterminés déjà traités ou non ? La réponse dépend en partie de l'étendue de l'objet des conventions et accords collectifs. Le domaine appréhendé par l'article L. 131-1 du Code du travail permet-il de limiter la négociation ? Le législateur vise *« (...) le droit des salariés à la négociation collective de l'ensemble de leurs conditions d'emploi et de travail et de leurs garanties sociales »*. L'essentiel du texte a été introduit dans le Code par la loi du 13 juillet 1971 ; la loi du 13 novembre 1982 l'a enrichi de la référence à l'emploi. Il reprend en partie l'alinéa 8 du Préambule de la Constitution selon lequel : *« Tout travailleur participe par l'intermédiaire de ses délégués à la détermination collective de ses conditions de travail, ainsi qu'à la gestion des entreprises »*. S'est peu à peu affirmé le caractère extensible du domaine de négociation qui englobe les relations collectives entre

---

29 Ce sont des dispositions qui, par *« leurs termes mêmes présentent un caractère impératif »*, avis du CE du 22/04/1973 préc..

30 Notamment dans l'article L. 122-42 C. Trav..

31 Notamment dans les articles L. 120-2, L. 122-1-1, L. 122-32-2, L. 122-44, L. 122-45, L. 122-46, L. 123-2.

32 Dans ce cas il s'agit d'ordre public absolu ; voir toutefois l'art. L. 412-2 C. Trav. qui prévoit l'allocation de dommages-intérêts en cas d'atteinte à la liberté syndicale ! Cet article doit être cependant combiné avec l'art. L. 122-45 du même code qui commande la nullité des dispositions contrevenantes.

33 Respectivement évoquées aux alinéas 8, 6 et 7 du Préambule de la Constitution.

34 Voir pour des exemples *n° 182 et suiv.*.

agents de négociation[35], mais aussi les modalités de participation des salariés à la gestion de leur entreprise[36]. Les décisions d'embauche et de licenciement ont pu, de la même façon, paraître écartées de toute négociation. Certains accords conviennent aujourd'hui du principe de l'embauche d'un certain nombre de salariés[37] même si l'employeur conserve le choix des heureux élus[38]. En matière de licenciement, de récents arrêts font état de restrictions conventionnelles au pouvoir du chef d'entreprise[39]. D'autres accords promettent le maintien de l'emploi[40]. S'impose en principe une promotion sans limite du champ de la négociation ; seules les pratiques d'entreprise ou le refus des organisations professionnelles le restreignent par exception[41]. Cette faveur pour la décision concertée a constitué l'une des priorités du législateur de 1982[42]. Par exception, l'hygiène, la sécurité et la discipline relèvent du règlement intérieur. A priori, ces domaines auraient pu faire l'objet de la négociation d'entreprise ; le législateur a cependant pris acte à l'époque de la réticence des organisations syndicales à traiter

---

[35] Ce qui n'est pas évident à la seule considération des termes *« conditions de travail »* ; M.-L. MORIN, *« Le droit des salariés à la négociation collective, un principe général du droit »*, LGDJ 1994, n° 515 et suiv., p. 436.

[36] Il s'agit bien ici d'une participation à la *gestion* et non d'une participation aux *résultats* de celle-ci. Certains auteurs souhaitent même une modification légale de l'objet des actes collectifs de travail, plus en accord avec les termes de l'al. 8 du Préambule de la Constitution de 1946. La négociation collective n'est-elle pas d'ores et déjà une forme de participation des salariés ? M.-L. MORIN op. cit. p. 419 et suiv.. Dans le même temps, le préambule ne reconnaît pas vraiment le droit à la négociation collective ni le rôle des syndicats (terme de délégués ; pourtant, l'al. 6 fait référence à l'action syndicale), à ce propos, AJ CFDT, *« L'articulation loi-négociation »*, n° 128, p. 10. Le Conseil Constitutionnel fait d'ailleurs désormais place à plusieurs acteurs, CC 06/11/1996, déc. n° 96-383 DC, LS, légis. soc. n° 7558, CI et G. LYON-CAEN, *« La Constitution française et la négociation collective »*, Dr. ouvr. 1996, p. 479.

[37] Les « accords Robien » - volet offensif promettent, comme la loi les y oblige (art. 39 loi quinquennale du 20/12/1993), l'embauche de salariés (10 ou 15 % au moins de l'effectif moyen annuel de l'entreprise). Dans le cadre de la loi Aubry I n° 98-461 en date du 13/06/1998, pour obtenir l'aide, l'employeur doit s'engager à augmenter son effectif de 6 %. Le projet de seconde loi est en net retrait puisqu'il ne conditionne les aides à aucune obligation chiffrée.

[38] En pratique, il n'est pas rare que plusieurs salariés en place participent au choix des nouvelles recrues mais la formalisation conventionnelle de cette sorte de cooptation n'a pas lieu.

[39] Cass. soc. 03/02/1993, Dr. soc. 1993, p. 301 ; RJS 03/1993, n° 252 ; D 1994, som. com. 305 obs. M.-A. SOURIAC-ROTSCHILD ; JCP 1994, II, 22254 note F. DUQUESNE mais aussi Cass. soc. 16/03/1994, CSBP 1994, n° 60 A27 ; Cass. soc. 21/06/1995, CSBP 1995, n° 73 B 135 ; Cass. soc. 28/02/1996, RJS 04/1996, n° 390 ; Cass. soc. 14/10/1997, Dr. soc. 1997, AJ, p. 1100 obs. J. SAVATIER. Cette dernière espèce fait le point sur la sanction de la violation d'une telle restriction conventionnelle. Le licenciement n'est pas nul mais seulement dépourvu de cause réelle et sérieuse, *sauf clause prévoyant la nullité*.

[40] C'est tout l'objet des « accords Robien - volet défensif ». La loi Aubry I n° 98-461 en date du 13/06/1998 comporte également un volet défensif. Le projet de seconde loi fait de même. Beaucoup d'autres accords portent leurs efforts sur le maintien de l'emploi : J.-E. RAY, *« Partage de l'emploi et plan social »*, Dr. soc. 1994, p. 444 ; A. LYON-CAEN, *« Le maintien de l'emploi »*, Dr. soc. 1996, p. 655 ; sur la portée des engagements de maintien mais aussi de création d'emplois : M.-A. SOURIAC-ROTSCHILD, *« Engagements et arrangements sur l'emploi : quelle efficacité juridique ? »*, Dr. soc. 1997, p. 1061.

[41] En particulier quand la négociation n'aboutit pas.

[42] Elle persiste aujourd'hui ; les textes d'alors demeurent inchangés au contraire du contenu de la négociation.

des contraintes au travail. Aussi bien, rien n'empêche l'allégement du règlement au profit de l'accord collectif[43].

321 - En résumé, sauf les accords préélectoraux, ceux qui traitent de participation et d'intéressement et en dépit de l'aspect parfois restrictif de la définition de l'article L. 131-1, il faut convenir du domaine très large de la négociation collective. Du même coup, une clause privant celle-ci d'un ou plusieurs thèmes est-elle acceptable ? Nous ne le pensons pas. Compte tenu de la promotion dont la négociation collective fait l'objet[44], toute demande de négociation nous semble devoir être suivie d'effet. L'engagement d'une organisation syndicale de ne pas négocier sur tel ou tel point heurterait le droit des salariés à la négociation collective en ce qu'il a de fondamental. Ces conclusions confortent, à propos de ces libertés essentielles, l'existence d'un noyau intangible. Elles sont elles-mêmes appuyées par l'existence de limites au pouvoir des organisations syndicales. Celles-ci ont qualité pour agir au nom des salariés, ont qualité pour faire valoir le droit à la négociation collective dont ces derniers sont titulaires. Si les syndicats ont toute liberté pour décider du contenu de l'acte conventionnel, il ne nous semble pas qu'ils soient en mesure –encore moins que les salariés- de renoncer à l'exercice du droit à la négociation.

322 - Il faut toutefois se garder de conclure à l'illicéité générale des restrictions du droit à la négociation collective. Des dispositions légales d'ores et déjà l'aménagent[45]. Madame MORIN décrit fort bien le passage de la liberté au droit de négocier en soulignant l'importance des obligations de l'employeur en la matière[46]. A émergé en 1982 un véritable droit procédural de la négociation, qui a traduit la mise en application du principe correspondant. Auparavant et surtout en parallèle, se développent les clauses relatives à la gestion de l'acte. Se concluent des chartes de négociation avec pour unique objet de poser le principe et les modalités des rencontres des partenaires sociaux[47]. Les préavis de révision ou de dénonciation ; les interdictions de remettre en cause l'accord quelques mois après sa conclusion ou, au contraire, quelques mois avant sa tacite reconduction s'en rapprochent. On a constaté auparavant que ces clauses entraient dans le champ de la négociation ; mieux, elles sont compatibles avec le « processus de négociation » à la française[48].

Comment ce dernier peut-il être défini ? Les rencontres périodiques des partenaires sociaux ont enfin éloigné la négociation collective de son moteur traditionnel : le conflit. C'est d'ailleurs parce que la négociation avait exclusivement pour but de résoudre un ou plusieurs points de désaccord entre eux

---

[43] G. LYON-CAEN, J. PELISSIER et A. SUPIOT, *« Droit du travail »*, Précis DALLOZ 1996 18ème éd., n° 879, note 5.

[44] M.-L. MORIN, op. cit., p. 59 et suiv. ; la loi du 12/11/1996 qui la facilite et dont s'inspire en la développant le projet de seconde loi Aubry en est le meilleur exemple. Il semble toutefois que les partenaires sociaux aient quelque peine à suivre les chemins tracés.

[45] Là où des aménagements sont possibles, les restrictions sont plus facilement admissibles ; encore faut-il que les aménagements ne soient pas réservés au seul législateur.

[46] M.-L. MORIN, op. cit., n° 271, p. 245.

[47] Voir thèse n° 202.

[48] Dans le même sens, voir thèse n° 188 et suiv..

que le patronat a insisté, dès la fin des années 60, sur la valeur de paix inhérente au contrat collectif. Autrement dit, la conclusion d'un accord devait repousser les revendications –au moins sur les thèmes traités- pour une durée déterminée qui était en général celle de l'accord. La clause de paix sociale, gage d'une certaine stabilité des relations et sacre du *contrat* collectif[49], a même figuré dans la première convention de l'EDF[50]. Cependant, une telle clause n'a jamais prospéré ; les organisations syndicales ont toujours fait valoir leur droit permanent à revendication.

En dernier lieu, les réformes de 1982 ont condamné ce modèle de négociation nécessairement lié à la survenance d'un conflit. Toutefois, parmi les possibles, la France en est restée à une négociation ponctuelle[51], respectueuse de la liberté –essentiellement patronale- de choisir la date de la négociation et de ne pas conclure. Si désormais le droit de la négociation collective national ne se résume plus à celui de l'accord, on ne peut pour autant parler de négociation permanente[52] à l'anglo-saxonne. De manière générale, la pratique française n'a pas (encore ?) fait de la négociation collective un instrument de *décision concertée*. Elle n'offre aux salariés qu'un moyen (réel) de *participation* à la gestion des entreprises. Au regard des expériences étrangères, il est évident que la bonne foi fait défaut à l'essor définitif du système de négociation national. Elle est en effet garante d'accords de qualité et par là même d'ouverture des partenaires à la négociation.

Pour ce qui nous préoccupe, il est donc admis, par exemple, que la convention collective d'entreprise repousse à plus tard une demande de (re)négociation qui arriverait au moment crucial de la prise de décision (bouclage du bilan annuel par exemple).

323 - Nul doute enfin que cette dissociation du droit lui-même et de son exercice est facilitée par le fait que le droit à la négociation nécessite une *action collective*. Le droit de grève, en revanche, est reconnu individuellement à chaque salarié et exercé par chacun d'entre eux. L'intervention des syndicats est habituelle mais juridiquement il est contestable qu'ils puissent s'emparer de ce droit fondamental. La loi l'envisage ainsi et nous reviendrons sur le dernier revirement de la jurisprudence à ce sujet ; de la même façon, nous

---

[49] Tel le contrat collectif synallagmatique du droit du travail allemand (« *relative Friedenspflicht* »). L'obligation de paix sociale (relative) peut même se voir prolongée (et devenir alors sensiblement plus générale) au-delà de la date d'expiration du contrat. Elle vise alors à ne pas perturber les nouvelles négociations.

[50] Cette convention, conclue pour trois ans, n'a cependant pas été renouvelée ; G. LYON-CAEN, « *La convention sociale de l'EDF et le système français de relations professionnelles* », Dr. soc. 1970, p. 162.

[51] Une fois par an ou une fois tous les cinq ans.

[52] « *La négociation permanente, c'est-à-dire la possibilité à tout moment de rouvrir la discussion, la fréquence des contacts, l'administration paritaire de l'accord et, plus généralement, le refus de la distinction entre litige d'application du droit et conflit de création du droit (ou encore priorité donnée aux procédures sur le fond) ne doit pas être considérée comme un relâchement de la relation de négociation. C'est peut-être une forme vigoureuse et très défendable de la négociation... Les règles en sont assurément encore floues... mais il faut cesser de chercher à les définir en référence au contrat au sens commercial du terme* » ; définition citée par M.-L. MORIN, op. cit. n° 273, p. 247 empruntée à l'ouvrage de G. ADAM, J.-D. REYNAUD, J.-M. VERDIER, « *La négociation collective en France* », éd. Ouvrières 1972.

aborderons ultérieurement le thème de la liberté syndicale à la lumière de l'ordre public absolu.

324 - Afin d'illustrer les règles *« qui débordent le domaine du droit du travail »*, on peut citer les matières pénale et judiciaire[53] mais aussi l'ordre public de direction économique. Ainsi, le juge a affirmé la compétence d'ordre public de la juridiction prud'homale[54] ; il a interdit la clause d'indexation sur l'indice général des prix[55].

325 - Le Conseil d'Etat invite également à qualifier d'ordre public général les règles qui *« intéressent des avantages ou des garanties échappant, par leur nature, aux rapports conventionnels »*. Cette affirmation recouvre bien sûr les dispositions sur lesquelles les partenaires sociaux n'ont aucune prise. Plus avant, elle vise les notions-clefs du droit du travail qui définissent l'accès à une protection particulière, celle du salarié. Ainsi, n'est pas titulaire d'un contrat de travail qui veut, ne peuvent être aménagés les cas de recours au contrat à durée déterminée... Les avantages et garanties visés par le Conseil d'Etat sont aussi indisponibles parce qu'ils dépendent d'autres branches du droit ; en particulier du droit de la sécurité sociale.

326 - Au-delà de ces indications qui aident à la détermination du caractère plus ou moins impératif des normes du travail, peut-on affirmer plus généralement que les règles auxquelles il n'est pas possible de déroger défendent une exigence fondamentale[56] ? Une réponse affirmative permettrait d'unifier la notion d'ordre public absolu (droit commun et droit du travail réunis). Que l'ordre public pesant sur la matière du travail soit généralement de protection n'empêche pas cette unification[57]. En revanche, la sauvegarde de certains intérêts particuliers importe au moment de la détermination du régime de nullité. Une grande part des dispositions strictement impératives peut être rattachée à des exigences juridiques fondamentales. Tel est le cas des règles d'hygiène et de sécurité qui sont assimilables à des lois de police. Il en va bien sûr de même avec les principes fondamentaux, constitutionnels ou non. Il ne semble pas, pour autant, que ce soit en fonction de la présence ou non de l'intérêt général que se construisent les deux niveaux de l'ordre public travailliste. La jurisprudence a autorisé récemment des aménagements conséquents au principe fondamental qui veut qu'un contractant

---

53 N. ALIPRANTIS, *« La place de la convention collective dans la hiérarchie des normes »*, LGDJ 1980, p. 213 (titre III, chap. II).

54 Cass. soc. 09/12/1981, JCP 1982, éd. CI, I, 10527, p. 133 obs. B. TEYSSIE.

55 De manière générale, la clause d'indexation introduite dans un acte conventionnel doit respecter l'ord. du 30/12/1958 modifiée par l'ord. n° 59-246 du 04/02/1959, voir thèse n° 61 et suiv..

56 L'ordre public qualifie une *« norme impérative dont les individus ne peuvent s'écarter ni dans leur comportement, ni dans leurs conventions (Art. 6 C. Civ.) ; norme qui, exprimée ou non dans une loi, correspond à l'ensemble des exigences fondamentales (sociales, politiques, etc...) considérées comme essentielles au fonctionnement des services publics, au maintien de la sécurité ou de la moralité (en ce sens l'ordre public englobe les bonnes mœurs), à la marche de l'économie (ordre public économique) ou même à la sauvegarde de certains intérêts particuliers primordiaux (ordre public de protection individuelle) »* in Vocabulaire juridique CORNU, (v° ordre public).

57 Cf définition précitée.

puisse rompre unilatéralement et surtout librement son engagement[58]. Finalement, il semble que le principe du plus favorable arbitre. Il justifie parfois la dérogation à une règle qui est qualifiée d'ordre public absolu dans les autres branches du droit. Par ailleurs, dès lors que le doute plane sur le caractère plus favorable ou non d'une stipulation conventionnelle en comparaison de la disposition légale sur le même sujet, la stipulation doit être déclarée illicite. La hiérarchie des normes doit prévaloir. Aussi bien, plutôt que de parler d'ordre public absolu du travail, il conviendrait de qualifier certaines dispositions d'indérogeables.

327 - Enfin, les dispositions légales qui démantèlent le droit du travail existant ne sont pas impératives. Néanmoins, des arrêts récents du 14 décembre 1995[59] tendent à considérer que les possibilités de déréglementer qu'elles octroient à l'employeur ou aux agents de négociation ne peuvent être supprimées –au moins implicitement[60]- par ces mêmes acteurs. Ces arrêts traitent précisément de la mise en place de la délégation unique du personnel dans les entreprises de moins de vingt salariés[61] et affirment que l'existence de dispositions conventionnelles aménageant l'ancien système de représentation ne suffit pas à exclure l'initiative patronale en vue de l'application de l'article L. 431-1-1 du Code du travail. Pourrait-on dire que les *facultés* correspondantes sont impératives alors que les modalités de leur exercice pourraient être revues à la hausse, en accord avec le principe du plus favorable ? Nous ne le pensons pas[62]. Le défaut actuel d'impérativité des dispositions en cause doit exclure fermement leur indérogabilité. De deux choses l'une : soit la déréglementation est essentielle et le législateur impose sa mise en place dans les entreprises ou, au moins, oblige à négocier son éventualité. Soit elle n'est pas essentielle et la faculté qui correspond peut être supprimée.

---

58 Le premier d'entre eux, Cass. soc. 03/02/1993, dispose explicitement que : « *les dispositions légales relatives à la résiliation par l'employeur du contrat de travail n'interdisent pas aux partenaires sociaux de limiter, à des causes qu'ils énumèrent, le pouvoir de licencier de l'employeur* » ; voir pour le commentaire de la décision, Dr. soc. 1993, p. 301 ; RJS 1993, n° 253 ; D 1994 som. com. 305, obs. M.-A. SOURIAC-ROTSCHILD, voir aussi l'exposé de cette question par ce dernier auteur dans sa chr. « *Le contrôle de la légalité interne des conventions et accords collectifs* », Dr. soc. 1996, p. 395, spéc. p. 396 et les autres arrêts cités : Cass. soc. 7/07/1993, Dr. soc. 1993, p. 772 sur les conditions conventionnelles au licenciement pour faute lourde ; Cass. soc. 16/03/1994, CSBP n° 60, A27 ; Cass. soc. 21/06/1995, CSBP n° 73, B135 et Cass. soc. 7/11/1995, RJS 1995, n° 1233.

59 Cass. soc. 14/12/1995, 4 espèces, Dr. soc. 1996, p. 202, obs. M. COHEN ; M.-A. SOURIAC-ROTSCHILD, « *Le contrôle de la légalité interne des conventions et accords collectifs de travail* », Dr. soc. 1996, p. 395, spéc. p. 398.

60 Pour une position plus radicale en faveur d'une identification d'un ordre public absolu, TI Saint-Quentin, 02/04/1995, RJS 10/1995, n° 1026.

61 Sur le recul ainsi introduit par la loi du 20/12/1993 dite quinquennale, M. COHEN, « *L'application des nouvelles dispositions relatives à la représentation du personnel* », Dr. soc. 1994, p. 147 ; P. LANQUETIN, « *La délégation unique du personnel* », AJ CFDT, 1994 n° 110 et J.-E. RAY, « *Regard sur un lifting nécessaire* », Dr. soc. 1994, p. 142.

62 M.-L. MORIN, « *L'articulation des niveaux de négociation dans l'accord interprofessionnel sur la politique contractuelle du 31 octobre 1995* », Dr. soc. 1996, p. 11 spéc. p. 16 et dans le même sens H. TISSANDIER, « *L'articulation des niveaux de négociation : à la recherche de nouveaux principes* », Dr. soc. 1997, p. 1045, spéc. p. 1046.

b) Le sort des dispositions contrevenantes

328 - La disposition conventionnelle qui contrevient à la loi d'ordre public absolu est nulle. Quelques articles du Code du travail précisent d'ailleurs que toute convention contraire est *« nulle »* ou *« nulle de plein droit »*[63]. Reste à déterminer s'il s'agit ici de nullité absolue ou relative. La réponse, qui dépend bien sûr de savoir si un intérêt supérieur est en cause, s'impose a priori puisque sont en péril des dispositions *strictement* impératives. La jurisprudence abonde en ce sens. Néanmoins, l'opinion émise plus haut, qui conclut à un ordre public absolu du travail pas uniquement fait de dispositions défendant un intérêt supérieur, nuance la conclusion.

329 - Reste également à préciser l'exacte conséquence de la nullité. Doit-elle atteindre l'acte en son entier ou simplement la clause litigieuse ? Par souci d'éviter la disparition de la couverture conventionnelle, les juges se contentent d'annuler la clause litigieuse[64]. En ces domaines d'ordre public absolu, l'absence de contrepartie à la disposition conventionnelle contrevenante écarte le risque d'une dénaturation de l'acte. Nous commenterons plus généralement les conséquences de l'éradication des dispositions négociées dans les paragraphes suivants.

330 - Pour revenir à l'identification de l'ordre public absolu mais cette fois de manière plus dynamique, il faut convenir de l'impact de plus en plus important de la crise de l'emploi. Les juges se montrent vigilants quant aux abus qui seraient susceptibles d'en découler. Il s'agit donc d'observer la mise en relief, selon l'air du temps, de certains aspects de la matière des principes fondamentaux. Corrélativement, certaines conventions et accords collectifs en vigueur risquent de se voir remis en cause.

B - L'emprise du problème de l'emploi

331 - Le reflux de l'ordre public absolu, en ce qu'il promeut une nouvelle autonomie collective, respecte l'acte et n'a aucune incidence sur le dispositif construit par les agents de négociation. Le mouvement de flux, au contraire, empêche désormais certaines clauses d'être effectives et témoigne ainsi d'une stricte application de la loi. L'incidence du principe de faveur telle qu'avancée plus haut entraîne reflux, mais surtout flux[65], et ce particulièrement dans deux domaines : l'accès à l'embauche *(a)* et la défense des libertés au travail *(b)*.

---

63 Art. L. 122-14.12, L. 122-24, L. 122-29, L. 122-32-2, L. 123-2 C. Trav. ...

64 Voir l'annulation de la seule clause d'indexation d'un acte collectif, Cass. soc. 15/02/1984, Dr. soc. 1984, p. 692 ; voir à ce propos M.-A. SOURIAC-ROTSCHILD, *« Les accords collectifs au niveau de l'entreprise »*, Thèse PARIS I, 1986, p. 984 qui remarque que la nullité partielle est la solution de droit commun.

65 Sur ces mouvements, M.-A. SOURIAC-ROTSCHILD, préc. Dr. soc. 1996, p. 395, spéc. p. 396.

a) L'illicéité des entraves à l'embauche[66]

332 - La loi du 31 décembre 1992, dans ses dispositions relatives au recrutement et aux libertés individuelles, s'inscrit dans un mouvement plus large –auquel participe activement la jurisprudence- de lutte contre l'exclusion. Le législateur est intervenu –en ces temps de chômage- pour rappeler explicitement le principe essentiel d'égalité des chances de chacun devant l'accès à l'emploi. Il ne s'agit bien sûr pas de gommer les besoins précis en qualifications et compétences que requiert tel ou tel poste. Il n'est pas non plus question d'instaurer des mesures d'aide aux actifs demandeurs d'emploi particulièrement défavorisés. Les dispositions légales cherchent à concilier libertés publiques, recrutement, appréciation et contrôle des salariés. L'article L. 120-2 nouveau dispose ainsi que *« nul ne peut apporter aux droits des personnes et aux libertés individuelles et collectives des restrictions qui ne seraient pas justifiées par la nature de la tâche à accomplir ni proportionnées au but recherché »*. Ce principe général est complété par l'obligation d'informer le salarié des méthodes d'évaluation appliquées. Dans le domaine du recrutement, l'article L. 122-45 du Code du travail précise : *« aucune personne ne peut être écartée d'une procédure de recrutement, aucun salarié ne peut être sanctionné ou licencié en raison de son origine, de son sexe, de ses mœurs, de sa situation de famille, de son appartenance à une ethnie, une nation ou une race, de ses opinions politiques, de ses activités syndicales ou mutualistes, de ses convictions religieuses ou, sauf inaptitude constatée par le médecin du travail (...), en raison de son état de santé ou de son handicap »*.

333 - Certaines conventions collectives recèlent des clauses dont la licéité est –pour le moins- fortement ébranlée par les dispositions anti-discriminatoires de la loi précitée. Que penser des clauses donnant la priorité aux enfants du personnel[67], que penser des embauches réservées, plus largement, à des catégories défavorisées ? De la même façon, que dire de celles qui fondent la priorité à l'embauche des fils de dockers[68] ? Quid des clauses de préférence syndicale aux termes desquelles seules les personnes syndiquées bénéficient des avantages stipulés, quid des clauses imposant une limite d'âge à l'embauche pour tel ou tel poste ? Ces dernières se conçoivent dans des cas précis où le critère de l'âge est commandé par une donnée objective, indépendante de la volonté de l'employeur[69]. Néanmoins, lorsque des restrictions de ce type sont inscrites au sein d'un acte conventionnel, elles visent tel ou tel *type* de poste, distingué pour la pénibilité de ses conditions d'exécution ou pour l'infériorité de son grade. Un tel accord ne peut être accepté ; il n'appartient pas aux partenaires sociaux d'éliminer des candidats à l'embauche sur des considérations qui peuvent se révéler, au cas

---

[66] La jurisprudence lutte aussi contre l'exclusion au-delà du stade de l'embauche. Elle a autorisé très récemment l'édiction de clauses conventionnelles restreignant le droit de licencier de l'employeur. La dérogation in melius par voie d'accord collectif est donc plus largement permise, voir pages précédentes.

[67] Charte pour l'emploi EUREST-FRANCE du 13/01/1995, LS 23/02/95, légis. soc. n° 7213 C3 citée par M.-A. SOURIAC-ROTSCHILD, *« Engagements et arrangements pour l'emploi : quelle efficacité juridique »*, Dr. soc. 1997, p. 1061, note 49.

[68] « Le Monde », 9/09/1996, p. 18.

[69] Cas-type de la distribution des rôles pour l'interprétation d'œuvres théâtrales ou cinématographiques.

par cas, aussi vraies que fausses[70]. Les trois premières stipulations, quant à elles, ne pratiquent pas d'exclusion ; elles instaurent une discrimination positive dont la justification est très discutable. Concernant les clauses réservant les emplois aux enfants du personnel[71], l'intérêt des salariés de l'entreprise –ayant des enfants-s'oppose à celui de l'ensemble des citoyens. En quelque sorte, l'enjeu est celui de la qualité citoyenne de l'entreprise. La même remarque peut être faite pour les clauses réservant aux syndiqués le bénéfice des avantages prévus à l'acte collectif. Il faut donc appuyer un refus jurisprudentiel de telles stipulations.

De manière générale, la matière des clauses d'activité syndicale n'a pas les faveurs du législateur ni celles de la jurisprudence. L'adhésion ou la démission d'un syndicat donné doit se pratiquer en toute liberté. L'article L. 412-2 du Code du travail précise qu' *« il est interdit à tout employeur de prendre en considération l'appartenance à un syndicat ou l'exercice d'une activité syndicale pour arrêter ses décisions en ce qui concerne notamment l'embauchage, la conduite et la répartition du travail, la formation professionnelle, l'avancement, la rémunération et l'octroi d'avantages sociaux, les mesures de discipline et de congédiement »*[72]. Ces dispositions, qui condamnent les clauses d' « union shop »[73] et de « closed shop »[74] peinent à trouver application, en particulier dans le domaine de l'imprimerie[75]. Leur suppression ne suffit évidemment pas pour éradiquer certaines prérogatives syndicales ; le comportement patronal n'est alors que la conséquence d'un monopole. S'il est acquis qu'aujourd'hui l'employeur doit traiter pareillement les salariés syndiqués et ceux qui ne le sont pas, de même il ne doit favoriser ou persécuter aucun syndicat. Les dispositions conventionnelles contraires sont évidemment condamnables mais que dire d'une clause qui réserverait aux syndiqués –quelle que soit leur affiliation- le bénéfice de l'acte collectif ? Elle ne recèle aucun

---

[70] Ce sont les même généralités qui entrav(ai)ent le travail de nuit des femmes.

[71] Il est vrai que la charte précitée privilégie en premier lieu les chômeurs de longue durée, les titulaires de RMI... . Est-ce que ce préalable suffit à masquer la discrimination opérée à la suite ? C'est fort possible. Il n'en irait pas de même à l'égard d'une stipulation de même ordre qui accorderait la priorité aux enfants du personnel pour des remplacements estivaux.

[72] Ce texte et l'art. L. 122-45 du même code visent les mêmes agissements mais ne prévoient pas la même sanction ; l'art. L. 412-2 préconise l'octroi de dommages-intérêts alors que l'art. L. 122-45 recommande la nullité. La Cour d'appel de RIOM a tranché ce conflit en 1987. Depuis, l'art. L. 122-45 s'est enrichi avec la loi du 31/12/1992 et le domaine de coexistence des deux textes s'est par là même étendu. Il n'y a cependant aucune raison pour que l'opinion des juges, favorables à l'application de l'article L. 122-45, varie.

[73] L'employeur s'engage à n'embaucher que des ouvriers promettant d'adhérer à un syndicat donné.

[74] L'employeur s'engage à n'embaucher que des ouvriers syndiqués.

[75] Dans les métiers « corporatisés » tels que les imprimeries de presse, les machinistes de l'Opéra, les dockers, le syndicat contrôle non seulement l'embauche mais aussi l'organisation du travail, la discipline. Cf le conflit qui opposa en 1975 le groupe Amaury (« Le Parisien libéré ») au syndicat du livre CGT. En mars 1975, le groupe décida d'embaucher du personnel FO pour faire tourner de nouvelles rotatives. Aussitôt, les 400 salariés CGT se mirent en grève rapidement suivis par leurs camarades du syndicat. Ces pressions existaient déjà en 1892 puisqu'un syndicat avait menacé de grève un employeur qui refusait de renvoyer un salarié démissionnaire du syndicat. La Cour a considéré que le licenciement opéré était discriminatoire ; Cass. civ. 22/06/1892, D. 1892, I, p. 449 ; dans le même sens et plus récemment l'affaire *« Roger c/Le Monde »* TP PARIS 20/09/1963, Dr. soc. 1964, p. 361 obs. J. SAVATIER et TA PARIS 02/06/1977, Dr. soc. 1977, p. 460.

comportement discriminatoire susceptible de nuire à la liberté et à l'égalité syndicales qui doivent bénéficier tant aux salariés qu'à l'ensemble des organisations. Pareille stipulation s'inspire de certains systèmes étrangers dans lesquels l'acte collectif n'a pas d'effet erga omnes[76] ; elle y constitue une puissante incitation à la syndicalisation[77]. Pour ce qui est du droit national, d'autres impératifs conduisent à son rejet. L'application à *tous* de l'acte collectif est légalement prévue ; par ailleurs, le pluralisme des tendances syndicales a valeur de principe. Nul doute qu'un système d'affiliation –quasi-obligatoire dans les faits- entraînerait une hiérarchie des syndicats par ordre d'influence et conduirait en définitive à la suppression des courants minoritaires. Il est d'ailleurs frappant de constater que les systèmes réservant le bénéfice de l'acte aux travailleurs syndiqués sont des systèmes privilégiant un interlocuteur professionnel –majoritaire- pour la partie salariale.

334 - Notons enfin qu'en ce domaine des entraves à l'embauche, la suppression des clauses litigieuses est impuissante à évacuer les problèmes posés. De plus, la lutte contre toute forme de discrimination se heurte toujours au problème de la preuve.

b) La défense de l'expression et de la revendication au travail

335 - Dans les cas qui vont suivre, la jurisprudence a le rôle essentiel. Elle a amorcé récemment un mouvement de *« résurgence de l'ordre public absolu »*. Les juges, à cette occasion, contribuent à préciser l'exacte place de la convention collective dans son rapport hiérarchique avec la loi. Ce mouvement a deux domaines d'élection : le droit de la représentation des salariés *(1)* et le droit de grève *(2)*.

1 - Le droit de la représentation des salariés

336 - Les quelques perturbations recensées à partir de la jurisprudence des dix dernières années traitent du droit de l'activité syndicale. En écho, il existe de récents travaux doctrinaux portant sur la licéité des accords aménageant le droit syndical ou, plus largement, traitant de la représentation de l'intérêt collectif des salariés[78]. Cette tendance s'explique probablement par le nouveau comportement d'un patronat qui désire mettre en place des accords dérogatoires ou tient à profiter des ressources humaines de son entreprise en rendant possible leur représentation.

Les litiges concernés traitent ainsi de conditions d'éligibilité, de seuils d'effectifs, de composition de collèges électoraux, de nombre de

---

76 Grande-Bretagne, Allemagne. Dans ce dernier cas toutefois, la déclaration d'extension vient généraliser l'effet obligatoire. Même en son absence, et pour d'évidentes raisons pratiques, l'employeur applique la convention collective à tous ses salariés.

77 Ce qui pourrait présenter un réel intérêt en France, eu égard au faible taux de syndicalisation.

78 Pour l'essentiel, G. BORENFREUND, *« La licéité des accords collectifs relatifs au droit syndical et à la représentation du personnel »*, Dr. soc. 1992, p. 893 ; J. SAVATIER, *« Les accords collectifs relatifs aux pouvoirs et au fonctionnement des comités d'entreprise »*, Dr. soc. 1993, p. 870 ; J.-M. VERDIER, *« Liberté et égalité : le pluralisme syndical à l'épreuve des accords collectifs relatifs à l'exercice du droit syndical »*, Etudes en hommage au professeur H. SINAY, P. LANG 1994, p. 69.

délégués. Dans un premier temps, il semble que la jurisprudence ait autorisé –non sans limites- une expression certaine de l'autonomie contractuelle. Les années 90 et l'intérêt évident de la partie patronale pour l'effectivité de la représentation salariale ont conduit à un accroissement notable des accords sur ce point. Aux prises avec une matière qui ne se laisse pas aisément évaluer à l'aune du principe de faveur, les juges semblent se diriger vers une application plus stricte de la loi. Qui peut dire assurément si l'abaissement de l'âge minimum auquel un salarié peut être élu délégué du personnel améliore la disposition légale ? Le plus grand nombre de candidats à l'élection concernée qu'une telle mesure est susceptible d'entraîner doit être mis en balance avec les exigences du droit électoral. Si avantage il y a il est indirect, étroitement lié aux données concrètes qui caractérisent l'entreprise. En pareil cas de doute, il paraît opportun de s'en remettre à la loi.

337 - Avant de revenir sur ce nouveau progrès perceptible de l'ordre public absolu nous entamons l'exposé, pour chaque institution, avec un rapide panorama de la matière afin de prendre la mesure des domaines d'ordre public social et de leurs limites.

Certaines normes légales habilitent les partenaires sociaux à négocier. C'est le cas de l'article L. 412-21 du Code du travail selon lequel : *« les dispositions du présent chapitre (portant sur l'exercice du droit syndical dans les entreprises) ne font pas obstacle aux conventions et accords comportant des clauses plus favorables, notamment celles qui sont relatives à l'institution de délégués syndicaux centraux dans tous les cas où les dispositions législatives n'ont pas rendu obligatoire cette institution »*. L'article L. 412-11, dans son dernier alinéa, livre un exemple précis d'amélioration des dispositions légales (octroi d'un crédit d'heures supplémentaires à un délégué du personnel désigné délégué syndical). Dans le même sens, l'article L. 421-1 alinéa 4 précise : *« dans les établissements employant moins de onze salariés, des délégués du personnel peuvent être institués par voie conventionnelle »*. Par ailleurs, *« le nombre et la composition des collèges électoraux ne peuvent être modifiés par une convention, un accord collectif de travail, étendus ou non, ou un accord préélectoral que lorsque la convention ou l'accord est signé par toutes les organisations syndicales représentatives existant dans l'entreprise »*. Concernant les délégués du personnel, c'est l'article L. 426-1 qui précise plus généralement que *« les dispositions du présent titre ne font pas obstacle aux clauses plus favorables résultant de conventions ou d'accords collectifs et relatives à la désignation et aux attributions des délégués du personnel »*.

A propos du comité d'entreprise, le législateur a globalement transposé les dispositions relatives aux délégués du personnel. L'article L. 434-12 autorise les dispositions conventionnelles ou coutumières (en ne précisant pas leur caractère plus favorable[79]) aménageant *« le fonctionnement ou les pouvoirs des comités d'entreprise »*. Compétence est aussi donnée aux partenaires sociaux pour modifier la composition et le nombre des collèges électoraux (art. L. 433-2

[79] L'art. L. 433-1 alimente l'interrogation puisqu'il prévoit que le nombre de membres dont peut se faire assister le chef d'entreprise lors des réunions du comité peut être augmenté par voie conventionnelle.

al. 5) mais aussi pour installer un comité dans les entreprises comprenant moins de cinquante salariés (art. L. 431-1).

De ces habilitations légales, il ressort que les agents de négociation sont invités à créer des institutions de représentation même lorsque le seuil d'effectif à partir duquel elles sont obligatoires n'est pas atteint. Le caractère plus favorable d'une telle stipulation par rapport à la loi ne fait aucun doute.

338 - Pour ce qui est des autorisations plus vastes, le législateur évoque la désignation et les attributions des délégués du personnel d'une part, les pouvoirs et le fonctionnement du comité d'entreprise d'autre part. Dans le second cas, même si rien ne le précise, il s'agit probablement d'aménagements in melius. En revanche, il faut s'en tenir à la lettre du texte quant à la désignation des membres du comité d'entreprise : elle ne peut être revue conventionnellement[80]. En effet, la matière se mesure difficilement à l'aune du principe de faveur. Il en va de même concernant la désignation des délégués du personnel. L'article L. 423-16 du Code, issu de la loi quinquennale du 20 décembre 1993, porte de un à deux ans la durée légale de leur mandat. Il a amené les juges à se prononcer sur le caractère plus favorable ou non de la nouvelle loi par rapport à l'ancienne. La Chambre sociale s'est prononcée le 8 novembre 1994[81] sur le maintien ou non des clauses conventionnelles antérieures organisant les élections tous les ans. Elle estime que le nouveau texte *« présente un caractère d'ordre public absolu »*. Toujours concernant les délégués du personnel, la loi ne vise pas les aménagements conventionnels de leur fonctionnement. En conséquence, des augmentations de leur crédit d'heures, de la fréquence de leurs réunions sont-elles permises ? Le caractère ouvertement plus favorable de ces dérogations incite ici à l'indulgence. C'est probablement en ce sens qu'il faut comprendre les arrêts qu'a rendu la chambre sociale de la Cour de cassation le 14 décembre 1995[82]. Elle ne s'oppose pas à l'augmentation conventionnelle du nombre de membres de la délégation unique.

339 - L'habilitation pour le droit syndical présente, quant à elle, un caractère général et n'exclut aucun domaine d'intervention. Il faut se prononcer sur la force de l'habilitation. Suffit-elle pour vaincre un éventuel doute sur le caractère plus favorable d'une stipulation ? Doit-elle être interprétée restrictivement ? La question est là de principe. Elle dépend de la faveur faite à l'autonomie collective par rapport à une organisation hétéronome de la matière.

340 - L'accueil des initiatives des partenaires sociaux nous semble quelque peu différer selon que l'on considère les évolutions récentes de la loi ou de la jurisprudence. Cette dernière semble attachée à reléguer l'autonomie conventionnelle dans les limites du principe de faveur.

Dans le cadre d'une délégation unique, le chef d'entreprise peut décider que les délégués du personnel constituent la délégation du personnel au comité d'entreprise. Face à cette nouveauté incontestablement régressive de la

---

[80] Hormis l'art. L. 433-2 sur la composition et le nombre des collèges électoraux.

[81] Dr. soc. 1995, p. 68 obs. M. COHEN ; CSBP 1995, n° 66, S4, AJ ; CFDT n° 113, p. 22 ; LS jurisp., n° 7167, p. 19 ; D 1995, som. com. 354, obs. J. FROSSARD ; jurisp. soc. UIMM 1994, n° 578, p. 414.

[82] Voir thèse, partie II, notes 10 et 149.

loi quinquennale, les aménagements conventionnels prennent un tour très rassurant. Cette impression est confirmée par la loi sur le comité d'entreprise européen[83]. Cette fois, mise en place et fonctionnement de la nouvelle institution sont laissés à la discrétion des parties. La loi ne s'applique qu'à défaut d'accord.

Cette progression de l'autonomie conventionnelle à laquelle la loi invite ne peut qu'être respectée par les juges mais doit susciter leur vigilance lorsque le produit de cette autonomie occasionne des doutes au regard du principe de faveur.

2 - Le droit de grève

341 - Un arrêt récent de la Cour suprême a interdit les aménagements conventionnels du droit de grève[84]. L'espèce concernait plus précisément la stipulation d'un préavis mais la Cour suprême a probablement profité de l'occasion qui lui était donnée pour en finir avec les clauses restreignant ce droit fondamental, essentiel en matière de contestation des décisions patronales. La nouvelle solution a été unanimement approuvée par les commentateurs. Jusque là, les clauses d'attente avant-grève, qui instauraient le plus souvent un préavis et/ou une obligation de négocier, étaient tolérées par les juges. Une doctrine autorisée convenait alors du caractère modéré de telles initiatives conventionnelles[85]. De la même façon que pour le droit à la négociation collective, ces auteurs observaient que, seul, le noyau de la liberté constitutionnelle en cause se révélait inexpugnable. Mais un tel raisonnement, par ailleurs opportun, ne tenait pas compte du Préambule de la Constitution de 1946 lequel déclare :

« Le droit de grève s'exerce dans le cadre des lois qui le réglementent »[86].

Sauf pour le secteur public[87], le législateur[88] n'a guère usé du privilège qui lui a été accordé par le Constituant. Les clauses d'attente avant-grève se sont développées dans les conventions et accords collectifs de droit privé.

---

83 Loi n° 96-985 du 12/11/1996, JO 13/11/1996, p. 16527 ; B. TEYSSIE, *« Le comité d'entreprise européen, directive n° 94-45 du 22/09/1994 »*, JCP 1995, éd. E, I, 416 ; du même auteur, *« A propos du groupe d'entreprises de dimension communautaire »*, TPS 12/1996, p. 4.

84 Cass. soc. 07/06/95, Dr. soc. 1995, p. 835 obs. J.-E. RAY et C. RADE, Dr. soc. 1996, 42 et 57 ; RJS 1995, n° 933, p. 564 chr. J. DEPREZ ; JCP 1995, éd. E, I, 499, n° 8, obs. B. TEYSSIE ; D 1996, 5, 575, note B. MATHIEU ; Jurisp. soc. UIMM 1995, n° 586, p. 271 ; AJ CFDT n° 115, p. 17 ; CSBP n° 74, p. 307 et 310 ; Sem. soc. LAMY 10/07/95, n° 752, p. 6.

85 N. ALIPRANTIS, *« La place de la convention collective dans la hiérarchie des normes »*, LGDJ 1980 p. 148 ; H. SINAY et J.-C. JAVILLIER, *Traité*, p. 252.

86 Le législateur est donc seul habilité à arbitrer entre *« la défense des intérêts professionnels, dont la grève est un moyen, et la sauvegarde de l'intérêt général, auquel la grève est de nature à porter atteinte »* CC 25/07/79, D 1980, 101, note PAILLET cité par J. RIVERO et J. SAVATIER, *« Droit du travail »*, PUF 1993, 13ème éd..

87 Les articles L. 521-2 à L. 521-6 C. Trav. prévoient, pour les services publics, l'observation obligatoire d'un préavis de grève motivé ; voir aussi l'obligation de service minimum des agents de la navigation aérienne, loi n° 84-1286 du 31/12/84 et les interrogations récurrentes concernant l'opportunité de l'instauration d'un service minimum général pour l'ensemble des services publics, voir Précis DALLOZ 1996, 18ème éd., p. 946, n° 1140 et suiv..

88 Mais l'autorité administrative a aussi un rôle à jouer, ce qui est contestable.

Respectant scrupuleusement la Constitution, la Cour de cassation les déclare désormais illégales. Les préavis ou les tentatives de règlement préalables du conflit sont donc exclus.

342 - Mais que faut-il décider à propos d'une clause qui stipulerait, à tout moment de la grève, une obligation de négocier à la demande de l'un ou l'autre des acteurs du conflit ? Pareil engagement réciproque des parties à l'acte collectif oblige-t-il les salariés à ne pas durcir le conflit dès les négociations entamées ? De la même façon, l'accord trouvé entre les syndicats et l'employeur sur les revendications présentées peut-il déclarer mettre fin au conflit et donc terminer la grève ? Ce qui est acquis, c'est que l'ouverture de négociations, la signature d'un accord, n'empêchent pas d'autres conflits de se nouer *par le fait même de leur occurrence*. Contrairement à ce qui a cours dans le droit allemand, la convention collective n'a aucune traduction en termes de paix sociale[89]. Pour le reste, la question est de savoir s'il est possible, du point de vue des dispositions conventionnelles, de distinguer le *droit de grève* et le *droit de la grève*.

Tout d'abord, abordons l'hypothèse d'une restriction apportée au droit de grève lors des négociations. Il semble que celle-ci n'est aucunement de nature à faciliter ces dernières. Lorsque les discussions sont en cours, il est important pour les salariés d'être en mesure de faire la preuve de leur détermination. A ce moment précis, droit de grève et droit de la négociation collective ne se gênent pas. Pas d'hésitation dans ce cas : il faut exclure toute atteinte au droit de grève. En effet, si on se réfère à la jurisprudence désormais dépassée tolérant les clauses d'attente avant-grève, la dynamique entre les deux droits constitutionnels importe. Le droit de la négociation collective était alors censé profiter de la régulation du droit de grève. Pour les espèces qui n'ont pas été explicitement réglées par l'arrêt du 7 juin 1995, il convient de reprendre ce même raisonnement.

343 - Autre aspect du droit de la grève : les agents de négociation peuvent-ils imposer aux salariés d'arrêter la grève et/ou de convenir d'une trêve limitée des hostilités après la conclusion d'un accord sur les thèmes des revendications ? Ce dernier point ne donne pas lieu à tergiversations ; la privation –fût-elle courte- de l'exercice du droit de grève relève de la seule compétence légale. Compte tenu de ces dernières conclusions et du récent arrêt, toute prise conventionnelle sur le déclenchement, mais aussi sur la poursuite et la fin de la grève est-elle exclue ? C'est en tout cas notre avis. Tant que le droit de grève appartiendra aux salariés[90], il leur permettra de contester le comportement de l'employeur mais aussi de contester ou d'orienter celui des organisations syndicales. On peut d'ailleurs le constater dans les conflits actuels : le dernier mot appartient souvent aux salariés qui décident ou non de poursuivre le conflit. Un accord ne peut s'auto-proclamer répondant aux aspirations des grévistes.

344 - Reste à savoir si, après cette importante décision du 7 juin 1995, l'employeur peut encore s'en prendre au syndicat qui appelle à la grève sans respect de la procédure conventionnelle. Autrement dit, les organisations

---

[89] Voir thèse n° 104.

[90] Certains droits étrangers ont une conception organique de la grève.

syndicales demeurent-elles liées par ces clauses d'attente avant-grève, désormais inefficaces à l'encontre des salariés ? Les auteurs qui s'interrogent ainsi répondent par l'affirmative. Notre opinion se risque à être plus réservée[91]. Leur portée ainsi réduite, de telles dispositions continuent à restreindre le droit de grève des salariés. Leur appartenance à la partie obligatoire n'y change rien. Non que la distinction entre partie obligatoire et partie normative n'a pas lieu d'être[92]. Mais en négociant avec la partie patronale, c'est au nom et pour le compte des salariés qu'interviennent les syndicats[93]. Concrètement, l'exécution des dispositions implique, pour le moins, que les syndicats n'appellent pas à la grève sans respect du préavis. Et quelle attitude sont-ils censés adopter lorsque des salariés préparent une grève ? Doivent-ils mener auprès d'eux une action dissuasive ? La réponse affirmative apparaît la plus probable mais dans le même temps, peut-on tolérer que des délégués syndicaux refusent d'être les porte-parole des salariés ?

345 - En conclusion, il faut saluer l'ordre public absolu du droit du travail et le mouvement qui l'habite. Dans l'ensemble, il est favorable au salarié[94]. Par ailleurs, ce mouvement porte témoignage de ce que le droit n'est pas intemporel ; pour le moins, si ses principes restent inchangés, leur application se modifie. Dans le même sens, la loi impérative mais d'une façon relative évolue aussi, occasionnant la remise en cause du droit conventionnel.

§ 2 La loi plus favorable que l'acte conventionnel ou incompatible avec lui

346 - Avant d'envisager une amélioration toujours possible (sauf ordre public absolu) de la loi par le droit conventionnel, il nous faut préciser la nécessaire application de cette dernière. Il n'est pas possible de choisir, à la sortie du conflit de normes, entre la loi d'une part et la convention et l'accord collectifs d'autre part. En présence de deux textes conventionnels, il est habituel d'évoquer le principe du non-cumul des règles (l'un ou l'autre sera appliqué). Lorsqu'une loi fait partie des normes en opposition, elle *doit* être appliquée. La disposition conventionnelle, qui entre en concurrence avec elle, ne se verra pas écartée à la condition qu'elle puisse *se cumuler* avec la disposition légale.

---

91 L'obligation, pour les organisations syndicales, de faire respecter l'accord auprès des salariés est très liée à la nature contractuelle de l'accord (pas encore affirmée en France, contrairement à ce qui se passe en Allemagne).

92 Contrairement à la partie normative, la partie obligatoire contient des clauses qui s'adressent aux organisations syndicales.

93 Reste la difficulté de sanctionner un salarié qui ne connaît manifestement pas l'obligation contenue dans la norme collective. Si en principe « nul n'est censé ignorer la loi », le contractant dit « faible » apparaît, par exception et sur ce point, privilégié. Pour le consommateur, le législateur impose parfois que la loi en vigueur soit rappelée à sa connaissance à chaque occasion de son application. Pour le salarié, il serait opportun de subordonner l'efficacité des obligations qui lui incombent à leur présence au sein du contrat de travail. C'est peut-être d'ailleurs vers quoi s'oriente la jurisprudence. Voir thèse n° 97 et suiv. sur la relativité de la distinction entre parties normative et obligatoire.

94 Même dans ses reflux que nous n'avons pas abordés car ils n'occasionnent pas de remise en cause du droit conventionnel.

Même si les observations précédentes sont incontestables en considération de la suprématie hiérarchique de la loi sur les autres sources du travail, la jurisprudence ne s'en est pas toujours fait l'écho[95]. L'Assemblée plénière, le 6 juillet 1990[96], a mis fin à cette éviction de la loi, fût-ce au profit d'une clause plus favorable. La rigueur juridique de cette décision ne peut que susciter approbation. Dans le même temps, on peut regretter que l'impossible cumul débouche parfois sur un recul social. C'est le cas lorsque le système conventionnel forme un tout qui ne peut être envisagé partiellement afin de compléter le système légal moins avantageux. Monsieur DOCKES[97] éclaire le problème à l'aide de l'exemple suivant : une convention collective prévoit un système de retraite complémentaire très favorable aux salariés. Ce système indemnise le préjudice subi du fait de la mise à la retraite, mieux que ne le fait la loi nouvelle. La cause de la convention collective peut être considérée comme incluant celle de la loi mais il n'est pas possible d'appliquer additionnellement la première, sauf au juge à modifier le texte conventionnel pour l'adapter à son nouvel environnement juridique. Pareille opération se heurte a priori au principe de non-immixtion des juges dans tout édifice contractuel. Cependant, les conséquences de certaines interprétations judiciaires s'apparentent à des modifications contractuelles[98]. Serait-ce vraiment abusif, en se basant sur la volonté des parties, de concilier les deux normes en conflit en maintenant le niveau de la retraite complémentaire ? En mettant au point leur système de retraite, les agents de négociation ont essentiellement voulu porter l'allocation octroyée à un niveau donné en fonction du salaire et de la durée de cotisation.

347 - Dans la plupart des cas, le conflit qui oppose l'acte conventionnel en vigueur et la nouvelle loi se résout selon le principe du plus favorable. En l'espèce, l'application de ce dernier découle d'une interprétation a contrario de l'article L. 132-4 du Code du travail qui dispose que : *« la convention et l'accord collectif de travail peuvent comporter des dispositions plus favorables aux salariés que celles des lois et règlements en vigueur ».* Le texte légal est muet quant au mode de comparaison des deux normes ; de la même façon il ne dit rien sur le sort réservé aux dispositions conventionnelles contrevenantes. Comme il fallait s'y attendre, la jurisprudence a –de fait- complété le texte légal. Le principe de faveur, *« âme du droit du travail »* [99], s'applique ici de manière analytique : la

---

[95] Cass. soc. 16/01/85, Bull. civ. V, n° 24 ; Cass. soc. 17/12/1987, Bull. civ. V, n° 761 ; Cass. soc. 31/01/1989, Bull. civ. V, n° 86.

[96] Cass. Ass. plén. 06/07/1990, Dr. soc. 1990, p. 867 ; Dr. ouvr. 1991, p. 27 ; RJS 08-09/1990, n° 702 ; dans le même sens, Cass. soc. 30/06/1993, Dr. soc. 1993, p. 754.

[97] E. DOCKES, *« L'application dans le temps des règles de droit du travail »*, Thèse LYON 1992, p. 561.

[98] Voir thèse n° 278 et 279 ; 297 et suiv..

[99] L'expression est de Y. CHALARON, *« L'application de la disposition la plus favorable »*, Mélanges G. LYON-CAEN, DALLOZ 1989, p. 243 comp. A. CHEVILLARD, *« La notion de disposition plus favorable »*, Dr. soc. 1993, p. 363. Si le principe de faveur est bien *« l'âme du droit du travail »*, son exacte portée juridique est discutée. Il a bien valeur de principe général du droit ; CE 8/07/1994, RJS 1994, n° 1386, p. 840 ; c'est un principe fondamental du droit, C. Cass. 17/07/1996, Dr. soc. 1996, p. 1053 et la note de J. SAVATIER avec les conclusions de l'avocat général P. LYON-CAEN : *« La solution du conflit de normes entre Code du travail et statuts des entreprises publiques par l'application de la*

jurisprudence compare le texte légal et le texte conventionnel avantage par avantage, et non pas, comme cela se passe pour deux textes conventionnels, en considérant les dispositions ayant le même objet ou la même cause *(A)*. La sanction frappant la norme inférieure qui déroge à la règle légale dépend, quant à elle, du nombre de salariés au vu desquels s'effectue la comparaison *(B)*. A chaque étape, les juges se montrent vigilants pour que la loi soit scrupuleusement appliquée.

A - La comparaison des dispositions

348 - Le rapport hiérarchique entre la loi et les contrats justifie le mode de comparaison analytique. C'est ici que les termes d' *« ordre public »* prennent tout leur sens. La prééminence de la loi dans la hiérarchie des normes s'exprime par une observation rigoureuse des avantages sociaux minima qu'elle octroie à tout salarié. Les prescriptions plancher de la loi impérative ne souffrent aucun recul. Le Conseil d'Etat, dans son célèbre avis du 22 mars 1973[100], a enraciné la généralité de cet ordre public travailliste en affirmant : *« les dispositions législatives ou réglementaires prises dans le domaine de ce droit présentent un caractère d'ordre public en tant qu'elles garantissent aux travailleurs des avantages minimaux ... »*. Il n'existe, à notre connaissance, qu'une illustration jurisprudentielle de ce mode de comparaison analytique appliqué au cas *précis* de survenance d'une loi nouvelle. Il s'agit de l'arrêt de la chambre sociale de la Cour de Cassation du 6 juillet 1983[101], lequel met aux prises employeur et salarié à propos des conséquences de l'entrée en vigueur de la loi du 28 octobre 1982. Le délégué syndical central d'entreprise qu'elle prévoit entre en concurrence directe avec le délégué syndical national institué antérieurement par la convention collective du PMU. La Cour décide que le texte légal doit être seul appliqué. Elle observe que le délégué conventionnel est désigné parmi les délégués syndicaux alors que celui mis en place par la loi est un délégué supplémentaire auquel est octroyé un crédit d'heures pour l'exercice de ses fonctions. Ceci étant, il nous semble que les juges en disent trop en arguant assez explicitement du caractère plus favorable de la loi nouvelle par rapport à la disposition conventionnelle correspondante. La nécessaire application de la loi aurait suffi à écarter cette dernière qui ne peut se cumuler avec la loi.

D'autres arrêts confirment ce rapprochement clause par clause des deux normes en présence, mais indépendamment de l'entrée en vigueur d'une

---

règle la plus favorable aux salariés », p. 1049. En revanche, le Conseil constitutionnel ne lui reconnaît pas la valeur de principe constitutionnel, CC 06/11/1996, JO 13/11, p. 16530 et les nombreux commentaires : M.-L. MORIN, *« Le Conseil constitutionnel et le droit à la négociation collective »*, Dr.soc. 1997, p. 25 ; G. LYON-CAEN, *« La Constitution française et le droit à la négociation collective »*, Dr. ouvr. 1996, p. 482 ; B. MATHIEU, *« Précisions relatives au droit constitutionnel de la négociation collective »*, D 1997, chr. p. 152 mais aussi CC 20/03/1997, JO 26/03, p. 4657 à propos de la loi du 25/03/1997 créant les fonds de pension à la française, ibidem. Comp. CC 25/07/1989, Dr. soc. 1989, p. 701.

100 CE, avis du 22 mars 1973, Dr. soc. 1977, p. 514 ; G. LYON-CAEN, *« Négociation collective et législation d'ordre public »*, Dr. soc. 1973, p. 589.

101 Cass. soc. 06/07/1983, Bull. civ. V, n° 416.

nouvelle loi ou d'un nouveau règlement ; les normes légales et réglementaires en cause sont alors antérieures aux actes conventionnels[102].

349 - Malgré quelques espèces dissonantes[103], il faut convenir que la méthode de comparaison adoptée par le juge lui laisse très peu de latitude pour apprécier les avantages en présence.

B - La suppression de la disposition contrevenante

350 - La nullité est la sanction –au moins virtuelle- qui, logiquement, menace toute disposition contraire à la législation d'ordre public. Cependant, l'éradication de la clause conventionnelle est ici moins évidente qu'en présence d'une loi strictement impérative. L'article L. 132-4 n'est pas disert quant à ce que devient la disposition conventionnelle moins favorable. Cependant, le principe *« pas de nullité sans texte »*[104] ne trouve application qu'au sein de certaines branches du droit et, dans la plupart des cas, la nullité est prononcée sans référence précise.

351 - Comme nous l'avons dit précédemment, la multiplication des lois d'ordre public a poussé le juge à s'interroger sur le devenir de l'acte support de la clause illicite et à préférer se contenter de supprimer celle-ci plutôt que d'annuler l'acte conventionnel en son entier. L'application de cette jurisprudence prend un tour particulier en droit du travail, au sein duquel le juge répugne à mettre fin aux relations contractuelles et conventionnelles. La jurisprudence qui supprime la clause litigieuse pour, -dans bien des cas et particulièrement en droit du travail-, la remplacer par la disposition légale correspondante témoigne du souci de transcrire au mieux l'ordre public de protection en rectifiant les termes de l'engagement. Il est acquis que le juge procède directement à la modification de l'accord à fin de régularisation[105]. Qu'en est-il des conséquences de cette modification ? Les conventions et accords collectifs de travail ne peuvent être qualifiés de synallagmatiques, quand bien même ils appartiennent à la catégorie des textes « donnant-donnant »[106]. Si le texte forme rarement un tout en son entier, il n'en reste pas moins que certaines clauses apparaissent indissociables. Les parties ont alors tout intérêt à préciser l'indivisibilité de ces stipulations[107]. Les vertus de l'indivisibilité sont cependant relatives. Elle débouche sur la nullité des clauses rapprochées si l'une d'entre elles est mise en cause. En revanche, elle n'influe pas sur la règle de comparaison des

---

102 Notamment Cass. soc. 22/10/1994, Bull. civ. V, n° 396 ; Cass. soc. 11/10/1994, Bull. civ. V, n° 265.

103 Notamment à propos d'un accord national interprofessionnel ayant un « caractère législatif » et un accord d'entreprise, Cass. soc. 17/01/1996, D 1996, IR, 66.

104 Art. 114 NCPC.

105 En principe, le juge ampute le contrat de la partie illicite ; souvent, il opère une modification positive de celui-ci en faisant valoir les dispositions légales. Ce n'est que si la volonté des parties l'exigent que le contrat sera annulé dans sa totalité ; J. GHESTIN, *« Traité de droit civil, Les effets du contrat »*, LGDJ 1994, 2ème éd., n° 876 et suiv., p. 745 et suiv..

106 Voir thèse n° 92.

107 M.-A. SOURIAC-ROTSCHILD, *« Les accords collectifs au niveau de l'entreprise »*, Thèse PARIS I 1986, p. 1090.

dispositions. Le regroupement conventionnel de clauses qui traiteraient de thèmes différents n'oblige pas le juge, à fin de comparaison, à un regroupement semblable des clauses légales. A titre d'exemple, le lien opéré par les partenaires sociaux entre la cause du licenciement et l'indemnité qui s'ensuit est impuissant à durcir le droit légal sur le premier thème. Il en va d'ailleurs de même pour un conflit entre actes collectifs. En conséquence, à la suite de l'application d'une loi nouvelle, il est légitime qu'un ou plusieurs groupements d'employeurs veuillent revoir l'engagement initial. La loi ne prévoit dans ce cas aucune obligation de renégocier ou d'adapter l'acte, contrairement à ce qu'elle dispose en cas de survenance d'un nouveau texte interprofessionnel, professionnel ou d'une nouvelle convention collective de branche. Cette différence est certainement imputable à la durée de vie plus importante des lois. Cette pérennité de l'œuvre légale est cependant toute relative en droit du travail. Par ailleurs, la plupart des conventions collectives, véritables « chartes professionnelles », ont fait la preuve qu'en matière de durée d'application elles méritaient d'être qualifiées de « lois de la profession »[108]. Aussi bien, ce sont les parties aux actes conventionnels qui, de plus en plus fréquemment, conviennent de réviser ou, plus radicalement, envisagent la disparition des textes dans l'hypothèse d'un changement de législation sur le thème traité[109]. Encore faut-il que la clause « auto-résolutoire » soit suffisamment explicite. A nombre d'entre elles la force obligatoire fait défaut. Leur libellé trop vague manque à convaincre de la ferme intention de leurs auteurs[110]. Dans les autres cas, subsistent l'incertitude quant au résultat de la négociation de révision et le poids des inconvénients d'une dénonciation qui, à défaut de prévision contraire, ne peut être que globale. Il est à craindre, en effet, que la partie salariale refuse toute révision de l'acte en bloquant les négociations. Par ailleurs, il est pratiquement risqué de dénoncer une convention collective en son entier pour faire disparaître une seule de ses clauses. Ces considérations de fait poussent la partie patronale à conclure des « petits accords ». Il est finalement préférable d'isoler formellement chaque thème afin de pouvoir aisément dénoncer l'accord dont il fait l'objet en cas de survenance d'une nouvelle législation.

352 - S'il demeure utile, pour tout texte conventionnel, de prévoir sa renégociation au cas de survenance d'une loi sur les thèmes traités par lui, il faut convenir du caractère de moins en moins fréquent des perturbations directes des conventions et accords collectifs. Mieux, les lois nouvelles ne sont pas toujours impératives. Plus généralement, les contrats collectifs n'ont plus vraiment l'occasion d'être modifiés par l'avènement d'une loi plus favorable qu'eux[111]. Il n'en faut pas plus pour revisiter les rapports traditionnels entre la loi

---

108 J.-P. CHAUCHARD, *« La conception française de la négociation et de la convention collective »*, Thèse PARIS I 1986, p. 40 et suiv. ; A. LYON-CAEN, *« Grandeur et décadence de la loi professionnelle »*, in *« Les conventions collectives de branches : déclin ou renouveau »*, CEREQ, Etude n° 65, nov. 1993, p. 53.

109 Voir thèse n° 357 et suiv..

110 Voir à ce propos M.-A. SOURIAC-ROTSCHILD, op. cit. p. 1563.

111 G. LYON-CAEN, *« La bataille truquée de la flexibilité »*, Dr. soc. 1985, p. 806 ; M. BONNECHERE, *« L'ordre public en droit du travail, la légitime résistance à la flexibilité »*, Dr. ouvr. 1988, p. 171.

et le droit conventionnel et, par la suite, envisager d'éventuelles transformations de ces rapports.

§ 3 Critique des rapports actuels loi/acte conventionnel

353 - Pour alimenter cette critique nous reprenons les analyses de M. le professeur CHALARON sur la matière[112] qui regrette l'ineffectivité de la sanction de nullité des clauses conventionnelles illicites. Il est en effet difficile de se contenter d'une incidence de la disposition supérieure au seul stade –essentiel il est vrai- de l'*application* de la norme conventionnelle. Cela revient à unifier l'incidence de la disposition « supérieure » qu'elle soit d'origine législative ou conventionnelle. Mais au-delà d'une satisfaction intellectuelle, il y a des risques à retirer au conflit –loi nouvelle plus favorable/convention collective- sa particularité. Ce qui différencie l'inapplication de la suppression c'est essentiellement, dans le second cas, l'impossible résurgence de la clause litigieuse en cas de retour en arrière de la législation. Ce qui peut apparaître comme un inconvénient ne nous paraît pas avoir de portée déterminante comparé à la vertu évidente de clarification de la sanction de nullité qui fait disparaître la disposition illégale.

354 - Par ailleurs, l'auteur prend acte de la publication croissante de nouvelles lois « gestionnaires »[113] qui forcent à s'interroger à nouveau[114] sur la réalité de la notion d'ordre public du travail. Les lois permettant de déroger aux minima en place ébranlent l'universalité du principe d'indérogabilité relative qui caractérisait jusque là l'œuvre légale du travail. Ces nouveaux textes participent d'une autre logique, qui vise à favoriser l'emploi. La plupart d'entre eux offrent aux partenaires sociaux le choix de la flexibilité et sont alors dénués du caractère obligatoire qui est la marque de l'ordre public[115]. La loi sur les 35 heures a certes un caractère impératif mais ne relève pas de l'ordre public social au sens classique des termes. C'est ici le droit de l'emploi qui s'affirme. Les règles applicables aux salariés en place font toujours prévaloir la flexibilité du droit du travail. La réduction du temps de travail peut s'accompagner de la baisse des rémunérations ; si beaucoup des dispositifs conventionnels pris en application de la première loi Aubry du 13 juin 1998 prévoient le maintien de ces dernières, c'est en contrepartie d'un aménagement du temps de travail plus souple. De plus, le projet de seconde loi Aubry[116] prévoit que le licenciement –de nature économique mais soumis à la procédure applicable en cas de licenciement individuel- du salarié qui aura refusé la modification de

---

[112] Y. CHALARON, « *L'application de la disposition plus favorable* », Mélanges G. LYON-CAEN, DALLOZ 1989, p. 243.

[113] Voir pour des exemples des accords correspondants, voir thèse, partie II, note 120.

[114] Certains observent d'ores et déjà que la notion d'ordre public se concilie difficilement avec l'autorisation de déroger.

[115] La présence de cet intérêt supérieur qu'est l'emploi, ajouté à l'absence de synallagmatisme des actes collectifs, justifie le principe d'application immédiate des lois concernées. Peu importe donc la date à laquelle les organisations professionnelles ont conclu l'acte conventionnel.

[116] Art. 30 et 31 portant sur la sécurisation juridique.

son contrat de travail suite à l'entrée en vigueur d'un accord sur les 35 heures[117] sera présumé, de manière irréfragable, avoir une cause réelle et sérieuse. L'application de ces textes légaux échappe, dans sa globalité au moins, au principe du plus favorable. Rien n'empêche cependant l'employeur d'augmenter, en contrepartie de l'adoption d'un mécanisme dérogatoire, les engagements minima en matière de création ou de maintien d'emplois. Contrairement à la loi Aubry I, le projet de seconde loi Aubry ne prévoit aucune obligation chiffrée en ce domaine (stipuler plus favorablement est aisé). Plus généralement, les modalités légales d'application de ces lois porteuses de flexibilité sont susceptibles d'amélioration. Dans le sens de l'évolution indiquée par la loi gestionnaire, ne faudrait-il pas revoir l'application du principe de faveur pour la rendre plus globale ? Une méthode de comparaison moins analytique conduirait à accorder aux partenaires sociaux un certain pouvoir de réglementation in pejus par rapport à la loi. Globalement, l'actuelle législation invite toujours les partenaires sociaux à améliorer les dispositions légales. Aussi bien, l'instauration de dérogations à la loi impérative doit être réservée au législateur. Par ailleurs, puisque le droit du travail est soumis aux impératifs des entreprises et à leurs porte-parole, les employeurs, doit-on conclure que les accords passés sont défavorables aux salariés ? Ou tout au contraire, si l'accord a amélioré l'emploi, peut-on dire qu'il leur a été favorable ? Le langage classique du plus ou moins favorable manque ici de pertinence. L'appréciation de la sauvegarde ou du développement de l'emploi projeté par rapport aux réductions ou suppressions d'avantages est peu fiable. Plusieurs raisons à cela : les « avantages » à comparer sont d'une nature très différente, ne concernent généralement pas les mêmes salariés et parfois même secourent des inactifs. La comparaison des dispositions en cause est pratiquement impossible, à la mesure de la difficulté ressentie pour la mener de manière anticipée et objective.

355 - Finalement, l'aspect relatif de l'ordre public social et l'apparition de lois supplétives ou dispositives n'entament pas vraiment le caractère impératif des lois en place. Une même branche du droit peut très bien comporter à la fois des lois dispositives *et* impératives ; quant au principe du plus favorable qui permet de qualifier l'ordre public social de relatif, il peut être vu comme une modalité d'application de celui-ci qui ne l'affaiblit pas. Même si certains praticiens regrettent la perturbation importante de l'économie conventionnelle causée par une substitution légale, le respect de la loi impose de ne pas tenir compte des liens et équilibres existant entre certaines dispositions. Rappelons que si le principe du plus favorable ne souffre aucun aménagement contractuel, les parties peuvent envisager dans le texte même de l'acte –et à fin de réaction- cette hypothèse de modification de la loi. Après l'entrée en vigueur d'une nouvelle loi ou d'un nouveau règlement il est souhaitable que les partenaires sociaux, et en particulier l'employeur s'il est partie à l'acte, modifient ou adaptent ce qu'il y a à modifier ou à adapter dans leur accord[118].

---

[117] A condition que l'accord collectif respecte la règle de validation majoritaire (art. 30 et 31 du projet de loi).

[118] Les modalités de cette adaptation ont été traitées dans la première partie.

356 - Si nous n'estimons pas qu'il soit nécessaire de revoir les règles habituelles de confrontation entre une loi nouvelle et une convention collective existante, il reste que celles-ci, sur d'autres plans, ne sont pas indifférentes aux transformations du droit du travail qui occasionnent le déclin de la loi directement applicable à l'acte conventionnel.

Section III : Le déclin de la loi directement applicable à l'acte conventionnel

357 - La loi nouvelle a désormais moins d'occasions de modifier l'acte collectif en imposant l'amélioration d'une ou plusieurs de ses dispositions ou tout simplement en perturbant son application. Cette évolution est l'une des conséquences des difficultés sociales actuelles. La grande majorité des textes de ces dernières années s'efforcent de maintenir l'emploi menacé ou de créer des postes, essentiellement en aménageant le temps et l'organisation du travail ou en favorisant une vie active écourtée[119]. Le législateur tente également d'exploiter certains secteurs d'activité particuliers[120]. Depuis le début des années 90, aucune disposition légale n'est venue accroître les charges financières du patronat ou durcir les conditions du licenciement. Les quelques textes pris en faveur des salariés luttent contre d'éventuels abus patronaux et renforcent bien souvent les principes déjà en œuvre[121]. Il est frappant de constater que, hormis la loi sur les 35 heures, tout ce qui est innovant *par son principe* ne donne lieu qu'à des lois dispositives, respectueuses des données propres à chaque entreprise. De telles initiatives de déréglementation utilisent souvent le vecteur des conventions et accords collectifs pour s'assurer, là encore, de la réalité de la représentation de l'intérêt des salariés[122]. La loi sur les 35 heures favorise aussi la négociation ; aux termes du projet de seconde loi, les aides octroyées aux entreprises ne pourront bénéficier, en principe, qu'à celles qui appliqueront un texte négocié. L'acte conventionnel permet donc d'adapter mais aussi parfois de concrétiser les aspirations légales.

358 - Lors de sa conclusion, la légalité de l'acte conventionnel dérogatoire et plus largement « gestionnaire »[123] est surtout formelle (respect des conditions de signature, respect des clauses obligatoires s'il y en a). Toutefois, les

---

[119] Cf la question de la réduction et de l'annualisation du temps de travail, loi du 20/12/1993 dite loi quinquennale, loi du 11/06/1996 dite loi Robien. Nous ne pensons pas que la loi sur les 35 heures rétablisse un droit du travail impératif. La flexibilité (et donc la négociation) est toujours de mise (d'où la difficulté d'apprécier son caractère plus ou moins favorable pour les salariés en place) ; en revanche, le droit de l'emploi y perd son caractère dispositif. Sur l'intérêt qu'il y a à porter à ces tentatives et sur le chemin encore à faire, F. FAVENNEC-HERY, *« Le travail à temps partiel »*, LITEC 1997 ; L. CASAUX, *« La pluri-activité »*, LGDJ 1995.

[120] Apprentissage et chèque emploi-service et, plus généralement, emplois de service.

[121] Loi n° 92-1446 du 31/12/1992 sur le respect de la liberté des salariés au travail, loi n° 91-72 du 18/01/1991 sur le conseiller du salarié et enfin loi n° 91-1 du 03/01/1991 sur la sécurité au travail.

[122] Même si la valeur de la représentativité peut apparaître bien théorique.

[123] Sur l'emploi de ce terme, M.-L. MORIN, *« La loi et la négociation collective - de la concurrence à la complémentarité »*, LIRHE 07/1996 spéc. p. 11 ; S. YANNAKOUROU, *« L'Etat, l'autonomie collective et le travailleur »*, LGDJ 1995, p. 231 et suiv..

tribunaux doivent veiller à la présence des contreparties exigées par la loi[124] et par les accords nationaux interprofessionnels[125]. Dans ce dernier cadre, il convient de s'interroger sur le caractère normatif de l'objectif en matière d'emploi[126]. Pas de doute en revanche si les parties déclarent suivre les traces du texte interprofessionnel.

Il ne faut pas non plus négliger l'appréciation du caractère sérieux des contreparties. Concernant celles qui sont exigées par des textes nationaux, cette appréciation est « affaire de légalité » et doit avoir lieu dès la conclusion de l'acte négocié. Pour la suite, pourquoi ne pas envisager la résolution judiciaire d'une disposition conventionnelle qui ne donnerait pas satisfaction sur le plan des retombées en matière d'emploi ? En théorie, les mécanismes civilistes tels que l''exception d'inexécution, la résolution pour inexécution ou l'exécution de bonne foi sont transposables[127]. La mise en œuvre de ces mécanismes passe toutefois par la reconnaissance de la portée des clauses concernant l'emploi. Les tribunaux doivent, à ce propos, s'appuyer sur les exigences légales ou supérieures. A ce jour, mais les partenaires sociaux y sont pour une part, ces dispositions sont encore mal assurées[128]. Sur un plan général il est délicat, pour le législateur, de mettre fin à des conventions et accords collectifs. Il ne doit pas négliger l'impératif de sécurité juridique qui le conduit à devoir assurer une certaine continuité des engagements pris par une autre majorité politique. Il est cependant envisageable de décréter un régime transitoire qui contribuerait à rétablir l'égalité entre entreprises lors du passage d'une politique de l'emploi à l'autre.

359 - De manière générale, le droit légal des conventions et accords collectifs devrait se pencher sur ces nouveaux textes « à objectif(s) » qui rendent les rapports du contrat collectif et du temps plus complexes. Les parties le font déjà, en instituant dans le dispositif de leur accord des clauses de « retour à meilleure fortune »[129]. Ce type de clause transposée à la matière consiste à recouvrer la situation antérieure (annuler les « sacrifices » d'ordre social) dès l'amélioration de la situation financière de l'entreprise. Un tel arrangement ne peut

---

124 Art. 212-2-1 et 212-8 C. Trav..

125 F. FAVENNEC-HERY, *« L'accord interprofessionnel du 31/10/1995 sur l'emploi »*, Dr. soc. 1996, p. 20 mais aussi l'accord interprofessionnel du 21 mars 1989 sur l'aménagement du temps de travail, Dr. soc. 1989, p. 500 note G. COIN.

126 Voir thèse n° 433 et suiv..

127 La pratique les ignore encore, F. GAUDU, *« L'exécution des conventions d'entreprise »*, Dr. soc. 1990, p. 605 spéc. pp. 618-619 ; M.-A. SOURIAC-ROTSCHILD, op. cit. p. 1013 et *« Engagements et arrangements sur l'emploi : quelle efficacité juridique ? »*, Dr. soc. 1997, p. 1061 spéc. p. 1067.

128 Il faut noter toutefois l'évolution opérée avec l'arrêt du 01/04/1997, RJS 06/1997, n° 653 ; Dr. soc. 1997, p. 646, obs. J.-E. RAY.

129 Selon le vocabulaire juridique CORNU, *« stipulation (licite) en vertu de laquelle l'emprunteur s'engage à payer sa dette non à une date déterminée sur le calendrier, mais au jour où il lui en adviendra les moyens, l'échéance du remboursement n'étant pas, de sa part, potestative mais subordonnée à l'amélioration de sa situation financière, circonstance à constater par le juge quand il lui fixe un terme »* ; voir pour des applications acc. Potain, Montabert, RKS-SKF, LS 22/03/1993, législ. soc. n° 6813, C3 cités par F. MEYER et C. SACHS-DURAND, *« L'évolution du rapport salarial »*, Etudes en hommage à M. le professeur H. SINAY, P. Lang, 1994, p. 369, spéc. pp. 384-385.

évidemment fonctionner que si la définition de la situation antérieure servant de référence est suffisamment précisée au sein de l'accord[130]. Le chiffre d'affaires de l'entreprise, son bénéfice pourraient être utilisés à cette fin. Un acte instaurant un gel des salaires pourrait ainsi convenir du terme du statu quo dès que se trouverait confirmée l'embellie de certaines données financières concernant l'activité. Pour les textes conventionnels du type de ceux résultant de la loi Robien, -dans lesquels les avantages octroyés aux employeurs sont la contrepartie d'engagements chiffrés pris dès la conclusion de l'accord-, les choses se présentent différemment. En cas de manquement de la partie patronale à l'engagement pris en matière de création ou de maintien d'emplois, le législateur a prévu la suspension de l'exonération de cotisations dont bénéficie l'employeur[131]. Il ne s'agit pas ici d'une véritable résolution, qui entraînerait remboursement des cotisations normalement dues. Il est par ailleurs regrettable que la législation concernée n'ait pas mis l'accent sur la pérennité des emplois créés[132] ; cette constatation quant à la modestie des engagements patronaux dans la durée va de pair avec la crainte d'effet d'aubaine qui pèse sur la législation en cause[133]. En ce qui concerne la première loi, les contrôles et sanctions apparaissent plus variés et élaborés[134]. Le remboursement des cotisations normalement dues est prévu[135] mais la durée des engagements pour l'emploi reste modeste (deux ans minimum)[136]. Le projet de seconde loi Aubry est en retrait net par rapport au premier texte : il ne prévoit pas, dans les accords d'entreprise, d'obligation minimum chiffrée quant aux améliorations en matière d'emploi[137].

Si les partenaires sociaux ont parfois une responsabilité dans le défaut de concrétisation des promesses en matière d'emploi, le législateur doit pareillement s'efforcer de permettre la sanction de leur non-respect. La loi qui se contente d'un maintien de l'effectif, ne permet pas d'éviter les licenciements. En

---

[130] Ce n'est pas le cas de l'acc. RKS-SKF qui prévoit qu' *« à tout moment de l'année, suite à des éléments économiques défavorables, cet accord peut fait l'objet d'aménagements »* ; l'acc. Potain prévoit que le retour à la situation antérieure couvrira 50 % des sommes perdues.

[131] Loi du 11/06/1996, JO du 12/06 p. 8719 ; Décret n° 96/721 du 14/08/1996 JO du 15/08 voir aussi circ. de la Délégation à l'emploi n° 96/30 du 09/10/1996, LS 18/10/1996, légis. soc. n° 7535 A2 et annexes LS 29/10/1996, légis. soc. n° 7542, A2.

[132] Le maintien de l'effectif doit avoir une durée de deux ans minimum pour les accords offensifs ; aucune durée n'est fixée dans le cadre des accords défensifs.

[133] F. FAVENNEC-HERY, *« Loi Robien : création d'emplois, alternative au licenciement ou opportunité ? »*, Dr. soc. 1996, p. 999 spéc. p. 1006.

[134] Des cas précis de suspension et de dénonciation sont prévus, voir circ. 24/06/1998, chap. II, fiche n° 8.

[135] La dénonciation par l'Administration comporte pour l'entreprise l'obligation de reverser l'aide, sauf difficultés exceptionnelles appréciées par la même Administration, voir circ. préc..

[136] Loi 13/06/1998, art. 3.

[137] *« La convention ou l'accord d'entreprise détermine le nombre d'emplois créés ou préservés du fait de la réduction du temps de travail et les incidences prévisibles de celle-ci sur la structure de l'emploi dans l'entreprise »*, (art. 19-III bis du projet de loi). *« (le bénéfice de l'allégement est supprimé ou suspendu) lorsque l'engagement en termes d'embauche prévu par l'accord n'est pas réalisé dans un délai d'un an à compter de la réduction effective du temps de travail, sauf circonstances exceptionnelles »*, (art. 19-XV du projet de loi).

particulier, pareille disposition n'est pas susceptible d'une « appropriation » par le salarié[138]. Les actions individuelles sont recevables et pertinentes en cas de congédiement nonobstant un engagement de non-licenciement économique[139].

Ces suggestions aboutissent donc à retarder la mise en conformité de la convention ou de l'accord collectif à la loi. C'est peut-être un nouveau rapport loi/acte collectif qui se dessine.

360 - L'évocation de la relation entre le contrat existant et la loi nouvelle est évidente pour qui tente d'éclairer la remise en cause du premier. L'impact de la modification de l'environnement juridique sur le contrat en vigueur se résume même à cette relation dans la plupart des cas. Les conventions et accords collectifs font exception. Les normes collectives du travail sont multiples et quel que soit leur niveau, elles contribuent toutes, quand elles sont modifiées et dans diverses mesures, à la remise en cause d'un acte donné.

---

[138] Sur ce point, F. FAVENNEC-HERY, préc. spéc. p. 1005.

[139] Arrêt du 01/04/1997 préc. et M.-A. SOURIAC-ROTSCHILD préc. Dr. soc. 1997, spéc. p. 1068.

CHAPITRE DEUXIÈME

LA MODIFICATION DES AUTRES NORMES COLLECTIVES

361 - Les conventions et accords collectifs se situent au cœur des sources collectives du travail. Dans la hiérarchie des normes, ils sont bien sûr précédés par la loi et, éventuellement, par d'autres textes conventionnels de champs d'application plus larges que le leur. L'entrée en vigueur de nouveaux de ces derniers actes est susceptible de remettre en cause l'acte négocié « inférieur » *(sect. I)*. Il peut en aller de même avec d'autres dispositions conventionnelles de champ d'application plus étroit. Les transformations et disparitions peuvent également découler de l'édiction de nouvelles sources collectives que l'on qualifie d'unilatérales *(sect. II)*.

Section I : La norme conventionnelle de champ d'application plus large

362 - L'impact de la règle conventionnelle nouvelle sur un acte collectif de niveau inférieur emporte des conséquences bien connues.

Ce sont les articles L. 135-2, L. 132-13 et L. 132-23 du Code du travail qui constituent la loi de la matière. Les deux derniers textes, qui enjoignent aux actes collectifs de branche et d'entreprise de s'adapter respectivement aux accords interprofessionnels et aux conventions de branche nouvellement entrés en vigueur, posent les termes de l'éventuelle hiérarchie entre les actes. En droit national, si prééminence de certains textes il y a, elle résulte de leur champ d'application plus étendu. Cet état de fait est certainement imputable à la configuration première de notre droit conventionnel ; la convention d'entreprise n'y est apparue qu'en 1971. De plus, jusque là et même après cette date, l'acte collectif d'entreprise a souvent été considéré comme un instrument aux mains de l'employeur.

Par ailleurs, il découle de l'article L. 135-2 du même Code que la norme nouvelle et « supérieure » s'applique quand elle est plus favorable :

« Lorsqu'un employeur est lié par les clauses d'une convention ou d'un accord collectif de travail, ces clauses s'appliquent aux contrats de travail conclus avec lui, sauf dispositions plus favorables ».

Il n'est pas sûr que les autres normes conventionnelles et leurs dispositions plus favorables sont concernées par l'article précité. Sa formulation privilégie les améliorations *contractuelles* mais la pratique traite de la même façon les améliorations conventionnelles et collectives.

363 - Le conflit entre la norme « supérieure » nouvelle et celle qui existe déjà et lui est « inférieure » se règle disposition par disposition. Il y a alors rapprochement des avantages en concurrence et application du principe de non-cumul. Le conflit de règles ne se présente pas de la même façon que dans le cas précédent où intervenait la loi. Il se résout par l'application de l'un ou l'autre acte, alternativement[140]. Celui qui est le plus large par l'étendue de son territoire ou par le nombre des professions qu'il représente peut se voir évincé partiellement au profit de son semblable, « inférieur » mais plus favorable. Par ailleurs, la norme (conventionnelle et « supérieure ») nouvelle vient perturber *l'application* de la norme inférieure existante et moins favorable en s'y substituant. Les raisons de l'application immédiate de la norme nouvelle sont en revanche semblables à celles exposées précédemment pour la loi. La convention collective « *supérieure* » fait figure de loi pour son aspect normatif. On peut donc considérer qu'elle participe à la mutabilité de la règle « *inférieure* » tant le stade de l'application est primordial. Une modification de la norme « supérieure » *équivaut* à une modification de la norme qui lui est « inférieure » même si modification de l'application *ne vaut pas* modification du contenu.

364 - La loi, dans les articles L. 132-13 et L. 132-23 du Code[141], traite d'un autre aspect, certainement moins familier, de la remise en cause de l'acte négocié. Le premier article discute de l'impact de la survenance d'accords interprofessionnel et professionnel plus favorables sur l'accord de branche préexistant. Il suggère l'adaptation de ce dernier, en fonction des seules perturbations apportées à son application. Le second article est plus complexe. La négociation d'entreprise s'y trouve enrichie d'une fonction d'adaptation de la convention collective de branche plus large. Cette dernière est susceptible d'innerver la négociation à un niveau inférieur à partir de toutes ses dispositions et pas seulement à propos de celles qui sont plus favorables que l'accord d'entreprise. L'article L. 132-23 suggère donc une certaine *hiérarchie fonctionnelle* entre les deux niveaux de négociation. Il faut cependant mettre l'accent sur le fait que les négociations d'adaptation auxquelles font référence les articles L. 132-13 et L. 132-23 sont entendues strictement et ne sont traitées, en

---

140 Voir ce qui se passe au contraire pour la loi, thèse n° 346.

141 Ces articles s'adressent aux parties à l'acte conventionnel et nous les traiterons, en tant que sources de remise en cause, dans le sous-titre II ; voir thèse n° 421 et suiv..

droit positif, que comme des *incitations à renégociation* auprès des partenaires sociaux de la branche ou de l'entreprise[142]. Ces articles ont toutefois le mérite de clarifier, en l'excluant, toute modification du *contenu* de l'accord inférieur en cas de survenance d'une norme conventionnelle de champ d'application plus large. A fortiori, toute mise en extinction *de principe* est exclue. En revanche, il est intéressant de se demander si les partenaires sociaux signataires de la nouvelle norme ont la possibilité d'annuler tout ou partie des dispositions des accords inférieurs préexistants *(§ 1)*. Une telle faculté rendrait inutile le rapprochement des avantages, mais cependant celui-ci a encore lieu d'être *(§ 2)*.

§ 1 La mise en extinction de la norme de champ d'application plus étroit

365 - La mise en extinction doit être rapprochée du principe d'autonomie de chaque niveau de négociation. Ce principe, source de liberté, est ici la contrainte qui résiste encore *(B)* à l'opportunité de la mise en extinction de la norme « inférieure » *(A)*.

A - Opportunité du mécanisme

366 - Si le principe de cette mise en extinction était admis, l'édiction d'une norme nouvelle et supérieure serait probablement une source de remise en cause fréquente et radicale du droit conventionnel.

L'harmonisation entre les niveaux de négociation qui en résulterait serait particulièrement opportune dans le cas d'un acte de branche « à objectif(s) »[143] appelant des relais aux niveaux de négociation inférieurs.

Plus généralement, une telle mise en extinction conventionnelle aboutirait à renforcer les articles L. 132-13 et L. 132-23[144] en favorisant la négociation d'articulation. La disparition du texte contraindrait les parties à envisager l'adaptation de la norme supérieure. A ce point du raisonnement, il est important de s'accorder sur les contours de la notion d'*adaptation*. Eu égard à l'autonomie des agents de négociation, à quelque niveau que ce soit, il apparaît délicat d'imposer à certains de conclure dans un sens précis. Les parties gardent toute liberté quant au contenu de leur accord. Reste une obligation de négocier –non de conclure- sur un *objet défini*. En tout état de cause, une renégociation a certainement plus de chances d'aboutir si l'accord plus large provoque un vide conventionnel *sur les questions par lui abordées*. La disparition de tout ou partie des stipulations collectives à un niveau donné constitue –et cela n'a rien qui puisse surprendre- une forte incitation à conclure.

---

142 Y. CHALARON, *« Négociations et accords collectifs d'entreprise »*, LITEC 1990, n° 340, p. 353.

143 Ou encore « programmatique ».

144 Il s'agirait plus précisément d'une confirmation et d'un élargissement des articles précités. On peut parler d'élargissement (au moins de l'article L. 132-13) dans la mesure où toute disposition de l'accord inférieur, fût-elle imparfaite, serait visée par la mise en extinction et l'adaptation du texte plus large.

Ce phénomène se vérifie à l'avènement du terme des conventions et accords à durée déterminée[145].

367 - La même remarque d'opportunité peut être faite à propos d'un acte de branche qui permet à l'employeur –directement ou après accord avec les syndicats- de déréglementer[146]. Dans les deux cas, les partenaires sociaux de l'entreprise ont un réel pouvoir sur la faculté dérogatoire qui leur est octroyée.

C'est justement lors de la survenance d'une convention collective de branche nouvelle que ce pouvoir peut être ressenti comme une entrave à la déréglementation. Avant d'examiner ce cas, il nous faut préciser en quoi consiste ce pouvoir.

De façon radicale, les agents de négociation peuvent renoncer à déroger ; ils privent l'employeur dans l'hypothèse où un accord de branche est seul nécessaire. Le mécanisme dérogatoire ne relève pas de l'ordre public absolu (même pas de l'ordre public relatif puisque les articles légaux concernés disposent *à défaut* de stipulations conventionnelles dérogatoires). En effet, un dispositif légal supplétif ne peut être qualifié d'ordre public par manque évident de caractère impératif. A fortiori, il ne peut s'agir d'ordre public absolu. Rien ne saurait priver les partenaires sociaux de la possibilité d'améliorer les lois concernant la durée du travail ou son aménagement ; rien ne saurait les priver non plus de la faculté d'améliorer les techniques dérogatoires. Les négociateurs ont donc la possibilité de multiplier les contreparties aux concessions faites par les organisations syndicales. Un accord d'entreprise, dans le cas d'une déréglementation qui peut être mise en place par un simple acte de branche, peut prévoir la conclusion obligatoire d'accords d'établissement. Le principe de faveur n'est donc pas lié aux lois impératives. La première phrase de l'article L. 132-4 du Code du travail, qui conforte les actes collectifs plus favorables que les lois, ne distingue d'ailleurs pas entre les lois et règlements impératifs et ceux qui n'ont pas cette vertu. La même remarque peut être faite à la lecture de l'article L. 135-2 du Code pour les normes collectives plus favorables qu'un acte collectif donné. Evidemment, ces deux textes font peu de cas du phénomène dérogatoire ; leur portée, sous peine d'anachronisme, doit donc être relative.

Si le refus des parties à l'acte inférieur doit avoir plein effet lorsqu'il est donné en connaissance de l'offre dérogatoire, il faut se montrer plus réservé dans l'hypothèse où l'offre est postérieure à l'acte inférieur plus favorable.

Ce dernier cas recèle une importance pratique qui n'est pas négligeable. La plupart des déréglementations en matière de durée et d'aménagement du temps de travail nécessitent la signature d'un seul acte conventionnel[147]. Celui-ci peut être soit un accord de branche étendu, soit un

---

145 Beaucoup de praticiens soulignent cette vertu de l'accord à terme et nuancent, à cette occasion, l'appréciation négative que l'on peut porter –a priori- sur ce type d'accords.

146 Dans le premier cas, l'acte de branche suffit à mettre en place la dérogation ; dans la seconde hypothèse, un accord collectif d'entreprise est nécessaire.

147 Augmentation de la durée maximale journalière de travail (art. L. 212-1 C. Trav.) ; dérogations relatives à l'aménagement et à la répartition des horaires de travail à l'intérieur de la semaine (art. L. 212-2 al. 3 C. Trav.) ; dérogation à la législation sur les heures supplémentaires (art. L. 212-2 al. 3, L. 212-2-1,

accord d'entreprise ou d'établissement. Dans les cas où un accord de branche est seul nécessaire, l'employeur pourrait, à sa suite, mettre en place la dérogation concernée. Que se passe-t-il lorsqu'un accord d'entreprise dispose plus favorablement ? De manière très classique, les juges appliquent la disposition la plus favorable aux salariés. Le phénomène de déréglementation du droit du travail ne s'accommode pas toujours d'une telle référence à la méthode de résolution des conflits entre normes. En effet, la technique dérogatoire relève d'une autre logique, elle est une et indivisible et, en cela, hostile au démantèlement susceptible de découler de l'application du principe de faveur. Par ailleurs, le mécanisme dérogatoire entretient un rapport très étroit avec le temps. Il n'a de sens qu'adapté à l'entreprise et s'accorde évidemment mal avec le droit transitoire du travail en ce que celui-ci n'applique pas toujours la dernière disposition conventionnelle. Enfin, travaillant pour l'emploi, la dérogation peut parfois présenter un caractère d'urgence.

Par exemple, l'accord de branche étendu qui déroge à la législation sur les heures supplémentaires en prévoyant une contrepartie en matière d'augmentation des salaires forme un tout. En présence d'un accord d'entreprise qui reprend la majoration légale due, il est inconcevable de maintenir le paiement des heures supplémentaires et d'adopter le régime de la branche en ce qui concerne l'augmentation des salaires. Mais que décider si l'acte d'entreprise prévoit des stipulations plus avantageuses en matière d'augmentation des rémunérations ? L'employeur qui déciderait d'adopter la technique dérogatoire pourrait-il se contenter du mécanisme de branche moins disant ? Il ne nous semble pas. Conformément à ce qui a été dit plus haut, l'exception à la règle de l'amélioration doit être entendue de manière stricte. Plus avant, à reconsidérer l'accord d'entreprise qui reprend la majoration légale due en cas d'heures supplémentaires, on peut se demander si pareil acte suffit à repousser l'application de la dérogation décidée par l'employeur ou si, au contraire, l'accord de branche dérogatoire le remet en cause. Plus généralement, que décider en présence de stipulations conventionnelles qui reprennent[148] les dispositions légales auxquelles il est désormais possible de déroger ? La question est tout d'abord de déterminer le véritable caractère –légal ou conventionnel- de ces stipulations guère originales. Les juges ont statué récemment en faveur de la nouvelle loi[149] et cette position apparaît comme étant celle de l'avenir[150].

La question est enfin de déterminer quand la dérogation est repoussée par les stipulations conventionnelles inférieures, quand elle ne l'est pas et se trouve alors éventuellement améliorée. Il s'agit là d'interpréter le plus

---

L. 212-5, L. 212-6, L. 212-8 C. Trav.) ; mise en place du lissage, des horaires individualisés (art. L. 212-4-1, L. 212-4-11, L. 212-8-5 C. Trav.). Le projet de seconde loi Aubry (art. 5 et suiv.) modifie la législation actuelle sur le temps de travail. Par opposition, dérogations qui requièrent l'intervention de deux accords : accord de branche étendu et accord d'entreprise ou d'établissement : augmentation de la période de travail de nuit (art. L. 213-2 C. Trav.), équipes de week-end (art. L. 221-5-1 C. Trav.). Dans les deux cas, l'inspecteur du travail peut remplacer l'accord d'entreprise ou d'établissement.

148 Peut-être en les améliorant.

149 Cass. soc. 14/12/1995, Dr. soc. 1996, p. 202 obs. M. COHEN ; RJS 1996, n° 36 ; AJ CFDT, 01/96, n° 116 ; Sem. soc. LAMY 15/01/96, n° 775, p. 13.

150 Voir thèse n° 310 et suiv..

justement possible la volonté des parties à l'acte d'entreprise. En s'appropriant les dispositions légales, ces dernières ne manifestent pas de volonté explicite d'écarter toute dérogation. Il s'agit aussi de prendre parti sur le pouvoir reconnu à l'acte territorialement inférieur de priver le texte de branche d'efficacité. Contrairement à la loi d'ordre public, l'application immédiate de la loi portant déréglementation ne suffit pas à la rendre effective. En quel sens les magistrats vont-ils arbitrer ?

368 - L'évolution de la jurisprudence, suite aux arrêts sur la délégation unique[151], est incertaine. A considérer de tels doutes à propos de l'effectivité de la nouvelle déréglementation, la mise en extinction conventionnelle des dispositions inférieures présente un réel intérêt. Il en va de même à propos d'éventuels accords in pejus mis au point au niveau de la branche et privés d'efficacité par des accords d'entreprise plus favorables. Mais ce type d'acte, par lequel les syndicats souvent consentent des sacrifices financiers en contrepartie de promesses patronales en matière d'emploi, est généralement signé au niveau de l'entreprise. Il est au plus *suggéré* par les négociateurs de branche ; c'est alors parfois la technique de l'accord-cadre qui est utilisée, plus simplement sont souvent stipulées des obligations de négocier aux niveaux inférieurs. En revanche, un accord in pejus au niveau de l'entreprise peut se trouver entravé par des accords d'établissement moins favorables.

B - Obstacles à la stipulation de clauses de mise en extinction

369 - Si la mise en extinction d'un acte collectif par un autre qui lui est supérieur présente un regain d'intérêt en même temps que deviennent familiers les actes portant concessions syndicales, elle reste difficile à valider au regard du droit des conventions et accords collectifs de travail. Si quelques arrêts isolés l'ont tout de même accueillie[152], il faut noter qu'ils sont contemporains d'une législation antérieure à 1982 qui privilégiait la convention collective de branche.

De plus, les espèces concernées n'appréhendent pas le mécanisme de la mise en extinction dans toute son originalité. Elles invoquent en effet le maintien des avantages stipulés par l'accord éteint et acquis par les salariés. Finalement, l'aboutissement de l'opération traite encore du rapprochement d'avantages. L'intérêt de la mise à l'écart de l'accord inférieur existant est pourtant d'éviter la confrontation des dispositions afin de permettre une application intégrale du texte plus large. Une telle jurisprudence analyse ce conflit comme étant un conflit de succession d'actes collectifs dans le temps. Il est alors tout à fait normal que la règle de l'acquis trouve ici à s'appliquer. Les juges traitent aussi et surtout d'un conflit de superposition de dispositions portant sur un même thème. Les partenaires sociaux de la branche ou d'un autre échelon supérieur ne font, il est vrai, que s'emparer du sort de certaines dispositions en concurrence ; ils ne décrètent pas, sans distinction des clauses concernées, la fin

---

151 Cf thèse n° 338 et notes.

152 M.-A. SOURIAC-ROTSCHILD, *« Les accords collectifs au niveau de l'entreprise »*, Thèse PARIS I 1986, p. 1569 et suiv..

de la totalité du dispositif conventionnel. L'interprétation jurisprudentielle dépend évidemment de la justesse de la rédaction de la clause de mise en extinction dans le nouvel acte.

Par ailleurs, les invitations à adapter des articles L. 132-13 et L. 132-23 du Code du travail, très peu contraignantes –en pratique- pour les parties des actes inférieurs, n'interdisent pas aux partenaires des niveaux supérieurs de stipuler plus sévèrement. Il s'agit alors, pour ces derniers, de préciser les obligations de (re)négocier aux niveaux inférieurs. Autre chose est d'établir un pouvoir direct de la convention-mère sur les stipulations existantes des actes situés dans son giron territorial. La hiérarchie territoriale a finalement des conséquences restreintes. L'autonomie de chaque niveau de négociation empêche que cela soit autrement.

370 - Cette autonomie est à la fois subjective et objective. Elle revient, dans les deux cas, à ne reconnaître aucune force particulière à l'intérêt collectif le plus large. Tout d'abord, la partie syndicale d'une convention de branche, fût-elle précisément identifiée, n'a aucune prise sur l'acte collectif inférieur conclu par des délégués syndicaux de même appartenance. Les parties syndicale et patronale sont en effet strictement attachées au niveau de négociation auquel elles officient. Les affiliations syndicales ne servent qu'à fonder la représentativité des délégués[153]. Quant à l'autonomie que l'on peut dire « objective », elle découle de l'historique des différents niveaux de négociation. Le système « à la française », qui cherche à faire valoir la disposition la plus favorable, n'a aucune raison de privilégier une négociation par rapport à une autre. Il n'existe aucune trace légale explicite d'un quelconque pouvoir direct de l'accord territorialement étendu sur celui territorialement plus restreint. En revanche, bien que le législateur, ordonnateur dans cette matière hétéronome, porte des coups au monopole des syndicats (dans l'entreprise)[154], il fait encore appel, quand l'heure est grave, à la signature de ces derniers (au niveau de la branche en particulier). La crainte du manque d'indépendance des actes d'entreprise, conclus par d'autres que les délégués syndicaux, est aujourd'hui palpable dans la législation même. On peut alors parler de hiérarchie entre convention de branche et accords collectifs dérogatoires du point de vue de leurs signataires salariaux. Ce type d'ordonnancement entre les textes conventionnels, basé sur la plus ou moins grande indépendance des parties, est finalement le seul perceptible au sein du droit français. Mais il n'est pas explicite. Par ailleurs, la possibilité qui est parfois octroyée à l'accord d'entreprise de stipuler moins favorablement que la loi n'ébranle en rien l'absence de hiérarchie entre les deux niveaux concernés. S'il est vrai que l'omniprésence du principe de faveur alliée aux articles L. 132-13 et L. 132-23 du Code laisse entrevoir la domination de l'acte de branche, le dénouement du conflit entre nouvelle convention et accord

---

153 La confédération va bien sûr adresser à ses adhérents toutes sortes de directives ; celles-ci les guideront avec des contraintes diverses dans leurs propres négociations.

154 Loi du 12/11/1996, LS légis. soc. n° 7558, C1 ; la loi Aubry n° 98-461 du 13/06/1998 et le projet de seconde loi confirment l'autorisation légale de la technique du mandatement. En plus, le projet de seconde loi fait place à la négociation menée par des délégués du personnel et à l'expression directe des salariés sans qu'il soit besoin d'une prévision au niveau de la branche.

inférieur existant va à son encontre. En effet, la disposition la plus favorable d'entre les deux actes n'annule pas l'autre[155]. L'intégrité de l'acte contenant la stipulation moins favorable reste intacte. Les deux textes sont donc à égalité dans le rapport de concurrence. Les autorisations légales de déroger in pejus modifient les données de ce rapport sans pour autant soumettre un acte à un autre.

371 - La hiérarchie territoriale entre actes collectifs ne se concrétise guère et empêche les partenaires sociaux de la nouvelle convention-mère de prévoir la mise en extinction ou la modification de tout ou partie du texte de l'acte territorialement restreint. Ils sont donc impuissants face à l'inéluctable comparaison des dispositions.

§ 2 L'application de la disposition la plus favorable

372 - Comme cela vient d'être souligné, le conflit entre la nouvelle norme et la norme plus restreinte de champ d'application n'entame ni l'un, ni l'autre des actes négociés. La disposition la plus favorable se substitue à sa concurrente, sans l'annuler. Aussi bien, la disparition du support de la première redonne actualité à la seconde.

373 - Quant aux règles qui arbitrent le rapprochement des stipulations, elles varient sensiblement par rapport à celles qui ont été décrites lors du conflit loi nouvelle/acte conventionnel en place. Elles sont très sollicitées en l'absence d'une mise en extinction conventionnelle de l'accord inférieur.

Le rapprochement des avantages est, en principe, arbitré par le principe de leur non-cumul[156]. Sa mise en œuvre, d'origine jurisprudentielle, peut être aménagée conventionnellement. L'accord d'entreprise peut ainsi prévoir que telle clause est « à valoir » sur toute disposition légale ou conventionnelle relevant d'un thème précis et venant à s'appliquer ultérieurement[157]. Ainsi, un accord prévoyant l'octroi d'une prime de résultat peut d'ores et déjà, dès sa conclusion, déclarer l'absence de cumul d'un tel avantage avec toute prime résultant d'un accord ultérieur. Par là même, le mécanisme de la clause « à valoir » provoque le rapprochement d'avantages et l'application du plus favorable d'entre eux. Il aboutit à une stagnation du revenu des salariés : si la prime mise en place ultérieurement est inférieure dans son montant à celle prévue par l'accord d'entreprise, l'employeur restera mis à contribution au titre de la première prime. Sans les bons offices d'une telle clause « à valoir », les avantages en cause se seraient cumulés. En effet, la jurisprudence distingue les primes en fonction de leur objet. Il faut toutefois préciser que, la plupart du temps, ces clauses n'ajoutent rien aux principes jurisprudentiels qui arbitrent les conflits de normes conventionnelles dans le temps. Par ailleurs, si l'accord qui vient à être remis en cause par une nouvelle norme peut prévoir ce genre de clause, ce n'est pas le cas

---

[155] Cette constatation affaiblit les conclusions de certains auteurs qui considèrent que les rapports entre conventions collectives de différents niveaux sont marqués par l'ordre public.

[156] Contrairement à ce qui a été vu lors de l'étude du conflit loi / convention collective ; Cass. Ass. plén. 18/03/1988, JCP 1988, éd. E, I, 17444 ; D 1989, 221 note J.-P. CHAUCHARD.

[157] Sur ces clauses *« à valoir »*, M.-A. SOURIAC-ROTSCHILD, Th. préc. p. 1639 ; pour un exemple récent, Acc. Roussel Uclaf 27/11/1996, LS 02/04/1997, légis. soc. n° 7641 C3.

du nouveau texte. Une convention collective de branche ne peut prévoir que la prime de treizième mois prévue par les accords d'entreprises se situant dans son champ d'application est à valoir sur la prime de résultat qu'elle-même institue. Pareille stipulation reviendrait à reconnaître aux partenaires sociaux ayant en charge l'intérêt collectif le plus large le pouvoir de priver les agents de négociation d'un niveau moindre du droit de stipuler plus favorablement qu'eux. Ils les priveraient ainsi d'une part de l'autonomie qui leur est reconnue en matière de négociation.

374 - De manière générale, alors que les parties à une convention ou à un accord collectif ont toute latitude pour disposer des avantages par elles mis en place, les autres actes, même de niveaux supérieurs, sont impuissants en ce domaine.

375 - Quand le rapprochement des avantages a lieu, le principe du plus favorable arbitre. Son application est ici moins stricte que dans les cas où une loi est partie prenante au conflit. Les normes en présence entretiennent des *rapports de concurrence, à égalité*. Le texte dont le champ d'application est le plus étendu n'a pas valeur légale auprès des autres textes conventionnels. Si la comparaison n'est pas aussi précise que lorsqu'une loi est partie au conflit, elle n'est pas globale pour autant. L'enveloppe formelle de l'acte collectif, sauf contenu restreint, n'a aucune signification pour l'appréhension de sa partie normative[158] ; de ce point de vue l'acte est appréhendé selon le thème traité, clause(s) par clause(s). *En fait*, le type de comparaison est plutôt analytique ; les clauses comparées ont une cause différente, mais souvent les mêmes objets[159]. Ce qui différencie radicalement ce conflit entre normes conventionnelles du conflit entre une loi et une norme conventionnelle c'est la pluralité des sujets en considération desquels s'effectue la comparaison. Encore récemment, la Cour de cassation[160] a précisé que : *« la détermination du régime le plus favorable doit résulter d'une appréciation tenant compte des intérêts de l'ensemble des salariés et non de tel ou tel d'entre eux »*. La Cour suprême a toujours statué en ce sens[161]. Par opposition, le fait que la loi soit défavorable à l'ensemble des salariés n'empêchera pas son application pour l'un d'entre eux qu'elle favorisera. Cependant, la jurisprudence est souple et accepte les interventions conventionnelles qui influent sur la méthode de résolution du conflit en décrétant indivisibles certaines clauses. C'est alors l'ensemble qui est appliqué ou ne l'est pas. Pour juger du plus ou du moins favorable, la stipulation d'indivisibilité n'a, en revanche, qu'une incidence relative. Elle n'a d'effet que si elle rapproche deux clauses *au thème commun* (par exemple, deux clauses d'augmentation des salaires). L'accord d'entreprise pourrait prévoir une modération de l'augmentation en contrepartie d'une disposition originale favorisant l'emploi. A

[158] Il en va différemment pour l'administration et la gestion de la convention ou de l'accord collectif ; l'aspect formel est ici essentiel à fin de déterminer les parties prenantes aux destinées du texte.

[159] Rappr. thèse n° 473.

[160] Cass. soc. 19/02/97 *« Cie générale de géophysique c/Bloy et autres »*, CSBP n° 90, A24 ; Dr. soc. 1997, p. 432 et Cass. soc. 17/01/1996, Dr. soc. 1996, p. 643 obs. J. BARTHELEMY.

[161] Cass. soc. 11/01/1962, Bull. civ. V, n° 54 ; Cass. soc. 25/01/1984, Bull. civ. V, n° 33 concernant les absences pour maladie.

notre avis, l'accord de niveau inférieur ne peut totalement priver les salariés auxquels il s'applique d'un avantage prévu par l'accord plus large.

Enfin, si au terme de la comparaison le doute subsiste, l'acte ayant le champ d'application le plus étendu l'emportera[162].

376 - Toujours à propos de clauses indivisibles, de plus en plus d'accords formalisent des concessions syndicales en échange de promesses concernant le maintien de l'emploi ou sa création. Face à un autre accord qui lui est incontestablement plus favorable mais ne prévoit rien en matière d'emploi, que décider ? Les juges se sont récemment prononcés pour la prise en compte des améliorations attendues dans ce domaine[163]. Une telle décision mérite approbation en ce qu'elle prend en compte une réalité incontournable. En revanche, le mode d'appréciation du critère de l'emploi est plus contestable. Peut-on dire d'un acte qui fait le pari de l'emploi qu'il est plus favorable qu'un autre ? Au mieux, c'est dans le futur que la réponse pourra être donnée affirmativement. Par ailleurs, l'impact d'une mesure positive à l'égard de l'emploi ne s'évalue pas seulement au regard de l'ensemble des salariés visés par le texte conventionnel considéré. Ce qui peut plus exactement être soutenu, c'est que l'emploi, dans bien des cas, justifie que soit écartée la stipulation la plus favorable. Ce n'est donc qu'en présence de considérations économiques difficiles qui le menacent que devrait s'effacer la règle qui articule habituellement les différents niveaux du droit conventionnel. Pareille version des accords donnant-donnant achève l'immersion de chacun d'eux dans l'économie de l'entreprise. Pour l'instant, ils subissent les difficultés sans prendre acte de leur disparition. Cette dernière devrait pourtant déboucher sur l'abandon du régime de rigueur et l'application de la clause la plus avantageuse pour l'ensemble des salariés considérés. Il faut donc inviter de tels actes in pejus à préciser les conditions économiques des sacrifices sociaux faits, pour prévoir, en cas de « retour à meilleure fortune », un abandon de ceux-ci. Quant à l'entreprise florissante qui promet des créations d'emplois, le défaut de respect des engagements pris doit être immédiatement suivi du retour du principe de faveur.

377 - Une telle analyse des actes travaillant pour l'emploi et de leurs conséquences est-elle compatible avec le droit des conventions et accords collectifs de travail ? Qu'une convention-mère permette que l'emploi fasse échec à ses nouvelles dispositions en faveur des salariés est tout à fait concevable ; que l'accord inférieur dispose, même au nom de l'emploi, des stipulations de la convention-mère ne l'est pas. L'emploi c'est un état de nécessité, une priorité nationale, difficilement traduisible dans le droit des conventions et accords collectifs en l'état actuel des textes. Le choix fait par les juges d'invoquer à son profit le principe de faveur est probablement moindre mal. Reste l'inconvénient de l'évaluation ponctuelle de l'acte, qui peut être compensé par un mécanisme

---

162 M.-A. SOURIAC-ROTSCHILD, Th. préc. p. 1602.

163 Cass. soc. 19/02/1997, *« Compagnie générale de géophysique c/Bloy et autres »*, préc. ; il est vrai qu'en sus des espoirs concernant l'emploi, la Cour observe que la suppression de la prime semestrielle est compensée par la mise en place d'une prime sur les résultats.

conventionnel de retour à meilleure fortune[164] ou par une action en résolution de l'acte pour inexécution des engagements patronaux.

378 - Enfin, parallèlement à ce qui a été dit pour la norme légale, il faut noter l'évolution de la négociation collective qui se fait plus incitative, par le biais d'accords-cadres[165]. Ainsi, les perturbations d'un acte négocié par un texte « supérieur » de même nature se font plus rares.

Section II : Les normes collectives unilatérales ou de champ d'application plus étroit

379 - Ces normes « inférieures » à une convention ou un accord collectif donné ont des natures diverses. Un même accord collectif « domine » des actes à lui semblables mais de champs d'application plus restreints que le sien et aussi des sources collectives dites « informelles ». En effet, l'étendue du champ d'application n'est pas le seul critère utilisé afin de hiérarchiser les règles du travail. Les actes d'entreprise et d'établissement « dominent »[166] les sources informelles qui sont territorialement leurs égales. Cette prééminence de l'accord collectif s'explique par le caractère unilatéral des accords atypiques et usages[167]. Bien réelle en théorie, elle a donné lieu à une jurisprudence récente refusant l'application de l'usage dans le cas de survenance d'un nouvel accord collectif pourtant moins favorable[168]. Il reste que l'intervention de la source informelle sur le terrain d'un acte collectif d'entreprise existant éclipse ce dernier en lui enlevant son actualité, son effectivité. Cette

---

164 L'instauration d'une prime sur les résultats dans l'arrêt précité n'a, semble-t-il, aucune signification de ce point de vue.

165 Voir thèse n° 428 et suiv..

166 Cette domination ressort au stade de l'application du principe du plus favorable. La source informelle ne peut stipuler moins favorablement que l'accord collectif d'entreprise.

167 E. DOCKES, *« L'engagement unilatéral de l'employeur »*, Dr. soc. 1994, p. 230 ; G. VACHET, *« Les accords atypiques »*, Dr. soc. 1990, p. 624 ; Pour les accords et décisions prises avec les représentants du personnel, Cass. soc. 14/06/1984, Dr. soc. 1985, p. 192 ; Cass. soc. 22/04/1992, Bull. civ. V, n° 296 et pour les espèces les plus récentes, Cass. soc. 27/03/1996, Dr. soc. 1996, p. 642 et Cass. soc. 19/11/1997 (2 espèces), Dr. soc. 1998, p. 89 ; pour les usages (nous reprenons ici les constatations de G. COUTURIER Dr. soc. 1998, p. 77), la qualification d'engagement unilatéral semble même faire oublier les caractéristiques de leur force obligatoire initiale. Plus de constance ni de fixité exigées par les juges. Peu importe le caractère variable des primes dont les parties discutent le paiement ; Cass. soc. 05/06/1996, Dr. soc. 1996, p. 973, obs. de l'auteur précité et surtout Cass. soc. 28/10/1997, Dr. soc. 1998, p. 77 obs. du même auteur.

168 Cass. soc. 25/01/1995 *« Charre c/ comité français contre la faim »*, Bull. civ. V, n° 40 ; D 1995, p. 593, note P. POCHET ; JCP éd. E 1996, I, 3901, n° 23, obs. P.-H. ANTONMATTEI ; Dr. soc. 1995, p. 274, obs. G. BORENFREUND ; RJS 3/1995, n° 279 ; J. SAVATIER, *« Substitution à un usage de l'entreprise d'un accord d'entreprise conclu en l'absence de délégués syndicaux »*, RJS 4/1995, p. 231 ; Sem. soc. LAMY, n° 781, p. 3, obs. P. WAQUET et J. DEPREZ, *« Le régime juridique des avantages collectifs de sources informelles à travers la jurisprudence »*, RJS 10/1995, p. 639 ; Cass. soc. 19/11/1997 *« Anelli et autres c./soc. Manducher »*, Dr. soc. 1998, p. 90 obs. G. COUTURIER. C'est la première fois, à notre connaissance, que la jurisprudence se prononce pour les « normes atypiques » (en l'espèce décision prise devant le comité d'entreprise), elle reprend donc la solution sévissant pour les usages. Toutefois, elle s'abstient d'observer, dans ce cas, que la norme en cause *« est, par nature, supplétive de la volonté des parties »*. Rien ne justifie pourtant cette réserve.

remarque tire sa pertinence du fait que conventions et accords d'une part, usages et accords atypiques d'autre part, ont le *même* champ d'application. Ils entrent donc en concurrence sur le plan de la réglementation des *mêmes* relations professionnelles *(§ 2)*. Par opposition, sur ce même plan, il n'est pas possible de soutenir que le nouvel acte d'entreprise remet en cause la convention de branche qui le concerne. En revanche, l'acte négocié situé au plus près des réalités économiques inspire le tissu conventionnel plus large et, de cette façon, constitue pour lui une source de remise en cause *(§ 1)*.

§ 1 Les normes conventionnelles de champ d'application plus étroit

380 - Aussi restreint que soit leur domaine d'intervention, il arrive que ces règles inférieures alimentent les négociations supérieures. Ainsi en va-t-il pour les accords d'entreprise et d'établissement vis-à-vis, respectivement, des accords de branche et d'entreprise. Le meilleur exemple de ce type d'interaction entre les niveaux est donné par l'accord national interprofessionnel du 31 octobre 1995[169] lequel, à la pointe de la politique contractuelle, crée un observatoire de la négociation d'entreprise *« susceptible d'éclairer et de nourrir les différentes fonctions (...) de la négociation de branche »*[170]. Il est donc tout à fait concevable, selon les faits, que les négociations inférieures participent à la remise en cause des actes conventionnels de champ d'application plus large. Cependant, les observatoires mis en place se contentent, pour l'instant, de récolter l'information et de la transmettre. Il appartient aux partenaires concernés de réagir ou non. Ainsi, une telle instance met peut-être en évidence des évolutions mais ne prend aucune part dans le déclenchement d'un mécanisme de remise en cause[171]. Pourtant cette dynamique, qui contribue à la cohérence du droit conventionnel, est à saluer. La remise en cause de ce dernier, même imparfaite, par de nouvelles normes unilatérales est, tout au contraire, à déplorer.

§ 2 Les normes collectives unilatérales

381 - On peut tout d'abord craindre, à comparer le régime de dénonciation des conventions et accords collectifs de travail et celui des normes unilatérales, que l'employeur privilégie les secondes pour la construction du droit collectif –et donc pour son évolution-. La dénonciation n'a guère besoin d'être motivée dans l'un et l'autre cas mais, en revanche, la survie de l'acte et le maintien

---

169 Reconduit pour trois ans le 08/04/1999.

170 Art. 1-3-2 de l'accord. Les partenaires sociaux réitèrent cette volonté au profit de la négociation interprofessionnelle dans l'article 1-3-4.

171 L'articulation ascendante des sources du travail est décidément à inventer ; à propos des interactions convention collective =>loi, M.-L. MORIN, *« La loi et la négociation collective - de la concurrence à la complémentarité »*, LIRHE 07/1997, spéc. p. 16-17.

des avantages acquis sont étrangers au phénomène de l'auto-réglementation atypique[172].

382 - Cependant, il est utile de porter sur ces normes un autre regard. Observer ces sources diverses à l'aide du passé et de l'avenir de leurs liens permet d'apprécier de manière plus critique leur existence et les rapports qu'elles entretiennent les unes avec les autres.

Les décisions strictement unilatérales, parmi lesquelles l'usage tient la vedette, ont précédé dans l'histoire des normes collectives la convention et l'accord définis à l'article L. 132-1 du Code du travail. Ceux-ci, pétris d'égalité et de justice sociale, ont d'ailleurs prospéré au détriment des décisions unilatérales de l'employeur dont l'arbitraire était montré du doigt. Le développement des conventions collectives a d'ailleurs appauvri sensiblement la source que constituait l'usage, qui s'est trouvé formalisé puis remplacé en grande partie par les premières.

Cependant, quelle que fût la prospérité des actes conventionnels, l'employeur a toujours disposé d'un pouvoir de décision propre. De plus, beaucoup de PME-PMI n'ont pas accès à une représentation de leur personnel[173] et il en va de la négociation sociale comme de toute entreprise délicate : elle peut fort bien échouer. La décision du seul employeur intervient alors à défaut d'autre chose. Par ailleurs, le domaine de la négociation sociale ne couvre jamais qu'un pan, même s'il est essentiel, des décisions qui ont trait aux conditions de travail et d'emploi des salariés.

383 - Au vu de la jurisprudence de la Cour de cassation on peut penser que, comme les usages, les accords atypiques entretiennent ce même rapport fait de complémentarité et de concurrence de bon aloi avec les conventions et accords collectifs. Dans les cas où l'entreprise n'est pas dotée de représentation syndicale ou lorsque aucun accord n'a pu être conclu selon l'un des deux modes dérogatoires, ils font figure de pis-aller préférables à une décision unilatérale de l'employeur.

Toutefois, on doit s'interroger sur le point de savoir s'il reste encore une place pour les accords atypiques après la loi du 12 novembre 1996. Celle-ci autorise les accords conclus avec les représentants du personnel (membres du comité d'entreprise ou délégués du personnel) et les salariés mandatés par une organisation syndicale. Les premiers voient leur validité –en tant qu'accords collectifs- subordonnée à l'aval d'une commission paritaire intervenant au niveau de la branche. Surtout, les deux types d'accords concernés doivent être autorisés par un accord de branche. En l'absence de ce dernier, les accords conclus avec les représentants du personnel ou les salariés mandatés doivent-ils être déclarés illicites ? Au contraire, doit-on continuer à qualifier certains d'entre eux d'accords atypiques ? Il est primordial de se reporter aux intentions du législateur. En 1996, son objectif a été avant tout de permettre la

---

172 Le terme atypique peut très bien convenir aux usages, dont on a évoqué les particularités en droit du travail (voir thèse, partie II, note 167) ; voir en ce sens A. SUPIOT, *« Critique du droit du travail »*, PUF 1994, p. 176.

173 La loi du 12/11/1996, qui développe la négociation dans les petites entités, amoindrit cette constatation.

mise en œuvre, dans les petites et moyennes entreprises, de dispositifs dérogatoires à la loi. L'adaptation de la norme légale était, jusque là, réservée aux entreprises pouvant disposer d'une ou plusieurs représentations syndicales. Le sort des accords « imparfaits », qui améliorent le statut collectif du personnel[174], n'est apparemment pas en cause. Il faut à ce propos préciser que le Conseil d'Etat[175] a démenti la note ministérielle[176] qui rappelait, hors du champ de la loi de 1996, l'existence de la jurisprudence de 1995[177] autorisant un salarié mandaté à négocier à défaut d'organisation syndicale. La suppression des effets de cette jurisprudence laisse à nouveau la place aux accords atypiques. Toutefois, la loi Aubry I[178] et le projet de seconde loi reprennent la possibilité du mandatement pour la conclusion d'accords sur les 35 heures (en l'absence de délégués syndicaux et sans qu'il soit besoin d'une prévision au niveau de la branche). Le projet de seconde loi utilise également, à défaut de « négociation classique » ou de mandatement, la possibilité de négocier avec les délégués du personnel mais aussi l'intervention des salariés pour approuver les documents portant sur les 35 heures (art. 19 du projet). Ces dispositions réduisent le champ d'application des accords atypiques, à notre avis toujours valides sauf application de la loi du 12 novembre 1996.

384 - Ces conclusions, empreintes d'une certaine bienveillance à l'égard des normes unilatérales à portée collective, font peu de cas du *droit à la négociation collective*. Si l'on veut bien considérer l'évidente volonté de promotion –du moins théorique- de celle-ci, il nous faut porter un autre regard sur certains des rapports de concurrence entre normes.

En clair, tous les acteurs du système professionnel doivent s'employer à réduire la norme unilatérale au profit de la décision négociée. Aussi bien, est-il important que la négociation prospère (cf les obligations de négocier) et que les négociations soient menées de bonne foi afin que les limites de l'intervention en solo de l'employeur se trouvent repoussées[179]. Dans le même esprit, lorsque les conditions de la négociation collective « classique » sont réunies[180], la validation des accords atypiques nous semble contestable. Même à les réserver au cas précis où la négociation avec les syndicats a échoué, ils desservent bien trop ces derniers. En effet, l'accord ou du moins l'assentiment recherché chez d'autres formes de représentation du personnel ne peut manquer de les mettre dans une situation délicate. Affaiblir ainsi les organisations syndicales représentatives dans l'entreprise revient à fragiliser la négociation sociale voulue par le législateur. Quand les conditions de la négociation collective sont rassemblées dans une entreprise, il faut prendre garde à ne pas l'affaiblir et refuser

---

174 Parfois en palliant ses lacunes.

175 CE 01/04/1998, RJS 07/1998, n° 888.

176 Note ministérielle du 30/01/1997, Sem. soc. LAMY 24/02/1997, n° 828.

177 Cass. soc. 25/01/1995, réf. note 168.

178 Loi n° 98-461 en date du 13/06/1998.

179 Cf les difficultés en la matière, thèse n° 412 et suiv..

180 En présence d'un ou plusieurs délégués syndicaux.

toute tentative de l'employeur visant à la contourner. L'hypothèse où un accord de branche applicable à l'employeur permet la conclusion d'accords par intervention des représentants du personnel ou par un ou plusieurs salariés mandatés occasionne de semblables observations, quoique dans une moindre mesure. En cas de nouvelle implantation syndicale dans l'entreprise non couverte par un accord de branche en application de la loi de 1996 (nous rappelons que les possibilités offertes par la loi de 1996 ne sont pas subordonnées à l'absence virtuelle de délégués syndicaux ; elles s'appliquent même quand le nombre des salariés est supérieur à 50), l'employeur doit se trouver désormais interdit de négocier avec l'interlocuteur élu. C'est là, toujours, la traduction concrète de la prééminence de l'action syndicale dans la négociation d'entreprise, telle qu'organisée par la loi du 13 novembre 1982. A propos des lois Aubry, ces réflexions doivent être réitérées. A noter toutefois que le projet de seconde loi prend soin de hiérarchiser les différents modes originaux de conclusion des accords (mandatement préféré à l'intervention des délégués du personnel, elle-même préférée à l'intervention directe des salariés). Dans le même sens, l'intervention des salariés est réservée aux entreprises comportant moins de onze salariés ; la négociation des délégués du personnel et l'application d'un accord de branche étendu sont quant à elles réservées aux entreprises dont l'effectif est inférieur à cinquante salariés. Enfin, le mandatement est limité aux entreprises dont l'effectif est au moins égal à cinquante salariés et qui sont privées de délégués syndicaux ou de délégués du personnel faisant office (art. 19 du projet).

385 - La violation de la primauté du droit à la négociation collective apparaît avec plus d'évidence encore dans l'hypothèse qui nous préoccupe de remise en cause de l'acte conventionnel. L'employeur a choisi de négocier avec les organisations syndicales ; il est légitime d'espérer qu'il se tiendra à ce choix et ne changera pas d'interlocuteur selon sa convenance. L'avènement d'une décision unilatérale prend donc un tour particulier quand elle vise la modification –favorable- de l'application d'un acte conventionnel. Avant que d'édicter sa seule volonté, l'employeur ne devrait-il pas s'attacher à rechercher un nouvel accord, par révision des dispositions initiales ? Il nous semble que le droit à la négociation collective tolère mal que le terrain gagné, si modeste soit-il, sur l'étendue d'un pouvoir patronal souverain se perde aussi aisément. Il apparaîtrait donc tout à la fois souhaitable et raisonnable d'exiger de l'employeur qu'il essaye en premier lieu de négocier avec ses interlocuteurs syndicaux. Ce n'est qu'en cas d'échec de la négociation (menée de bonne foi) qu'il serait à même de prendre l'engagement unilatéral de sa convenance, sous réserve de respecter les règles qui entourent le procès-verbal de désaccord de fin de négociation. Il conviendrait alors de s'inspirer des principes entourant la renégociation obligatoire. Soulignons que, là comme ailleurs, l'intervention de l'accord atypique apparaît doublement dommageable. En même temps que la négociation collective recule, l'employeur ne perd pas l'avantage de la décision concertée et parvient à étouffer les éventuelles protestations des organisations syndicales.

386 - Cependant, l'incidence sur le texte négocié des normes unilatérales plus favorables n'est guère remise en cause en pratique. La raison en est simple : la norme fondamentale dans l'entreprise n'est pas –encore ?- la décision négociée. Toutefois, le droit à la négociation collective a fait l'objet,

récemment, d'importants travaux[181]. Pour ce qui nous intéresse directement, une doctrine autorisée a suggéré que la réglementation patronale unilatérale soit supplétive. L'employeur serait en droit d'édicter des normes générales et abstraites si et seulement si se trouvait constaté l'impossibilité ou l'échec de la négociation[182]. Un arrêt récent et remarquable[183] va dans ce sens et prévoit que *« la conclusion d'accords entre l'employeur et des institutions représentatives du personnel distinctes des organisations syndicales constitue le délit prévu et réprimé par les articles L. 412-1 et L. 481-2 du Code du travail lorsqu'elle a eu pour objet ou pour effet de porter atteinte au monopole que la loi confère aux organisations syndicales pour représenter les intérêts des salariés dans la négociation collective »*.

De la même façon, la modification –par décision unilatérale- de l'application d'un contrat collectif conclu par des élus du personnel ou des salariés mandatés doit être précédée d'un essai de renégociation respectant le parallélisme des formes. Il devrait en aller de même avant l'application d'une recommandation patronale modificative par l'employeur membre de l'organisation émettrice. Est-il opportun d'avoir la même exigence dans le cas de modification de dispositions découlant d'un accord dit atypique ou de l'approbation majoritaire des salariés ? Le peu de sens à donner en l'espèce au terme « accord », ajouté à l'absence de reconnaissance légale du phénomène, commandent une réponse négative.

387 - Pour tous les exemples traités dans ce sous-titre I la remise en cause est imposée aux parties des conventions et accords. Bien sûr, rien n'empêche celles-ci de reprendre en mains le dispositif conventionnel en le renégociant. C'est justement ce à quoi elles sont parfois invitées par la loi ou les textes conventionnels de large niveau. Les obligations d'adapter ou de renégocier dont il s'agit, tantôt accompagnent une remise en cause du contenu ou de l'application de l'accord considéré, tantôt sont indépendantes des mécanismes évoqués précédemment.

---

181 M.-L. MORIN, *« Le principe général du droit à la négociation collective »*, LGDJ 1994.

182 A. SUPIOT, op. cit. et *« La réglementation patronale dans l'entreprise »*, Dr. soc. 1992, p. 215, spéc. n° 18 et suiv..

183 Cass. crim. 18/11/1997, CSBP 1997, n° 97, A7.

SOUS-TITRE DEUXIÈME

LES DISPOSITIONS APPLICABLES AUX PARTIES À L'ACTE CONVENTIONNEL

388 - Les dispositions applicables aux parties à un acte conventionnel donné émanent forcément d'un texte qui lui est supérieur dans la hiérarchie des normes du travail. La loi est évidemment sollicitée. Deux séries de dispositions légales sont visées : les obligations légales de (re)négocier *(chap. I)* et celles qui prévoient l'adaptation de l'acte conventionnel lors d'un changement de son environnement juridique *(chap. II)*. Si la loi tient le rôle principal, les textes conventionnels de large niveau se préoccupent de plus en plus de la remise en cause de leurs semblables, inférieurs de champ d'application *(chap. III)*.

CHAPITRE PREMIER

LES OBLIGATIONS LÉGALES DE RENÉGOCIER

389 - Le mécanisme en question a marqué la réforme du droit du travail en 1982. Pour la matière des remises en cause, il convient de préciser sa place *(sect. I)* ; avant de s'attacher à sa description en commençant par le contenu de ces obligations *(sect. II)*, pour en finir avec leur déroulement *(sect. III et IV)*.

Section I : Obligations de renégocier et remise en cause

390 - Insérées dans le droit légal national, ces obligations ont affirmé le droit à la négociation, en particulier dans l'entreprise. Ce sont en effet les obligations de négocier à ce niveau qui ont suscité les plus abondants commentaires. A l'époque, la jeunesse de la négociation d'entreprise expliquait probablement les réticences manifestées par les employeurs. Aujourd'hui, quel que soit le niveau de négociation, les critiques n'ont plus cours. Pour preuve l'accord interprofessionnel du 31 octobre 1995 qui développe cette technique au niveau professionnel[184]. Les objets légaux de la négociation se sont étoffés. Les salaires, la durée et l'organisation du temps de travail, la formation professionnelle pour les principaux, reflètent la négociation sociale actuelle en ce

---

[184] Les partenaires sociaux souhaitent, afin de compléter les obligations légales existantes, une obligation de négocier tous les trois ans sur l'ensemble des questions liées au temps de travail (art. 1-3-2 de l'accord interprofessionnel du 31/10/1995, LS légis. soc. n° 7354 C1 ; l'accord a été reconduit pour trois ans le 08/04/1999) ; voir thèse n° 396.

qu'elle a de plus innovant. L'obligation de négocier, qui s'est avérée en avance sur son temps et donc opportunément incitative, est entrée dans les mœurs[185]. Il est fort probable qu'elle a joué un rôle dans l'augmentation sensible de la négociation d'entreprise ces dernières années. Les représentants patronaux semblent désormais apprécier cette pratique qui, outre ses vertus pédagogiques, conduit de nos jours à une évolution des accords qui se déportent naturellement vers l'entreprise et ses difficultés. Il y a beaucoup de troublant à considérer ce « détournement de l'œuvre législative » par la pratique des employeurs avertis. Pour preuve de cette transformation il faut citer la négociation périodique sur le temps de travail qui, alimentée par les lois Robien et Aubry, a séduit bon nombre de directions d'entreprise. Dans la branche, en revanche, les obligations légales n'ont pas vraiment relancé la négociation.

391 - Le droit social américain connaît aussi l'obligation de renégocier[186] ; c'est le célèbre « duty to bargain », le devoir réciproque de (re)négocier. Si la France et les Etats-Unis se rejoignent sur la nécessité d'une renégociation, il est important de noter que celle-ci résulte, outre-Atlantique, d'un état d'esprit. Cette différence originelle est d'importance. Un droit légal de la relation conventionnelle peut d'emblée laisser circonspect. En effet, ce qui importe c'est la volonté des parties de poursuivre le dialogue. Qu'elles organisent elles-mêmes cette poursuite et tout est pour le mieux. En revanche, on peut douter que la loi soit en mesure de créer une pareille intention. Mais est-ce vraiment le but de la technique juridique concernée ? Son aspect contraignant ne fait aucun doute mais n'est-il pas nécessaire en l'absence d'un principe établi de bonne foi dans la gestion de la relation contractuelle ? Par ailleurs il fallait, en 1982, conduire la partie patronale à accepter le dialogue social.

392 - Le problème, il est vrai, se pose avec moins d'acuité lorsqu'un lien contractuel unit déjà les parties. Alors, l'obligation de négocier apparaît moins utile. Il n'y a pourtant dans la branche que des obligations de *re*négocier, le mécanisme ne jouant qu'en présence d'un accord. Pour ce qui est du niveau de l'entreprise, les obligations légales sont aussi des obligations de négocier[187]. Ce qui nous intéresse alors c'est la répétition périodique de l'obligation. Les obligations légales sont des mécanismes juridiques qui participent à la remise en cause. Bien sûr, ce sont avant tout des techniques de négociation et, en cela, elles peuvent aboutir à la création d'un nouveau texte portant sur un thème jusque là inédit. Ce qui est remarquable c'est leur intervention a priori, pour susciter le besoin de remise en cause, pour permettre aux organisations syndicales d'exposer des revendications auxquelles l'employeur doit répondre. Le terme *(re)négocier* est éloquent sur le souhait du législateur de voir s'accomplir une révision des dispositions contractuelles. Les renégociations légales ont un contenu pédagogique, elles ont l'ambition de modeler des volontés. Quand l'employeur est demandeur, c'est la partie syndicale qui est amenée à la

---

185 Rapp. COFFINEAU, *« Les lois Auroux, 10 ans après »*, p. 39.

186 D'autres pays connaissent, mais de manière moins remarquable, l'obligation de renégocier : l'Espagne, le Portugal et le Luxembourg.

187 Elles s'appliquent dès lors qu'une ou plusieurs sections syndicales d'organisations représentatives sont constituées.

renégociation par ces obligations. Dans tous les cas, la loi suggère un bilan régulier de l'application du dispositif contractuel et des éventuelles modifications à apporter. Elle rejoint ainsi les clauses de bilan, de suivi des accords, clauses de plus en plus utilisées par les parties.

Section II : Le contenu des obligations de renégocier périodiques[188]

Il est nécessaire de distinguer les niveaux de négociation.

§ 1 Au niveau de la branche

393 - Les parties liées par une convention de branche doivent négocier au moins une fois par an –c'est-à-dire une fois par année civile- sur les salaires[189] et examiner au moins une fois tous les cinq ans l'éventuelle révision des classifications[190]. Par ailleurs, la loi du 31 décembre 1991 relative à la formation professionnelle prévoit que les organisations qui sont liées par une convention de branche ou, à défaut, par un accord professionnel se réunissent au moins tous les cinq ans pour négocier sur les priorités, les objectifs et les moyens de la formation professionnelle des salariés[191].

394 - Entre examen et négociation, il peut être tentant de ne laisser la place à aucune nuance. Cependant, et aussi à la lumière des *« examens »* requis dans l'alinéa 2 de l'article L. 132-12[192], il apparaît nécessaire de bien distinguer les deux termes[193]. Examiner n'est pas négocier, si on entend par là l'échange de propositions et contre-propositions[194]. On peut d'ailleurs en déduire l'obligation pour l'employeur d'avancer des chiffres porteurs de réelles évolutions (à la hausse) en matière salariale... En revanche, si le législateur parle seulement d'examen, c'est qu'il ne pense pas que, selon toute probabilité, l'environnement économique et social des matières concernées se sera modifié ou bien qu'imposer une négociation sur tel ou tel sujet serait par trop ambitieux.

---

188 Un tel examen est opportun pour porter un jugement éclairé sur les thèmes (de plus en plus nombreux) qui paraissent essentiels au législateur, au point qu'il exige qu'ils soient négociés périodiquement.

189 Les partenaires sociaux décident si ce sont les salaires minima ou réels qui sont concernés. Toutefois, l'administration se réserve la possibilité d'orienter les discussions *« en évolution pour les salaires effectifs, en évolution et en niveau pour les divers mécanismes de rémunération garantie, en niveau et en évolution pour les salaires minima hiérarchiques, en liaison avec les classifications de façon à redonner à ces minima leur rôle de valeur plancher pour les diverses catégories de qualification »* ; circ. DRT n° 15 du 25/10/1983, LS 09/11/1983, n° 5412.

190 Art. L. 132-12 C. Trav. al. 1.

191 Art. L. 933-2 C. Trav..

192 « La *négociation* sur les salaires *est l'occasion*, au moins une fois par an, d'un *examen*, par les parties, de l'évolution économique et de la situation de l'emploi dans la branche... ».

193 Voir à ce sujet, F. LE FICHANT, *« L'obligation de négocier en droit privé »*, Thèse Rennes 1992, p. 158, n° 171.

194 Circ. 25/10/1983, préc..

395 - Compte tenu de la présence avant 1982, dans le tissu conventionnel de branche, des matières sur lesquelles porte l'obligation de négocier, on peut analyser cette dernière comme une volonté de le dynamiser. Le législateur recherche une adaptation maximale de la convention collective de branche et, plus précisément, il tend à lui redonner une mission de progrès social. On peut constater, avec la loi de 1991, que le législateur se sert aussi de l'obligation de négocier pour introduire des thèmes nouveaux qui projettent la négociation sociale dans le temps et la mêlent très étroitement au reste des préoccupations de l'entreprise.

396 - La loi n'impose pas, dans tous ces cas, de respecter un intervalle déterminé entre deux négociations. La négociation annuelle s'accompagne cependant d'autres contraintes.

La partie patronale doit prendre l'initiative de la négociation. Elle répond d'une obligation d'information et elle doit remettre un rapport aux syndicats, au moins 15 jours avant la date d'ouverture de la négociation, et ce pour permettre un débat *« en toute connaissance de cause »*[195]. Ce rapport doit comporter des précisions sur les matières à négocier et celles (concernant la situation de l'emploi dans la branche) dont la rencontre permet l'examen. Sur le thème du temps de travail, porteur d'espérances, l'accord national interprofessionnel sur l'emploi du 31 octobre 1995 étoffe les obligations existantes par une obligation de négocier tous les trois ans sur l'ensemble des questions liées au temps de travail[196]. La pleine portée de cette obligation n'aurait pas fait de doute si les partenaires sociaux avaient affirmé *compléter* le mécanisme en place. L'emploi du verbe « devoir » atténue la force de la stipulation. L'accord ne fait-il pas là appel au législateur afin d'enrichir l'article L. 132-12[197] ? Par ailleurs, contrairement à ce qui a été souligné plus haut, cette obligation de (re)négocier est avant tout créatrice de dispositions. Il s'agit d'initier, pas seulement de dynamiser. Enfin, cette invitation à la négociation sur le temps de travail a des objectifs déclarés. L'accord national interprofessionnel reprend là l'article L. 212-2-1 du Code du travail issu de la loi quinquennale[198] et se montre bienveillant quant à l'aménagement des horaires (modulation et heures supplémentaires payées sous forme de repos) et l'instauration du temps partiel. Plus généralement, il s'agit d'organiser le temps de travail au profit de l'emploi[199].

---

195 Art. L. 132-12 C. Trav. ; le flou qui entoure cette exigence de portée capitale est regrettable.

196 *« (...) les obligations existantes de négocier sur les salaires et sur la formation professionnelle et d'examiner la nécessité de réviser les classifications doivent être complétées par une obligation de négocier tous les trois ans sur l'ensemble des questions liées au temps de travail »* ; acc. préc., voir thèse, partie II, note 184.

197 Certes, la date-butoir du 31/10/1996, avant laquelle des négociations devaient s'ouvrir (sous peine de réglementation hétéronome), introduisait l'idée d'obligation (de résultat ?), même si elle était impuissante à établir la périodicité de la contrainte. Sur ce point et d'autres, F. FAVENNEC-HERY, *« L'accord interprofessionnel du 31 octobre 1995 sur l'emploi »*, Dr. soc. 1996, p. 20.

198 Le projet de seconde loi Aubry abroge l'art. 212-2-1 C.Trav.. Il remplace les trois types de modulation du temps de travail existants par un seul type, défini à l'art. 8 du projet.

199 J. BARTHELEMY, *« L'aménagement conventionnel de l'organisation et de la durée du travail »*, Dr. soc. 1994, p. 156.

C'est ce que certains accords de branche ont accompli suite à la loi Aubry I , en date du 13 juin 1998[200], sur les 35 heures.

397 - Enfin, selon les premiers termes de l'article L. 132-12 du Code du travail, ne sont obligés de participer à la négociation que les syndicats signataires de la convention de branche ou de l'accord professionnel. Une telle disposition n'empêche pas les autres organisations syndicales représentatives de participer à la renégociation[201].

398 - Toutes ces contraintes légales font la particularité de l'obligation de négocier en droit social. Elles sont encore plus présentes dans la négociation d'entreprise.

§ 2 Au niveau de l'entreprise

399 - L'article L. 132-27 du Code du travail impose au chef d'entreprise d'engager chaque année civile une négociation *« sur les salaires effectifs*[202]*, la durée effective et l'organisation du temps de travail »*.

400 - *« Cette négociation annuelle est l'occasion d'un examen par les parties de l'évolution de l'emploi dans l'entreprise, et notamment du nombre de salariés dont les gains et rémunérations sont, en application de l'article L. 241-6-1 du Code de la sécurité sociale, exonérés totalement et partiellement des cotisations d'allocations familiales ; du nombre de contrats de travail à durée déterminée ; des missions de travail temporaire ; du nombre de journées de travail effectuées par les intéressés ; des prévisions annuelles ou pluriannuelles d'emploi établies dans l'entreprise »*.

401 - Examen et négociation doivent encore être distingués. A propos de l'exonération des cotisations d'allocations familiales, l'administration a développé la notion d' *« examen »*. Ce dernier suppose une analyse et une réflexion effectuées en commun avec les organisations syndicales de salariés[203].

402 - *« Cette négociation peut porter également sur la formation ou la réduction du temps de travail »*.

Cette dernière disposition et celles ayant trait à l'évolution de l'emploi ont été ajoutées par l'article 1er de la loi quinquennale pour l'emploi. Selon l'Administration[204], il s'agit d'inviter les parties à engager une négociation en faveur de l'emploi à l'aide des gains réalisés par l'employeur sur la budgétisation des allocations familiales, à l'aide de la réduction du temps de travail utilisée pour la formation. Dans le même sens, l'article L. 212-2-1 du Code, évoqué précédemment à propos de la négociation de branche, concerne pareillement le niveau de l'entreprise. Les thèmes proposés aux partenaires

---

200 N° 98-461. T. JOFFREDO, *« Les accords de branche étendus et l'aménagement du temps de travail »*, JCP éd. E, 1999, n° 22, étude p. 948.

201 La participation des syndicats non-signataires à la renégociation du texte conventionnel a été globalement traitée, voir thèse n° 205 et suiv..

202 La négociation obligatoire ne concerne pas les décisions individuelles.

203 FR Fr. Lefebvre, 09/11/1994, n° 49, p. 5.

204 Voir FR préc..

sociaux par la loi du 20 décembre 1993, dont cet article est issu, sont l'annualisation et la réduction du temps de travail pour l'emploi[205]. Ils précisent les objectifs de l'organisation de négocier sur la durée et l'organisation du temps de travail. De la même façon, les lois Robien et Aubry sur les 35 heures offrent des exemples d'aboutissement de la négociation sur le temps de travail[206].

403 - Ces dernières années, le législateur se penche sur le problème de l'emploi et cherche à faire de la conservation de ce dernier la principale préoccupation d'une négociation périodique, et par là dynamique.

En fait, c'est le *rôle* de la négociation collective dans l'entreprise qui évolue. Si longtemps sa mission quasi-exclusive fut d'entériner certains résultats économiques, aujourd'hui elle se révèle plus complexe, mais pas forcément au détriment du salarié.

404 - Enfin, les obligations ne sont imposées qu'aux chefs des entreprises dans lesquelles existent une ou plusieurs sections syndicales représentatives[207]. La négociation ne concerne pas pour autant les seules entreprises comprenant plus de cinquante salariés. Un délégué du personnel peut éventuellement être l'interlocuteur de la partie patronale. La chambre sociale de la Cour de cassation a également considéré, le 25 janvier 1995[208], que dans une entreprise ne remplissant pas les conditions légales pour avoir des délégués syndicaux un salarié mandaté par une organisation syndicale représentative pouvait valablement négocier et signer un accord d'entreprise. Les partenaires sociaux, dans l'accord interprofessionnel du 31 octobre 1995 précité, sont allés encore plus loin dans la volonté d'effacer les obstacles à la négociation dans les petites et moyennes unités ou plus largement dans celles privées de représentation syndicale. Le législateur les a suivis qui autorise la conclusion d'accords par un ou plusieurs salariés mandatés par une ou plusieurs organisations représentatives, mais aussi par les représentants élus du personnel[209]. Du même coup, la jurisprudence précitée n'a plus cours.

405 - Il est nécessaire de poursuivre sur le déroulement de la négociation, tant il est vrai qu'un droit n'est rien sans être mis en œuvre. On peut

---

205 Voir J. BARTHELEMY préc. et la note 198.

206 F. FAVENNEC-HERY, *« Loi Robien : création d'emplois, alternative au licenciement ou opportunité ? »*, Dr. soc. 1996, p. 999 ; loi n° 98-461 du 13/06/1998 et projet de seconde loi en discussion ; *« La réduction du temps de travail »*, Dr. soc. 1998, n° spéc..

207 Circ. DRT 05/05/1983, D 1983, 330.

208 Cass. soc. 25/01/1995 *« Charre c/ comité français contre la faim »*, Bull. civ. V, n° 40 ; D 1995, p. 593, note P. POCHET ; JCP éd. E 1996, I, 3901, n° 23, obs. P.-H. ANTONMATTEI ; *Dr. soc.* 1995, p. 274, obs. G. BORENFREUND ; RJS 3/1995, n° 279 ; J. SAVATIER, *« Substitution à un usage de l'entreprise d'un accord d'entreprise conclu en l'absence de délégués syndicaux »*, RJS 4/1995, p. 231 ; Sem. soc. LAMY, n° 781, p. 3, obs. P. WAQUET.

209 Loi n° 96-985 du 12 novembre 1996 à vocation expérimentale (les accords de branche autorisant l'intervention d'élus du personnel ou de salariés mandatés doivent être conclus avant le 31/10/1998 ; leur durée ne peut excéder 3 ans) ; il est probable que le législateur pérennise le dispositif. La loi Aubry I n° 98-461 en date du 13/06/1998, sur les 35 h., reprend ponctuellement la possibilité de mandatement syndical en l'absence de délégués syndicaux sans qu'il soit besoin d'une prévision au niveau de la branche. En plus, le projet de seconde loi permet l'intervention des délégués du personnel et l'expression directe des salariés.

distinguer deux phases dans la négociation collective : d'une part la phase de procédure qui couvre la préparation de la négociation et son échec *(sect. III)* ; d'autre part la phase de négociation proprement dite *(sect. IV)*.

Section III - Début et fin des négociations

406 - Il faut souligner qu'aucune formalité n'est imposée par la loi quant à ces étapes dans la négociation de branche ; aucune sanction spécifique n'accompagne l'obligation de négocier. Dans l'entreprise, le législateur a entouré de soins particuliers le début et la fin des négociations, en instituant des obligations de résultat. Cette différence notable entre les deux niveaux est sans doute imputable à la volonté ferme du législateur de promouvoir la négociation au plus près de l'activité économique et de s'en donner les moyens. Diverses obligations bien précises incombent donc à l'employeur : obligation d'initiative de la négociation, obligation de convocation des représentants des salariés, obligation d'information desdits représentants[210]. Ces obligations et leurs sanctions pénales et civiles ont fait l'objet de nombreux travaux doctrinaux[211].

407 - Cependant, le risque de ne pas voir aboutir la négociation existe. C'est même un élément inhérent au mécanisme et, en conséquence, l'obligation de négocier ne saurait faire l'objet d'une exécution forcée. Lorsque la négociation obligatoire avorte, la gestion de cet échec fait l'objet des dispositions de l'article L. 132-29 du Code du travail. Il doit être établi procès verbal de cet insuccès, procès-verbal de désaccord dans lequel sont consignées les dernières propositions émises par les parties et les mesures unilatérales que le chef d'entreprise entend mettre en œuvre. Les dispositions qui seront finalement prises peuvent être plus sévères que les dernières propositions de la partie patronale au cours de la discussion[212]. Cette position n'est justifiable que dans la mesure où les ultimes propositions étaient subordonnées à des concessions salariales rejetées. En revanche, il n'apparaît pas possible, pour l'employeur, d'appliquer des mesures plus favorables que celles par lui proposées. Une telle attitude tendrait à prouver sa déloyauté et son mépris du droit à la négociation dont dispose les syndicats[213].

408 - Ces obligations de négocier dans l'entreprise apparaissent comme des intermèdes au cours du règne de la décision unilatérale de l'employeur. Les magistrats se refusent en effet à entamer le pouvoir patronal.

---

[210] Sur ce plan de l'information, la négociation apparaît largement en retrait par rapport à la consultation, M.-A. SOURIAC-ROTSCHILD, « *Consultation et négociation loyale* », AJ CFDT, 1996, n° 119 ; J. BARTHELEMY, « *La négociation collective, consensualisme ou formalisme ?* », Dr. soc. 1998, p. 401.

[211] M.-A. SOURIAC-ROTSCHILD, « *Le droit à la négociation et sa sanction* », Dr. soc. 1982, p. 729 ; « *Les incertitudes juridiques de la négociation d'entreprise-quelques illustrations* », Dr. soc. 1988, p. 731 ; Y. CHALARON, « *La sanction pénale du droit conventionnel : une nouvelle base ?* », Dr. soc. 1984, p. 505 ; J. PUECH, « *L'obligation, au regard du droit pénal, d'engager une négociation annuelle dans les entreprises* », Dr. soc. 1984, p. 49 ; J. PELISSIER, « *La négociation sur les salaires* », Dr. soc. 1984, p. 678.

[212] J. PELISSIER préc. p. 682.

[213] M. DESPAX *Traité*, p. 546 ; J. PELISSIER, préc..

Le Tribunal de grande instance de Paris, dans sa formation de référé[214], a eu l'occasion de le rappeler. La négociation sur les salaires était en question et, après avoir constaté que les règles relatives à la négociation avaient été respectées, le juge des référés a affirmé sans ambiguïté que *« la fixation des salaires relève de l'autorité du chef d'entreprise à défaut d'accord avec ses interlocuteurs, qu'aucune juridiction de l'ordre judiciaire n'a qualité pour statuer sur un tel problème »*. D'une manière plus nette, la Cour de cassation[215] a rendu, deux jours plus tard, une décision similaire en matière de modalités d'exercice du droit d'expression des salariés : *« En statuant ainsi, alors qu'ayant constaté que les parties n'avaient pu se mettre d'accord sur le point controversé, il ne lui appartenait pas de se substituer à l'employeur pour arrêter les mesures déterminées, jusqu'à la prochaine négociation, à pallier ce désaccord, la Cour d'appel a violé les textes susvisés »*. Il n'est donc pas question de bloquer la faculté de décision de ce dernier entre les négociations. Une remise en cause de fait peut intervenir si l'employeur décide plus favorablement en cours d'année. Nous avons discuté auparavant de ces engagements de l'employeur au plan collectif qui constituent autant de remises en cause de l'application de l'acte[216].

409 - Pour relativiser ce retour de la souveraineté patronale, il faut souligner que, dans l'entreprise, le délai entre deux négociations est relativement court. Particulièrement, en matière de formation continue et selon l'article L. 932-5 du Code du travail, *« si la négociation engagée par l'employeur conformément à l'article L. 932-4 n'aboutit pas, une nouvelle négociation doit être engagée dans les douze mois suivant la date du procès-verbal constatant le désaccord... »*.

410 - La force de l'instrument de remise en cause qu'est l'obligation de négocier se situe aussi dans les règles présidant à la conduite de la négociation à proprement parler.

Section IV : La conduite de la négociation[217]

411 - Il incombe à l'employeur, en cette occasion, une obligation de moyens *(§ 1)* ; il doit donc déployer tous ses efforts pour le succès de la négociation, en respectant le droit des salariés à la négociation collective *(§ 2)*.

§ 1 La présence d'une obligation de moyens... renforcée ?

412 - Nous consacrons ce sous-titre aux remises en cause décidées par les *parties*. Aussi bien, l'obligation légale en question y a sa place

---

[214] TGI Paris 02/10/1989, JCP 1990, éd. E, II, 15780, note BEAUCHARD.

[215] Cass. crim. 04/10/1989, Dr. ouvr. 1990, 138 ; D 1990, som. com. 166, obs. M.-A. SOURIAC-ROTSCHILD.

[216] Voir thèse n° 381 et suiv..

[217] Sur la question en général, Y. CHALARON, *« La conduite de la négociation »*, Dr. soc. 1990, p. 584.

puisqu'elle se veut obligation de moyens, et non de résultat. En effet, le principe d'autonomie de la volonté s'accommoderait mal d'une obligation de renégocier qui soit de résultat. La volonté des parties ne peut se forcer ainsi. D'autre part, la notion de négociation s'accorde mal avec une telle obligation. La présence de négociations implique échanges de propositions et de contre-propositions qui peuvent déboucher ou non sur un accord. En général, l'issue des discussions n'est jamais sûre et c'est bien alors que le terme « négociation » prend tout son sens. Plus avant, les négociations peuvent même accroître les tensions entre les parties. C'est d'ailleurs ce que redoutait le patronat en 1982 lorsque sont apparues les obligations périodiques de négocier dans l'entreprise. On le constate donc, une chose est la négociation, une autre est la conclusion d'un accord.

413 - La démarche que beaucoup suivent est plutôt négative : l'obligation périodique de négocier est une obligation de moyens... parce que ce n'est pas une obligation de résultat. Il n'est pourtant pas sans intérêt de revenir sur le fondement de l'obligation de moyens. Madame LE FICHANT a traité ce problème pour l'obligation de négocier en général. Nous nous contenterons de rappeler succinctement et du mieux possible ses développements, en relevant tout de même la particularité de notre matière[218].

Le fait qu'une obligation soit de moyens peut s'expliquer par l'intention des parties ou du législateur. Cependant, la *nature* même de l'obligation joue également un rôle. En l'espèce, il est raisonnable de penser qu'un aléa important met un écran certain entre la négociation et la conclusion de l'accord. Cet aléa est essentiellement imputable aux parties. Plus avant, ne se mesure-t-il pas à l'aune de leur bonne foi dans la formation du contrat mais aussi plus largement à celle de leur volonté de négocier, elle-même conduite et renouvelée par l'intérêt qu'elles ont à la conclusion de la convention ? A cet égard, l'aléa pose problème, puisque selon la conception traditionnelle c'est un événement sur lequel les parties n'ont aucune prise. Cependant, quel qu'il soit, il est bien réel.

En l'état actuel du droit positif, les obligations de négocier restent des *obligations de moyens* adressées à la partie patronale qui doit donc s'employer à ce que la négociation soit couronnée de succès. Toutefois, la loi et les normes conventionnelles nationales peuvent influer sur l'issue de la négociation. C'est le cas lorsque le législateur promet des aides financières récompensant un accord en faveur de l'emploi[219] ou lorsqu'il annonce l'édiction de dispositions normatives pour ceux qui, dans un délai donné, ne seraient pas parvenus à s'accorder. Le spectre de la disposition impérative, qui ne laisse de place qu'à l'adaptation-amélioration, se profile de plus en plus souvent à l'horizon du droit conventionnel. La récente loi Aubry du 13 juin 1998 sur les 35 heures est à cet égard exemplaire[220]. Le législateur a procédé de même pour aiguillonner les agents de négociation de la branche sur les thèmes des salaires et des

---

218 F. LE FICHANT, Th. préc. p. 362 et suiv..

219 Loi Robien n° 96-502 du 11/06/1996 et loi Aubry I n° 98-461 du 13/06/1998.

220 Elle prévoit un temps de négociation avant l'entrée en vigueur de la réduction légale du temps de travail ; le projet de seconde loi ne dément pas cette démarche.

classifications. Il se peut cependant que la loi qui menace soit supplétive, qu'elle ne s'applique qu'aux secteurs vierges et cesse de les concerner dès lors qu'un accord est signé[221]. Là encore, c'est un nouveau rapport loi/convention collective qui se dessine ; la primauté du droit conventionnel est sous-jacente.

§ 2 Le respect du droit des salariés à la négociation collective

414 - Reste à déterminer ce que recouvre exactement cette obligation qui incombe à l'employeur. Il est habituel de dire que l'employeur doit négocier de bonne foi. La bonne foi est une notion bien connue en droit des contrats. Le législateur et les tribunaux en usent pour faire pénétrer la règle morale dans le droit positif. Si dans son principe elle est unique, elle se définit en fonction du mécanisme dans lequel elle s'intègre[222].

415 - Le Code du travail, dans son article L. 135-3, transpose l'article 1134 du Code civil à la matière des conventions et accords collectifs de travail en imposant l'exécution loyale de ces derniers. Les parties à l'acte sont bien sûr tenues de ne rien faire qui puisse entraver l'application de la norme collective mais elles doivent également s'employer au respect des dispositions conventionnelles. Le principe de bonne foi renforce l'exécution pure et simple du contrat et son défaut entraîne une condamnation à des dommages-intérêts. La loyauté est alors précédée par un engagement, un auteur la définit d'ailleurs comme *« la concordance entre les actes, les paroles d'une part, et la pensée, l'intention d'autre part »*[223]. C'est une sublimation de l'engagement librement donné, que renferment les contrats synallagmatiques mais aussi les contrats unilatéraux (ce qui importe c'est la rencontre des volontés). Certains auteurs ont approuvé l'extension de la bonne foi à la phase de formation des actes conventionnels[224]. Si un groupement d'employeurs ou un employeur s'engage librement dans une négociation, il lui faut la mener de bonne foi, en toute sincérité concernant les informations livrées à l'autre partie. Cette dernière exigence découle encore d'une transposition d'un phénomène maintenant établi en droit civil. Les lois récentes, en imposant une obligation d'information du consommateur –qui tend à se généraliser- en témoignent aussi. La bonne foi joue alors un rôle de garde-fou face aux abus en matière commerciale. Malgré ces suggestions et devoirs, sauf abus du droit de rompre la négociation[225] et crainte

---

221 Voir accords sur la mise en place d'instances européennes de représentation du personnel et loi sur la question, chr. de B.TEYSSIE, voir thèse n° 341, note 83.

222 Sous la direction de J.GHESTIN, *« Traité de droit civil, les effets du contrat »*, LGDJ 1994, 2ème éd., n° 184 et suiv..

223 V. VOLANSKI, *« Essai d'une définition expressive du droit basée sur l'idée de bonne foi »*, Thèse Paris, 1929, n° 75, p. 159 et suiv. ; voir *Traité* préc., *ibidem*.

224 M. PUECH, *« L'obligation, au regard du droit pénal, d»engager une négociation annuelle dans les entreprises »*, Dr. soc. 1984, p. 49 ; B. TEYSSIE, *« Les aspects juridiques de la négociation collective dans l'entreprise »*, JCP 1985, éd. E, p. 17.

225 A rapprocher de l'abus du droit de rompre les pourparlers et la responsabilité délictuelle qu'il engendre.

d'une dégradation du climat social, rien n'oblige vraiment les employeurs, organisations et groupements professionnels.

416 - Lorsque l'employeur ou ses organisations négocient dans le cadre d'une obligation légale, leurs contraintes peuvent apparaître d'emblée différentes mais le sont-elles vraiment ? Il est courant de lire que l'employeur manque à l'obligation qui lui est faite de négocier s'il ne fait pas de propositions, s'oppose à la discussion des syndicats, ne motive pas ses refus et ne formule pas de contre-propositions[226].

Les dispositions légales qui encadrent l'exercice des obligations sont muettes sur l'attitude que l'employeur doit adopter lors même des discussions avec les syndicats. Si les sanctions légales obligent à entamer les négociations, elles n'ont guère d'autre effet. L'arrêt récemment rendu par la Cour de cassation le 28 mars 1995[227] va dans ce sens. Suite au rattachement de six chauffeurs « grand tourisme » à un établissement qui en comptait déjà douze, l'employeur a cherché à harmoniser les statuts collectifs qui étaient différents pour les deux groupes. Il a consulté l'ensemble des salariés concernés et a recueilli l'accord de seize d'entre eux. Parallèlement, il a engagé la négociation obligatoire avec les syndicats représentatifs, sans intégrer aux débats la question directement réglée avec les chauffeurs. La Cour lui reproche cette attitude, en expliquant qu'elle est contraire à l'article L. 132-27 alinéa 1 du Code qui commande l'ouverture d'une négociation sur les salaires effectifs de l'ensemble des salariés.

Mais la loyauté dans l'exécution de l'obligation suffirait-elle à fonder de réelles contraintes ? De manière générale, aucun principe moral ne contraint l'acteur social à mettre une réelle bonne volonté pour que des négociations volontaires aboutissent. *Rien ne l'oblige à poursuivre la négociation.* Si l'employeur ou ses représentants n'ont pas l'intention de négocier, s'ils jugent qu'ils n'y ont pas intérêt, l'obligation légale ne suffit pas à conditionner l'intention, la volonté de d'aboutir. Il s'agit là seulement d'exécuter ou non l'obligation. Ainsi, il nous semble vain d'en appeler uniquement au principe de bonne foi au stade de la négociation ; il se révèle vite impuissant à expliquer la définition de la substance de l'obligation. L'absence de réciprocité de l'obligation morale ou le droit de grève n'y sont pour rien. Les obligations légales de négocier ne peuvent avoir l'ambition de créer un état d'esprit au mépris de la reconnaissance élémentaire de toute liberté de la volonté. Dans bien des cas, on ne peut guère espérer plus qu'une stimulation de cet état d'esprit.

417 - La détermination qui doit être celle de la partie patronale pour arriver à un accord doit pourtant être remarquable, et très-spécifique à la matière du travail. Elle exprime une volonté législative assez claire de limiter la décision unilatérale pour améliorer la situation des salariés. Ainsi, de manière très classique, nous pensons que l'inégalité des contractants justifie encore le déclin de l'autonomie de la volonté de l'acteur patronal dans la négociation. Il nous semble

---

[226] Sur cette conception de l'obligation de négocier, voir M.-A. SOURIAC-ROTSCHILD, « *Les incertitudes juridiques de la négociation d'entreprise* », Dr. soc. 1988, p. 731 spéc. p. 738 notes 51 et 56 ; l'auteur s'appuie sur les débats parlementaires et les circulaires d'application de la loi.

[227] Cass. crim. 28/03/1995, CSBP n° 71, A31 ; RJS 10/1995, n° 1033 ; jurisp. soc. UIMM 1995, n° 588, p. 324 ; voir aussi Cass. crim. 04/10/1989 préc..

que le droit à la négociation collective des salariés recèle bien cette volonté législative de promouvoir la décision négociée, qui supporte elle-même cette obligation légale de négocier qui implique propositions, contre-propositions, motivations. Doivent être ainsi réprouvés des actes objectifs comme l'utilisation de techniques dilatoires, le lancement d'une campagne de diffamation contre l'autre partie, le refus systématique des propositions de l'interlocuteur... Il arrive aussi que les juges américains fassent appel à des éléments subjectifs pour forger leur décision en examinant le caractère raisonnable des propositions des parties, la réelle intention de ces dernières de parvenir à un accord[228]... Parce que l'obligation de négocier entre dans une politique générale de réduction de la décision unilatérale mais aussi de mise en place de mécanismes dérogatoires ses acteurs, et en particulier l'employeur, doivent supporter une contrainte particulière lors de son exécution[229]. Cette contrainte est hétéronome, elle rejoint celle qui consiste, pour le législateur, à brandir la menace de la réglementation uniforme à défaut de négociation.

418 - L'employeur est contraint de respecter ce principe général du droit à la négociation, essentiel et peut-être mal connu. En contraignant l'employeur à dialoguer avec les salariés, le législateur espère favoriser un progrès social d'origine conventionnelle, largement dicté par l'espoir d'un bon climat social. Cependant, depuis 1982, la négociation collective s'est transformée et beaucoup d'employeurs ont pris conscience de l'opportunité de la négociation sociale. Mais dans bien des cas encore, leur attitude prête à la critique et la jurisprudence ne sévit guère. Sauf un jugement du tribunal de Nanterre[230], aucune juridiction n'a fait prévaloir l'exigence de réels débats, dans le respect de l'audience et de l'écoute de l'argumentation de la partie syndicale[231]. Les juges se montrent en revanche plus exigeants quant au traitement égalitaire des organisations représentatives[232].

419 - A ajouter aux impératifs dictant la conduite de l'employeur, l'interdiction formulée par l'article L. 132-29 du Code du travail qui prohibe, tant que la négociation est en cours, la prise de décisions unilatérales de portée collective à moins que l'urgence ne le justifie. La preuve de l'urgence revient à l'employeur. La dénonciation est bien entendue au nombre des décisions unilatérales en cause, même si elle ne constitue pas à proprement parler une décision de modification des conditions de travail. Elle ne se situe pas, en effet,

---

228 Voir à ce sujet B. TEYSSIE, *« Droit du travail, Relations collectives de travail »*, (t. 2) LITEC 1993, 2ème éd.. Ce dernier auteur plaide pour la réciprocité du devoir de bonne foi dans l'obligation de négocier. Sur le droit comparé en cette matière, S. JAUFFRET-EPSTEIN, *« Le devoir de négocier de bonne foi en droit du travail américain »*, RIDC 1982, p. 1125 ; X. BLANC-JOUVAN, *« La négociation d'entreprise en droit comparé »*, Dr. soc. 1982, p. 719 ; T. YAMAGUCHI, *« L'obligation de négociation collective loyale en droit japonais »*, RIDC 1984, p. 310.

229 L'obligation de négocier se démarque en cela des discours centrés sur la bonne foi.

230 TGI NANTERRE, 17/06/1994, Dr. soc. 1994, p. 876 cité par M.-A. SOURIAC-ROTSCHILD préc. AJ CFDT 1996, spéc. p. 8.

231 Par exemple, Cass. soc. 01/06/1994, Dr. soc. 1994, p. 715 ; D 1994, som. com. 294, obs. M.-A. SOURIAC-ROTSCHILD.

232 Cass. soc. 13/07/1988, D 1989, som. com. p. 202, obs. J. GOINEAU.

dans l'optique de la négociation étant contraire à la volonté de rechercher l'accord de l'interlocuteur sur les sujets considérés[233].

420 - Quoi qu'il en soit, les obstacles préalables aux obligations légales de renégocier ont été vaincus. D'autres obligations légales, celles qui visent à adapter l'acte négocié, cherchent encore à s'imposer.

---

[233] Dans ce sens, Cass. soc. 29/06/1994, CSBP n° 64, A52, et la note ; jurisp. soc. UIMM, 1995 n° 579 ; Cass. soc. 25/02/1997, jurisp. soc. UIMM 1997, n° 610 : tant qu'aucun procès-verbal de désaccord n'a été dressé, la négociation est encore en cours et l'employeur ne doit pas prendre de mesure unilatérale (note de service) en sens contraire, J. SAVATIER, *« L'interdiction des décisions unilatérales de l'employeur au cours de la négociation annuelle d'entreprise »*, Dr. soc. 1995, p. 43.

CHAPITRE DEUXIÈME

LES OBLIGATIONS LÉGALES D'ADAPTER L'ACTE CONVENTIONNEL (les articles L. 132-13 et L. 132-23 du Code du travail)

421 - Le deuxième alinéa de l'article L. 132-13 dispose : « *S'il vient à être conclu une convention ou un accord de niveau supérieur à la convention* (de branche) *ou à l'accord* (professionnel ou interprofessionnel) *intervenu, les parties adaptent celles des clauses de leur convention ou accord antérieur qui seraient moins favorables aux salariés* ».

Le deuxième alinéa de l'article L. 132-23 prévoit quant à lui : « *Dans le cas où des conventions de branche ou des accords professionnels ou interprofessionnels viennent à s'appliquer dans l'entreprise postérieurement à la conclusion de conventions ou d'accords* (d'entreprise) *(...), les dispositions de ces conventions ou accords sont adaptées en conséquence* ».

Les articles précités contribuent à la cohérence du droit conventionnel. Ils ont trouvé un regain d'actualité avec l'accord interprofessionnel du 31 octobre 1995 sur la politique contractuelle puisque celui-ci préconise l'articulation des niveaux de négociations[234].

422 - Ces deux textes ont en commun d'encourager l'adaptation d'un acte collectif suite à la survenance d'un événement précis :

---

[234] Accord reconduit pour trois ans le 08/04/1999 ; M.-L. MORIN, « *L'articulation des niveaux de négociation dans l'accord interprofessionnel sur la politique contractuelle* », Dr. soc. 1996, p. 11 spéc. p. 16.

l'entrée en vigueur d'un texte conventionnel supérieur à l'acte concerné. Sur ce terrain, le premier des deux textes est en retrait par rapport au second[235]. En effet, l'article L. 132-13 incite à l'adaptation des seules clauses *« moins favorables aux salariés »*. Ces dispositions se trouvent privées d'application car celles de la convention ou de l'accord plus favorable s'y substituent[236]. Est-ce donc une simple actualisation du texte inférieur qui est là requise par le législateur ? Dans ce cas, on peut concevoir que l'employeur, de son propre chef, procède à la mise en conformité. Plus avant, la loi requiert-elle l'ouverture de négociations à fin de mise en conformité ou même, dans le plus favorable des scenarii, la conclusion d'un acte disposant in melius ? La seconde série d'hypothèses est, à notre avis, la seule compatible avec l'exigence légale d'adaptation par *les parties*[237].

423 - Aux termes de l'article L. 132-23, la fonction d'adaptation est enrichie. Elle ne se résume plus à l'adaptation des dispositions nouvelles plus favorables ; elle concerne toute disposition dans l'entreprise. Cette différence est liée à l'évocation, dans le premier alinéa de l'article, des rapports de la négociation d'entreprise avec la négociation interprofessionnelle, professionnelle ou de branche : la première doit adapter les accords *« supérieurs »* à ses *conditions particulières*, en stipulant des clauses nouvelles ou plus favorables. Bien sûr, le principe de faveur tient toujours la vedette pour la résolution des conflits entre normes de différents niveaux. Cependant, il nous semble que l'article L. 132-23 du Code du travail dépasse l'objectif de *cohérence* des négociations en abordant le terrain de leur *articulation*.

424 - Comme on l'a souligné en avant-propos, ce souci de l'articulation des négociations occupe une large part de l'accord national interprofessionnel du 31 octobre 1995 relatif à la politique contractuelle. L'importance prise par le souci d'articulation des négociations devrait permettre aux seconds alinéas des articles précités de donner leur pleine mesure. Leur application devrait donner lieu à de véritables obligations de renégocier telles qu'évoquées dans le premier chapitre. Le droit positif est encore en retrait. Les textes visés souffrent même d'une certaine ineffectivité. Toutefois, lorsque les dispositions des nouveaux accords interprofessionnels ou de branche ont un caractère supplétif, la possibilité offerte d'adapter les stipulations « supérieures » incite puissamment à la renégociation.

425 - Plus avant, si négociation il y a et si elle aboutit, sur quelle adaptation de l'accord de branche doit-elle déboucher ? Ce point-là pose quelques problèmes. Tout d'abord, les termes des articles précités ne laissent pas la place au doute. L'étape de la négociation n'est même pas marquée, il *doit y*

---

[235] Ce n'est pas forcément l'analyse de certains auteurs qui, peu après le vote du texte, regrettaient que l'article L. 132-23 ne parle pas clairement, à l'instar de l'article L. 132-13, du problème spécifique des clauses moins favorables de l'accord d'entreprise ; voir M.-A. SOURIAC-ROTSCHILD, *« Les accords collectifs au niveau de l'entreprise »*, Thèse PARIS I 1986, p. 1547.

[236] Art. L. 132-13 al. 1 : *« Une convention de branche ou un accord professionnel ou interprofessionnel ne peut comporter des dispositions moins favorables aux salariés que celles qui leur sont applicables en vertu d'une convention ou d'un accord couvrant un champ territorial ou professionnel plus large »*.

[237] Pour une adaptation « active », B. TEYSSIE, JCP 1983, éd. CI, 14065, n° 69 ; Y. CHALARON, Jurisclasseur fasc. 19-2, n° 68 ; M.-A. SOURIAC-ROTSCHILD, Th. préc. p. 1551.

avoir adaptation. Est-ce une obligation de résultat qui pèse sur les organisations professionnelles ? On peut en douter, l'autonomie de chaque niveau de négociation restant un difficile obstacle à surmonter. L'affaire se complique encore au regard du pluralisme syndical. Un accord-cadre ne peut s'imposer aux groupements qui ne l'ont pas signé. L'opinion contraire reviendrait justement à nier toute portée à l'absence de signature[238]. Si la loi n'oblige pas à transposer telle ou telle politique sociale adoptée à un niveau plus large, la négociation qui suit son entrée en vigueur doit, pour le moins, avoir pour objet cette transposition.

426 - Par ailleurs, le législateur donne un sens à cette adaptation. Les deuxièmes alinéas des articles L. 132-13 et L. 132-23 sont inséparables des premiers. Or ceux-ci imposent que, de l'adaptation, résulte une disposition améliorant ou innovant le nouvel acte[239]. En l'absence de prévision conventionnelle contraire, le principe de faveur impose une adaptation in melius. Compte tenu de l'indisponibilité du principe du plus favorable pour les partenaires sociaux, il est peu probable qu'en l'état des textes la prévision contraire est licite. Faut-il compter sur une évolution de l'appréciation du plus favorable vers la prise en compte d'autres avantages (en matière d'emploi) ? La solution ne saurait satisfaire[240]. Il nous semble cependant que les problèmes d'adaptation ne se posent que lorsque les dispositions supérieures sont *normatives*. Si les partenaires sociaux prennent soin de leur donner un caractère supplétif, la latitude des agents de négociation au niveau inférieur est d'autant plus grande[241].

427 - Ces difficultés qui entachent les obligations légales de renégocier se retrouvent à propos des obligations conventionnelles de remise en cause lesquelles, cependant, se développent.

---

[238] Voir thèse n° 433 et suiv..

[239] L'art. L. 132-13 n'évoque que l'amélioration ; l'art. L. 132-23 évoque les deux aspects.

[240] Voir thèse n° 376.

[241] Pour de plus amples développements sur ce sujet qui ne nous concerne qu'indirectement ; M.-L. MORIN préc. et H. TISSANDIER, *« L'articulation des niveaux de négociation : à la recherche de nouveaux principes »*, Dr. soc. 1997, p. 1045.

CHAPITRE TROISIÈME

LES OBLIGATIONS CONVENTIONNELLES DE REMISE EN CAUSE

428 - Certaines de ces obligations conventionnelles de remise en cause ont été évoquées dans la première partie. Elles se situent dans l'acte lui-même ; ce dernier gouverne alors sa propre remise en cause. Dans le cadre de la deuxième partie, elles se situent dans un autre accord, plus large quant à son champ d'application que l'acte collectif auquel elles sont destinées. En quoi consiste ces obligations conventionnelles ? Elles imposent tantôt des obligations périodiques de négocier, tantôt des obligations de (re)négocier suite à un événement donné, tantôt des obligations de bilan ou assimilées[242]. Il faut d'ores et déjà noter que, contrairement à ce qui a été vu à propos des obligations légales de renégocier dans la branche, ces obligations conventionnelles ne concernent pas que les communautés professionnelles dans lesquelles une convention ou un accord a *déjà* été conclu.

429 - L'accord national interprofessionnel sur la politique contractuelle du 31 octobre 1995[243] encourage l'interaction entre les niveaux de négociation et plus précisément, concernant la branche, l'instauration à ce stade d'une régulation d'ensemble de la négociation d'entreprise. La tâche d'encadrement et, plus encore, la volonté d'insuffler une dynamique ne peuvent se

---

[242] Voir thèse n° 82 et suiv..

[243] Reconduit pour trois ans le 08/04/1999.

concevoir sans obligations de (re)négocier[244]. A ce propos, il souhaite l'instauration d'une obligation triennale sur les questions liées aux temps de travail[245].

Plus généralement, l'accord interprofessionnel s'inspire d'une pratique qui se développe, l'accord-cadre[246], et la systématise au niveau de la branche. Un accord-cadre a pour rôle de fixer les orientations, les méthodes ou l'objet du droit à la négociation collective aux niveaux inférieurs. Il contient à cet effet des clauses d'orientation et/ou d'objet, et/ou de procédure. Parmi ces dernières clauses dites « de méthode », nous concernent particulièrement les obligations conventionnelles de renégocier, les clauses de bilan qui pèsent sur les organisations professionnelles ayant la charge de collectivités comprises dans le champ d'application dudit accord.

430 - L'ambition de transcender ainsi les différents lieux de négociations se heurte à deux obstacles. Ils ont trait à la force obligatoire, intrinsèque *(§ 1)* et extrinsèque *(§ 2)*, des clauses qui réalisent cette ambition.

§ 1 La portée intrinsèque des obligations

431 - Par leur objet, ces obligations doivent être rapprochées de celles qui sont insérées dans un texte quant à sa propre remise en cause[247].

Peut-on parler ici, à l'instar de ce qui a été dit pour les obligations légales, d'obligations de moyens renforcées ? Si tous les partenaires sociaux exercent le droit à la négociation collective, aucun n'a pour rôle de poser ce droit. Une réponse négative nous paraît donc la plus probable. Les organisations professionnelles ont toutefois la possibilité d'encourager l'adaptation de leur propre texte en retardant son application ou en la rejetant en cas de négociation aboutie au niveau inférieur[248].

432 - Plus avant, dans l'hypothèse où cette négociation parvient à un accord, ce dernier doit-il être conforme aux orientations suggérées par l'accord-cadre ? Les conclusions, sur ce point, sont semblables à celles qui ont été rendues à propos des obligations légales des articles L. 132-13 et L. 132-23 du Code du travail. Les différences concernant l'origine de l'obligation de négocier importent peu quant à l'intensité des contraintes qui peuvent peser sur des partenaires sociaux. Nous pensons donc que si l'objet de la négociation peut être imposé, son résultat reste libre.

Vient, enfin et surtout, la question de l'effet –relatif ou non- des clauses.

---

244 Voir sur ces ambitions l'article 1-3-1 de l'accord.

245 Voir thèse n° 396.

246 M.-L. MORIN, *« L'accord-cadre »*, Dr. soc. 1988, p. 741 ; F. LAGANDRE, *« Nouvelles relations de travail - Pratiques contractuelles et perspectives »*, L'HARMATTAN 1990, p. 146 ; voir aussi l'art. 1-1 de l'accord interprofessionnel concernant les motivations de l'instauration des accords-cadres (insuffisance du principe du plus favorable pour la résolution des conflits de normes de différents niveaux ; mise en place efficace d'une politique sociale).

247 Voir thèse n° 95 et suiv..

248 M.-A. SOURIAC-ROTSCHILD, préc. pp. 1556 à 1561.

§ 2 La portée extrinsèque des obligations

433 - Elles appartiennent par tradition à la partie obligatoire de la convention collective de travail, composée des dispositions visant à la progression ou à l'application des avantages sociaux qui composent, quant à eux, la partie normative. En conséquence de quoi, les dispositions en cause ne concernent a priori que les parties contractantes. Plus précisément, l'article L. 135-1 alinéa 1 du Code du travail, qui est indifférent à toute scission de l'acte, dispose que les conventions et accords collectifs *« obligent ceux qui les ont signés ou qui sont membres des organisations ou groupements signataires »*. L'effet normatif –étendu- d'un acte conventionnel semble circonscrit par l'article L. 135-2 du même Code qui dispose : *« lorsqu'un employeur est lié par les clauses d'une convention ou d'un accord collectif de travail, ces clauses s'appliquent aux contrats de travail conclus avec lui, sauf dispositions plus favorables »*. La réforme du 31 décembre 1992 instituant un droit de la révision des conventions et accords collectifs de travail abonde dans ce sens. En effet, quant à l'avenant signé par seulement une ou plusieurs organisations signataires, l'article L. 132-7 du Code du travail le dit opposable *« à l'ensemble des employeurs et des salariés liés par la convention ou l'accord collectif de travail »*. Affirmer que la partie obligatoire est dotée d'un effet normatif peut heurter quelque peu l'article L. 135-2 dans la mesure où ses termes peuvent laisser penser que le contrat de travail est le support nécessaire du statut collectif applicable à l'ensemble des salariés. Cependant, rien n'interdit non plus à d'autres dispositions que celles qui s'appliquent au contrat de connaître un effet étendu (et donc non relatif).

434 - Même si les clauses de la partie obligatoire concernent rarement les salariés, ces derniers ont à voir avec ce genre de stipulations. Au regard des clauses –autrefois licites- qui limitaient le droit de grève, leur implication ne fait aucun doute. Le rapprochement des deux parties de l'acte collectif est opéré tout spécialement par Madame MORIN et nous nous inclinons là devant ses arguments[249]. De prime abord, il paraît évident que les salariés sont concernés par les clauses de la partie obligatoire et notamment par les clauses d'administration de leurs relations professionnelles. Ces dernières ont trait tout à la fois à la pérennité de l'accord, à son adaptation et la plupart d'entre elles sont pour beaucoup dans le maintien, le développement ou même l'amélioration d'un dialogue entre les parties. Au-delà de l'intérêt du tiers pour le contrat qui n'est pour lui qu'un fait juridique, n'est-ce pas l'intérêt collectif dont les syndicats sont porteurs qui s'exprime ici[250] ? Or l'effet étendu de l'acte est étroitement lié à la

---

[249] M.-L. MORIN, *« Des titulaires du droit à la négociation collective »*, Dr. soc. 1988, p. 24 et Y. CHALARON *« Négociations et accords collectifs d'entreprise »*, LITEC 1990, p. 151 et suiv..

[250] Cette idée a déjà été développée dans la première partie n° 97 et suiv.. Les développements suivants doivent tout à M.-L. MORIN, *« Les conceptions juridiques de la représentation »*, in *« Les cahiers des relations professionnelles »*, GDR 41, CNAM, n° 11 du 15/12/1995 p. 17. La représentation d'intérêt pour laquelle nous nous prononçons ici se distingue des représentations de personnes et organique que l'on trouve aussi en droit privé (Cf E. GAILLARD, *« La notion de pouvoir en droit privé »*, ECONOMICA 1987). La représentativité syndicale n'instaure certainement pas une représentation organique dans la mesure où nulle collectivité du personnel n'a la personnalité morale. Quant à la représentation de personnes, elle est suggérée par le « passage au collectif » pour pallier l'inégalité employeur/salarié ; sur

représentation par les organisations syndicales de l'ensemble des salariés, autrement dit à l'expression par celles-ci de l'intérêt collectif. Cet effet de règlement atteint la « partie obligatoire » de l'accord collectif. Les salariés se trouvent ainsi assujettis aux obligations éventuelles qu'elle leur impose (M. le professeur CHALARON parle *« d'extension passive de l'effet de ces clauses à la collectivité des salariés »*[251]). Faut-il en déduire que l'ensemble des agents de négociation aux niveaux inférieurs sont aussi tenus par les clauses de l'accord-cadre plus large ? Rien n'est moins sûr[252].

435 - Le respect du refus de signature est, à notre avis, un obstacle rédhibitoire à l'extension de l'effet normatif de l'accord dans la mesure où, au-delà de l'argument de texte, ce sont les fondements de la représentativité syndicale qui soutiennent notre opinion. Il n'est d'ailleurs pas question d'assujettir des organisations salariales non-signataires à une obligation de paix sociale contenue dans l'accord. On peut même imaginer que, dans certains cas, c'est justement cet engagement qui a provoqué leur refus. L'opinion contraire équivaut à rendre inutile toute hostilité syndicale à un accord proposé à la signature des partenaires sociaux. Ainsi, une organisation tiers, qu'elle agisse dans le champ d'application de celui-ci ou à un niveau inférieur, n'est pas concernée par ses dispositions. Cette opinion est confortée par l'impossibilité, pour un syndicat non-signataire, d'agir en justice pour le respect des dispositions formant la partie obligatoire[253].

436 - Toutefois, les auteurs qui considèrent que les organisations syndicales sont *aussi* les sujets de l'acte[254] objecteront qu'ils visent à ce propos les seules dispositions ayant un caractère normatif ; c'est-à-dire les dispositions pour lesquelles les organisations syndicales sont considérées en tant que telles[255] et non pas comme les agents de négociation de l'acte. Ces auteurs se fondent sur les critères de la séparation traditionnelle entre partie obligatoire et partie normative. Les dispositions conventionnelles doivent sans doute être distinguées en fonction du rôle qu'elles font jouer aux organisations syndicales. Cependant, l'effet normatif de certaines d'entre elles est exclusivement lié à l'intérêt que les salariés y trouvent ; il est indifférent à la scission opérée. Or les salariés ont intérêt à *toutes* les dispositions de l'acte collectif. Que certaines clauses visent les organisations syndicales en tant que telles ne peut servir à identifier un effet étendu d'une autre nature que celui déterminé par la loi et

---

ce point, A. SUPIOT, *« Critique du droit du travail »*, PUF 1994, p. 111 ; P. LANGLOIS, *« Contrat individuel de travail et convention collective : un nouveau cas de représentation »*, Dr. soc. 1975, p. 283. Cependant, il nous semble que le passage au collectif doit aussi assurer une mission de droit objectif, s'éloignant de la simple régulation du rapport individuel de travail.

251 Y. CHALARON, *« Négociations et accords collectifs d'entreprise »*, LITEC 1990, n° 181 p. 175.

252 Sur ce point, nous nous risquons à être en désaccord avec M.-L. MORIN.

253 Cass. soc. 10/05/1994, Bull. civ. V, n° 173 ; RJS 1994, n° 736 ; JCP 1994, éd. E, I, 384 obs. S. DARMAISIN ; contra, Cass. soc. 20/11/1991, Bull. civ. V n° 522.

254 ... en bravant clairement l'article L. 135-2.

255 Sont concernées, outre les dispositions de l'accord-cadre, les clauses relatives au droit syndical et à la représentation du personnel ; voir pour ces dernières P. WAQUET, *« Le syndicat non-signataire d'un accord collectif peut-il néanmoins en profiter ? »*, Dr. soc. 1992, p. 53 en particulier la doctrine citée p. 57.

concernant les salariés. Pour reprendre l'exemple précédent, on ne peut que se heurter à l'impossible assujettissement des non-signataires aux clauses de paix sociale.

437 - Néanmoins, et c'est important, d'autres considérations tenant à la discipline syndicale d'une part et aux obligations découlant de l'appartenance à un groupement patronal d'autre part, relativisent l'inefficacité redoutée de l'accord-cadre. La discipline syndicale oblige l'adhérent à respecter les dispositions de l'acte collectif. A fortiori, le groupement émanant d'un mouvement syndical signataire se trouve lié par ce dernier. Il en va de même pour l'employeur qui s'est engagé au sein d'un groupement partie à l'accord-cadre. Tous deux se trouveront contraints de le mettre en œuvre. Mais les autres acteurs de la vie professionnelle ne sont pas tenus. Ces considérations ayant trait à la logique de fonctionnement de tout groupement de personnes physiques réunies par une communauté d'idées se doublent d'un argument de texte. Nous rappelons que l'article L. 135-1 précise, qu'au-delà des strictes parties signataires, les conventions et accords collectifs obligent *« ceux qui sont membres des organisations (ou groupements) signataires ».*

438 - Eu égard à l'avenir prometteur de cette technique juridique, faut-il regretter les réserves émises ? Faut-il alors plaider pour une réforme de la loi, qui étendrait l'effet impératif d'un acte conventionnel à *toute la collectivité professionnelle (salariale)* qu'il a vocation à régir ? Sans mise en place d'une majorité syndicale, une telle réforme est impossible. En effet, les acteurs de l'accord-cadre n'ont pas forcément raison ; il faut laisser aux organisations syndicales étrangères à l'acte –et opérant aux niveaux inférieurs- la faculté de participer ou non à sa mise en œuvre. Justement, la délimitation de notre sujet nous ramène au cas précis où la modification d'un accord donné est nécessaire pour l'adaptation d'un nouvel accord-cadre survenu à un niveau supérieur. La participation, d'une au moins des parties à l'accord, est indispensable pour opérer sa modification. Si aucun des signataires présents n'est membre d'une organisation syndicale impliquée dans l'accord-cadre, ce dernier risque de demeurer lettre morte. Les acteurs de l'accord-cadre, -même par allégeance-, ne peuvent que constater leur impuissance ; ils se trouvent même dans l'impossibilité de participer aux réunions des parties à un niveau inférieur. Bien sûr, l'hypothèse traitée n'est sans doute pas la plus fréquente en pratique. Il n'en reste pas moins que la mise en œuvre de l'accord est bloquée à cette occasion. L'obstacle est irrémédiable à moins d'adhésion stratégique à l'accord inférieur d'un des acteurs –par allégeance- de l'accord-cadre supérieur. Dans l'hypothèse la plus défavorable, on peut concevoir qu'un tel acte provoque la quasi-unanimité dans une branche professionnelle mais ne puisse être mis en œuvre dans certaines entreprises où il nécessite une modification de textes existants et signés par une organisation syndicale qui lui est étrangère. Si on prend en exemple l'accord-cadre sur la réduction et l'annualisation du temps de travail, que la CGT a refusé de signer, il est concevable que cette dernière soit seule signataire d'un accord sur le temps de travail dans une entreprise et se refuse à le modifier. D'aucuns objecteront que l'article L. 132-23 du Code du travail oblige les parties à un accord d'entreprise à adapter celui-ci au cas où des conventions de branche ou des accords professionnels ou interprofessionnels viendraient à s'appliquer

postérieurement à la conclusion de l'accord restreint. Il faut, hélas, déplorer l'absence d'effectivité de cette obligation sur laquelle nous nous sommes attardés auparavant.

439 - Bien compris le pluralisme syndical qui consiste à reconnaître la légitimité d'expression de chacune des organisations syndicales représentatives[256], il n'est pas concevable de contraindre les non-signataires à rallier le texte collectif entré en vigueur. Pour rendre possible l'avènement d'une sorte de « démocratie syndicale », il faudrait que puisse être identifié l'Intérêt Collectif des salariés, au sein de l'accord-cadre. On pense irrésistiblement à la mise en place d'une « majorité syndicale », que certains auteurs appellent de leurs vœux[257].

---

[256] Sur le système français de représentation syndicale des salariés et « l'idée majoritaire », A. ARSEGUEL, *« La notion d'organisations syndicales les plus représentatives »*, Thèse TOULOUSE 1976 ; G. BORENFREUND, *« Propos sur la représentativité syndicale »*, Dr. soc. 1988, p. 476, spéc. p. 484 et suiv. ; *« La représentation des salariés et l'idée de représentation »*, Dr. soc. 1991, p. 685, spéc. p. 694 ; A. SUPIOT, *« Les syndicats et la négociation collective »*, Dr. soc. 1983, p. 63 ; J.-M. VERDIER, *« Sur la relation entre représentation et représentativité syndicale »*, Dr. soc. 1991, p. 5, spéc. p. 9.

[257] La solution de nombre de problèmes concernant les conventions et accords collectifs de travail se situe d'ailleurs dans l'espoir d'une évolution du système de représentativité. Nous l'avons souligné à propos de la révision et du droit d'opposition. D'ores et déjà, ce dernier constitue l'expression d'une majorité syndicale. De la même façon, dans le cadre de la loi du 12 novembre 1996, l'intervention d'une commission paritaire de branche pour valider les accords d'entreprise conclus par les représentants élus, la possibilité de voir un salarié mandaté par plusieurs organisations révèlent cette nécessité d'une majorité. Le projet de seconde loi Aubry sur les 35 h., qui exige que l'accord d'entreprise soit signé par une ou plusieurs organisations syndicales représentatives ayant recueilli la majorité des suffrages exprimés lors des élections au comité d'entreprise ou, en son absence, des délégués du personnel, va dans le même sens (art. 19-V) ; voir à ce sujet thèse n° 224.

Conclusion du titre premier

• Ces sources hétéronomes de la remise en cause sont diverses. Toutes les sources collectives du travail sont susceptibles de jouer pareil rôle auprès d'un acte négocié donné. Celles qui lui sont supérieures de champ d'application sont évidemment les plus virulentes dans l'impact qu'elles peuvent avoir sur lui. Les nouvelles lois, les nouvelles conventions collectives de large niveau modifient tour à tour le contenu ou l'application de l'acte existant. Toutefois, ce n'est pas toujours le cas ; encore faut-il que les nouvelles sources « supérieures » entament l'autonomie conventionnelle ou que certaines de leurs dispositions se montrent plus favorables que celles de l'acte. Sauf mise en extinction conventionnelle, les temps de crise ne sont pas propices à ces perturbations de la convention ou de l'accord existant. Il nous semble, de ce point de vue, que la loi strictement impérative est plus active que celle qui relève de l'ordre public relatif. La première connaît des développements récents en ce qu'elle sanctionne les abus patronaux dus au chômage.

• Globalement, il apparaît que l'hétéronomie s'atténue ; ses interventions s'adressent de plus en plus aux parties à la convention ou à l'accord qui sont finalement chargées d'adapter leurs propres textes. Plus avant, une dynamique tendant à l'articulation volontaire des normes du travail se construit peu à peu. La promotion du droit à la négociation collective qu'elle implique s'accommode mal de l'intervention de normes collectives unilatérales, de même champ que l'accord d'entreprise. En substituant leur application à la sienne elles lui volent trop facilement son effectivité.

TITRE DEUXIÈME

LES FREINS À LA REMISE EN CAUSE

440 - Il n'existe pas de droits conventionnels « conquis » ; ce qui a été obtenu par négociation peut être supprimé par cette même voie. L'hypothèse contraire n'est pas pour autant sans intérêt. Avant que la situation de l'emploi ne se dégrade, l'extension dans le temps du principe de faveur n'aurait fait que traduire, en droit, l'évolution de fait du tissu conventionnel. Aujourd'hui, il n'est bien sûr plus question d'orienter la source négociée de pareille façon. A l'opposé, il faut prendre garde à ne pas pérenniser les reculs sociaux. Il faut souhaiter que l'ensemble des accords dérogatoires, ou plus généralement les accords in pejus, ne bénéficient pas de la survie d'une année de l'acte dénoncé prévue par l'article L. 132-8 du Code du travail[258].

441 - Finalement, et c'est peut-être regrettable, l'acte négocié du travail ne fait preuve en ce domaine d'aucune particularité par rapport aux sources de droit objectif. Sauf exceptions, sa résistance générale dans le temps ne doit être envisagée qu'avec son individualisation, en application de règles de droit transitoire. Le support de cette individualisation est discuté mais, quel qu'il soit, il est étranger aux dispositions disparues[259].

---

[258] L'art. L. 212-2 C. Trav. précise que lorsque les accords sur l'aménagement du temps de travail sont dénoncés, les dispositions des décrets auxquels ils dérogent redeviennent immédiatement applicables. Dans ce sens, M. DESPAX, *Traité*, p. 254 ; M.-L. MORIN, *« Le droit des salariés à la négociation collective, principe général du droit »*, LGDJ 1994, n° 660 p. 547.

[259] C'est un premier degré d'hétéronomie.

442 - La loi traite de cette individualisation et même d'une survie totale temporaire *(sous-titre I)*[260]. Il est capital de souligner que cette résistance légale ne trouve à s'appliquer qu'après *une dénonciation qui n'a pas été* suivie d'un nouvel accord. Ces principes et les problèmes posés constituent cependant une source importante pour évoquer le caractère plus universel (pour toutes réductions et suppressions d'avantages) d'une résistance sous forme d'individualisation *(sous-titre II)*.

[260] Il y a là un second degré d'hétéronomie. La norme nouvelle et celle qui disparaît peuvent toutefois aménager le régime légal.

SOUS-TITRE PREMIER

LA SURVIE LÉGALE DE L'ACTE DÉNONCÉ

443 - L'acte dénoncé continue à s'appliquer. Cette survie de son application se décline selon deux modes. Chaque mécanisme doit être précisé, en particulier dans ses rapports avec l'entrée en vigueur (éventuelle) du nouvel acte qui le remplace. Il est aussi important de mesurer sa portée selon qu'il bénéficie –ou non- à des salariés entrés dans l'entreprise postérieurement à la dénonciation. Plus largement, les modalités de la survie légale méritent d'être précisées *(chap. I)*.

Une notion importante traverse cette survie et suscite de nombreuses discussions : celle des avantages individuels acquis *(chap. II)*. Son rôle, quant à la résistance des salariés face à la réduction ou à la suppression d'avantages, est déterminant. Justement, cette mission n'est qu'imparfaitement remplie. Peut-être parce que ses ambitions sont multiples (prévention du vide conventionnel, incitation à la renégociation), l'avantage individuel acquis est l'objet de critiques au regard des transformations du droit du travail *(chap. III)*.

CHAPITRE PREMIER

LES MODALITÉS DE LA SURVIE

444 - Cette survie concerne tour à tour la norme en son entier *(sect. I)*, mais aussi, de manière plus restrictive, des avantages qu'elle stipule et qui ont été acquis par les salariés concernés *(sect. II)*.

Section I : La survie de l'acte en son entier

445 - Le législateur limite ce maintien intégral de la norme à un an *(§ 1)* sauf survenance, avant l'expiration de ce délai, d'un nouvel accord *(§ 2)*.

§ 1 Le caractère provisoire de la survie

446 - « *Lorsque la dénonciation émane de la totalité des signataires employeurs ou des signataires salariés, la convention ou l'accord continue de produire effet jusqu'à l'entrée en vigueur de la convention ou de l'accord qui lui est substitué ou, à défaut, pendant une durée d'un an à compter de l'expiration du délai de préavis, sauf clause prévoyant une durée déterminée supérieure* »[261].

Le maintien commence à partir du jour du « *dépôt de la dénonciation* », et cesse si une convention ou un accord vient s'y substituer *passé*

---

261 Art. L. 132-8 al. 3 C. Trav..

le délai de préavis[262]. A défaut, la survie provisoire dure au moins un an après l'expiration du même délai. Cependant, les parties à l'acte dénoncé peuvent déroger in favorem et prévoir une durée de maintien supérieure à un an, à la condition que cette durée soit déterminée. La loi du 3 janvier 1985 a en effet rajouté le mot *« déterminée »* au troisième alinéa de l'article L. 132-8 du Code du travail. Le législateur reprend là une exigence déjà présente dans le texte de 1971, supprimée par la loi du 13 novembre 1982[263]. La Cour de cassation interprète strictement la qualification de *« déterminée »* puisqu'une clause prévoyant simplement que la convention dénoncée demeure en vigueur jusqu'à la conclusion d'une nouvelle convention ne constitue pas l'exception prévue[264]. Dans sa forme actuelle, le droit de la survie de l'acte met donc en avant le caractère d'ordre public du droit de dénoncer[265]. Ce souci se retrouve dans l'interdiction de conclure une convention collective pour une durée déterminée supérieure à cinq ans[266]. Il est probable[267] que la jurisprudence rapproche les deux textes et interdise que la survie conventionnelle excède cinq ans.

447 - Toutefois, le maintien peut prendre fin avant l'expiration de la durée prévue si une convention ou un accord vient se substituer à l'acte dénoncé.

§ 2 La fin de la survie avant terme

448 - Les développements qui suivent seront consacrés au remplacement de l'acte affecté. Le concept d'acte remplaçant mérite d'être précisé. A son propos, on peut distinguer deux sortes d'exigences : substantielles –tenant à son contenu- *(A)* et formelles –tenant à ses parties et à ses sujets- *(B)*.

A - Les exigences substantielles

449 - *«Lorsque la convention ou l'accord qui a été dénoncé n'a pas été remplacé par une nouvelle convention ou un nouvel accord dans les délais précisés au troisième alinéa ci-dessus, les salariés des entreprises*

---

262 Cass. soc. 07/01/97 aux termes duquel « *un accord de substitution ne peut entrer en vigueur et supprimer des avantages qu'à l'expiration du préavis de dénonciation* », Dr. soc. 1997, p. 325. Cette solution doit être approuvée ; le droit de la révision s'applique avant l'expiration du préavis.

263 Pour une interprétation de l'article après la loi de 1982 et avant la loi de 1985 : M. DESPAX, *« La dénonciation des conventions collectives de travail après la loi du 13 novembre 1982 »*, Dr. soc. 1984, p. 532 et une position en faveur de la validité des clauses prévoyant une survie pendant une période déterminée.

264 Arrêt *« Société Fermière du Casino Municipal de Cannes »*, Cass. soc. 12/02/91, Dr. ouvr. 1992, p. 226.

265 Le principe d'interdiction des engagements illimités a été clairement rappelé dans la même affaire *« Soc.Fermière du Casino Municipal »* par la Cour d'AIX le 5 juin 1989, Dr. soc 1990, p. 163 ; note M. DESPAX p. 156.

266 Art. L. 132-6 C. Trav..

267 Aucune décision n'est intervenue sur ce point.

concernées conservent les avantages individuels qu'ils ont acquis, en application de la convention ou de l'accord, à l'expiration de ces délais »[268].

Il semble, si on s'en tient à la lettre du texte, qu'un accord, pour pouvoir être qualifié de remplaçant, doit avoir été conclu postérieurement à la dénonciation de l'acte ancien qu'il entend remplacer. Si des difficultés se posent à ce propos dans l'hypothèse d'une mise en cause consécutive à une restructuration[269], l'exigence de nouveauté semble aller de soi dans le cas d'une dénonciation. La négociation qui doit la suivre peut déboucher sur un texte reprenant certaines dispositions anciennes ; il est difficilement concevable que le texte ancien soit repris dans son intégralité[270]. Ne pourrait-on dire, dans ce cas, que la partie à l'initiative de laquelle l'acte s'est trouvé dénoncé a abusé de son droit ?

S'il est vrai que l'acte remplaçant doit être un acte conventionnel, la jurisprudence n'exige pas que l'acte nouveau reprenne l'ensemble des points traités par l'acte affecté, ni qu'il soit plus avantageux[271]. Toutefois, pour être véritablement remplaçant, l'acte nouveau doit avoir un certain contenu positif et normatif. Ainsi, un accord-cadre ne satisfait pas les exigences de l'acte remplaçant. Il doit construire en même temps qu'il détruit. Ni la substitution, ni le remplacement, ne sont des notions équivalentes à une renonciation pure et simple[272].

450 - Il reste cependant difficile de préciser à quel stade un acte négocié sera considéré comme ayant un contenu suffisant. Il semble qu'un accord collectif dans sa forme la plus restreinte, portant par définition sur un point précis, ne devrait pas pouvoir remplacer une convention collective à vocation générale. On peut de même considérer que, pour remplacer un accord ancien, un accord nouveau doit porter sur un objet similaire. Un accord se contentant de mettre en place une prime de vacances ne devrait pas pouvoir être remplacé par un accord prévoyant l'octroi d'un délégué du personnel supplémentaire[273].

Toutefois, faute de texte ou de jurisprudence mentionnant une condition de contenu, c'est assez facilement qu'un acte collectif doit pouvoir en remplacer un autre. Lorsque est dénoncé un ensemble d'accords, un accord ayant le même objet constitue l'accord de substitution même s'il n'est qu'un accord d'étape et que les négociations continuent. La Cour de cassation valide donc la notion d'accord partiel de substitution[274]. De plus, la faculté qu'ont les parties de

---

[268] Al. 6 art. L. 132-8 C. Trav..

[269] La Cour de cassation a tranché en la matière par un arrêt du 14/05/1992, RJS 1992, n° 768 : « *la convention ou l'accord substitué est celui résultant de la négociation qui doit s'engager dans l'entreprise, soit pour l'adaptation des dispositions conventionnelles antérieures à celles nouvellement applicables, soit pour l'élaboration de nouvelles dispositions selon les cas* ».

[270] Il doit y avoir pour le moins *adaptation* des dispositions anciennes (cf arrêt Volet du 14/05/1992).

[271] J.-E. RAY, « *Restructurations et statut collectif* », Dr. soc. 1989, p. 65.

[272] Selon l'expression de Y. CHALARON, « *Négociations et accords collectifs d'entreprise* », LITEC 1990, p. 333, n° 325.

[273] En ce sens, voir J.-E. RAY, préc..

[274] Cass. soc. 30/11/94, Bull. civ. V, n° 319 ; Dr. soc. 1995, 181 ; M. DESPAX ne s'en serait pas étonné qui avait prédit qu'il « *suffira que dans le même champ d'application territorial et professionnel les*

détruire leur acte est de principe ; l'exception que constitue la survie de l'article L. 132-8 doit être interprétée restrictivement. Par ailleurs, il est difficilement concevable, dans l'hypothèse où l'acte remplaçant est adopté à l'unanimité des organisations syndicales mais se révèle insuffisant en contenu, de lui refuser pleine application[275]. Un tel texte, malgré son caractère partiel, doit pouvoir réviser l'ancien accord. En décider autrement équivaudrait à enfreindre le droit de la révision. La dénonciation occupe le champ de l'unilatéral[276] dans le droit des conventions et accords collectifs de travail. La protection qui l'accompagne vise à résister au manque évident de consensus. Toutefois, avant de valider une substitution qui n'est que partielle, il faut s'assurer que l'intention des parties est bien de remplacer l'accord dénoncé. L'objet de la négociation est ici primordial ; là comme ailleurs, il est négligé par les juges qui ne font pas assez cas du droit à la négociation.

451 - D'autres doutes découlent du maintien possible d'accords défavorables aux salariés ou plus précisément d'accords dérogatoires. Les derniers n'ont-ils pas vocation à ne durer qu'un temps, celui du sacrifice, avant retour à meilleure fortune ? Les accords plus nettement défavorables aux salariés –qui créent des obligations là où la loi ou la convention collective supérieure ne stipule rien[277]- méritent-ils de survivre ? On peut en douter[278]. Le vide conventionnel craint par le législateur de 1982 est entendu, à n'en pas douter, comme un recul social. Dans le cas où il n'en serait justement pas un, il ne doit pas y avoir survie.

B - Les exigences formelles

452 - L'acte remplaçant doit-il résulter d'une négociation engagée dans les trois mois de la dénonciation ? En l'absence de précisions, il semble que seul importe la conclusion dans le délai maximal d'un an et trois mois[279].

453 - Le mécanisme légal de prolongation et de conservation du statut conventionnel ancien s'applique même lorsque n'est affecté qu'un accord collectif parmi les différents accords applicables à une entreprise. Il n'est prévu aucune condition tenant à l'existence ou à l'absence d'autres accords applicables avec l'acte dénoncé. Ainsi, si un accord d'entreprise est dénoncé, la protection

---

salariés puissent après une négociation réinvoquer une nouvelle convention collective ou un accord collectif de travail ayant le même objet ou réglant certaines des questions précédemment abordées pour que l'on puisse considérer que ce nouvel accord s'est substitué au précédent », M. DESPAX, *Traité*, n° 163, p. 289.

275 La coexistence de l'acte dénoncé et de l'acte qui ambitionne de le remplacer devrait se résoudre par l'application de la disposition la plus favorable.

276 L'unilatéral montré du doigt est évidemment celui qui émane de la partie patronale. Une dénonciation émanant de la totalité des organisations salariales –visant le plus souvent à provoquer la négociation par le manque suscité- ne requiert probablement pas les mêmes protections.

277 Pour l'admission des clauses conventionnelles de concurrence, Cass. soc. 09/07/76, Bull. civ. V, n° 451.

278 Voir thèse n° 440.

279 En sens (apparemment ?) contraire, Cass. soc. 30/11/94, Dr. soc. 1995, p. 181.

légale aura lieu d'être qu'il y ait, ou non, un accord de branche applicable dans l'entreprise.

Les protections légales constituent des préventions contre le vide conventionnel. Ce vide est craint du législateur dès lors qu'un accord est affecté à un niveau donné, et ce indépendamment de l'existence d'autres accords du même niveau ou de niveaux différents. Il suffit d'une absence à un niveau précis. Un accord, pour être remplaçant, doit par conséquent se situer au même niveau que l'accord qu'il remplace. Cette exigence s'est trouvée consacrée –implicitement- par la jurisprudence[280] ; elle est l'objet d'un accord doctrinal[281] et doit être admise comme figurant le droit positif[282].

454 - Plus avant, certains seulement des signataires d'un acte dénoncé peuvent-ils signer, contre la volonté d'autres signataires, un texte s'y substituant ? La difficulté est réelle et découle de la pluralité syndicale qui caractérise le système français. Pour le domaine qui la concerne, la réforme du droit de la révision du 31 décembre 1992 a répondu clairement à cette interrogation. Chaque syndicat représentatif peut conclure avec l'employeur une convention collective pleinement valable. Le législateur a toutefois aménagé un droit d'opposition ouvert aux organisations syndicales majoritaires non-signataires de l'avenant concerné. La tentation de transposer la solution adoptée pour contrer la jurisprudence Basirico est grande. Cependant, les situations ne sont pas analogues. Dans un cas, l'acte conventionnel est affecté avant que ne se pose la question de son remplacement ; dans l'autre il ne l'est pas. Lors d'une révision, l'acte ancien ne risque pas de disparaître et le vide n'est pas à craindre. Des exigences en matière de représentativité sont concevables. A partir du moment où l'on considère que seule la crainte d'un vide conventionnel a guidé le législateur lorsqu'il a déterminé le régime des dénonciations, un accord nouveau remplit le vide et toute crainte s'efface. Il est néanmoins critiquable de négliger l'image empreinte de progrès social que renvoyait toute négociation collective en 1982. Reste que l'acte à remplacer est d'ores et déjà affecté –donc fragilisé pour le moins- par la dénonciation. Il nous semble donc raisonnable de considérer, avec la doctrine dominante, qu'un accord, pour être qualifié de remplaçant, n'a pas à être signé par l'ensemble des organisations syndicales de l'accord substitué.

455 - De semblables interrogations surgissent à considérer un nouveau texte signé par une partie seulement des employeurs ou groupements

---

280 Cass. soc. 10/10/84, Bull. civ. V, n° 359 : le fait qu'un accord de branche soit applicable avant comme après la mise en cause de l'accord d'entreprise, et, qu'en conséquence, il n'y ait pas de vide conventionnel « total », ne s'est pas opposé en l'espèce à ce que l'accord affecté survive un an. L'arrêt de la Cour d'appel de PARIS du 8/02/1991, RJS 1991, n° 494 refuse, pour sa part, la substitution d'un accord d'entreprise applicable à l'ancien employeur par un accord national.

281 J. PELISSIER, *« Conventions collectives applicables après une restructuration »*, RJS 1991, chr. p. 5 ; Y. CHALARON, Jurisclasseur Trav. fasc. 19-25.

282 Il en va différemment dans l'hypothèse de la mise en cause d'un acte collectif consécutive à une restructuration. Si cette dernière exclut l'application d'une convention de branche par changement de l'activité ou de l'emplacement d'une entreprise et s'il n'existe pas de convention de branche pour la nouvelle activité ou le nouvel emplacement, il est seulement possible de permettre aux négociateurs de l'entreprise de remplacer la convention mise en cause.

patronaux. Logiquement, on rencontre la même difficulté au sein du droit de la révision.

Le 29 mai 1996[283] la Cour de cassation a répondu à la question de savoir si un avenant à une convention collective, signé par certains syndicats d'employeurs seulement, était opposable à l'ensemble des signataires de la convention d'origine et à leurs adhérents. La Cour rappelle, en vertu des dispositions de l'article L. 135-2 du Code du travail, que la signature d'un employeur (ou d'un syndicat d'employeurs) n'engage que lui-même (ou ses adhérents). Seule la procédure d'extension, prévue par l'article L. 133-8 du même Code, peut rendre un texte conventionnel obligatoire pour l'ensemble des employeurs entrant dans son champ d'application indépendamment bien sûr de leur signature. Dans le cas d'espèce, l'employeur, qui était membre d'un syndicat patronal non-signataire de l'avenant litigieux, n'était en aucun cas obligé de l'appliquer. Cette solution est-elle transposable en matière d'acte remplaçant signé par certains employeurs –ou groupements d'employeurs- seulement ? Aucune spécificité ne peut être décelée en la matière. Selon toute probabilité, la jurisprudence conclura, le moment venu, de la même manière.

456 - Reste à déterminer quelles organisations syndicales devront être invitées à la négociation. L'alinéa 5 de l'article L. 132-8 du Code du travail parle d'une négociation engagée *« à la demande d'une des parties intéressées »*. A s'en tenir à la seule qualification de *« parties intéressées »*, il est tentant de réserver la nouvelle négociation aux précédents signataires. Cependant M. le professeur CHALARON a justement indiqué que *« les syndicats non-signataires ne doivent faire l'objet d'aucune discrimination qui les écarterait de la renégociation. Il ne serait pas inconcevable d'ailleurs de leur permettre de déclencher, comme les signataires, le processus de la renégociation obligatoire, conformément à l'esprit de la loi qui y est favorable »*[284].

Quoi qu'il en soit, si la renégociation n'aboutit pas, la survie totale prend fin. Mais l'acte dénoncé connaît encore une application partielle.

Section II : La survie partielle de l'acte

Elle résulte, comme la survie de l'acte entier, de l'article L. 132-8 du Code du travail. Les parties peuvent aussi aménager une pérennité conventionnelle ; celle-ci a été vue dans la première partie[285]. Il nous faut ici aborder le problème de manière plus générale en précisant les salariés concernés *(§ 1)* puis les modalités de fin de la survie *(§ 2)*.

§ 1 Les salariés concernés

457 - *« Lorsque la convention ou l'accord qui a été dénoncé n'a pas été remplacé par une nouvelle convention ou un nouvel accord dans les*

---

283 Trois arrêts, LS 24/06/1996, législ. soc. jurisp. n° 7481.

284 Y. CHALARON, *« Négociations et accords collectifs d'entreprise »*, LITEC 1990, n° 267, p. 270.

285 Voir thèse n° 186.

délais précisés au troisième alinéa ci-dessus, les salariés des entreprises concernées conservent les avantages individuels qu'ils ont acquis, en application de la convention ou de l'accord, à l'expiration de ces délais »[286].

La règle de conservation bénéficie non seulement aux salariés soumis à la convention ou l'accord avant sa dénonciation mais également à ceux embauchés pendant la survie de l'acte dénoncé.

§ 2 La fin de la survie

458 - Peut-on supprimer les avantages individuels acquis ? Dans l'affirmative, comment ? Quid de la conclusion d'une convention ou d'un accord collectif postérieurement à l'expiration du délai maximal de survie (un an et trois mois) ? La question dépend de la réponse apportée à la question de l'incorporation des avantages au contrat de travail. L'arrêt Berland du 6 novembre 1991[287] est clair à ce sujet. Dès lors qu'un avantage doit être maintenu au nom de l'article L. 132-8 *« il appartient à l'employeur qui entend modifier ou supprimer ces avantages ainsi intégrés au contrat de travail, de procéder, en cas de refus des salariés, au licenciement »*. Les travaux parlementaires ne disent pas autre chose[288].

459 - La doctrine dominante[289] fait remarquer qu'il est dommage que l'avantage acquis ait finalement plus de forces que l'avantage collectif non acquis. Les parties y perdent la faculté de défaire ce qu'elles ont fait. Par ailleurs, la négociation de nouvelles dispositions a un impact diminué en cas de résistance de salariés[290]. De plus, maintenir l'avantage individuel sauf négociation aboutie dans un délai de survie peut freiner, en temps de crise, de futures négociations. Nul doute que dans l'esprit du législateur les acquis sociaux faisaient figure de pis-aller inoffensif, la lutte contre le vide conventionnel et pour la négociation collective occupant à l'évidence la première ligne des préoccupations de l'époque. A l'origine témoins du progrès social, les avantages maintenus ne doivent-ils pas inciter avant tout à la négociation ? De ce point de vue, leur intégration n'est pas nécessaire. De plus, lorsque les organisations syndicales participent à la disparition des avantages, l'opposition des salariés, à fin de les maintenir, est plus difficilement concevable. Aussi bien, est-il probable que la jurisprudence à venir se prononce pour une portée moindre du maintien légal.

---

286 Art. L. 132-8 al. 6 C. Trav..

287 Bull. civ. V, n° 479 ; JCP 1992, éd. E, II, 264, note P. POCHET ; RJS 1991, p. 720 ; Dr. soc. 1992, p. 81 ; D 1992 som. com. p. 294 obs. M.-A. SOURIAC-ROTSCHILD. Voir aussi CA 05/06/1989, Dr. soc. 1990, p. 163 note M. DESPAX et Cass. soc. 20/10/1998, Bull. civ. V, n° 435 ; JCP éd. G 1999, II, 10206, note F. MILLET.

288 JOAN 06/1982, p. 3213.

289 E. DOCKES, Dr. soc. 1993, p. 826 ; Y. CHALARON, *« Négociations et accords collectifs »*, LITEC 1990, p. 334 ; M. DESPAX, *Traité*, p. 281 note 2.

290 Là encore, la question de l'incorporation est indissociable de celle de l'effectivité de nouvelles dispositions.

Par ailleurs, il faut forcément concilier la jurisprudence Berland avec les nouveaux arrêts sur la modification du contrat de travail[291]. A priori, la récente notion de modification du contrat englobe, comme la précédente[292], celle d'avantage individuel acquis. Ainsi intégrés au document contractuel, ces derniers en suivent désormais le sort. Aussi bien, puisqu'ils participent à la définition de la situation individuelle du salarié, l'accord de celui-ci est nécessaire pour leur réduction ou leur suppression. A défaut, c'est l'employeur qui doit prendre l'initiative de la rupture. Reste à discuter du caractère réel et sérieux d'un tel licenciement. Si l'incorporation de l'avantage au contrat résiste à l'application d'un nouvel acte collectif, celle-ci constituera probablement la cause réelle et sérieuse du licenciement. Cependant, les avis sont partagés sur le caractère régulier ou non du licenciement[293]. Là encore, l'évolution du droit du travail alimente la probabilité d'une solution favorable à l'employeur.

Par ailleurs, de telles questions sur la modification du contrat de travail en vertu de l'avènement d'un nouvel acte collectif ne se posent pas seulement quand il y a maintien des avantages acquis. Le traitement de la résistance du salarié à l'entrée en vigueur de nouvelles dispositions conventionnelles devrait être global. De ce point de vue, le mécanisme de l'avantage individuel acquis apparaît trop isolé.

Avant de poursuivre cette approche critique de la notion, nous allons tenter d'en préciser les contours.

---

291 P. WAQUET, *« La modification du contrat de travail et le changement des conditions de travail »*, RJS 12/1996, p. 791.

292 M. MORAND, *« La modification du contrat de travail »*, (coll. Droit du travail), Ed. Liaisons, 1991, p. 156 et suiv..

293 M.-A. SOURIAC-ROTSCHILD juge qu'en pareil cas le licenciement peut être dépourvu de cause réelle et sérieuse, Th. p. 1175 ; tendant à confirmer cet avis, CA PAU 02/04/1987, D 1989, som. com. obs. J. GOINEAU.

CHAPITRE DEUXIÈME

LA NOTION D'AVANTAGE INDIVIDUEL ACQUIS (L'OBJET DE LA SURVIE PARTIELLE)

460 - L'expression « avantage individuel acquis » est familière au juriste du travail et les termes qui la composent semblent indivisibles. Néanmoins, son étude s'effectue commodément en les séparant. Plus avant, le démantèlement de l'avantage individuel acquis aide à départager, au sein de la notion, l'aspect classique et déjà abordé –la détermination de l'avantage-, *(sect. I)*, de l'aspect plus original car inné –l'acquisition de la part individuelle du statut collectif- *(sect. II)*.

Section I : La notion d'avantage

461 - La définition de la notion d'avantage ou de celle, voisine, de « disposition plus favorable » a posé et pose encore des difficultés aux juges du travail. Ainsi, DURAND et VITU[294] écrivaient que *« l'avantage ne correspond pas à une notion générale définie par le droit du travail »*. Dans le même sens, après avoir noté que vingt heures de délégation accordées aux représentants du personnel étaient, *« de toute évidence »*, plus favorables que quinze de ces heures, DESPAX[295] remarquait que *« ces certitudes mathématiques*

---

[294] DURAND et VITU, *Traité*, t. 3, n° 185, p. 510.

[295] M. DESPAX, *Traité*, n° 54, p. 91.

ne se retrouvent pas toujours, et c'est alors que les difficultés commencent, sans que l'on puisse prétendre apporter dans tous les cas une solution satisfaisante ».

Il est cependant possible, à l'aide de la jurisprudence, de décrire certains éléments permettant de définir le concept d'avantage, sinon exactement, du moins dans ses grandes lignes.

Le terme avantage ne désigne pas une qualité que peut avoir une norme en elle-même. Aucune disposition n'est en soi un avantage ; il n'y a avantage que par rapport à quelqu'un, celui pour qui la norme est un avantage : le salarié. Reste à savoir quels salariés sont exactement concernés.

Par ailleurs, une norme ne peut être plus avantageuse que par rapport à une autre norme, ou, à la limite, à une absence de norme. La prévision d'un salaire minimum est un avantage, si on la compare à l'absence de toute prévision de salaire. Lorsque est avancée la qualification d' « avantage », il faut rechercher par rapport à quelles normes, ou ensemble de normes.

Enfin, lorsque l'on sait par rapport à qui et par rapport à quoi la norme doit être analysée, il reste à préciser, pour une norme, ce que signifie d'être plus avantageuse qu'une autre norme. Ce qui est avantageux est souvent une question subjective ; pour tel salarié avoir plus de congés sera préférable, alors qu'un autre préférera avoir un salaire plus important.

En résumé, définir ce qu'est un avantage nécessite de répondre à trois questions : par rapport à quel salarié ou à quel groupe de salariés ? par rapport à quelle autre norme ou ensemble de normes ? par rapport à quelle notion du « mieux » ?

462 - Les réponses ne sont pas forcément uniques. Elles varient selon la hiérarchie des sources à comparer. Par ailleurs, puisque la notion d'avantage est au centre des conflits entre sources du travail, on peut se demander si elle-même est unique. La notion d'avantage ne varie-t-elle pas quand il s'agit de savoir si une règle ancienne peut survivre à la disparition de sa source[296] ou quand il s'agit de savoir laquelle de deux règles en vigueur s'applique[297] ? La jurisprudence utilise la même méthode de comparaison dont il nous reste à préciser les supports *(§ 1)* et le critère *(§ 2)*[298].

§ 1 les supports de la comparaison

463 - La comparaison qu'opèrent les juges distingue deux références de base. La première concerne les clauses conventionnelles *(A)*, la seconde les salariés *(B)*.

---

296 Cf art. L. 132-8 C. Trav..

297 Cf art. L. 135-2, L. 132-4, L. 132-12 et L. 132-23 C. Trav..

298 Les développements qui vont suivre complètent utilement les allusions précédentes à la « disposition plus favorable » ; ils doivent beaucoup aux propos d'A. CHEVILLARD, *« La notion de disposition plus favorable »*, Dr. soc. 1993, p. 363.

A - Les objets de la comparaison

464 - Pour être appliquée, une disposition conventionnelle doit être plus favorable que l'ensemble des règles de la relation de travail qu'elle entend régir. Il en va a fortiori de même pour celle qui entend survivre à la disparition de son support. Pour devenir un « avantage », la disposition ancienne ne doit pas seulement respecter un minimum social impératif, elle doit aussi être plus favorable que la solution juridique qui serait adoptée en son absence, même si cette solution n'est pas d'ordre public. Ainsi, une clause conventionnelle de non-concurrence ne peut survivre, sauf obligation aggravée de même type dans un texte conventionnel de niveau supérieur.

465 - Plus avant, la jurisprudence a dû opter pour un mode de comparaison des stipulations en présence. Elle a finalement rejeté les extrêmes : les comparaisons globale et analytique *(a)*, pour adopter une solution intermédiaire *(b)*.

a) Le rejet des modes de comparaison global et analytique

466 - La signification d'espèce de ces termes « global » et « analytique », peu juridiques, doit être précisée. La comparaison globale et ses groupes d'avantages seront vus dans un premier temps *(1)*, suivra l'examen de l'extrême inverse, avec le découpage maximum des clauses *(2)*.

1 - Le mode de comparaison global

467 - La comparaison globale ou synthétique reviendrait à considérer les dispositions d'un support donné comme formant un bloc unique, globalement favorable ou défavorable par rapport à un autre bloc formé de l'ensemble des dispositions d'un autre support. Ainsi, de deux conventions collectives simultanément applicables à un même rapport de travail, l'une seulement serait appliquée : celle dite globalement plus avantageuse.

Cette façon de procéder est exclue pour plusieurs raisons.

Les articles du Code qui aident à la résolution d'un conflit de superposition font référence aux *clauses* et aux *dispositions* plus favorables[299]. L'article L. 132-8 du Code du travail va dans le même sens. La conservation exigée est celle *des* avantages individuels acquis. Ce pluriel, que l'on retrouve dans les clauses de maintien des avantages acquis[300] est significatif de la pluralité des comparaisons qui doivent avoir lieu et, par conséquent, du rejet du mode global.

Les conséquences de ce dernier seraient en outre inacceptables dans la mesure où elles consisteraient en l'inapplication d'impératifs légaux (en matière de conflit de superposition) ou plus largement d'impératifs conventionnels interprofessionnels ou de branche. On ne saurait admettre que les

---

[299] L'art. L. 132-4 dispose : *« la convention ou l'accord collectif de travail peuvent comporter des dispositions plus favorables aux salariés que celles des lois et règlements en vigueur »*. Selon l'art. L. 135-2 : *« lorsqu'un employeur est lié par les clauses d'une convention ou d'un accord collectif de travail, ces clauses s'appliquent aux contrats conclus avec lui, sauf dispositions plus favorables »*.

[300] Voir thèse n° 186.

parties suppriment l'institution légale ou conventionnelle d'heures de délégation accordées aux représentants du personnel en instituant une indemnité de licenciement valable pour tous les salariés, aussi conséquente que soit cette indemnité. Les partenaires à la négociation ne peuvent disposer des avantages prévus par la loi ou une convention collective conclue à un autre niveau que le leur.

De plus, comme le remarque M. le professeur SAVATIER, une comparaison d'ensemble est impossible *« en raison des grandes différences pouvant exister dans la structure des conventions collectives et dans la nature des avantages qu'elles apportent aux travailleurs »*[301].

468 - En fin de compte, le mode de comparaison global est rejeté par une jurisprudence constante et sans ambiguïté, tant en ce qui concerne les conflits de superposition, qu'en ce qui concerne la survie de l'acte dénoncé. Il est en outre rejeté par les auteurs unanimes[302]. Il en va de même pour le rapprochement dit analytique.

2 - Le mode de comparaison analytique

469 - Il consiste, quant à lui, à comparer des dispositions de nature strictement identique. Son caractère excessif a emporté son rejet en jurisprudence. Il présentait pourtant l'avantage de déterminer avec certitude ce qui sera et ce qui ne sera pas considéré comme un avantage. Utilisons-le afin de comparer l'octroi d'une indemnité de mise à la retraite et l'institution d'un système de retraite[303]. Le premier avantage se résume dans le paiement d'un capital alors que le second consiste en une rente versée périodiquement. Si le système de retraite est plus favorable que l'indemnité, il sera applicable ; la comparaison strictement analytique impose également à l'employeur de payer l'indemnité... La jurisprudence a rejeté ce cumul excessif et a opté pour une solution intermédiaire entre les deux modes de comparaison étudiés.

b) La comparaison des dispositions ayant une même cause

470 - Les juges opèrent un découpage des normes à comparer en blocs de dispositions ayant la même cause ou le même objet. Ils utilisent indifféremment les termes objet et cause pour désigner ce qui est en fait la cause (le but) des obligations. Dans la décision du 20 mars 1963[304], l'indemnité de rupture due en cas de mise à la retraite et le régime de retraite ont clairement des objets distincts. On ne saurait confondre le versement d'une somme en une fois et le bénéfice d'une pension versée périodiquement. Ces deux normes n'ont, cependant, pas été additionnées. Le motif en est clairement exprimé par la Cour qui fonde sa décision sur l'identité de destination des deux primes. Leur

---

301 J. SAVATIER, note sous Cass. soc. 20/03/1963, Dr. soc. 1963, p. 420.

302 M. DESPAX, *Traité*, n° 235, p. 419 ; Y. CHALARON, *« Négociations et accords collectifs d'entreprise »*, LITEC 1990, n° 235, p. 239 ; M.-A. SOURIAC-ROTSCHILD, Th. p. 1191.

303 L'exemple est une simplification de l'espèce soumise à la Cour de cassation le 20/03/1963, Dr. soc. 1963, préc. ; JCP 1963, II, 13357 note G.-H. CAMERLYNCK. Il a été repris par G. VACHET, *« Les conflits entre conventions collectives en droit français »*, Thèse LYON 1977, p. 226.

304 Préc..

destination, ce qui est une autre manière de désigner leur cause, est bien, dans les deux cas, de réparer le préjudice résultant de la rupture du contrat. Si les primes de vacances et de treizième mois visées par l'arrêt du 26 octobre 1982 peuvent, elles, être jointes, ce n'est pas parce que leurs objets sont distincts mais parce que leur cause l'est[305]. Dans l'arrêt du 17 mars 1988[306] comme dans beaucoup d'autres occasions, les juges utilisent le terme objet pour le terme cause. La Cour affirme que *« le crédit-temps de huit heures (...) destiné à permettre la cessation du travail à la veille des fêtes et à faciliter la récupération des heures de travail perdues à l'occasion d'un pont, n'avait pas pour objet de compléter le régime légal des congés payés légaux »*.

471 - Si on veut être précis, on doit remarquer que ce n'est pas seulement lorsque deux dispositions ont la même cause que l'application cumulée est rejetée. Tel est aussi le cas lorsque deux dispositions ou blocs de dispositions ont des causes incluses. L'allocation de retraite a pour cause la réparation, dans une certaine limite, du préjudice né d'une mise à la retraite ; le système de retraite a pour cause la réparation d'un préjudice plus large. Dans l'espèce soumise à la Cour le 1er décembre 1982[307], une convention collective prévoit le paiement d'une prime d'assiduité et d'une prime géographique ; un contrat de travail précise que ces primes sont incluses dans le salaire horaire. Les juges comparent le salaire horaire prévu au contrat au salaire de base conventionnel majoré des deux primes. Le premier se montrant plus favorable, il y a lieu de l'appliquer seul, à l'exclusion des primes conventionnelles. Dans son arrêt du 26 octobre 1982[308], la Cour considère qu'une prime de vacances conventionnelle et une prime de treizième mois prévue au contrat peuvent se cumuler, sans que les motifs dictant cette solution soient clairement exprimés.

Dans la première espèce, les parties prévoient expressément que les primes s'intègrent au salaire ; ce dernier a donc pour cause la contrepartie du travail fourni, la rémunération de l'assiduité et celle des problèmes posés par le site géographique. La cause du salaire contractuel inclut donc les causes respectives des deux primes. Rien de tel pour la seconde espèce ; aucune des causes de chacune des deux primes ne recoupe celle de l'autre. Elles doivent donc s'appliquer cumulativement.

Dans le même sens, si on veut savoir si une indemnité versée en cas de maladie s'applique de manière additionnelle par rapport à d'autres dispositions, il est nécessaire de comparer cette indemnité aux dispositions ayant pour cause la réparation du préjudice subi par le salarié du fait de sa maladie ou ayant une cause incluse. L'indemnité versée en cas de maladie professionnelle est incluse, l'indemnité pour maladie du salarié ou de ses enfants est au contraire plus large.

472 - Lorsque deux dispositions ont des causes qui, si elles ne sont pas sans liens, ne sont ni identiques ni dans un rapport d'inclusion, la Cour

---

305 Cass. soc. 26/10/1982, jurisp. soc. UIMM 1983, n° 438, p. 79.

306 Cass. soc. 17/03/1988, Bull. civ. V, n° 454.

307 Cass. soc. 01/12/1982, Bull. civ. V, n° 671.

308 Préc..

de cassation procède à l'application cumulée de ces dispositions qui ont le même objet. Ainsi dans l'arrêt du 14 octobre 1982[309], à propos d'un conflit entre les dispositions de deux conventions collectives, la Cour décide de permettre le cumul d'une majoration, accordée en considération de l'âge des salariés, de l'indemnité versée en cas de licenciement collectif, avec une indemnité allouée pour tout licenciement, indépendamment de l'âge des salariés. Le préjudice spécial subi par les personnes âgées n'est, en effet, pas pris en considération pour l'octroi de l'indemnité de licenciement. Le même type de raisonnement permet de fonder l'arrêt du 23 octobre 1985[310], lequel admet l'application cumulative des avantages concernant la durée du préavis avec ceux concernant le montant d'une indemnité de licenciement. Prévenir et réparer un préjudice sont indiscutablement deux causes distinctes. On peut encore citer l'arrêt du 16 mars 1989[311] lequel met aux prises un salaire minimum conventionnel et une prime d'ancienneté. La prime d'ancienneté récompense et rémunère l'ancienneté et non simplement le travail fourni.

473 - En choisissant de ne pas cumuler, les juges refusent l'application d'une obligation entachée d'une absence de cause. En effet, dans les espèces précitées, c'est parce que l'intention des parties est d'ores et déjà satisfaite qu'il n'est pas besoin d'en rajouter. La solution inverse reviendrait à faire exécuter une obligation sans cause. La cause est ici « psychologique » (recherchée dans l'intention des parties), rarement « matérielle » ou « concrète » (exprimée sous la forme d'une contre-prestation). Les conventions et accords collectifs sont en effet rarement synallagmatiques ; les avantages n'ont que très rarement des contreparties concrètes. C'est toutefois le cas pour quelques accords dérogatoires pour l'entrée en vigueur desquels le législateur impose que soient stipulées des contreparties. Tel est le cas de l'accord de modulation du temps de travail qui déroge en moins favorable aux dispositions légales sur les heures supplémentaires[312]. La loi exige que de tels accords comportent une contrepartie pour les salariés *« consistant en une réduction de la durée du travail effectif ou en toute autre contrepartie, notamment financière, de temps de formation ou d'emploi »*. La contrepartie prévue dans ce cas ne peut être isolée pour constituer un avantage individuel acquis. Cependant, aucune décision n'est intervenue sur ce point.

474 - Une fois déterminés les termes normatifs de la comparaison, il reste à rechercher, parmi les dispositions à rapprocher, lesquelles sont les plus favorables pour les salariés. Mais la localisation de l'avantage exige au préalable que l'on sache par rapport à qui, à quels salariés ou groupes de salariés la comparaison doit avoir lieu.

---

309 Cass. soc. 14/10/1982, jurisp. soc. UIMM 1983, p. 79.

310 Bull. civ. V, n° 488.

311 Bull. civ. V, n° 225.

312 Art. L. 212-8 II C. Trav., modifié par le projet de loi Aubry II.

B - Les sujets de la comparaison

475 - Le choix entre une appréciation de l'avantage au regard du seul salarié concerné et une appréciation au regard de l'ensemble des salariés ne se présente qu'en cas de conflit entre deux normes dont l'une contient, par rapport à l'autre, à la fois un avantage et un désavantage. Il s'agit des normes à « double tranchant », dont l'application est tantôt favorable, tantôt défavorable au salarié intéressé par le conflit. Lorsqu'un accord collectif prévoit deux jours de congés par mois de travail, sans déduction des périodes de maladie, et qu'un autre accord en attribue trois, mais déduction faite de toutes les interruptions de travail, la disposition la plus avantageuse varie selon la maladie du salarié et sa durée. Ou encore, prenons l'hypothèse d'une convention collective prévoyant une indemnité de licenciement pour les salariés ayant un an d'ancienneté, et d'une seconde convention n'octroyant l'indemnité que sous réserve d'une ancienneté de cinq ans mais à un taux bien supérieur à la précédente. Le travailleur licencié après deux ans de présence dans l'entreprise revendiquera l'application de la première convention au contraire de celui licencié après sa cinquième année. Ou enfin cet exemple, qui a suscité un arrêt célèbre de la Cour de cassation[313] : une convention collective régionale datant de 1936 instituait un préavis de rupture réciproque de quinze jours du contrat de travail. Une convention collective nationale signée en 1951 prévoyait un préavis réciproque de huit jours. Le salarié démissionnaire avait intérêt à invoquer la convention collective nationale, tandis que le licencié devait se prévaloir de l'accord régional. La Cour suprême invita les juges du fond à procéder à une comparaison *« eu égard à l'ensemble des intéressés et non eu égard à l'un d'eux en particulier »*. Elle n'a jamais varié, y compris bien sûr en matière de conflit de succession[314], sauf deux arrêts restés isolés[315].

476 - L'uniformité de statut qui en découle ne doit cependant pas tromper. Elle obéit à une simplification nécessaire du droit applicable à une même collectivité de travail et n'empêche pas des différenciations concernant le maintien des avantages acquis. Il est fréquent qu'une partie des salariés bénéficient de l'avantage en cours de maintien alors que d'autres[316] se voient, à l'intérieur de la même collectivité de travail, appliquer le nouvel acte.

---

[313] Cass. soc. 11/01/1962, Dr. soc. 1962, p. 290.

[314] Cass. soc. 05/03/1969 *« Grisot »*, Dr. soc. 1969, p. 508, obs. J. SAVATIER ; Dr. ouvr. 1970 p. 95 ; Bull. civ. V, n° 155 : le mode de calcul de l'indemnité de licenciement prévue par l'ancienne convention collective ne pouvait être maintenu au titre de la clause de maintien des avantages acquis ; il était pourtant plus favorable pour Grisot, mais moins favorable vis-à-vis de l'ensemble des salariés. Voir aussi Cass. soc. 22/05/1979, Bull. civ. V, n° 440 : toujours à propos de l'application d'une clause de maintien des avantages acquis, le mode de calcul de la prime d'ancienneté nouvelle est dit globalement plus favorable *« pour l'ensemble du personnel »*. Dans le même sens, Cass. soc. 30/04/1987, Bull. civ. V, n° 245.

[315] Cass. soc. 02/03/1960, Bull. civ. IV, n° 248 ; Cass. soc. 13/11/1968, Bull. civ. V, n° 502.

[316] Ceux qui ont été embauchés postérieurement à la survie de l'acte ou qui ont accepté de renoncer à leurs avantages acquis.

§ 2 Le critère de la comparaison

477 - L'application de tel ou tel bloc peut mettre en cause plusieurs intérêts contradictoires des salariés. Chacun des blocs peut présenter certains avantages que ne présente pas l'autre. Ces situations problématiques sont fréquentes. Une réduction du temps de travail occasionne une perte de salaire, mais accorde un plus grand temps de repos ; telle adoption d'un salaire au rendement permet aux salariés de gagner plus, mais les soumet à des cadences de travail supérieures, etc... De plus, la détermination du plus favorable varie selon l'acteur considéré. Tel salarié préférera un plus grand temps libre alors que tel autre privilégiera l'aspect financier.

Face à ces difficultés, la jurisprudence et la doctrine ont apporté quelques éléments de réponse en affirmant le caractère objectif que doit prendre la comparaison et en désignant au coup par coup où se situe l'avantage. Aussi bien, si l'exigence d'objectivité peut être évoquée de manière générale *(A)*, il est encore difficile (de plus en plus ?) de définir les qualités dont doit faire preuve un ensemble conventionnel pour être déclaré plus favorable *(B)*.

A - L'exigence d'objectivité

478 - L'appréciation est subjective lorsqu'elle prend en compte la préférence de la collectivité, (puisque c'est d'elle qu'il s'agit) pour l'une ou l'autre des normes en conflit. Elle sera objective si l'on se réfère à des critères extérieurs au choix que peut faire le personnel intéressé. Il y a objectivité si les volontés du législateur, des négociateurs priment, ou bien encore si les juges tranchent en s'appuyant sur la volonté supposée de l'ensemble du personnel.

479 - L'exigence d'objectivité varie selon les conflits de normes en cause. Pour ceux qui nous concernent et mettent aux prises des normes hiérarchiquement équivalentes, il serait possible de laisser aux intéressés le choix de l'avantage chaque fois que l'uniformité de statut n'est pas nécessaire au fonctionnement de la collectivité visée. Une telle nécessité existe, par exemple, en matière de retraite complémentaire : on peut difficilement autoriser un libre choix, individualisé, entre une indemnité de départ à la retraite et un régime de retraite complémentaire, sauf à briser la solidarité nécessaire au fonctionnement de ce dernier. En dehors de ces cas exceptionnels, l'impératif d'uniformité, finalement peu présent en droit français, n'importe pas.

Il existe cependant d'autres priorités. Autoriser le salarié à exercer a priori une option entre deux systèmes de clauses s'oppose directement au fondement du caractère impératif des conventions collectives. Celles-ci ont justement pour objet de pallier l'infériorité dans laquelle se trouve le salarié par rapport à son employeur. Lui permettre de choisir, parmi les règles en conflit, celle qui lui convient le mieux reviendrait à autoriser la renonciation aux avantages conventionnels[317]. On ne peut pas non plus tolérer que l'option s'exerce

---

317 La jurisprudence exclut nettement toute faculté pour le salarié de renoncer aux protections conventionnelles : Cass. civ. 19/03/1938, S 389 ; Cass. soc. 09/01/1980, Bull. civ. V, n° 21 ; Cass. soc. 20/02/1986, Bull. civ. V, n° 35 ; Cass. soc. 09/03/1988, Bull. civ. V, n° 161 ; voir aussi DURAND et

a posteriori. Le salarié pourrait alors choisir la règle dont l'application lui serait plus favorable en considération d'une période passée et, ainsi, il pourrait rendre rétroactivement applicable la règle élue.

B - Les qualités de l'ensemble plus favorable

480 - De manière générale, le plus favorable est, à court terme, tour à tour ou à la fois le moins onéreux et le plus agréable. On le constate, l'appréciation des juges est primordiale. Le flou qui entoure nécessairement une telle référence permet aujourd'hui à la jurisprudence d'évoluer en tenant compte de considérations d'emploi lorsque deux normes conventionnelles s'affrontent[318].

Les incertitudes qui entachent la jurisprudence sur le maintien des avantages ne concernent pas seulement la notion d'avantage elle-même. Elles se poursuivent avec les deux autres paramètres qui l'accompagnent.

Section II : La notion d'acquis individuel

481 - Au-delà des précisions jurisprudentielles apportées quant à l'acquis et l'individuel *(§ 1)*, la notion d'acquis individuel possède un sens courant ainsi qu'une signification juridique plus large qui la rendent autonome *(§ 2)*[319].

§ 1 L'acquis et l'individuel en droit positif

482 - Le droit acquis est un droit ouvert, né, c'est-à-dire non éventuel[320], ou autrement dit un droit dont le salarié a bénéficié antérieurement. Cette solution est ancienne et la jurisprudence n'a jamais varié sur les termes employés pour définir l'acquis[321]. Elle a donc décidé que l'indemnité conventionnelle de licenciement ou de préavis ne constituait pas un avantage

---

VITU, *Traité*, t. 3, n° 205, p. 582 ; M. DESPAX, *Traité*, n° 60, p. 106 ; voir cependant Cass. soc. 09/04/1986, Dr. soc. 1986, p. 869 ; G.-H. CAMERLYNCK, *« La renonciation du salarié »*, Dr. soc. 1960, p. 62 ; I. VACARIE, *« La renonciation du salarié »*, Dr. soc. 1990, p. 757.

318 Voir thèse n° 376.

319 La recherche et le plan ont été guidés par les travaux d'E. DOCKES sur la question, *« L'avantage individuel acquis »*, Dr. soc. 1993, p. 826 et thèse du même auteur, *« L'application dans le temps des règles de droit du travail, contribution à l'étude du droit transitoire »*, LYON 1992.

320 Le droit né ne doit pas être entendu au sens civil du terme : c'est ici un droit à réalisation future mais certaine.

321 *« L'avantage acquis est celui qui correspond à un droit déjà ouvert et non à un droit simplement éventuel »*, Cass. soc. 19/06/1987, Bull. civ. V, n° 402 ; pour les espèces les plus récentes : Cass. soc. 05/06/1996, RJS 1996, n° 1065 ; Cass. soc. 18/02/1997, RJS 1997, n° 714, en l'espèce un salarié ayant participé à une grève après l'entrée en vigueur d'une nouvelle convention avait demandé l'application de l'ancien mode de calcul des retenues, plus favorable que celui résultant du nouveau texte. La Cour décide qu' *« (...) à la date de l'entrée en vigueur de la nouvelle convention d'entreprise, le droit du salarié (...) était un droit simplement éventuel et non encore ouvert, qui n'avait donc pas le caractère d'un avantage acquis (...) »*.

acquis car le droit à l'indemnité naît uniquement au moment de la rupture[322]. La question est en fait de savoir si le salarié est personnifié ou s'il s'agit d'un salarié à l'intérieur d'une collectivité donnée. Selon la première des conceptions, bénéficie des indemnités maladie celui des salariés qui en a *déjà* bénéficié. Selon la seconde, les indemnités bénéficient à tous. Alors, les droits acquis ne varient pas selon les expériences de chacun mais en fonction des droits courants de chacun dans l'exercice de son activité professionnelle. La jurisprudence semble bien décidée à réserver les avantages en cause à ceux qui les ont expérimentés auparavant. Cette position découle de l'imbrication des caractères acquis et individuel. Sauf conséquence éventuelle en terme de rémunération, le bénéfice de régimes de prévoyance sociale complémentaire (garanties maladie, décès, invalidité, retraite) n'est pas maintenu. Il nous semble pourtant que les salariés concernés *–assurément* [323] *et à court terme-* par un avantage devraient entrer dans le giron de l'acquis. Nous pensons tout particulièrement aux avantages ayant trait à la fin du travail qui, de plus, sont insusceptibles de donner lieu à des traitements discriminatoires. En matière de protection sociale complémentaire, les salariés à la veille de la liquidation de leurs droits devraient être privilégiés. D'un autre côté, l'individualisation de l'avantage est une fiction légale qui doit donc être interprétée de manière stricte.

483 - Plus précisément sur l'aspect individuel de l'avantage, doctrine et jurisprudence ont discuté de la qualification en termes de source ou d'objet. Les avantages individuels, selon le premier critère, sont ceux qui sont prévus ou incorporés dans le contrat de travail[324]. La doctrine a penché, dans un premier temps, pour une distinction selon l'origine de la disposition[325]. L'article L. 132-8, dans son sixième alinéa, exclut cette solution puisqu'il dispose : *« les salariés des entreprises concernées conservent les avantages individuels qu'ils ont acquis en application de la convention ou de l'accord ».* Si depuis 1982 la doctrine est unanime en ce sens, un arrêt de la Cour de cassation[326] a semblé se rallier à l'ancienne position doctrinale. Il a déclaré, fort inopportunément, que *« l'accord de 1983 prévoyant une progression annuelle (du salaire minimum) avait une nature collective et ne pouvait être assimilé, au sens de l'article L. 132-8 alinéa 6 du code du travail, à un avantage individuel ».* Heureusement, à la

---

[322] Cass. soc. 10/05/1989, Bull. civ. V, n° 352, p. 213 ; JCP 1989, éd. E, II, 15587, n° 16 ; plus récemment, Cass. soc. 23/06/1999, RJS 8-9/1999, n° 1103.

[323] L'exigence d'un bénéfice prévisible exclut les garanties décès, invalidité, maladie.

[324] Cf l'opinion du ministre, JOAN, 06/1982, p. 3218.

[325] M. DESPAX, *Traité*, n° 197, p. 316.

[326] Cass. soc. 12/02/91, CSBP 1991, n° 28, A16, p. 59 ; il faut toutefois remarquer que la solution de ia Cour n'aurait sans doute pas été modifiée en considérant un autre critère.

lumière de décisions ultérieures[327], la formulation maladroite de l'arrêt *« Al Farid »* s'efface comme une simple péripétie[328].

484 - Plus généralement, comment peut-on définir un avantage individuel ? Est-ce celui qui peut être défendu en justice par le salarié[329] ? Est-ce, de manière plus large, celui qui est susceptible de bénéficier à chacun individuellement ? Il est préférable d'adopter la seconde solution, puisque aussi bien certaines règles –collectives- concernant la représentation du personnel peuvent donner lieu à des actions en justice individuelles. Finalement, *« l'avantage individuel doit être celui qui est susceptible d'utilisation privative, par opposition à l'avantage collectif, insusceptible d'une telle utilisation »*[330].

§ 2 L'acquis individuel, notion autonome

485 - La notion d'acquis sociaux est familière à chacun. Elle possède un sens propre, indépendamment de sa mise en exergue par l'article L. 132-8 du Code du travail. Aussi connue que soit l'expression, sa signification juridique n'est pas évidente. Implique-t-elle que tout avantage identifié dans la matière du travail s'avère indéracinable comme témoin du progrès social ?

486 - D'ores et déjà, la source de l'avantage n'est pas indifférente. L'article précité, concernant les conventions et accords collectifs de travail, est le seul à faire référence à cette notion. Cela n'empêche pas le législateur d'avoir eu à se poser la question de savoir si un avantage d'origine légale est acquis. Par l'entremise des récents textes de lois, il nous semble d'ailleurs qu'il y a répondu. En raccourci : l'avantage n'est pas toujours celui qu'on croit (plus de temps libre en est) et l'emploi vaut bien quelques sacrifices. Juridiquement parlant, il ne peut y avoir d'acquis légaux. L'uniformité de la règle légale impérative est primordiale et ne permet pas la consolidation individuelle des dispositions d'origine collective. Pas d'acquis non plus en cas de disparition des conventions et accords collectifs à durée déterminée ou à l'occasion de la disparition des autres sources collectives. De la même façon, la révision in pejus, quelle que soit son importance et sauf opposition, trouve pleine et immédiate application. Ensuite, il faut préciser que l'avantage acquis ne devient pas pour autant inexpugnable. Loin de là. Il n'est même pas sûr que son régime sera à

---

[327] M. DESPAX, *« Dénonciation d'une convention collective et sort des avantages acquis en matière de rémunération »*, Dr. soc. 1990, p. 156, spéc. p. 161 ; Cass. soc. 6/11/1991, RJS 1991, n° 1342 ; Cass. soc. 22/04/1992, RJS 1992, n° 767 ; I. BOYER, *« L'avantage acquis en droit du travail »*, Thèse TOULOUSE, 1989, spéc. p. 306 sur l'influence de cette interprétation sur la clause de maintien des avantages.

[328] En cas de doute persistant, une clause de maintien des avantages peut utilement préciser les choses ; G.-H. CAMERLYNCK, *« La clause de maintien des avantages acquis »*, Dr. soc. 1959, p. 406 et I. BOYER, Th. préc. spéc. p. 298 sur la nécessité d'une rédaction claire de la clause.

[329] N. ALIPRANTIS, *« La place de la convention collective dans la hiérarchie des normes »*, LGDJ 1980, p. 59.

[330] E. DOCKES, Th. préc. p. 576.

jamais celui de l'avantage contractuel ; la doctrine conteste la jurisprudence en vigueur qui intègre l'avantage acquis au contrat[331].

487 - Ainsi, le terme « acquis » consacre moins le progrès social que la consolidation de certains termes du droit du travail dans leur application à chaque salarié. La notion échappe donc aux avantages collectifs. C'est le point de vue du salarié qui ici prévaut ; c'est, sauf impératif d'uniformité lié à la règle collective en cause, parole donnée au travailleur quant à la détermination de ses propres conditions de travail. De manière sous-jacente on retrouve le souci du droit transitoire concernant le maintien de l'équilibre des relations contractuelles existantes[332]. Il conduit ici à ne pas imposer au salarié des changements contractuels.

Pour cet aspect du mécanisme, le droit des normes collectives de travail n'est pas en cause[333]. Aussi bien, il nous semble que la hiérarchie, selon le critère de leur extraction, entre les diverses dispositions susceptibles de s'appliquer à la relation individuelle de travail n'a plus lieu d'être. Au stade de leur application les normes se confondent, au moins du point de vue du salarié qui, finalement, seul importe. Dans ces conditions, il faut regretter l'absence de maintien d'avantages provenant de sources informelles tels que les usages et accords atypiques. Le peu de considération en laquelle le législateur tient ces dernières y est certainement pour beaucoup. Cependant, puisque la norme informelle trouve application, pourquoi ne survit-elle pas ? Le même raisonnement peut être tenu à propos du mécanisme révisionnel. Pourquoi l'avantage supprimé ne survit-il pas ? En revanche, la durée déterminée des normes exclut, à raison, leur survivance par le biais concerné. En effet, on doit respecter l'avis des parties qui jugent limitée l'opportunité des normes conclues[334].

488 - Pis encore, l'application jurisprudentielle du maintien des avantages n'empêche pas le salarié de subir, dans le cas d'une dénonciation, d'importants changements de sa situation individuelle de travail.

Seuls les droits ouverts, dont le salarié a déjà bénéficié sont susceptibles d'être maintenus[335]. Les indemnités de licenciement et de départ en retraite, qui constituent des éléments du contrat de travail, sont donc exclues du maintien. De la même façon, le caractère nécessairement individuel de l'avantage visé par l'article L. 132-8 du Code du travail[336] écarte du mécanisme de survie bon nombre de caractéristiques importantes de la relation. Une illustration de cette mise à l'écart peut être donnée par la rémunération du salarié. En matière

---

331 Voir thèse n° 459.

332 L'article L. 132-8 sur le maintien des avantages acquis cherche aussi, très nettement, à inciter à la renégociation.

333 En particulier, n'est pas en cause l'incitation à la renégociation à laquelle est censée contribuer le maintien des avantages acquis.

334 A rapprocher du cas où ces mêmes parties excluent le maintien des avantages après dénonciation d'une convention ou d'un accord collectif à durée indéterminée.

335 Voir pour illustrations et critique, thèse n° 482 et suiv..

336 Voir thèse n° 483 et en particulier sur le système de répartition des pourboires, Cass. soc. 12/02/1991, « *Al Farid* », JCP 1991, éd. E, II, 181 note P. POCHET.

contractuelle, la structure de cette dernière peut évoluer librement (évolution d'une prime en pourcentage, évolution de sa base de calcul), à condition que son montant ne diminue pas. La jurisprudence concernée permet la substitution d'une prime à une autre de nature différente, pourvu que l'aspect quantitatif de la rémunération demeure. Rien de tel dans la matière conventionnelle : la nature collective d'une prime interdit que soit tenu compte de son incidence.

489 - En conclusion, il faut regretter les divergences observées entre les régimes de remise en cause. De plus, le régime légal de survie de l'acte est trop restrictif. D'un autre côté, il est générateur d'incertitudes d'application et remplit mal son rôle de protection des salariés. En outre, sa mission d'incitation à la renégociation est désormais un peu dépassée. L'employeur ne se montre plus aussi réticent qu'avant pour entrer en discussion avec les représentants de salariés. De manière plus définitive, les dispositions légales sur le maintien des avantages s'adaptent mal à l'évolution du droit du travail.

CHAPITRE TROISIÈME

LE MAINTIEN DES AVANTAGES ACQUIS ET LES TRANSFORMATIONS DU DROIT DU TRAVAIL

490 - Quelques critiques envers les dispositions légales ont déjà été formulées au long de l'exposé de leurs caractéristiques. Nous allons ici, plus particulièrement, faire part de certains inconvénients engendrés par le mécanisme légal de survie de la norme conventionnelle : le risque de discrimination *(§ 1)* puis l'absence d'application immédiate effective du nouveau statut *(§ 2)*. Nous terminerons par une synthèse de l'ensemble des observations suivie de quelques propositions en guise d'éventuels remèdes *(§ 3)*.

§ 1 Le risque de discrimination

491 - Le maintien légal des avantages individuels acquis se trouve menacé par la doctrine et par le risque d'une discrimination injustifiée entre nouveaux salariés et salariés plus anciens. Nous avons déjà évoqué la position de certains auteurs qui requièrent l'abandon de la position exprimée par les juges dans l'arrêt Berland[337]. Cette décision précise clairement le support des avantages individuels acquis tels que maintenus par le jeu de l'article L. 132-8.

---

[337] Cass. soc. 06/11/1991, JCP 1992, éd. E, II, 264 note P. POCHET ; voir aussi CA 05/06/1989, Dr. soc. 1990, p. 156 note M. DESPAX et Cass. soc. 20/10/1998, Bull. civ. V, n° 435 ; JCP éd. G 1999, II, 10206, note F. MILLET.

Elle affirme leur incorporation[338] aux contrats de travail des salariés concernés. L'employeur doit donc, pour modifier les avantages en cause et par conséquent le texte contractuel, requérir l'accord de ces derniers ou risquer leur refus. A défaut d'acceptation, il est contraint de licencier pour pouvoir appliquer les nouvelles conditions de travail. La loi quinquennale l'autorise toutefois à se contenter du silence du salarié lequel, dans le cadre d'un licenciement économique, vaut acceptation de la modification[339]. Compte tenu de l'incorporation, la signature d'un acte négocié s'emparant du thème de l'avantage acquis est impuissante à le supprimer, au contraire de ce qui serait advenu si l'acte nouveau était entré en vigueur au cours de l'année de survie intégrale du texte conventionnel. Cependant, la doctrine plaide pour la pleine efficacité du nouvel acte. A l'avenir, il est probable que les juges abondent en ce sens, pour donner pleine mesure aux textes stipulant globalement in pejus au nom de l'emploi. Dès lors, indépendamment des avantages individuels acquis, on peut s'interroger sur l'affirmation d'une prééminence générale de l'acte collectif sur la norme individuelle (pour peu que le premier mette en œuvre la politique gouvernementale en faveur de l'emploi[340]). Nous verrons en effet ultérieurement qu'il est important, pour ces textes, d'être appliqués pleinement et immédiatement.

492 - La discrimination, pour ce qui nous préoccupe, découle de la différenciation évidente observée entre les salariés à même de résister à la disparition des avantages et ceux, embauchés ultérieurement, qui ne connaissent que les conditions de travail récemment modifiées. Néanmoins, cette injustice de l'histoire n'est pas de celles que le droit prend en compte. En revanche, plus concrètement, les différentes conditions de travail que connaissent des actifs opérant à un même poste[341] constituent, pour le juriste, un élément plus préoccupant. La différenciation basée sur la date d'embauche peut-elle être source de discrimination ?

La réponse n'est pas évidente. Le terme de discrimination est, dans la plupart des cas, synonyme de différenciation guidée par la considération de la personne même du salarié. Plus précisément, cette différenciation obéit à des

---

338 Ou plus exactement leur intégration mais est-ce différent ?

339 Cf la modification apportée par la loi quinquennale aux règles de la matière, art. L. 321-1-2 C. Trav. ; H. BLAISE, *« La modification substantielle du contrat de travail »*, Dr. soc. 1994, 189 ; J.-M. MIR, *« La modification substantielle du contrat de travail pour cause économique »*, Dr. trav. 1995, n° 1, p. 5 ; F. TAQUET, *« Modification substantielle du contrat de travail pour motif économique, premières réflexions sur le nouvel article L. 321-1-2 du Code du travail »*, Dr. trav. 1994, n° 1, p. 2.

340 Cette prééminence se sent nettement à la lecture du projet de seconde loi Aubry (art. 30 et 31) qui traite des conséquences de l'opposition d'un salarié. Il prévoit que le seul changement du nombre d'heures stipulé au contrat de travail, consécutif à une réduction de la durée du travail organisée par une convention ou un accord collectif, ne constituera pas une modification du contrat de travail mais sera considéré comme un simple aménagement des conditions de travail. Mais surtout, lorsqu'un ou plusieurs salariés refuseront une modification de leur contrat de travail consécutive à une réduction de la durée du travail organisée par un accord (sont naturellement visées au premier chef les baisses de rémunération), leur licenciement sera réputé reposer sur une cause réelle et sérieuse et sera (bien que de nature économique) soumis à la procédure applicable en cas de licenciement pour motif personnel, et non plus à celle applicable en cas de licenciement économique, individuel ou collectif, comme c'est le cas actuellement.

341 Les exigences se rapportant à la similitude des situations comparées seront précisées ultérieurement.

critères inacceptables tels que le sexe, la race, la religion, les mœurs... Mais la discrimination se niche aussi au cœur de l'activité professionnelle, quand l'employeur sanctionne un salarié au regard d'une activité syndicale ou en considération de l'exercice du droit de grève. Tous ces facteurs de discrimination sont illicites –au sens fort du terme- ; ils mettent directement en péril des exigences fondamentales. S'il est normal que ces disparités aient été les premières fustigées, l'équité appelle d'autres développements de la matière. Ceux qui sont susceptibles de nous concerner –en visant le contenu des avantages acquis- découlent pour partie des termes de l'égalité professionnelle entre hommes et femmes au travail.

493 - L'exigence d'égalité a trouvé, en matière de salaires et entre les sexes, son premier terrain d'élection. Les droits national et communautaire, mais aussi les arrêts des Cours qui les appliquent et les interprètent, s'y réfèrent.

L'article 119 du Traité CEE prévoit l'égalité de rémunération entre travailleurs du même sexe pour un même travail ou pour des *« travaux ayant un haut degré de comparabilité »*. La directive du Conseil en date du 10 février 1975[342] a élargi l'absence de discrimination entre travaux auxquels est attribuée une valeur égale. La jurisprudence de la Cour de justice s'est attachée par la suite à préciser la notion de travaux d'égale valeur. Elle a principalement fait reculer les emplois attachés à l'un ou l'autre sexe au profit des emplois dits mixtes. Par ailleurs, elle a affirmé l'application directe du principe de non-discrimination dans sa globalité, en s'inspirant de ce qu'elle avait décidé pour l'égalité salariale. Un an après la directive de 1975[343], le Conseil a complété par la même voie le principe de non-discrimination en l'étendant à l'ensemble des conditions de travail mais aussi à l'accès à l'emploi, à la promotion et à la formation professionnelle.

En France et conformément aux exigences communautaires, l'interdiction de la discrimination salariale entre les hommes et les femmes est apparue dans la loi en 1983. Les articles en question précisent les contours de la règle d'égalité. L'article L. 140-2 du Code du travail, qui commande l'égalité de rémunération entre les hommes et les femmes, précise ce que recouvre le terme « rémunération » et ce qu'il faut entendre par « même travail ou travail de valeur égale ».

« Par rémunération, (...), il faut entendre le salaire ou traitement ordinaire de base ou minimum et tous les autres avantages et accessoires payés, directement ou indirectement, en espèces ou en nature, par l'employeur au travailleur en raison de l'emploi de ce dernier »[344].

« Sont considérés comme ayant une valeur égale les travaux qui exigent des salariés un ensemble comparable de connaissances professionnelles consacrées par un titre, un diplôme ou une pratique

---

[342] Directive n° 75-117, JOCE 10/02/1975 n° L. 45 mais aussi la Convention OIT n° 100, la Convention de New-York de 1984 et la Charte sociale européenne.

[343] Directive 76/207, JOCE 14/02/76.

[344] Cette définition est à rapprocher de celle dégagée par la Cour de justice européenne voir R. BLANPAIN, J.-C. JAVILLIER, *« Droit européen et communautaire »*, LGDJ 1995, n° 230, p. 134.

professionnelle, de capacités découlant de l'expérience acquise, de responsabilités et de charge physique ou nerveuse ».

A défaut de disposition nationale plus générale, c'est la directive de 1976[345] qui doit permettre aux particuliers de ne pas se contenter de l'égalité des salaires versés ou de l'identité des composantes de la rémunération entre hommes et femmes. C'est l'ensemble des dispositions qui définissent *une situation individuelle de travail* qui doivent faire l'objet de la comparaison. Cette dernière doit être menée de manière analytique, par clauses ayant le même objet ou la même finalité. Le mode de comparaison est évidemment similaire à celui décrit à l'occasion de la détermination de l'avantage individuel acquis, le but étant ici d'arriver à une égale considération des salariés ayant un emploi identique[346].

Ce qu'il faut remarquer par dessus-tout, c'est que les textes précités en faveur de l'égalité des conditions de travail se tiennent indépendamment de toute différence de sexe entre les salariés concernés. A l'évidence, l'exigence d'une même rémunération pour un même travail est dotée d'une portée très générale.

494 - Notre droit national n'est pas, il est vrai, vraiment favorable à un statut uniforme[347] pour les salariés d'une même communauté. La source contractuelle y tient un rôle non négligeable de personnalisation du droit applicable à une situation de travail[348]. Le régime légal de la norme dénoncée, qui distingue entre les salariés en fonction avant la dénonciation et ceux embauchés après elle, va dans le même sens. La différenciation s'opère même au plan collectif. Si l'unicité du statut applicable à une même collectivité prévaut en général, ce n'est pas toujours le cas. A titre d'exception tout à fait officielle, il faut mentionner la dualité d'actes négociés résultant d'une restructuration d'entreprises. L'article L. 132-8 invite certes à une renégociation mais celle-ci n'a pas pour but –ou du moins cela n'apparaît pas- d'unifier le statut applicable. L'impératif général d'uniformité des conditions de travail pour des emplois identiques se rencontre toutefois en filigrane du droit positif. La loi du pays où le travail est exécuté exerce sur la loi du contrat une force d'attraction essentielle qui, pour une large part, est fondée sur le respect de l'intégration du salarié à la collectivité de travail. C'est la jurisprudence qui, en premier, l'a reconnu, suivie par la doctrine. Puis la

---

345 Note 343.

346 Il est évident qu'une telle exigence d'identité entre les situations individuelles de travail similaires encadre le rôle de personnalisation des conditions d'emploi qu'assume traditionnellement la source contractuelle. Par exemple, les clauses de mobilité et de non-concurrence, stipulées de plus en plus fréquemment au sein des contrats de travail, devront être appliquées uniformément pour une catégorie de salariés donnée. Il ne devrait plus être question, pour ceux d'entre eux qui sont en position de force dans la négociation, de faire réduire ou supprimer ce type d'obligation. A défaut, il serait légitime de douter de son opportunité dans le cas d'espèce. On ne peut, en revanche, priver l'employeur de la possibilité de rémunérer la *qualité attendue* d'un travailleur doté d'une qualification diplomante ou professionnelle remarquable, ou en tout cas supérieure à celle de ses autres collègues. Celui qui sera ainsi distingué sera sans doute mieux rémunéré, ou recevra une prime à l'embauche. Dans tous les cas, l'employeur devra justifier ce traitement préférentiel.

347 L'uniformité n'exige pas un traitement rigoureusement semblable des salariés concernés. Elle s'accommode de discriminations positives.

348 Voir thèse n° 527 et suiv..

Convention de Rome du 19 juin 1980, entrée en vigueur le 1er avril 1991[349], a consacré l'influence du lieu d'exécution du travail sur le droit applicable au rapport employeur/salarié[350]. L'uniformité du statut applicable à une collectivité participe bien sûr à l'effectivité de l'intégration des salariés membres. Le droit des conventions et accords collectifs porte aussi témoignage du souci –il est vrai secondaire- de l'unicité du droit applicable à une même collectivité. Pour l'essentiel, il apparaît que la profession du salarié n'intervient pas dans la détermination de son statut conventionnel ; seule compte l'activité de l'entreprise. A n'en pas douter, le principe d'application immédiate de la nouvelle norme –quelle qu'elle soit- rejoint –pour partie- ce souci d'uniformité. Enfin, il faut rappeler que le droit des conventions et accords collectifs enjoint que pour des travaux égaux soient perçus des salaires égaux[351].

Par ailleurs, la jurisprudence n'est pas indifférente au souci d'élargir l'interdiction de discrimination entre personnes *du même sexe*[352].

Une salariée avait saisi la juridiction prud'homale pour obtenir le paiement d'heures supplémentaires et pour obtenir un rappel de salaire en avançant que sa rémunération était inférieure à celle d'autres secrétaires effectuant un travail comparable au sien. La Cour de cassation fait droit à sa demande en se fondant sur les articles L. 133-5, 4° et L. 136-2, 8° du Code du travail et décide que *« (...) l'employeur est tenu d'assurer l'égalité de rémunération entre tous les salariés de l'un ou l'autre sexe, pour autant que les salariés en cause soient placés dans une situation identique »*. Les juges ne font pas référence à une quelconque discrimination ; ils renversent la charge de la preuve qui désormais pèse sur l'employeur. Mieux, il ressort de leur décision que seule la tâche effectuée serait susceptible de justifier les différences. Qu'en est-il des qualités propres aux salariés ? Doit-on considérer qu'elles ne peuvent désormais se traduire que par une rémunération variable en fonction de la performance de chacun ? C'est une réflexion qui mérite l'attention[353], d'autant plus que la Cour suprême, le 15 décembre 1998, a de nouveau appliqué la règle « à travail égal, salaire égal »[354]. En l'espèce un délégué syndical prétendait être victime d'une discrimination liée à l'exercice de son mandat syndical. Son salaire était inférieur à celui de huit des dix salariés composant l'atelier, tous étant de même

---

[349] Décret du 28/02/91, JO du 3/03/91 p. 3072.

[350] La Convention dispose que *« la loi du pays où le travailleur, en exécution de son contrat, accomplit habituellement son travail a vocation à s'appliquer à défaut de choix des parties ou si cette loi est plus favorable que celle choisie par les parties »*.

[351] Art. L. 133-5 et L. 136-2 C. Trav..

[352] Cass. soc. 29/10/1996 *« Sté Delzongle c./ Mme Ponsolle »*, CSBP, n° 86, A1 ; Dr. soc. 1996, p. 1013 ; RJS 12/1996, n° 1272 comp. Cass. soc. 10/12/1987, Bull. civ. V, n° 720.

[353] Dans l'arrêt de 1987 préc. la Cour énonçait tout au contraire que le conseil de prud'hommes a *« exactement rappelé que l'employeur pouvait librement déterminer des rémunérations différentes pour tenir compte des compétences et des capacités respectives de chacun »*.

[354] La Cour décide que *« l'employeur est tenu d'assurer l'égalité de rémunération entre tous les salariés pour autant que ceux-ci sont placés dans une situation identique »* ; Dr. ouvr. 1999, p. 169, note H. PESCHAUD qui remarque que la Cour approuve implicitement les juges du fond d'avoir admis la preuve de la différenciation salariale, non pas à partir de la comparaison de deux salaires individuels mais au vu de la moyenne des rémunérations des autres salariés.

qualification professionnelle. Peu important qu'un autre salarié, qui n'était pas délégué syndical, fût aussi privé des augmentations de salaires décidées *discrétionnairement par l'employeur puisque* ce dernier ne justifiait pas la différence de traitement.

La Cour de cassation n'est intervenue pour l'instant qu'en matière salariale mais il est possible, l'évolution retracée ci-dessus l'appuie, qu'elle dépasse cette question de la rémunération. S'ensuivrait un alignement des traitements sur le plus favorable, sauf éléments sérieux et objectifs venant appuyer la différenciation.

495 - L'exigence d'égalité n'accepte, par exception, que des critères objectifs de différenciation. La date d'embauche n'a de ce point de vue guère de légitimité, peu important que la discrimination ait ici un caractère indirect. Certes, la date d'entrée dans l'entreprise est justement le facteur principal de l'octroi de la prime d'ancienneté. Dans ce cadre cependant, l'avantage est en mesure de bénéficier à tout salarié et n'entraîne aucune discrimination.

496 - *Le droit commun de la succession des règles de droit* dans le temps manque donc de pertinence. Il fait fi de la collectivité formée par le personnel d'une entreprise, qui commande une homogénéité de traitement des salariés la composant. Il serait souhaitable que tous, sauf état de nécessité et par dérogation au droit commun transitoire, profitent de la survie du statut. Ainsi, *plus de treizième mois accordé à certains et pas à d'autres.*

Remarquons enfin que c'est la contrepartie du travail effectué qui est l'objet des préoccupations égalitaires précitées. La nature des normes qui se trouvent rapprochées à l'occasion de la comparaison de la situation de deux salariés travaillant à un même poste et dans une même unité ne compte pas. La source juridique de la discrimination est donc indifférente ; les textes et la jurisprudence le confirment. Le contrat de travail, norme personnalisée par excellence, n'autorise donc pas les écarts. Ainsi, l'incertitude qui subsiste quant au support de l'avantage individuel acquis n'est pas gênante.

497 - Les critiques émises au sujet des conséquences dommageables de l'incorporation ou même du maintien des anciennes dispositions collectives trouvent un renfort avec la montée en signature de nouveaux textes organisant l'entreprise et requérant une application effective immédiate.

§ 2 L'application effective des nouveaux actes conventionnels

498 - Les textes ici visés profitent fréquemment des dispositifs dérogatoires ou, plus généralement, des mesures originales favorables à l'emploi qui ont marqué, ces dernières années, la production législative en matière de conventions ou d'accords collectifs[355]. Ils sont à la recherche de l'accomplissement d'une synergie en faveur de l'adaptation du droit du travail à

---

[355] Loi quinquennale du 20/12/1993, loi Robien du 11/06/1196, loi Aubry n° 98-461 du 13/06/1998, projet de seconde loi Aubry définitivement voté par l'Assemblée nationale au moment où s'écrivent ces lignes.

l'entreprise. Cette synergie implique qu'aucun des membres de la collectivité n'échappe à leur application *(A)*. Ces accords sont dans l'air du temps et le contrat de travail, enrichi des avantages acquis de source collective, souffre de cette inclination de la matière conventionnelle. D'aucuns suggèrent, lorsque sa modification est requise, qu'elle advienne de manière automatique ou du moins sans que l'accord du salarié soit nécessaire[356]. Il est évident que les avantages individuels acquis, au sein du contrat de travail, seront les premiers fragilisés par ces changements *(B)*.

A - Les actes concernés

499 - Ces conventions et accords s'inscrivent généralement dans la *« perspective du maintien ou du développement de l'emploi »*[357]. Pour la plupart d'entre eux, ils concernent la durée du travail et dérogent[358] au modèle traditionnel de sa répartition : horaire collectif sur la semaine et totalisant 39 heures de travail effectif. Ils constituent souvent des modifications des contrats des salariés de la collectivité concernée. Encore faut-il, pour cela, que ces contrats contiennent quelques précisions sur la matière traitée par l'acte ou que le changement prévu touche aux éléments par nature essentiels.

La question du départ entre ce qui est substantiel et ce qui ne l'est pas se pose toujours au lendemain de la nouvelle jurisprudence sur le sujet[359]. Les récents arrêts, qui distinguent entre la modification du contrat et celle des conditions de travail, accordent une nouvelle importance au texte signé par l'employeur et le salarié. L'horaire de travail, sur lequel l'employeur a a priori tout pouvoir[360], peut ainsi être valorisé. Au contraire, l'employeur peut accroître les obligations du salarié quant à sa mobilité, sa loyauté professionnelle. On peut

---

356 M. VERICEL, *« Sur le pouvoir normateur de l'employeur »*, Dr. soc. 1991, p. 120.

357 A. LYON-CAEN, *« Le maintien de l'emploi »*, Dr. soc. 1996, p. 655.

358 Peut-on dire que les dispositifs d'annualisation des horaires de travail ou visant à la mise en place de cycles plurihebdomadaires sont dérogatoires ? Certains soutiennent qu'il n'existe pas, en matière de temps de travail et de son aménagement, de droit commun établi. Le modèle traditionnel n'échappe pourtant à personne : il s'agit d'un horaire collectif, réparti sur la semaine, et totalisant 39 heures de travail effectif. Qui plus est, ce modèle est légal :

« (...) ... la durée légale du travail effectif des salariés est fixée à trente-neuf heures par semaine.» (Art. L. 212-1 C. Trav.). Le projet de seconde loi Aubry ramène cette durée hebdomadaire à 35 heures.

« (...) ... les heures supplémentaires effectuées au-delà de la durée hebdomadaire du travail fixée par l'article L. 212-1 ou de la durée considérée comme équivalente... (...) » (Art. L. 212-5 C. Trav.).

« (...) ... les employeurs sont autorisés à déroger à la règle de l'horaire collectif de travail et à pratiquer des horaires individualisés... (...) » (Art. L. 212-4-1 C. Trav.).Voir aussi thèse, n° 251, note 430.

359 P. WAQUET, *« La modification du contrat de travail et le changement des conditions de travail »*, RJS 1996, p. 791 ; J.-E. RAY, *« Contrat de travail : modification et droit de révision »*, LS, (revue), 05/1997, p. 56 ; B. BOUBLI, *« Sur la modification du contrat de travail »*, Sem. soc. LAMY, 1996, n° 835, p. 3 ; M. MORAND, *« Propos sur la modification du contrat de travail ou des conditions de travail »*, JCP 1997, éd. E, n° 643, p. 48.

360 Sauf changements trop importants comme le passage d'un horaire de jour à un horaire de nuit, voir sur ce point P. WAQUET, préc. spéc. p. 795 note 32.

s'interroger sur la juste importance qu'il faut donner au critère de la contractualisation avancé par les arrêts. La durée du travail, le niveau de la rémunération ont-ils, formalisés ou pas, un caractère essentiel ? A défaut de contractualisation expresse[361], doit-on considérer que les éléments essentiels en cause sont tout de même intégrés au document contractuel[362] ? Ce n'est pas ce qui ressort du droit positif[363]. Le salarié ne peut donc refuser le changement que dans les cas de contractualisation explicite et maintien légal des avantages. Mais ces hypothèses suffisent à freiner l'application de la disposition dérogatoire[364] et la doctrine s'interroge sur les rapports de l'accord collectif et du contrat de travail[365].

500 - En effet, les permissions de déroger au droit traditionnel de la durée du travail accordées par le législateur impliquent, pour nombre d'entre elles, que tous les salariés de la collectivité soient immédiatement concernés. Si certains d'entre eux exigent le maintien de l'ancien régime, les vertus de l'adaptabilité recherchée à travers la dérogation sont amoindries. Par ailleurs et surtout, les disparités constatées entre les salariés acceptant le recul et ceux le rejetant prendraient vite un tour discriminatoire. Seuls les actifs ayant donné leur assentiment contribueraient à la bonne santé ou au moins à la survie de l'entreprise. L'uniformité de l'application de ces accords revêt une acuité particulière. Rien à voir avec la règle d'uniformité pour un accord in melius, susceptible d'être amélioré au bénéfice de tel ou tel salarié. Dans cette dernière hypothèse, on peut considérer que le contrat de travail plus favorable applique a fortiori l'accord collectif auquel il est assujetti en vertu de l'article L. 135-2 du Code du travail. L'acte qui stipule défavorablement et le contrat améliorant le dispositif antérieur sont, au contraire, dans un rapport d'opposition. L'effectivité du texte visé, en faveur duquel est spécialement intervenu le législateur, entraîne

---

361 Dernièrement, la Cour en a décidé ainsi à propos de salariés ayant individuellement accepté une réduction de prime en contrepartie de l'attribution de jours de congés supplémentaires. Le jour et demi octroyé, *« résultant d'un accord contractuel avec chaque salarié s'était incorporé au contrat de travail et que, dès lors, après l'entrée en vigueur de l'accord collectif, le droit des salariés au bénéfice du congé supplémentaire qui leur avait été individuellement accordé subsistait (...) »* ; soc. 22/03/1995, RJS 05/1995, n° 539.

362 En ce sens, P. WAQUET, préc. p. 793 et à sa suite F. GUIOMARD, *« Temps de travail et emploi, un objet conventionnel problématique (loi du 11 juin 1996 dite Robien) »*, Dr. soc. 1997, p. 1052 spéc. p. 1058 ; voir thèse n° 517 et suiv..

363 Cass. soc. 17/03/1993, Dr. soc. 1993, p. 464 ; Cass. soc. 16/11/1993, Dr. soc. 1994, p. 53 ; Cass. soc. 30/03/1994, Dr. soc.1994, p. 521.

364 G. BELIER, *« Quelques questions autour de la loi Robien »*, Dr. soc. 1996, p. 1008, spéc. *in fine*.

365 F. FAVENNEC-HERY, *« Loi Robien : création d'emplois, alternative au licenciement ou opportunité ? »*, Dr. soc. 1996, p. 999, spéc. pp. 1005-1006 ; F. GUIOMARD, préc. spéc. pp. 1059-1060. Les deux auteurs concluent cependant différemment. F. FAVENNEC-HERY conclut à la possibilité de résistance du salarié qui peut refuser la modification de son contrat alors que F. GUIOMARD propose une application effective de l'accord Robien sous couvert de la légitimité de son intervention ; J.-E. RAY, *« Quelques questions autour de la loi Aubry I »*, Dr. soc. 1998, p. 764, spéc. p. 770 et suiv. ; voir aussi le projet de seconde loi Aubry (art. 30 et 31) sur la question ; mais aussi, ; P. WAQUET, *« Contrat de travail et statut collectif »*, RJS 1994, p. 399 ; H. BLAISE, *« Les droits individuels des salariés face à une réduction du temps de travail »*, Dr. soc. 1985, p. 634 ; P. LANGLOIS, *« La politique des avantages acquis »*, Dr. soc. 1986, p. 881, spéc. p. 884 ; *« Droit civil et contrat collectif de travail »*, Dr. soc. 1988, p. 395.

donc, à défaut d'acceptation d'un salarié, le licenciement de ce dernier. Aussi bien, l'alternative se livre ainsi : accepter –ne pas refuser- ou risquer d'être licencié.

Est-il alors utile et nécessaire d'en passer par l'acceptation individuelle de chaque salarié ? Peut-on concevoir, d'emblée et à l'avenir, l'application immédiate *à chacun* de pareils textes ? A tout le moins, est-il possible que le licenciement des salariés opposés à la modification de leurs contrats soit organisé à la faveur de l'entreprise ? Le choix alors opéré en faveur du « collectif » au détriment de l' « individuel » dépend bien sûr de la qualité de l'intérêt partie prenante à l'élaboration de l'accord. Or ce sont le législateur et/ou les cocontractants professionnels qui décident. Ainsi, l'acceptation du salarié peut sembler superflue ; peut-on tolérer que l'opposition de ce dernier compromette –même faiblement- le maintien ou le développement de l'emploi ? Dans le même temps, son adhésion au projet est souvent indispensable. D'ailleurs, le référendum est souvent utilisé par l'employeur pour soutenir ou provoquer la signature de l'acte. Nul doute que la synergie des volontés rassemblées au sein de l'entreprise est d'importance. On peut aussi penser que le référendum est utilisé par l'employeur pour s'attacher le consentement de la collectivité concernée, en prélude à la démarche à mener auprès de chaque membre du personnel. Pourquoi alors ne pas s'inspirer, dans une entreprise citoyenne, de la loi de la démocratie qui implique que tous s'inclinent devant l'opinion majoritaire[366] ?

501 - Si les avantages contractuels à proprement parler sont menacés par l'avènement d'un nouvel accord négocié, il en va a fortiori de même pour l'avantage conventionnel, « contractualisé » par la voie légale. Cependant, il faut préconiser le rejet de la modification automatique de la source contractuelle d'origine par le nouveau droit objectif et par là même plaider pour le maintien de l'avantage individuel acquis.

B - Le rejet de l'application effective des nouveaux actes

502 - Le phénomène des accords dérogatoires jette un nouvel éclairage sur le problème de l'uniformité du statut collectif applicable. Dans ces cas, l'uniformité rejoint la notion de solidarité ; il s'agit d'harmoniser les situations individuelles à la baisse, afin que les membres d'une même communauté de travail œuvrent pareillement pour l'emploi.

---

366 Le projet de seconde loi Aubry s'assure de la qualité de la partie syndicale en exigeant que l'accord d'entreprise soit signé par une ou des organisations syndicales représentatives au niveau de l'entreprise ayant recueilli la majorité des suffrages exprimés lors des dernières élections au comité d'entreprise ou, à défaut, lors des élections des délégués du personnel. Dans le même sens, un accord qui ne remplirait pas la condition ci-dessus exposée pourra être validé à condition de recueillir la majorité des suffrages exprimés par les salariés concernés (art. 19). Mais ces précautions en faveur de la légitimité des accords n'autorisent pas l'employeur à passer outre l'accord du salarié dont le contrat est modifié. Elles servent à parer le licenciement consécutif éventuel d'une cause réelle et sérieuse. Toutefois, le projet de loi prévoit que le seul changement du nombre d'heures stipulé au contrat de travail, consécutif à une réduction de la durée du travail organisée par une convention ou un accord collectif, ne constituera pas une modification du contrat de travail mais sera considéré comme un simple aménagement des conditions de travail. Faut-il considérer qu'une pareille disposition entraîne une modification directe du contrat de travail par l'acte collectif ? On peut en douter, la mention d'une durée hebdomadaire de 39 h. de travail ne faisant que reprendre la disposition légale applicable et n'étant pas contractualisée (art. 30 et 31).

503 - Tout aussi respectable que soit la voix de l'intérêt collectif, il n'en reste pas moins que ce dernier ne peut se réduire, dans ces cas particuliers, à l'intérêt de chacun des membres de la communauté. Conclure autrement serait négliger la norme individuelle qui disparaîtrait au profit d'un statut collectif tentaculaire dont la légitimité serait douteuse. En particulier, il n'est pas question que le nouvel accord s'applique à chacun au nom du principe de faveur[367]. En l'état actuel du droit, l'uniformité est sans doute nécessaire pour certains accord œuvrant pour l'emploi mais impossible à mettre en œuvre tant que la seule véritable protection du salarié se situe dans le respect de son contrat de travail, enrichi d'éventuels avantages acquis. Reste l'incertitude sur l'identification du support de ces derniers. Sont-ils bien intégrés au contrat ou, du moins, leur suppression requiert-elle l'accord du salarié ? L'intention du législateur va dans ce sens ; les remarques doctrinales différentes, si elles portent aussi sur la nature du support, stigmatisent avant tout l'objectif dépassé du mécanisme. Sur ce plan, nous prenons au contraire le risque de saluer cet obstacle –modéré- aux régressions collectives. Dans le cas d'un accord dont la légitimité aurait été soignée, les conclusions pourraient être revues, en particulier au niveau des conséquences, pour l'entreprise, du départ du salarié (motivation et procédure du licenciement facilitées pour cette dernière). Même dans cette hypothèse, la modification automatique du contrat (sans acceptation du salarié) semble impossible. C'est en ce sens que s'est établi le projet de seconde loi Aubry[368].

504 - Ceci étant, puisque le bilan n'est pas satisfaisant, il nous faut tenter de proposer un autre système de défense des salariés face aux régressions de leur statut collectif, indépendamment de toute modification de leur contrat de travail. Ce système allie garanties quant au bien-fondé des dernières et possible départ du salarié à son avantage. Cette dernière proposition se base sur la conviction, démontrée dans un second sous-titre, que les avantages collectifs connaissent une individualisation « naturelle ».

§ 3 Synthèse et propositions

505 - Le mécanisme du maintien de l'avantage acquis remplit mal son office quant à l'empêchement de la disparition d'avantages (notion d'avantage trop restreinte, précarité du maintien). Certes, cette technique, jointe à la survie d'une année de la norme après dénonciation, doit être aussi entendue comme une *incitation* à la renégociation. Le dispositif de l'article L. 132-8 du Code du travail mêle d'ailleurs renégociation et maintien d'avantages. Par ailleurs, les juges semblent persister dans le sens de la jurisprudence Berland en exigeant l'accord du salarié pour la suppression d'un avantage[369]. Toutefois, l'association des plans individuel et collectif est, sur ce thème précis de la fin d'un acte, regrettable.

---

367 Et ceci quel que soit l'élargissement du critère de comparaison analytique ; l'objectif en matière d'emploi ne peut arbitrer le conflit entre dispositions. Pour une critique de l'arrêt qui cependant en fait état dans le cadre du rapprochement de deux actes négociés, voir thèse n° 376.

368 Voir note 366.

369 Cass. soc. 20/10/1998, Bull. civ. V, n° 435 ; JCP éd. G 1999, II, 10206, note F. MILLET.

506 - Le plan individuel a, et c'est bien normal, le souci de prévenir la régression du statut collectif du salarié. Pour preuve, la personne embauchée après la fin de la survie provisoire ne bénéficie pas du maintien[370]. Par ailleurs, il est important de chercher à remplacer au plus tôt l'acte dénoncé afin de repousser le spectre du vide conventionnel. La première préoccupation, centrée sur le salarié, dépasse, à l'évidence, le cas de la dénonciation de l'acte. Certes, la jurisprudence étend le régime de l'article L. 132-8 à d'autres hypothèses de disparition de la convention ou de l'accord. Cependant, réductions et suppressions d'avantages n'attendent pas la disparition des actes collectifs pour se manifester ; de plus en plus d'avenants à ces derniers portent témoignage de reculs sociaux. Plus avant, la création de dispositions impliquant des sujétions nouvelles pour le salarié doit leur être assimilée[371].

Aussi bien, si on admet la nécessité de se pencher sur le sort défavorable que le cours des choses réserve au salarié, on ne peut faire l'économie d'un traitement global et unique du phénomène de recul. Il est en effet juste de parler de phénomène, puisque l'instauration d'un nouveau statut collectif moins favorable au salarié que l'ancien pose, en général, le problème du sens de l'évolution du droit du travail. La loi, en permettant des aménagements conventionnels dérogatoires à la règle établie, s'est d'ores et déjà prononcée en faveur d'une possible régression de la norme sociale comme créatrice d'avantages. Il est donc probable que le droit conventionnel et collectif suivra la même voie. Reste à définir les modalités de l'évolution in pejus. Le législateur a parfois montré le chemin en exigeant une contrepartie à la réduction d'avantages[372]. Tantôt cette contrepartie n'est pas définie (elle peut être alors financière ou d'une toute autre nature), tantôt elle doit se traduire en emplois créés ou maintenus[373]. La stipulation obligatoire d'une contrepartie à la réduction d'avantages est, à notre avis, indispensable pour un respect minimum des salariés. Par ailleurs, la contrepartie concrétise la vision de la négociation sociale comme instrument de gestion de l'entreprise. Les données économiques éclairent de plus en plus les termes des conventions et accords. L'exigence d'une compensation à la disparition d'avantages rejoint l'exigence de motivation de la remise en cause. Pareille motivation devrait être généralement posée comme préalable à toute disparition

---

370 Pour le maintien d'un droit acquis lors de la survie provisoire, Cass. soc. 31/05/1994, RPDS 1995, p. 137.

371 A ce propos, L. MARQUET DE VASSELOT, *« La représentativité syndicale, la dérogation à la loi et l'emploi (du droit d'opposition exercé à l'encontre d'un accord collectif d'annualisation de la durée du travail conclu en application de l'article L. 212-2-1 C. Trav.) »*, RJS 1996, p. 563.

372 Art. L. 212-8 II C. Trav. (modifié par le projet de seconde loi Aubry): la contrepartie doit consister *« en une réduction de la durée du travail effectif ou en toute autre contrepartie, notamment financière, de temps de formation ou d'emploi, laissée à l'appréciation des signataires de la convention ou de l'accord »*, voir aussi l'accord national interprofessionnel du 21/03/1989 sur l'aménagement du temps de travail et son principe général de contreparties liées aux contraintes, G. COIN, *« L'accord national interprofessionnel sur l'aménagement du temps de travail »*, Dr. soc. 1989, p. 500.

373 Les lois Robien en date du 11/06/1996 et Aubry I n° 98-461 en date du 13/06/1998 conditionnent les aides légales à des créations ou au maintien d'emplois, dont l'importance est légalement chiffrée. Le projet de seconde loi Aubry se passe de ces exigences quantitatives (au moment où s'écrivent ces lignes il est définitivement voté par les députés).

d'avantages. Cependant, cette condition de validité de la révision in pejus (au sens large du terme), risque elle-même de ne plus exister avec le temps. Aussi bien, la mention de la durée de la remise en cause nous paraît également indispensable. Néanmoins, il se peut que la régression du statut soit à durée indéterminée ; c'est le cas lorsque le recul obéit à des données structurelles de l'entreprise. Actuellement, beaucoup de droits conventionnels d'entreprise n'ont pas encore entamé une distinction pertinente entre leurs éléments à durée déterminée et ceux qui ont vocation à durer. Cette lacune nuit à la bonne lisibilité de la hiérarchie –dans le temps- de leurs objectifs. Il est vrai que le morcellement des tissus conventionnels n'aide pas à pareille distinction. Il nous semble, en tout cas, que l'instauration de telles précautions pour l'entrée en vigueur d'un accord portant recul social le rendrait à ce point incontestable et utile que son application serait aisément acceptée par les salariés. Ces accords d'organisation de l'entreprise ne peuvent d'ailleurs pas se passer de cet effet erga omnes[374].

507 - Enfin, à l'instar de l'article L. 132-8 du Code du travail, lier la résistance des avantages à l'absence de la renégociation aboutie n'apparaît pas pertinent. Cette résistance devrait être encore de mise si le nouveau statut, *après renégociation*, s'avérait défavorable par rapport au précédent. Bien sûr, le maintien des avantages acquis a, sur le plan collectif, une vertu particulière : il est censé inciter à la renégociation. Son champ d'application réduit peut-il s'expliquer ainsi ? C'est possible mais, de nos jours, il faut convenir du peu d'importance qu'a cette incitation tant l'employeur se montre empressé de négocier.

508 - Finalement, le droit des conventions et accords collectifs doit pouvoir se passer des mécanismes de survie légale de l'acte dénoncé. Ceux-ci sont par trop incomplets et manquent de pérennité. De plus, ils nuisent souvent à l'effectivité des nouvelles dispositions et entraînent des discriminations entre les salariés. En revanche, il faut souhaiter que le phénomène de régression du statut collectif soit organisé par la loi[375], essentiellement à travers sa motivation, pour s'assurer de son bien-fondé et de son éventuelle réversibilité, par renégociation si besoin.

Sur un plan strictement individuel, le salarié doit pouvoir prendre acte de la modification de son statut collectif et quitter l'entreprise en étant licencié. Il nous semble cependant qu'il ne doit pas pouvoir entraver la mise en œuvre du nouveau statut[376], quels que soient les avantages *conventionnels* alors supprimés, à condition que ces suppressions soient dûment motivées. Par ailleurs, le droit du travail doit être sûr. La matière juridique dans son entier doit avoir le souci de la constance, de la cohérence, et du respect de ses sujets. Quand des changements s'imposent, une certaine continuité doit être aménagée, des délais doivent être octroyés à fin de transition. Il nous semble ainsi que la mise en œuvre de ces régressions doit être négociée. Par exemple, un régime de transition

---

374 Voir thèse n° 499 et suiv..

375 Nous n'excluons pas une certaine ingérence de l'Administration dans la gestion des entreprises (en matière de licenciement).

376 En rendant son départ trop difficile ou onéreux pour l'entreprise.

doit moduler leur application selon le salaire de chacun, les sujétions d'ores et déjà subies par certains salariés. C'est le cas de certains accords. Aussi bien, là comme ailleurs, c'est la réalité conventionnelle qui est susceptible d'*orienter* la production légale.

Ces dernières propositions concernant le plan individuel et la résistance de l'avantage appliqué au salarié ont à voir avec l'individualisation –mais pas l'incorporation- de toute norme collective. C'est cette individualisation que nous allons aborder à présent.

SOUS-TITRE DEUXIÈME

LE DROIT GÉNÉRAL DE L'INDIVIDUALISATION DE L'ACTE CONVENTIONNEL

509 - Ce droit général (quelle que soit la norme collective, quel que soit le mode de disparition de l'avantage) existe bel et bien, en dépit de l'absence d'incorporation de l'acte négocié et au-delà de sa survie légale. Il découle de l'application de la norme conventionnelle qui contribue à fixer les termes de la situation individuelle du salarié. Nous nous attacherons, dans le premier chapitre, à démontrer cette individualisation. Le second chapitre discutera des conséquences de celle-ci.

CHAPITRE PREMIER

LE PRINCIPE DE L'INDIVIDUALISATION

510 - A priori, l'individualisation du contrat collectif est tout d'abord à envisager au stade le plus parfait d'une véritable contractualisation –incorporation- de la source collective mais aussi au fil de l'application de la norme. Tandis que le changement de support des dispositions collectives a lieu normalement à l'élaboration de l'acte et le concerne en son entier[377], c'est au vu de son impact sur chacun de ses sujets (les salariés) que se traduit la seconde forme d'individualisation. Le conflit qui oppose le nouvel acte collectif à l'ancien tourne à l'avantage du premier en écartant l'hypothèse de la contractualisation *(sect. I)*. A l'inverse, les normes conventionnelle et contractuelle en présence se mêlent au stade de leur application, propre à chaque salarié, et dès lors ouvrent la voie d'une certaine individualisation *(sect. II)*.

Section I : Prééminence du nouvel acte et absence d'incorporation au contrat de travail

511 - L'incorporation de la loi au contrat est un mécanisme familier et ancien qui s'inspire de la primauté des volontés individuelles sur le droit objectif. Appliquée à la matière, l'absence d'incorporation de la source collective est la règle *(§ 1)*. Si la solution est bien connue, ses fondements le sont moins *(§ 2)*.

---

[377] Sauf avantage collectif, insusceptible d'utilisation privative.

§ 1 Le rejet de l'incorporation

512 - De nombreux arrêts attestent de l'application immédiate de la nouvelle convention ou du nouvel accord collectif de travail (ou d'un nouvel avenant à ces textes)[378]. La doctrine unanime convient même d'un principe de non-incorporation[379]. Certains arrêts isolés ont néanmoins donné lieu à la reconnaissance de pans d'exceptions. Ainsi, DESPAX[380] remarquait *« une incorporation partielle de la convention collective dans le contrat de travail (...) jurisprudentiellement reconnue »*. L'auteur renvoyait à un arrêt du 20 juin 1958[381] qui constatait –implicitement- qu' *« à partir de sa mise en application* (l'accord collectif invoqué s'était) *incorporé au contrat de travail de chacun des salariés »*. D'autres décisions ont suivi qui ont souligné la résistance d'avantages sans mentionner leur incorporation. Ainsi un arrêt du 21 juin 1967[382] selon lequel les *« avantages résultant de la convention collective (...) ne s'étaient point incorporés au contrat individuel et n'avaient pu s'imposer que dans la mesure limitée où ils avaient déjà reçu application »*. La Cour semble reconnaître aux avantages ayant reçu application vocation à être maintenus. Deux autres décisions plus récentes, statuant sur des faits similaires et antérieurs à la loi du 13 novembre 1982 vont dans le même sens. La Cour de cassation, dans un arrêt du 21 avril 1983[383], confirme l'opinion des juges du fond qui avaient estimé que *« la société pouvait, en supprimant l'avantage litigieux, modifier unilatéralement le contrat de travail à durée indéterminée de l'intéressé, sauf à celui-ci de s'en prévaloir pour se considérer comme licencié »*. La Cour reprend une motivation similaire dans un arrêt du 12 décembre 1985[384] en notant que les dispositions de la convention collective ancienne *« ne pouvaient fonder les demandes formées par M. Guinoiseau, auquel il appartenait de prendre acte de la rupture des relations contractuelles, s'il estimait que les obligations à lui imposées postérieurement à la cessation d'effet de la convention collective modifiaient substantiellement son contrat de travail en raison de la disparition des avantages prévus par celle-ci »*.

513 - Seul l'arrêt du 20 juin 1958 mentionne expressément l'incorporation de la source collective au contrat. Cette espèce intervient

---

[378] Pour des exemples de cette jurisprudence de l'application immédiate faute de prévision d'une clause de maintien des avantages acquis : Cass. soc. 06/03/1986, jurisp. soc. UIMM 1986, n° 401 ; Cass. soc. 17/12/1974, Bull. civ. V, n° 610 ; jurisp. soc. UIMM 1975, n° 350 p. 152 ; Cass. soc. 16/12/1971, jurisp. soc. UIMM, 1972, n° 314 ; Cass. soc. 18/11/1970, jurisp. soc. UIMM 1971, n° 302.

[379] De J. DEPREZ, *« Modification de la situation juridique de l'employeur et rapports collectifs de travail »*, BS Fr. Lefebvre 5/1994, n° 14, p. 184 ; en passant par P. OLLIER, *« L'accord d'entreprise dans ses rapports avec les autres sources de droit dans l'entreprise »*, Dr. soc. 1982, p. 680 et H. THUILLIER, *« Contribution à la théorie des sources en droit du travail »*, JCP 1974, éd. G, I, 2649 jusqu'à P. LANGLOIS, *« Contrat individuel de travail et convention collective : un nouveau cas de représentation »*, Dr. soc. 1975, p. 263.

[380] M. DESPAX, *Traité*, DALLOZ 1989, n° 159 p. 264.

[381] Cass. soc. 20/06/1958, Bull. civ. V, n° 777.

[382] Cass. soc. 21/06/1967, Dr. soc. 1968, p. 177, note J. SAVATIER.

[383] Cass. soc. 21/04/1983, Bull. civ. V, n° 204.

[384] Cass. soc. 12/12/1985, Juri. soc.1986, F24.

cependant dans un contexte spécifique qui en relativise la portée. Il s'agissait de savoir si un accord collectif conclu le 22 janvier 1946, soit sous l'empire de la législation antérieure à la loi du 23 décembre 1946, puis agréé ultérieurement par simple lettre du Ministre du Travail[385], pouvait s'appliquer sous l'empire de la loi de 1950. La solution adoptée par la Cour, à savoir l'application de la convention collective par le truchement de l'incorporation, revient en fait à permettre l'application de la loi ancienne. Elle doit être approuvée au regard d'impératifs d'inégale valeur juridique : la non-rétroactivité de la loi nouvelle et le maintien d'une couverture conventionnelle. Le problème était en fait de pur droit transitoire et le recours au mécanisme de l'incorporation finalement inutile. Les autres espèces ont plus d'intérêt.

514 - M. le professeur RODIERE, sur la base d'une interprétation a contrario de l'arrêt du 21 juin 1967, note que les juges acceptent l'incorporation des avantages ayant reçu application[386]. Outre que le maintien d'avantages anciens peut répondre à un autre mécanisme que celui de l'incorporation, on peut penser que ce dernier phénomène manque ici de fond. Le changement de support des dispositions collectives qu'il implique n'est pas perceptible en l'espèce, contrairement à d'autres hypothèses. En effet, la contractualisation est reconnue en jurisprudence lorsque les stipulations d'un acte ont fait l'objet d'un accord entre employeur et salarié. Reste à connaître les modalités pratiques de l'incorporation. Faut-il que le contrat reprenne in extenso une ou plusieurs dispositions de l'acte négocié ou suffit-il de faire référence à ce dernier ? La mention du texte collectif au sein du contrat vaut incorporation[387]. Il semble même qu'une simple référence à la source supérieure suffise. Un arrêt de la Cour de cassation en date du 3 février 1993[388] mérite analyse sur ce point. En l'espèce, la convention collective des industries chimiques, qui ne liait pas l'employeur, avait été volontairement appliquée par lui pendant 14 ans. Celui-ci avait finalement dénoncé l'usage qui en était résulté. Par ailleurs, une clause des contrats individuels de travail stipulait que *« tous les points qui ne figurent pas dans le présent engagement sont traités selon les dispositions et dans l'esprit de la convention collective des industries chimiques »*. La Cour d'Appel en a conclu que la convention collective s'était incorporée aux contrats de travail et que le salarié licencié deux ans après la dénonciation de l'usage pouvait réclamer un complément d'indemnité sur son fondement. La chambre sociale, quant à elle, ne fait pas référence à l'incorporation mais estime applicable la convention. Quelle aurait été l'opinion de la Cour en cas d'application obligatoire –et non pas volontaire- de la convention ? Les juges auraient-ils considéré dans ce cas que l'accord de l'employeur manquait à défaut de reproduction de tout ou partie du contrat collectif ? C'est probable puisqu'ils ont, d'ores et déjà, refusé de

---

385 Donc sans respecter les formes requises par la loi de 1946 pour que soit agréée une convention collective conclue sous l'empire de cette loi.

386 P. RODIERE, *« La convention collective de travail en droit international »*, LITEC 1987, p. 87.

387 Cass. soc. 22/01/1992, Bull. civ. V, n° 26 et RJS 1992, n° 373, p. 221.

388 Cass. soc. 03/02/1993, RJS 1993, n° 294, p. 179 ; cité par J. DEPREZ, *« Le régime juridique des avantages collectifs de source informelle à travers la jurisprudence »*, RJS 1995, p. 639.

reconnaître l'incorporation, au sein d'une convention collective, d'une loi pour partie expressément reprise dans le texte de cette dernière[389]. Il importe peu, en l'espèce, que la solution ait probablement été dictée par les critiques dont la loi reprise faisait l'objet[390].

En fin de compte et conformément à l'article 1134 du Code civil, il semble que la contractualisation ne puisse se passer d'un accord des volontés concernées. La confusion des sources ne peut se déduire de la simple application d'un acte collectif –ou de ses avantages- au contrat de travail. Aussi bien l'espèce du 21 juin 1967, en ce qu'elle suggère avec les autres décisions citées une forme d'individualisation qui n'est pas l'incorporation, mérite attention.

515 - Par ailleurs, la directive européenne du 14 octobre 1991[391] oblige l'employeur à mentionner par écrit *« les éléments essentiels du contrat »*. La directive cite quelques-uns de ces éléments parmi lesquels l'identité des parties, le début et la fin du contrat, la durée du travail, la rémunération, le lieu de travail, le titre et/ou la description sommaire du travail. Elle n'oblige pas à la rédaction d'un contrat et se contente des mentions des éléments indiqués. C'est sans doute pourquoi le législateur français a estimé inutile toute transposition du texte européen. Le bulletin de salaire contient, en effet, bien des mentions exigées[392]. Au-delà, la directive ne peut valoir contractualisation des éléments essentiels figurant hors contrat.

516 - Ainsi, pour que soit reconnue l'incorporation, il faut que soit caractérisée la contractualisation –exceptionnelle- du droit objectif. Cette exigence découle d'une inversion des priorités en la matière. C'est l'application immédiate de la loi nouvelle qui constitue la solution dominante. Néanmoins, le fait que l'application du droit objectif ne suffise pas à l'incorporation –sauf exceptions- n'est pas propre au droit du travail. La solution de l'application immédiate est générale. En somme, il n'est pas exagérer de penser que la fiction juridique du changement de support du droit objectif n'a plus lieu d'être. Cette fiction est en effet commandée par la survie du droit ancien qui, elle-même, n'a plus cours. Reste que les lois en vigueur lors de la conclusion d'un contrat lui sont naturellement appliquées. Nous reprendrons plus loin l'idée, d'ailleurs sous-jacente dans les plus récents des arrêts précités, de résistance des salariés à la remise en cause des avantages collectifs acquis. Il ne s'agira pas du mécanisme d'incorporation, lequel est très lié au respect des prévisions des parties et prend effet à l'élaboration du contrat. De plus, n'oublions pas qu'il n'est pas sûr que les avantages individuels acquis de l'article L. 132-8 du Code du travail suivent le régime des clauses contractuelles.

Le rejet de l'incorporation constaté, il est important de faire le point sur ses fondements.

---

[389] La loi, en 1936, prévoyait des modes de résolution non juridictionnels des conflits du travail lesquels s'étaient retrouvés dans une convention collective conclue sous son empire. Les juges ont décidé que ces dispositions –d'apparence contractuelle- s'étaient trouvées abrogées en même temps que la loi qui les instituait. Pour de plus amples développements, voir thèse n° 311.

[390] Compte tenu du peu d'efficacité des modes de résolution de conflits préconisés.

[391] N° 91-533, JOCE n° 288, 18 oct.

[392] Voir note 404.

§ 2 Les fondements du rejet

517 - L'incorporation découle du principe d'autonomie des volontés en matière contractuelle. Son manque d'effectivité tiendrait-il au déclin de ce principe face aux impératifs d'ordre public des lois lato sensu ? Certes[393], surtout si on considère l'importance de l'ordre public dans la matière du travail[394].

Cependant, la notion d'ordre public social est discutée en doctrine. Deux mouvements contraires semblent la remettre en cause.

La règle du plus favorable qui fonde son caractère relatif affaiblit la référence à l'ordre public, à tel point que celle-ci apparaît parfois superflue. M. le professeur COUTURIER[395] s'interroge sur la notion d'ordre public de protection et émet des doutes quant à sa réalité lorsque la loi est affectée d'une indérogabilité relative. Il observe que la norme légale n'est plus alors que l'un des termes du choix à faire, entre diverses dispositions, de celle qui produira la solution la plus favorable au salarié protégé. M. le professeur CHALARON[396] développe cette idée et observe que la règle de concours posée à l'article L. 135-2 du Code du travail est à la fois plus juste et suffisante pour assurer la protection du cocontractant le plus faible.

Par ailleurs, l'ordre public social est aujourd'hui menacé. La flexibilité autorisée par un nombre croissant de lois en témoigne[397]. De surcroît, la détermination du plus favorable est rendue de plus en plus difficile par l'introduction de considérations en matière de création ou de maintien d'emplois. Les sources légale et conventionnelle, par définition respectueuses des intérêts des salariés, sont immédiatement applicables[398] et certains auteurs s'interrogent même sur une application immédiate *effective*, nonobstant des dispositions inférieures plus favorables[399]. Outre ces hypothèses très liées à une mauvaise conjoncture économique et surtout sociale, il faut rappeler l'affirmation récente, en jurisprudence, du caractère supplétif des sources informelles ou du moins des usages[400], même plus favorables, par rapport aux conventions et accords collectifs de travail. Cette portée nouvelle accordée aux sources supérieures témoigne d'un ordre public travailliste à la fois plus fort[401] –en ce qu'il n'est plus

---

[393] En droit du travail les volontés individuelles sont suspectes.

[394] M. BONNECHERE, « *L'ordre public au sens du droit du travail* », JCP 1974, éd. CI, n° 11604 ; L. ROZES, « *Remarques sur l'ordre public en droit du travail* », Dr. soc. 1977, p. 311.

[395] G. COUTURIER, « *L'ordre public de protection, heurs et malheurs d'une vieille notion neuve* », Etudes offertes à J. FLOUR, p. 95.

[396] Y. CHALARON, « *L'application de la disposition la plus favorable* », Mélanges LYON-CAEN 1989, p. 243.

[397] G. LYON-CAEN, « *La bataille truquée de la flexibilité* », Dr. soc. 1985, p. 806 ; M. BONNECHERE, « *L'ordre public en droit du travail, la légitime résistance à la flexibilité* », Dr. ouvr. 1988, p. 171.

[398] Voir thèse n° 309 et suiv..

[399] M. VERICEL, « *Sur le pouvoir normateur de l'employeur* », Dr. soc. 1991, p. 120.

[400] Voir thèse n° 386.

[401] Plus respectueux de la hiérarchie des normes.

relatif- et plus modeste –en ce qu'il perd son caractère universel-. Les particularités de l'ordre public en droit du travail ne tendraient-elles pas à disparaître ?

518 - Néanmoins, les choses sont plus complexes. La fiction juridique qu'entraîne l'incorporation ne va pas forcément à l'encontre d'un intérêt supérieur. C'est la place privilégiée du contrat dans l'organisation sociale (appréhendée par la loi ?) qui commande la survie du droit contemporain de son élaboration. Incorporation ou absence d'incorporation, il en va de la sauvegarde des normes en présence. Il s'agit donc moins de la victoire de l'intérêt général sur les volontés individuelles que du poids de l'acte collectif au terme d'une balance –assez pratique- des intérêts de celui-ci et de ceux du contrat.

Les valeurs du contrat à exécution successive, et du droit objectif en général, doivent être cernées avant d'en venir à leurs pendants « travaillistes ». Le contrat, comme toute règle de droit, organise des rapports sociaux. A cette occasion, il est marqué par l'impératif de sécurité juridique auquel il faut ajouter le respect de la justice commutative qui s'en dégage. Evidemment, plus la place du contrat est importante dans l'organisation sociale, moins il supportera d'atteintes hétéronomes. Plus il est empreint de synallagmatisme, plus il sera sujet à déséquilibre à travers ces atteintes. Le droit objectif n'est pas épargné par l'impératif de sécurité juridique. Mais comme cela a été suggéré en début de paragraphe, il est aussi porteur d'autres priorités : la protection du plus faible et la direction de l'économie.

C'est au sortir d'une évaluation comparative de ces différents impératifs, portant sur le contenu des normes et leurs finalités mêlés, que se décidera la survie ou non des dispositions de droit objectif anciennes.

519 - Comme en droit commun, la balance penche nettement vers la source plurielle en droit du travail. Le contrat y manque à la fois d'équilibre et de complétude *(A)* tandis que le nouveau contrat collectif requiert une application générale *(B)*.

A - L'absence de perturbation du contrat de travail

520 - Se situant à la base de la pyramide des sources, il se trouve soumis aux autres normes auxquelles il ne peut déroger.

De plus, la réglementation par son truchement reste globalement modeste quoique primordiale[402] (salaire, emploi) et d'une originalité certaine (clauses de non-concurrence, de mobilité, clauses concernant la formation du salarié et un éventuel dédit de son fait, clauses de rémunération spécifiques). La fiction juridique de l'incorporation qui veut que l'accessoire –le droit objectif- rejoigne le principal trouve difficilement à s'appliquer. Il faut néanmoins remarquer que le contenu des contrats n'est pas homogène et qu'il semble juste de parler d'une hiérarchie des salariés. Ceux qui occupent les emplois hiérarchiquement les plus élevés ont souvent un contrat de travail plus fourni que les autres. Ils ne forment pas le lot commun puisqu'un écrit formalisant

---

402 Encore plus si on tient compte de la stabilité des clauses contractuelles comparée à la flexibilité des dispositions collectives.

le contrat de travail à durée indéterminée n'est pas indispensable[403] ; suite à la directive communautaire du 14 octobre 1991 le salarié doit toutefois se trouver en possession d'un ou plusieurs documents précisant le lieu de travail, la description de la tâche, la rémunération, la durée journalière ou hebdomadaire du travail et celle des congés payés[404]. Les formes de travail précaires –de plus en plus usitées- doivent en revanche faire l'objet d'un contrat écrit. Pour ce dernier il s'agit toutefois, assez modestement, de contenir les mentions légales obligatoires (objet du recours, intitulé de la convention collective applicable, nom et adresse des caisses de retraite complémentaire et de prévoyance...).

Finalement, la réglementation strictement contractuelle, qui revêt souvent un tour personnalisé et original, ne risque pas vraiment d'être perturbée par de nouvelles dispositions conventionnelles.

521 - Par ailleurs, le contrat de travail ne réalise pas un équilibre *global* qui commanderait des incursions hétéronomes mesurées. Les spécialistes de la matière le tiennent pour suspect en tant que champ de l'arbitraire patronal. S'il est exact de remarquer qu'il est parfois négocié, l'hypothèse n'est pas la plus courante et se vérifie encore plus rarement au moment de l'embauche. Dans les cas où on peut considérer, avec MM. les professeurs LYON-CAEN, PELISSIER et SUPIOT, que le contrat est redevenu *« une source majeure d'obligations réciproques »*[405] il n'est pas menacé par la survenance du nouvel acte négocié qui peut donc s'imposer.

B - L'application immédiate du nouvel acte

522 - La protection du salarié compte pour une grande part dans la force de l'application immédiate des nouvelles stipulations. La négociation collective a toutefois connu de profondes transformations qui tendent à banaliser les reculs sociaux. L'acte collectif formalisant ces derniers n'en connaît pas moins un effet immédiat. Peut-on considérer qu'à cette occasion c'est encore une nouvelle règle plus favorable qui s'applique (accord donnant-donnant, quel est le bilan ?) ? Le caractère systématique de l'effet immédiat, sans interrogations sur ce qui est plus favorable, conduit finalement au rejet de cette idée. Il s'agit ici de direction de l'économie, de politique sociale en l'occurrence. L'intérêt en question est certes général, mais peut-on le qualifier, comme pour la loi, de supérieur ? En faveur d'une réponse affirmative il faut convenir que, dans beaucoup de cas, c'est le législateur qui incite à ces négociations donnant-donnant. Par ailleurs, l'objectif

---

403 Le Code du travail impose dans certains cas précis la rédaction d'un écrit ; l'absence de ce dernier entraîne même parfois la nullité du contrat (contrat d'engagement maritime, contrat de navigant de l'aéronautique civile).

404 Le droit français n'a subi aucune modification suite à l'entrée en vigueur de cette directive ; le bulletin de paie obligatoirement délivré par l'employeur comporte –plus ou moins- les mentions visées par le texte communautaire (voir art. R. 143-2 C. Trav.). L'arrêt de la chambre sociale de la Cour de cassation en date du 18/11/1998 (Rapport de la Cour p. 214 ; JCP éd. E, 1999, jurisp. p. 677, note J.-P. LHERNOULD ; Dr. soc. 1999, p. 190, obs. A. MAZEAUD) vient conforter l'analyse selon laquelle l'art. R. 143-2 vaut transposition de la directive communautaire de 1991.

405 Précis DALLOZ 1996, 18ème éd. n° 281.

–au moins formel- de la sauvegarde ou de la création d'emplois fait figure de sésame.

523 - En fin de compte, il semble que l'ordre public de protection ait été souvent remplacé par un ordre public d'orientation de l'économie et du domaine social. L'*intérêt supérieur*, lui, subsiste.

524 - Le sort de l'usage, dans ce cas comme dans d'autres, suit celui de l'acte conventionnel[406], et c'est en cela qu'il est intéressant pour nous de l'évoquer. L'application immédiate de la nouvelle source y est cependant moins évidente. Alors que l'intérêt général, ou du moins commun, soutient la disparition de beaucoup d'avantages dans le second cas, c'est le seul employeur qui, dans l'entreprise, décide de la suppression de l'avantage d'origine coutumière. Sans préjuger du caractère raisonnable ou non de sa décision, on ne peut douter de son caractère unilatéral et particulier[407]. On ne se trouve plus aux prises avec un conflit classique de droit transitoire. Ici, il n'y a pas de nouveau droit objectif (porteur de l'intérêt général) opposé au droit subjectif en place. Faut-il toujours faire prévaloir le nouveau statut collectif ? Le parallélisme des formes ne saurait, en tous cas, exclure le maintien de l'avantage ancien. En effet, ce maintien n'aurait lieu d'être que pour les salariés dont le contrat de travail est antérieur à la disparition de son support, conformément à la nature transitoire des problèmes juridiques en cause[408]. Il n'est pas question d'empêcher l'employeur de revenir sur l'avantage octroyé. Cependant, la réponse affirmative à la question précédente prévaut nettement en jurisprudence, faute de contractualisation de l'usage. Cette solution reflète la faible résistance qu'oppose, de manière générale, le contrat de travail aux interventions hétéronomes. La conclusion contraire conduirait à compliquer (non pas à nier) la possibilité pour l'employeur de se défaire d'un engagement à durée indéterminée. A n'en pas douter, domine chez les juges la volonté de ne pas trop rigidifier l'entier statut et de ne pas tarir la source informelle que constitue l'usage.

Par ailleurs, à la fois l'usage et la perspective d'une conjoncture défavorable sont absents des principes et textes législatifs en vigueur depuis 1982. A l'époque, si l'évolution du statut collectif n'était pas exclue, elle devait apporter plus d'avantages. Fort de ce fondement, le législateur a négligé l'impératif d'application uniforme des normes collectives et autorisé, par conséquent, les résistances particulières aux décisions patronales. Aujourd'hui, cet impératif existe ; il rend plus forte la nécessité d'une application immédiate de la nouvelle norme. Aussi bien, si l'usage d'entreprise se dénonce –à quelques formalités près- comme il se crée, c'est affaire de conjoncture économique et

---

[406] Sur l'effectivité immédiate de la dénonciation de l'usage ou de l'engagement unilatéral, P. WAQUET, *« Contrat de travail et statut collectif »*, RJS 1994, p. 399 ; J. DEPREZ, *« Le régime juridique des avantages collectifs de source informelle à travers la jurisprudence »*, RJS 1996, p. 639 ; très récemment la Cour suprême a confirmé en apportant néanmoins quelques précisions sur le régime de dénonciation de l'usage : Cass. soc. 13/02/96, RJS 1996, n° 481.

[407] Sur la nature de l'usage, E. DOCKES, *« L'engagement unilatéral de l'employeur »*, Dr. soc. 1994, p. 227. Sur ces décisions unilatérales sources de suppression d'avantages, voir thèse n° 381 et suiv.. A cet égard, la dénonciation d'un acte collectif par l'employeur pose aussi problème.

[408] De la même façon, le maintien des avantages acquis ne vaut pas pour les nouveaux embauchés (après la fin de la période de survie provisoire).

surtout sociale plus que de droit. Il en va de même pour l'accord atypique. En fin de compte, tant la protection du salarié que celle des emplois, de l'entreprise, ajoutées à la mise en avant de la négociation collective, nécessitent une application générale et immédiate de la nouvelle norme.

525 - Il faut cependant se garder de déduire, de cette application immédiate et systématique du nouvel acte collectif, un défaut absolu d'individualisation. Certains auteurs concluent pourtant au rejet total ; l'incorporation n'a jamais lieu puisque la généralité de l'application immédiate, qui la rend pratiquement impossible, finalement prévaut. C'est cependant faire fi d'un second aspect du mécanisme qui ne peut se réduire à l'étude du rapport dans le temps des normes en présence. Rien n'empêche la prise en compte par le salarié des clauses collectives un temps appliquées ; bien au contraire, tout y contribue. La résistance du salarié doit donc exister ; elle n'empêche cependant pas l'application uniforme de l'acte.

Section II : Confusion des sources et individualisation de l'acte

526 - Le principe d'incorporation battu en brèche, il faut convenir que les stipulations conventionnelles conservent leur support collectif[409]. Reste l'individualisation de la norme à travers sa prise en compte par le salarié. Encore faut-il prouver cette dernière. L'enjeu est d'importance. La prise en compte d'un avantage est un préalable nécessaire pour autoriser le salarié à réagir en présence de la disparition de la norme qui prévoit cet avantage[410]. Notre but est donc ici de mettre en évidence cette individualisation.

Aussi différents que soient l'acte conventionnel et le contrat de travail, ils se mêlent en pratique. Plus précisément, l'acte se départit de son caractère collectif et le contrat fait de même vis-à-vis du sceau de la rencontre des volontés *(§ 2)*. Il y a, pour le premier, individualisation. Au départ, celle-ci s'appuie sur la confusion des thèmes abordés par le contrat de travail et l'acte négocié *(§ 1)*. Cette confusion est une illustration particulière de l'absence d'uniformité du statut collectif[411], elle aide à mettre en évidence l'individualisation qui cependant existe sans elle. Ainsi, il n'y a pas contradiction

---

409 Dans le cadre de l'article L. 132-8, beaucoup d'auteurs se sont interrogés sur la nature du support des avantages individuels acquis. Ce ne peut être la convention ou l'accord collectif ancien, amputés des avantages collectifs, puisque les avantages acquis ne bénéficient pas aux nouveaux salariés, ni à certains des anciens. Force est de conclure, avec ces auteurs, à l'existence d'un support autonome, spécifique. Sur ce point, E. DOCKES, « *L'avantage individuel acquis* », Dr. soc. 1993, p. 826, spéc. p. 832. A moins, bien sûr, de considérer que les avantages acquis s'intègrent exceptionnellement au contrat de travail. C'est ce que suggère la seule jurisprudence en la matière.

410 Puisque la nouvelle norme collective est d'application immédiate et générale, il ne saurait être question pour le salarié de réclamer l'application de l'ancien avantage. En revanche, comme nous l'avons déjà suggéré précédemment, pourquoi ne pas l'autoriser à prendre acte de la rupture ? Par ailleurs, la prise en compte de la norme légale ne peut aboutir à une quelconque résistance de la part du salarié : l'application générale de la loi à tout le territoire national rend cette dernière vaine.

411 Cette confusion n'est pas automatiquement génératrice de discrimination (la négociation du contrat de travail, cause de la différenciation, n'est pas assimilable à la date d'embauche). Toutefois, la différenciation entre salariés par l'établissement de différents contrats de travail doit avoir ses limites (voir thèse n° 493 et suiv..).

dans le fait que l'absence d'uniformité permet la démonstration de l'individualisation laquelle, par ailleurs, doit être respectueuse de la nécessité d'une certaine uniformité[412] dans les conséquences qu'elle entraîne[413].

§ 1 Confusion des thèmes abordés

527 - Plus la réglementation collective se décentralise en se rapprochant du salarié, moins il y a de place pour des dispositions individuelles. Notre droit français s'est arrêté à l'établissement, le contrat de travail y a donc conservé une place non négligeable. Sur un thème donné, la norme collective ne finit pas de dire le droit, le contrat de travail est susceptible de l'améliorer. C'est tout l'objet de l'article L. 135-2 du Code du travail qui dispose : *« Lorsqu'un employeur est lié par les clauses d'une convention ou d'un accord collectif de travail, ces clauses s'appliquent aux contrats de travail conclus avec lui, sauf dispositions*[414] *plus favorables »*. C'est la loi du 11 février 1950 qui a octroyé une telle liberté au contrat de travail. Les lois du 19 mars 1919 et du 24 juin 1936 ne l'autorisaient qu'à étendre les aménagements conventionnels à des rapports qui n'avaient pas été réglementés. Pour le reste, conventions et accords collectifs se substituaient au contrat[415].

528 - Le contrat de travail, comme toute source de réglementation individuelle où risque de s'exercer l'arbitraire patronal, est, de ce point de vue, critiqué par les organisations syndicales. Le droit des salariés à la détermination collective de leurs conditions de travail et d'emploi avait d'ailleurs pour mission originelle de pallier l'inégalité du rapport individuel de travail[416]. Cependant, en raison du principe du plus favorable, il n'a jamais été question de mettre en cause la faculté pour le salarié de négocier ses conditions de travail ni de limiter le domaine d'intervention du contrat. Pourtant, les données, comme dans le cas des normes collectives, se sont sensiblement modifiées avec la crise économique. Le contrat, source d'avantages moins volatiles que ceux du droit conventionnel, est menacé par l'évolution de ce dernier. Plus précisément, la mutabilité le gagne. La dernière loi quinquennale de 1993 est sur ce point révélatrice. Selon ses termes, le silence du salarié suffit pour que soit acquise la modification de son contrat. C'est pratiquement un recul important, qui remet au goût du jour l'ancienne –et très critiquée- jurisprudence Raquin.

---

[412] Liée à l'application immédiate et systématique d'un nouvel acte négocié avec de réelles garanties de légitimité. Il n'est pas question de retirer tout rôle au contrat de travail.

[413] Voir thèse n° 543 et suiv..

[414] Le terme *« dispositions »* fait l'objet de controverses. Le contrat de travail est-il le seul visé à cette occasion ou comprend-il les autres sources du travail (lois, règlements, actes collectifs, sources informelles) ? L'incertitude règne. La Cour de cassation parle alternativement des clauses de l'acte collectif ; des dispositions du contrat de travail et de celles de l'acte collectif. G. CORNU, *« Vocabulaire juridique »*, PUF 1987, où disposition, clause, stipulation sont des termes équivalents appliqués à un acte juridique.

[415] DURAND et VITU, *Traité*, n° 208 ; P. OLLIER, *« Droit du travail »* ; A. COLIN 1972, p. 344.

[416] A. SUPIOT, *« Critique du droit du travail »*, PUF 1994, spéc. p. 124.

Trois ans plus tard, la jurisprudence sur la modification du contrat a connu une évolution remarquée. Les juges, en distinguant la modification du contrat de celle des conditions de travail, accordent une nouvelle importance à la source contractuelle. Il convient de souligner la possibilité de consolider des éléments considérés jusqu'à présent comme non substantiels. En pratique, les salariés vont-ils profiter de cette nouvelle opportunité ? Il n'est pas sûr. Il semble bien que les documents contractuels reflètent, pour la plupart, une précarité grandissante. Les clauses de non-concurrence, de dédit-formation, constituent les plus connues des nouvelles contraintes. D'un autre côté, le contrat organise la perte du caractère essentiel de certains éléments. Il prévoit fréquemment la mobilité du salarié, le caractère variable de sa rémunération.

Aujourd'hui, le projet de seconde loi Aubry fragilise le contrat, au moins indirectement. Il prévoit que le seul changement du nombre d'heures stipulé au contrat de travail, consécutif à une réduction de la durée du travail organisée par une convention ou un accord collectif, ne constituera pas une modification du contrat de travail mais sera considéré comme un simple aménagement des conditions de travail[417]. Faut-il considérer qu'une pareille disposition entraîne une modification directe du contrat de travail par l'acte collectif ? On peut en douter, la mention d'une durée hebdomadaire de 39 heures de travail se contentant de reprendre la disposition légale applicable[418]. Mais surtout, lorsqu'un ou plusieurs salariés refuseront une modification de leur contrat de travail consécutive à une réduction de la durée du travail organisée par un accord (sont naturellement visées au premier chef les baisses de rémunération), leur licenciement sera réputé reposer sur une cause réelle et sérieuse et, bien que de nature économique, sera soumis à la procédure applicable en cas de licenciement pour motif personnel, et non plus à celle applicable en cas de licenciement économique, individuel ou collectif, comme c'est le cas actuellement[419].

529 - Il reste que les principes sont inchangés. Pour tout ce qui concerne le contrat, l'accord du salarié est requis, ou du moins sa réaction est préservée. Cette caractéristique le distingue des conventions et accords collectifs[420]. Pourtant, les deux sources interviennent sur les mêmes thèmes. Salaires effectifs, organisation du temps de travail leur sont communs. Pour preuve de cette concurrence, les travaux doctrinaux qui ont discuté et discutent, notamment à propos des « accords Aubry », des rapports éventuellement conflictuels entre contrat et accord négocié. Mais pour encore, sauf prévision contraire, la substitution d'une disposition contractuelle à une clause collective résulte de la comparaison de ces deux stipulations. Le conflit découlant de l'application concurrente d'un acte négocié et d'un contrat de travail est à

---

417 Art. 30 et 31 portant sur la sécurisation juridique.

418 Dans ce sens, voir thèse n° 311 et suiv..

419 Art. 30.

420 Pour relativiser cette distinction, voir infra la connaissance du salarié des éléments essentiels de son statut conventionnel.

rapprocher de ceux précédemment abordés qui opposaient d'une part la loi et un acte collectif et, d'autre part, plusieurs de ces derniers. Plus précisément, si le principe du plus favorable justifie encore les solutions apportées *(A)*, le conflit entre une norme conventionnelle et la norme contractuelle présente quelques particularités qui se rapportent à l'opposition individuel/collectif *(B)*.

A - La clause contractuelle plus favorable

530 - Les règles de concours entre les dispositions de diverses natures diffèrent, du moins a priori, en peu de choses. Toutefois, au regard des conflits loi/acte conventionnel - convention collective/accord collectif d'entreprise, le concours acte conventionnel/contrat de travail n'a pas retenu l'attention de la doctrine. Deux raisons à cela. Le caractère individuel d'une des règles en présence à la fois simplifie et singularise le concours concerné. Par ailleurs, il met en scène deux normes hiérarchisées et une disposition légale expresse. En effet, l'article L. 135-2 du Code du travail laisse peu de latitude à celui qui s'attache à résoudre le conflit. De la même façon, quand une loi fait partie des normes en concurrence, l'article L. 132-4 du même Code pose clairement les termes de sa supériorité. Il en va de l'application du principe général du plus favorable et la comparaison acte collectif/contrat de travail s'effectue de manière analytique[421]. A tel point que certains auteurs ont parlé de remise en cause du principe de non-cumul[422].

531 - Toutefois, il y a moins d'impératif à appliquer la clause contractuelle plus favorable au salarié qu'à appliquer la disposition législative plus favorable. En opposition aux données de l'article L. 132-4, le principe de faveur n'est pas du côté de la source hiérarchiquement supérieure. La hiérarchie des normes ici rapprochées commande que la stipulation conventionnelle ne soit pas évincée trop aisément. Finalement, la comparaison analytique s'impose d'une moindre manière. MM. les professeurs LYON-CAEN et PELISSIER remarquent d'ailleurs qu'il est procédé à *« une comparaison par ensemble de dispositions regroupées autour d'une cause »*[423]. M. le professeur RODIERE considère que *« la jurisprudence, tout en refusant la comparaison globale, opère certains regroupements, sans que le critère dictant ces regroupements apparaisse de façon précise »*[424]. Les expressions jurisprudentielles, quand elles s'efforcent d'édicter la règle, font en effet référence aux notions complexes et incertaines de cause ou d'objet. Dans le même sens, Madame le professeur SOURIAC-ROTSCHILD note une évolution en faveur d'une comparaison par équivalence[425]. A l'évidence, cette évolution, qui privilégie l'intérêt collectif et plaide pour la modification du contrat individuel par l'accord dérogatoire, n'est

---

421 P. DURAND et A. VITU, *« Traité »*, t. 3, n° 208.

422 M.-A. SOURIAC-ROTSCHILD, Th. p. 1190, n° 1391.

423 G. LYON-CAEN et J. PELISSIER, *« Les grands arrêts du droit du travail »*, SIREY 1980, p. 137.

424 P. RODIERE, *« Accord d'entreprise et convention de branche ou interprofessionnelle, négociation indépendante, subordonnée, articulée ? »*, Dr. soc. 1982, p. 711.

425 M.-A. SOURIAC-ROTSCHILD, Th. préc., p. 1597 et suiv..

pas suffisamment établie pour repousser la confusion des sources au stade de l'application. Concrètement, les juges ne décomposent pas le salaire en divers éléments et considèrent que l'éventuelle prime individuelle est à additionner à la rémunération de base prévue au contrat pour la confrontation avec le minimum conventionnel. Dans le même esprit, le temps consacré à la recherche d'emploi pendant l'exécution d'un préavis n'est pas distingué de ce dernier lors de la confrontation[426]. De manière générale, la jurisprudence confond les éléments de fait se rapportant à une même prestation. En fin de compte, sauf clause conventionnelle contraire[427], ils maintiennent l'unité d'une notion légale telle que le salaire et de manière générale se refusent à consacrer les catégories contractuelles[428]. Les objets vus par le juge sont préalablement définis par le législateur ou par les parties à l'acte négocié : le salaire, la durée du travail, l'indemnité de licenciement, les préavis de démission ou de licenciement...

B - L'avantage collectif comme limite

532 - Les dispositions conventionnelles relatives à la négociation collective, aux institutions –élues ou syndicales- du personnel ne peuvent être améliorées par le contrat de travail. Ces dispositions concernent bien évidemment l'ensemble des salariés sujets de l'acte mais, plus encore, aménagent une expression de leur ensemble qui est prévue par la loi. Leur objet se refuse à toute utilisation privative.

533 - De telles remarques doivent être réitérées à propos de stipulations qui, dans leur principe, visent *les salariés* mais cependant trouvent application auprès de *chacun*. La dimension collective est suffisante pour interdire une amélioration du principe par la voie contractuelle. A cet égard, la norme générale qui prévoit la répartition des pourboires doit rester seule et unique. Plus avant, lorsque l'exécution du travail est collective, elle supporte mal une application différenciée du temps de pause, des conditions de travail en général. Cette définition de l'avantage collectif, insusceptible d'application privative, rejoint celle donnée du même élément dans un autre contexte, en opposition à l'avantage individuel acquis. Elle a beaucoup à voir avec la modification des conditions de travail.

534 - Il ressort, au terme des développements précédents, qu'aucun principe d'uniformité n'empêche le salarié de s'approprier une grande

---

426 Cass. soc. 21/02/1974, Bull. civ. V, n° 136 ; Cass. soc. 05/07/1987, Bull. civ. V, n° 280 ; pour une solution opposée, voir Cass. soc. 08/01/1969, Bull. civ. V, n° 3.

427 Permettant le cumul : Cass. soc. 31/01/1974, Bull. civ. V, n° 89 ; Cass. soc. 15/12/1988, Bull. civ. V, n° 669 ; Cass. soc. 03/03/1972, D 1972, jurisp. p. 277 ; empêchant le cumul : Cass. soc. 06/06/1973, Dr. ouvr. 1974, p. 132 ; Cass. soc. 09/07/1980, jurisp. soc. UIMM 1980, p. 453 ; Cass. soc. 26/10/1982, jurisp. soc. UIMM 1983, p. 80 ; Cass. soc. 19/07/1988, jurisp. soc. UIMM 1989, p. 12.

428 Cass. soc. 16/11/1983, Bull. civ. V, n° 553 : un accord national fixait un minimum salarial alors que divers compléments étaient versés en application d'un accord départemental et du contrat de travail. La C. Cass constate que *« les juges du fond ont estimé, en fait, que la rémunération perçue par le salarié, compte tenu de la déduction des avantages en nature, était plus élevée que celle qui aurait résulté de la convention collective nationale »*. Dans le même sens, Cass. soc. 18/03/1992, Bull. civ. V, n° 189 ; Cass. soc. 08/07/1992, jurisp. soc. UIMM 1992, p. 505 ou Bull. civ. V, n° 461.

partie des dispositions d'origine conventionnelle qu'il se voit appliquer. Mieux, le contrat de travail reprend souvent les thèmes négociés les plus en vogue. Aucun obstacle n'existe donc ; plus avant, tout contribue à une individualisation du statut.

§ 2 Individualisation du droit conventionnel

535 - Le salarié est en mesure de refuser la modification ou la disparition de l'avantage stipulé au contrat même s'il ne peut s'opposer, en fin de compte, à l'employeur persévérant. Rien de tel pour l'avantage négocié ; le refus d'obtempérer du travailleur ne peut déboucher que sur sa démission ou son licenciement pour faute.

536 - La force d'inertie du contrat s'explique par l'accord de volontés qui vaut loi entre les parties. Cependant, si l'employeur est en mesure de distinguer –selon leur origine- les normes applicables à une relation de travail, ce n'est pas toujours le cas du salarié. Pour ce dernier loi, convention collective et contrat sont souvent mêlés en ce qu'ils s'imposent à lui. Il ne s'investit pas toujours dans l'élaboration du contrat, rarement dans celle de l'acte conventionnel, presque jamais dans celle de la loi. Juridiquement, il est sujet des deux dernières normes, et pas toujours partie active au contrat. Il diffère en cela de l'employeur qui négocie lui-même l'accord collectif ou adhère, sauf convention étendue, à l'organisation patronale de son choix. Seuls un petit nombre d'actifs privilégiés ont la possibilité de négocier leurs conditions de travail. Pour les autres, le consentement équivaut à de la résignation. Les relations collectives de travail sont justement censées rétablir l'équilibre. Plus largement, ces salariés subordonnés ne peuvent avoir foi qu'en une expression collective de leurs revendications.

537 - Cette confusion des sources est renforcée par des arrêts récents relatifs à l'opposabilité de certaines clauses de l'acte négocié. Ils requièrent à cette occasion que ces clauses soient portées à la connaissance du salarié[429]. Ces décisions, muettes sur les modalités de la connaissance invoquée, renforcent certainement l'obligation d'affichage de la convention collective[430]. Mais leur portée est peut-être autre puisque aussi bien les clauses en question, qui créent des obligations pour les salariés, se distinguent au sein des textes conventionnels. A ce propos, il nous semble opportun de les rapprocher d'éventuelles réductions ou suppressions d'avantages.

On peut penser, à la suite de M. le professeur COUTURIER[431], que les juges suggèrent que ce type de stipulations appelle l'accord du débiteur. Ce n'est qu'au sein du document contractuel qu'elles gagneraient en opposabilité. Il est cependant possible de s'en tenir aux termes de la décision et de distinguer *connaissance* et *accord* du salarié. Là encore, contrat

---

429 Pour l'opposabilité d'une période d'essai, Cass. soc. 06/07/94, jurisp. soc. UIMM, n° 577 et Cass. soc. 14/02/96, RJS 1996, n° 426 ; pour l'opposabilité d'un préavis de démission, Cass. soc. 28/02/96, RJS 1996, n° 426 ; pour une clause de non-démarchage, Cass. soc. 08/01/97 et la note de G. COUTURIER Dr. soc. 1997, p. 322.

430 Cf art. L. 135-7 et R. 135-1 C. Trav..

431 Voir note 429.

et acte négocié peuvent être rapprochés. Dans la plupart des cas, ce qui différencie le contrat des autres sources c'est la *connaissance* que le salarié en a *au stade de l'embauche*. La plupart du temps, ce serait aller trop loin que d'affirmer qu'il est le résultat d'un accord de volontés. Plus exactement, le salarié *subit* l'application de son contrat comme il *subit* l'application des dispositions de son statut collectif. Le caractère contractuel d'une clause entraîne certainement sa connaissance par le salarié, quelquefois seulement l'accord des deux parties sur sa substance. Cela revient à priver le contrat de travail de sa caractéristique théorique essentielle en le ramenant à sa réalité la plus fréquente d'engagement unilatéral. La confusion des sources découle encore des termes de la directive européenne de 1991 qui requiert de l'employeur qu'il porte à la *connaissance* du salarié les éléments essentiels de sa relation de travail[432]. Est-ce à dire qu'au sein de cette relation on doit, désormais, se contenter de distinguer les éléments que le salarié connaît de ceux qu'il ignore ? Si la connaissance du salarié constitue un pas en avant important pour la reconnaissance de l'individualisation du statut collectif qui lui est applicable, le document contractuel conserve une spécificité irréductible. Le contrat de travail doit rester le support de dispositions qui nécessitent l'accord du salarié pour être modifiées ou du moins à propos desquelles son refus peut s'exprimer. Ainsi, il présente une immutabilité que n'a pas le statut collectif. Il nous semble d'ailleurs exclu qu'à l'avenir ce dernier se « contractualise » indépendamment de l'accord des parties. Pareil phénomène empêcherait le nouvel acte négocié stipulant in pejus d'être applicable immédiatement. Nous pensons donc que les arrêts précités n'appellent pas à la contractualisation des clauses défavorables[433] ; ils rapprochent néanmoins l'acte négocié de la source contractuelle.

Le salarié est amené, au moment de la signature du contrat ou lors d'événements ultérieurs précis[434], à prendre connaissance –quelle que soit leur source[435]- des avantages dont il est en mesure de bénéficier. Sa position diffère ainsi quelque peu de celles des cocontractants classiques qui ne sont pas en situation d'infériorité les uns par rapport aux autres. Pour ces derniers, la prise en compte des droits légal et réglementaire est égale de part et d'autre et intervient lors de la négociation.

538 - Par ailleurs, il ne faut pas perdre de vue que le stade de l'application, auquel ces normes apparaissent à égalité, est primordial. Au fil de l'exécution du contrat, l'ensemble des conditions de travail de chaque salarié se précise ; c'est à l'occasion de leur entrée en situation que les textes se combinent et s'articulent autour du principe du plus favorable. C'est lors de l'application que se cristallisent plusieurs statuts individuels. Cette façon de voir n'est pas étrangère au droit en son entier mais elle prend un relief particulier dans la matière sociale.

---

432 Directive CEE 14/10/1991, JOCE 18/10/1991, L. 288 ; JCP éd. E, III, 65122.

433 Etant bien entendu que celle-ci ne résulte pas du simple affichage de la convention collective.

434 Remise de bulletins de salaire.

435 Conventionnelle ou informelle. Les avantages légaux ne sont pas visés ; outre le fait que leur réduction ou leur suppression ne sont pas avérées, l'absence de résistance possible prive la fiction d'individualisation ici décrite de toute utilité.

Celle-ci est en effet marquée par le grand nombre de normes qui régissent une même relation de travail et par le souci –réaliste- de juger cette même relation à l'aune de sa réalisation concrète. Finalement, le point d'ancrage de l'ensemble des sources qui se situe au niveau de la relation employeur/salarié, ou mieux, au stade de leur application, consacre leur enchevêtrement. Précédemment, nous avons insisté sur l'absence passée et à venir de contractualisation de l'acte négocié. Il faut la relativiser car au stade de l'application des normes, il n'y a pas de spécificité du contrat.

539 - Ainsi, il nous semble que l'on peut parler d'acquisition des avantages individuels d'origine conventionnelle et plus largement des avantages découlant du statut collectif. Toutefois, la proximité dans le temps de l'application d'un avantage doit le rapprocher de ceux qui sont appliqués à proprement parler. Lorsqu'un plan social est envisagé, les avantages relatifs au licenciement économique doivent être considérés comme acquis. La particularité de ces avantages liés à la rupture du contrat est évidente. Dans le cas d'une prime de résultat payée en fin d'année, seuls les salariés très récemment embauchés doivent être privés de la possibilité de résister à sa disparition. Quelle durée de présence dans l'entreprise doit être retenue ? Six mois, trois mois ?, l'estimation est délicate. Ce sont les partenaires sociaux eux-mêmes qui ont la responsabilité d'aménager ce régime transitoire particulier[436].

540 - En attendant, quand disparaît un avantage de l'une ou de l'autre source, les différences de traitement existent. Même pour le salarié ayant négocié son contrat, il demeure injuste, en cas de modification importante de ses conditions de travail par transformation du droit négocié, de ne pouvoir rompre la relation contractuelle qu'à son désavantage. Il n'en va autrement que lorsque le changement d'ordre collectif entraîne une modification du contrat de travail. Alors, le refus du salarié peut entraîner son licenciement. Cette solution devrait s'étendre à l'ensemble des cas où le salarié ne reconnaît plus ce pour quoi il s'est engagé. Cette part de subjectivité dans la relation individuelle du travail ne devrait pas être vaincue, sauf droit national, par le droit objectif qui se transforme.

541 - L'individualisation n'est pas étrangère non plus à certaines dispositions des actes conventionnels concernant l'emploi[437]. Celles qui consistent en une promesse de maintien de l'emploi ou en l'absence de licenciement sont susceptibles d'utilisation privative. Cette « appropriation » passe par la recevabilité de l'action en dommages-intérêts du salarié congédié en dépit de l'engagement pris. Sa réaction suite à la disparition de son droit à l'emploi ne peut-elle se poser dans de semblables termes ?

542 - Nous nous proposons justement de revoir, à la lumière de l'individualisation de l'acte conventionnel, les conséquences de la modification ou de la disparition d'un avantage de cette origine.

---

436 Cf thèse n° 505.

437 M.-A. SOURIAC-ROTSCHILD, *« Engagements et arrangements sur l'emploi : quelle efficacité juridique ? »*, Dr. soc. 1997, p. 1061, spéc. p. 1067.

CHAPITRE DEUXIÈME

LES CONSÉQUENCES DE L'INDIVIDUALISATION : LA RÉSISTANCE[438] DU SALARIÉ À LA DISPARITION D'AVANTAGES CONVENTIONNELS

543 - Lorsque le salarié refuse la modification de son contrat il s'oppose, a priori, à une décision unilatérale de l'employeur. Cette opposition répond au souci légitime de faire respecter l'accord passé. En matière de sources collectives l'employeur n'est pas, en principe, le seul acteur. Que se passe-t-il si, en refusant la modification de son contrat, le salarié résiste à l'application d'un nouvel acte négocié avec une ou plusieurs organisations syndicales ? Certains arrêts font la preuve de tentatives jurisprudentielles certaines pour retenir les anciens avantages collectifs. Les juges se placent alors sur le terrain de l'incorporation du statut au sein du contrat[439]. En particulier, dans une espèce du 12 décembre 1985[440] déjà citée, un cadre avait été licencié pour un motif économique avec un préavis de trois mois. Une convention collective, dénoncée avant la rupture du contrat, prévoyait un délai-congé de six mois. Une partie de cette convention dénoncée avait été appliquée postérieurement par l'employeur.

---

438 Le terme est de G. BORENFREUND, « *La résistance du salarié à l'accord collectif : l'exemple des accords dérogatoires* », Dr. soc. 1990, p. 826.

439 Sans qu'il soit question de la suppression d'avantages acquis.

440 Cass. soc. 12/12/1985, jurisp. soc. UIMM 1986, p. 234 ; voir thèse n° 512.

Le salarié licencié réclamait le bénéfice du préavis conventionnel, au motif que l'attitude de l'employeur équivalait à une dénonciation partielle, prohibée par les juges. Malgré la pertinence de l'argument, la Cour de cassation admet cette entorse indirecte à l'obligation de dénonciation totale. Enfin, elle estime qu'il *« appartenait (au salarié) de prendre acte de la rupture des relations contractuelles s'il estimait que les obligations à lui imposées postérieurement à la cessation d'effets de la convention collective modifiaient substantiellement son contrat de travail en raison de la disparition des avantages prévus par celui-ci »*. Les effets de la jurisprudence Raquin mis à part, la Cour d'appel de Pau[441] poursuit le raisonnement en affirmant : *« au cas où la dénonciation par l'employeur de l'accord collectif serait considérée comme une modification aux conditions essentielles du contrat et en cas de non-acceptation par le salarié, elle équivaudrait selon une règle jurisprudentielle bien établie, à un licenciement rendant la rupture du contrat imputable à l'employeur avec toutes ses conséquences »*. La Cour de cassation[442] a mis fin à ces audaces jurisprudentielles, il est vrai peu justifiées juridiquement, en disposant clairement que : *« lorsqu'une convention ou un accord collectif cesse de s'appliquer dans une entreprise, il n'en résulte aucune modification des contrats de travail en vigueur »*. Depuis lors, la jurisprudence est inchangée. Cette résistance du salarié à la décomposition de son statut est pourtant concevable, autrement que suggérée par les arrêts précités (autrement que par l'appel aux termes du contrat de travail même s'il n'est pas fait mention du terme d'incorporation)[443]. Nous nous proposons de revoir, pour y remédier, cette impuissance du salarié face à la remise en cause de l'avantage de source collective. Pour cela, point n'est besoin de réformer le droit. Le cadre de la résistance du salarié est déjà en place *(sect. I)*. Par ailleurs, les propositions faites nous semblent constituer un minimum tout à fait supportable pour l'employeur et l'esprit nouveau du droit du travail *(sect. II)*.

Section I : Le cadre juridique de la résistance du salarié

544 - Il n'est pas question[444], pour le salarié, de faire obstacle à l'application de la norme nouvelle. Il s'agit de lui permettre de prendre acte –en qualifiant la rupture de ses relations avec l'employeur de licenciement

---

[441] CA PAU 02/04/1987, Cah. prud'h. 1988, p. 3 et D 1989, som. com. p. 201, note J. GOINEAU ; dans le même sens, Cass. soc. 20/06/1984, Cah. prud'h. 1985, p. 12 ; Cass. soc. 13/03/1991, jurisp. soc. UIMM 1991, p. 218 et Cass. soc. 29/04/1960, Bull. civ. V, n° 434 : la modification de la qualification professionnelle –contractuellement prévue- par l'application d'une convention collective est considérée comme *« une modification des conditions de travail permettant à l'employeur d'offrir à son employé un contrat moins avantageux et à défaut d'acceptation de le licencier »*.

[442] Cass. soc. 17/03/1993, Dr. soc. 1993, p. 464 ; Cass. soc. 16/11/1993, Dr. soc. 1994, p. 53 ; Cass. soc. 30/03/1994, Dr. soc. 1994, p. 521 ; J.-E. RAY, *« Partage du travail et plan social »*, Dr. soc. 1994, p. 444, spéc. p. 453 et suiv. ; P. WAQUET, *« Contrat de travail et statut collectif »*, RJS 1994, p. 399.

[443] De plus, les espèces citées sont toutes rendues à propos de la *disparition* du texte conventionnel. La résistance par reprise au sein du contrat ne vaudrait-elle que dans ce cas (non dans le cas d'une suppression d'avantages par *révision* du texte collectif ?) ?

[444] Quoique l'hypothèse n'est pas à exclure en présence d'une situation économique et sociale florissante.

économique- de la modification éventuellement substantielle de sa situation de travail.

545 - Lorsqu'une loi nouvelle vient modifier un accord à durée indéterminée, une des parties a toujours la possibilité de rompre la relation contractuelle. L'intérêt général ou collectif n'est pas une addition de volontés individuelles, une ou plusieurs de ces dernières peuvent donc s'en démarquer. Cette faculté de mettre fin au contrat est octroyée aux parties à égalité et celle d'entre elles qui provoque la rupture doit en assumer seule la responsabilité. En effet, le nouveau droit objectif est porteur de l'intérêt général et le principe de son application est neutre vis-à-vis de chacun des cocontractants. Peu importe en faveur de qui la loi nouvelle est promulguée ; peu importe qui se trouve être à son origine.

Quand la modification du statut collectif résulte d'un accord entre une organisation syndicale –au moins- et un employeur ou un groupement d'employeurs, l'intérêt qui la conduit est pluriel. On peut le qualifier de général lorsque le champ d'application de l'acte est national (tout comme dans le cas de la loi), de collectif lorsqu'il se limite à une collectivité plus restreinte. Un salarié n'est donc pas en mesure de s'opposer à l'application d'un acte négocié, fût-il en sa défaveur. Conclure autrement reviendrait à refuser force obligatoire à une norme légalement formée et entrée en vigueur. Bien évidemment, le problème de la représentativité des organisations syndicales pose de manière aiguë la réalité du caractère collectif de l'intérêt représenté à cette occasion. Cette question de l'implantation syndicale, entrée dans le droit positif avec la révision des actes conventionnels, n'a pas remis en cause la validité d'un acte signé par une seule organisation. Le principe de défense de l'intérêt de l'ensemble des actifs par tout syndicat à même de négocier en leur nom[445] est toujours en vigueur. Apparemment donc, rien ne permet d'espérer que la résistance du salarié sera qualifiée de licenciement économique. Pourtant, l'accord qui stipule in pejus place l'employeur dans une position sensiblement différente de celle du cocontractant typique vis-à-vis de la loi. Il est, le plus souvent, l'initiateur de tels actes ou du moins jouit d'une position d'arbitre quand vient le temps de négocier leurs modalités. Certes, le chef d'entreprise ne décide pas seul de la modification apportée. Il en porte néanmoins la responsabilité. Surtout, à la différence de ce qui se produit pour le droit légal, l'employeur choisit de se voir appliquer, sauf mécanisme d'extension, le droit conventionnel. Il est représenté par l'organisation patronale à laquelle il adhère. Cette adhésion l'implique directement dans le résultat des négociations. En présence d'un acte négocié d'entreprise, l'implication patronale est encore plus nette ; l'employeur est partie au texte qu'il applique. Il nous paraît donc raisonnable de parler, à propos de l'entrée en vigueur du (nouveau) statut collectif, d'initiative de l'employeur. Cette considération est essentielle pour l'application du droit de la rupture de la relation de travail. Elle nous permet de revenir au droit de la modification du contrat qui oppose initiative de l'employeur et initiative du salarié.

---

[445] A ce propos, il faut insister sur le fait que, lors d'une négociation, ce dernier ne s'écarte pas de son rôle de porte-parole des actifs de la collectivité concernée. Les dispositions de la partie obligatoire ne sont certes pas applicables aux salariés mais elles les concernent tout autant que celles dites « normatives ».

546 - Reste à discerner, dans le droit de la rupture du contrat de travail, comment se tracent les frontières entre démission et licenciement, entre licenciement disciplinaire et licenciement économique.

Tenant compte sans doute de la modestie de l'avantage que représente, en période de chômage, cette dernière forme de rupture, la jurisprudence actuelle la privilégie nettement par rapport à la démission. Cette dernière est désormais cantonnée aux hypothèses où le salarié prend l'initiative claire et non équivoque de rompre le contrat. Il n'est que d'évoquer la fin des relations contractuelles de travail pour cause de maladie ou d'invalidité[446]. Des arrêts favorables au licenciement permettent à ce dernier de gagner du terrain sur les hypothèses de rupture du contrat imputables au salarié et autrefois qualifiées de démissions. L'imputabilité n'est plus un critère valable ; les juges lui ont préféré comme unique déterminant l'initiative de l'employeur. Cette dernière est encore au rendez-vous lorsque certains arrêts, face au refus d'une modification non substantielle de son contrat de travail par le salarié[447], concluent au licenciement –pour faute grave-. Si l'initiative de l'employeur concernant la rupture lui est fatale, la part décisive qu'il a pris dans la modification refusée des conditions de travail doit le lui être tout autant. La force majeure semble bien constituer le dernier bastion de la démission en cas de rupture à l'initiative de l'employeur[448]. En admettant que le nouvel acte conventionnel ne puisse être amélioré par le contrat de travail (caractère irrésistible de l'application), manquerait le critère d'extériorité. Il permet d'éviter que l'application, par l'employeur, de l'acte négocié, soit qualifiée de cas de force majeure, faisant ainsi échapper le refus du salarié au droit du licenciement.

547 - D'autres hypothèses posent moins de problèmes car elles font nettement ressortir l'initiative patronale dans le changement imposé. C'est le cas lorsque le nouveau texte est un accord-cadre et que l'employeur, seul, est chargé de l'appliquer.

Le droit des conventions et accords collectifs, malgré les apparences, recèle d'autres exemples plus francs de décisions unilatérales de l'employeur. Il lui octroie la faculté de faire disparaître un ou plusieurs avantages collectifs par le biais d'une dénonciation à son initiative. Pour le reste, la suppression d'un avantage collectif nécessite l'intervention d'au moins une organisation syndicale[449]. Après une dénonciation à l'initiative de la seule partie patronale, la résistance du salarié se justifie dans le cas où le texte dénoncé prévoit expressément la non-application du régime de survie de l'article L. 132-8 du Code du travail[450]. Le salarié qui subit une modification conséquente de ses

---

446 J. SAVATIER, *« Le droit aux indemnités de licenciement en cas de rupture du contrat provoquée par l'état de santé du travailleur »*, Dr. soc. 1991, p. 109.

447 Il n'y a pas, dans ce cas, modification du contrat mais modification des seules conditions de travail.

448 *« ...la rupture du contrat de travail à l'initiative de l'employeur qui n'est pas due à un cas de force majeure constitue un licenciement ».* C'est en ces termes très généraux que s'est exprimée la chambre sociale de la Cour de cassation le 14 octobre 1997, *« Boutti Eng c./Sté Peugeot »*, Dr. soc. 1997, p. 1101.

449 C'est le cas lorsque cette suppression intervient suite à l'arrivée du terme de l'accord.

450 Dans le cas contraire elle a quand même lieu d'être car la notion d'avantage individuel acquis est, à notre avis, trop restrictive. Aussi bien nous plaidons, dans le cadre de cette résistance, pour une réaction

conditions de travail peut donc en prendre acte pour être « licencié économique ». Le fait que les organisations syndicales soient parties à l'accord dénoncé ne fait pas obstacle à ce qu'une telle opposition s'exprime. En effet, la signature d'une clause dérogatoire au régime de survie ne préjuge en rien de la motivation qui guide la dénonciation et qu'il s'agit de contrôler à travers le motif du licenciement. Si la survie de l'acte suit sa dénonciation, la résistance du salarié n'aura lieu d'être qu'au terme de la survie annuelle[451] ou lors de la suppression d'un avantage acquis (au cas où ce dernier ne serait plus intégré au contrat).

548 - Quand la partie patronale dénonce, un autre problème se pose s'agissant des avantages dont les salariés bénéficient en terme d'emploi. Jusqu'à présent, nous n'avons pas évoqué ces avantages bien particuliers, d'abord collectifs et qui pourtant sont susceptibles d'utilisation privative. L'employeur peut en effet promettre de ne pas licencier pendant une période donnée. Le salarié qui se voit congédier en violation de l'accord est fondé à réclamer, sauf clause contraire qui lui permet d'obtenir sa réintégration, des dommages-intérêts[452]. Autre hypothèse : l'employeur dénonce l'accord avant l'échéance de la période de non-licenciement et, en application d'une clause conventionnelle, aucune survie de l'acte ne se met en place. Le salarié qui a consenti une baisse de sa rémunération, un travail de nuit... doit pouvoir réagir. Contrairement aux hypothèses vues précédemment, il ne s'agit pas forcément de rupture de contrat. L'action vise-t-elle à un dédommagement ou... au maintien de la promesse initiale ? La première hypothèse est plus probable puisque l'accord n'est plus en vigueur. Si aucune clause conventionnelle n'exclut l'application du régime de l'article L. 132-8 du Code, l'accord survivra un an. Par la suite, sauf renégociation aboutie, les avantages acquis prendront le relais. Est-ce qu'une promesse de maintien de l'emploi ou de non-licenciement peut être considérée comme un avantage acquis ? Il ne nous semble pas, compte tenu du caractère nécessairement né et non futur de l'avantage[453]. La résistance du salarié trouvera donc à s'exercer dès la fin de la période de survie.

549 - On peut rapprocher ce qui vient d'être dit du cas de modification des conditions de travail suite à la disparition ou à la révision d'un avantage usuel ou provenant d'un accord atypique. La décision qui consacre la disparition ou la révision est unilatérale. Encore faut-il qu'il y ait parallélisme des formes ; à savoir, absence d'intervention d'une convention ou d'un accord collectif. Sauf cette hypothèse, le manque de concertation dans la dénonciation mais aussi dans l'élaboration des sources informelles est incontestable. Or nous rappelons que l'individualisation exposée précédemment concerne autant les sources informelles que les actes négociés.

---

du salarié suite à la réduction ou à la disparition d'avantages essentiels ou suite à la création d'obligations conséquentes. L'appréciation du caractère essentiel doit être menée objectivement, elle ne distingue pas entre les avantages nés ou éventuels.

451 Pour un avantage qui ne serait pas considéré comme un avantage acquis mais néanmoins essentiel.

452 Cass. soc. 01/04/1997, RJS 06/1997, n° 653 ; Dr. soc. 1997, p. 646, obs. J.-E. RAY ; M.-A. SOURIAC-ROTSCHILD, op. cit. p. 1013 et *« Engagements et arrangements sur l'emploi : quelle efficacité juridique ? »*, Dr. soc. 1997, p. 1061.

453 Voir thèse n° 482.

Ainsi, dans les hypothèses où le nouvel état du droit est le fait de la seule partie patronale (dénonciation de l'acte collectif du fait de l'employeur), il faut souhaiter sans réserve qu'une résistance du salarié concerné existe[454]. Lorsque ce nouvel état est imputable à un nouvel acte négocié la question est plus délicate mais il nous semble que l'adhésion obligatoire de l'employeur rend son initiative patente.

Section II : L'appréciation de la résistance du salarié

550 - Cette résistance ne saurait avoir lieu pour d'autres avantages que ceux dits « essentiels », qui ne se rattachent pas au pouvoir de direction de l'employeur. Elle rejoint là l'optique des nouveaux arrêts sur la modification du contrat mais s'en distingue a priori en ce que l'appréciation de la nature –essentielle ou pas- de l'avantage est objective et pas seulement formelle (avantage contractualisé ou non).

551 - La dernière jurisprudence en la matière distingue la modification du contrat du changement des conditions de travail. Seule la première nécessite l'approbation du salarié pour être effective. L'ancienne jurisprudence qui distinguait entre modifications substantielles et non substantielles est donc abandonnée, au profit d'un critère en apparence plus formel. Dans l'hypothèse où la relation individuelle de travail fait l'objet d'un écrit, il est tentant de réserver la résistance du salarié à la seule hypothèse de modification d'un des éléments du contrat. L'employeur gagnerait à limiter le plus possible l'importance de ce dernier, alors que le salarié, au contraire, aurait tout intérêt à ce qu'il soit fourni. Est-ce ainsi qu'il faut interpréter les nouveaux arrêts ? Il faut espérer que non. Tout d'abord, tout salarié n'est pas titulaire d'un écrit relatant sa situation professionnelle. La directive européenne du 14 octobre 1991[455] n'oblige pas à la rédaction d'un contrat à proprement parler. Elle requiert, au moment de l'embauche, que soient précisés par écrit : l'identité des parties, le titre et la catégorie du salarié, la description sommaire du travail, le lieu du travail, la durée des congés payés, la rémunération, la durée du travail et du préavis, la convention collective applicable. Ces mentions constituent les éléments essentiels d'un accord passé entre les deux parties ; à défaut, et *quelle que soit leur origine*, ils participent essentiellement à la définition de la relation individuelle.

552 - Si contrat il y a, il n'empêche pas les évolutions ultérieures de ses composantes fondamentales. Plusieurs espèces font état d'engagements postérieurs de l'employeur, tous non écrits. Ainsi pour l'octroi de congés supplémentaires ou en faveur d'une modification de la fonction initiale du salarié. Dans toutes ces espèces cependant, les juges évoquent l'engagement contractuel de l'employeur... et l'accord tacite du salarié. A l'inverse, il peut arriver que le contrat écrit précise les horaires de travail du salarié, le lieu précis

---

454 En ce sens mais pour une reprise du statut par le contrat, V. BONNIN, *« Les rapports du contrat de travail et de la convention collective »*, Thèse BORDEAUX 1993 ; J. YUNG-HING, *« Aspects juridiques de la qualification professionnelle »*, Thèse TOULOUSE, 1981, p. 341 et suiv..

455 Cf note 391.

où, chaque jour, il doit se rendre. Ces éléments se rattachent pourtant, par nature, aux conditions de travail susceptibles d'évoluer –dans une certaine mesure- par simple décision unilatérale de l'employeur. Ne serait-il pas plus juste de parler d'une sphère contractuelle par nature ? Certains éléments auraient vocation à se retrouver au sein du contrat, d'autres pas. Cependant, compte tenu de la réalité qui se passe souvent de contrat écrit ou alors d'accord exprès du salarié ou qui se situe parfois au-delà, n'est-il pas à la fois plus juste et plus simple de parler d'éléments essentiels de la relation individuelle de travail ? Finalement, cette jurisprudence sur la modification du contrat ne vise-t-elle pas avant tout à protéger le salarié contre les changements importants de sa situation au travail ? Deux arrêts récents de la Cour de cassation vont dans ce sens en précisant, pour le premier d'entre eux : *« le mode de rémunération d'un salarié constitue un élément du contrat de travail qui ne peut être modifié sans son accord, peu important que l'employeur prétende que le nouveau mode serait plus avantageux »* et pour le second : *« la rémunération du salarié constitue un élément du contrat de travail qui ne peut être modifié sans son accord »*[456]. A défaut d'accord, la contrainte serait alors trop forte, dénaturant l'accord exprès ou tacite jusque là manifesté. Il ne s'agit pas bien sûr pas de minimiser le rôle du contrat de travail. Comme l'a fort bien montré Monsieur WAQUET[457], il constitue un *« moyen de déplacer les limites normales du pouvoir de direction (de l'employeur) »*. Sont citées par l'auteur les clauses de mobilité et celles qui, à l'inverse, énoncent un lieu de travail précis. Si l'employeur peut, sans restriction, limiter son pouvoir de direction, il est contestable que le salarié aliène par trop son droit à un minimum de stabilité. La relation de travail met en présence un subordonné et un donneur d'ordres. Même en tenant compte de l'évolution du lien de subordination, il reste que les deux parties ne sont pas sur un pied d'égalité. Il faut alors préserver le salarié des abus de l'employeur sur le terrain de son pouvoir de direction économique. On en revient nécessairement aux éléments essentiels du travail, ou plus précisément, en cas de clauses les limitant, à une conception restrictive de ces limitations.

553 - Une autre question se pose face à un refus d'un salarié. L'employeur peut-il renoncer, pour ce salarié qu'il désire conserver, à faire disparaître l'avantage ? Il est gênant de l'autoriser à ne pas appliquer l'accord à un ou plusieurs membres de son personnel. Ceci étant, rien n'empêche l'employeur de réitérer l'avantage réduit ou supprimé au plan individuel (en vertu d'une modification du contrat de travail)[458]. A ce propos, il faut noter que l'individualisation de l'acte négocié au sein du contrat de travail évite les

---

[456] Cass. soc. 28/01/1998, arrêt *« Systia informatique »*, Dr. soc. 1998, p. 528 et Cass. soc. 03/03/1998, Dr. soc. 1998, p. 529, note de G. COUTURIER, *« La rémunération, élément du contrat de travail »*, p. 523 ; E. DOCKES, *« Consécration de la nature contractuelle du salaire »*, RJS 3/1998, p. 168 ; G. COUTURIER, *« Qui touche au salaire touche au contrat »*, Lamy soc. 04/1998, p. 82. Des décisions nuancent ultérieurement ces arrêts : Cass. soc. 19/05/1998, Dr. soc. 1998, p. 885, note G. COUTURIER, *« Pot-pourri autour des modifications du contrat de travail »*, p. 872 ; Cass. soc. 07/04/1998, Dr. soc. 1998, p. 623, note J. SAVATIER.

[457] P. WAQUET, *« La modification du contrat de travail et le changement des conditions de travail »*, RJS 12/1996, p. 791, spéc. p. 794.

[458] Attention toutefois aux éventuelles discriminations entre salariés occupant des postes identiques… Voir thèse n° 461 et suiv..

inconvénients identifiés précédemment à propos du mécanisme de maintien de l'avantage individuel acquis. La seule protection octroyée consiste en la possibilité de rompre le contrat au détriment de l'employeur. Aucune procédure individuelle (demande au salarié) n'est requise pour que le nouveau statut entre en vigueur. Il n'en va pas de même en présence d'un avantage individuel acquis si l'on considère, avec la seule jurisprudence existante, qu'il s'intègre au contrat de travail.

554 - Enfin, le licenciement opéré pour l'application uniforme de la nouvelle norme peut-il être qualifié d'abusif ? Lorsque la nouvelle norme est un acte collectif relevant des dispositions des articles L. 131-1 et suivants du Code du travail, plusieurs décisions témoignent de la bienveillance avec laquelle les juges considèrent les modifications consécutives à son entrée en vigueur[459]. Ces décisions ne sont évidemment pas rendues à l'occasion d'une individualisation découlant d'une simple application de la norme collective. Elles tiennent compte de la seule individualisation qui ait eu valeur en jurisprudence : celle qui résulte de la contractualisation d'une ou plusieurs clauses de la norme collective. Ces positions s'expliquent probablement par l'application immédiate du nouvel acte et rejoignent notre proposition. Par ailleurs, la signature d'au moins une organisation représentative au sens de l'article L. 132-2 du Code du travail atteste de la prise en compte par le nouveau texte de l'intérêt des actifs concernés. Finalement, les licenciements prononcés à ces occasions étaient déclarés réels et sérieux, de par la seule intervention d'un acte négocié. Les magistrats se contentaient donc d'un examen de la cause *immédiate* du licenciement. La cause véritable –les raisons de la réduction ou de la suppression d'avantages- n'était pas examinée. Il en irait probablement encore de même aujourd'hui. Cette solution ne présente pas d'inconvénient ; il nous semble que l'examen de la justification d'un recul social doit être mené au principal, dès la conclusion de l'accord négocié. A ce propos, le projet de seconde loi Aubry[460] prévoit que le licenciement –de nature économique mais soumis à la procédure applicable en cas de licenciement individuel- du salarié qui aura refusé la modification de son contrat de travail suite à l'entrée en vigueur d'un accord sur les 35 heures[461] sera présumé, de manière irréfragable, avoir une cause réelle et sérieuse. Sous réserve de compatibilité avec le droit commun du licenciement, cette proposition, qui s'accompagne d'une recherche de légitimité des accords concernés[462], apparaît cohérente.

---

459 Idée d'une « légitimation » du licenciement, F. GAUDU, *« L'exécution des accords d'entreprise »*, Dr. soc. 1990, p. 606 ; dans le même sens H. BLAISE, *« Les droits individuels des salariés face à une réduction du temps de travail »*, Dr. soc. 1985, p. 634 qui suggère, au vu des espèces rendues, le « déclassement » du caractère substantiel de la modification qui est considérée comme non-substantielle. En faveur de l'imputabilité de la rupture au salarié, B. TEYSSIE, *« La modification du contrat de travail, instrument de gestion de l'entreprise »*, Dr. soc. 1986, p. 852 ; B. BOUBLI, *« La rupture du contrat de travail »*, Dr. soc. 1986, p. 570.

460 Art. 30 et 31 portant sur la sécurisation juridique.

461 A condition que l'accord collectif respecte la règle de validation majoritaire, voir art. 30 et 31 précités.

462 Le projet de seconde loi Aubry sur les 35 h. exige que l'accord d'entreprise soit signé par une ou plusieurs organisations syndicales représentatives ayant recueilli la majorité des suffrages exprimés lors

555 - Lorsque la nouvelle norme fait partie des sources informelles dans l'entreprise, la caution syndicale est absente. Dès lors, deux voies s'offrent au juge. Soit il tient compte de la nécessité pour l'employeur d'uniformiser les conditions de travail et les garanties sociales appliquées aux salariés d'une même entreprise. Soit il s'assure du bien-fondé de la mesure collective qui consiste en la suppression de l'avantage concerné. En effet, le prononcé d'*un* licenciement abusif remet en cause la décision patronale *en son entier*. Les magistrats en charge de se prononcer sur le bien-fondé de licenciements consécutifs aux refus des salariés de voir supprimer des clauses provenant de sources informelles –mais ayant acquis valeur contractuelle- s'assurent de la réalité et du sérieux de leur cause. Ils s'efforcent alors de promouvoir la solution qui sert l'intérêt de l'entreprise. Celui-ci sera identifié avec plus ou moins d'évidence selon que la quête des juges s'avérera modérée ou au contraire très poussée. La première attitude revient à autoriser le licenciement motivé par la recherche d'un statut collectif uniforme pour l'ensemble des salariés d'une même collectivité. Cette uniformité simplifie opportunément la gestion de l'entreprise mais prive les juges du contrôle de la cause première du congédiement du salarié : la suppression de l'avantage informel. Néanmoins, le principe d'uniformité n'a pas de portée dans notre droit national du travail qui fait toujours place aux améliorations individuelles. D'un autre côté, un tel contrôle de la disparition d'un avantage usuel ou découlant d'un accord atypique aboutirait probablement à une valorisation –d'un point de vue patronal- des conventions et accords collectifs.

des élections au comité d'entreprise ou, en son absence, des délégués du personnel. Il prévoit, à défaut, un vote majoritaire du personnel à la demande d'une ou plusieurs organisations syndicales signataires (art. 19-V).

Conclusion du titre deuxième

• La loi et le contrat de travail contribuent à freiner la remise en cause décidée de l'acte négocié.

• Les deux normes n'ont toutefois pas la même incidence. La loi prévoit expressément la survie de l'application de l'acte. Celle-ci est tantôt totale, tantôt partielle. La survie totale a une durée limitée ; la survie partielle consiste en un maintien des avantages individuels acquis pour les salariés. Sa portée dépend de l'interprétation faite du mécanisme légal. Si l'on considère que les avantages individuels acquis sont intégrés au contrat de travail, ils suivent le régime des avantages contractuels. Si non, la survenance d'un nouvel acte négocié suffit pour les faire disparaître. La jurisprudence s'est prononcée en faveur de la première hypothèse ; la doctrine penche pour la seconde. Ce régime légal d'avantages, au-delà de ses incertitudes (liées aussi à la nature de l'avantage), est créateur d'interrogations pratiques plus préoccupantes.

• Crée-t-il vraiment l'exception en matière d'acquisition des avantages résultant d'un acte négocié ? Ou au contraire, doit-on considérer que ces derniers font l'objet d'une réception générale au sein du contrat de travail ?

L'incorporation de droit commun des dispositions conventionnelles est à rejeter ; la nature des normes en présence s'y oppose (si la théorie de l'incorporation des avantages d'après L. 132-8 du Code du travail était définitivement retenue, elle constituerait donc l'exception). En revanche, nous pensons que chaque norme négociée fait l'objet d'une *individualisation*. Celle-ci se fonde sur la confusion, du point de vue du salarié, des normes conventionnelle et contractuelle. Elle devrait permettre au salarié de se prévaloir d'une modification essentielle de son statut collectif pour rompre le contrat à son avantage. Pour ceux qui choisissent de rester dans l'entreprise, tout maintien de l'ancienne disposition est exclu.

• Par ailleurs, ce régime légal de survie des avantages acquis est critiquable. Il conduit à distinguer, de manière injustifiée, entre anciens et nouveaux salariés et prive la nouvelle norme d'application effective. Enfin, il nous semble qu'il constitue une garantie illusoire pour le salarié. De manière générale, le plan individuel est insuffisant pour prévenir les abus patronaux en matière de réduction ou de suppression d'avantages. Mieux vaudrait insister sur la négociation et la concrétisation de sérieuses contreparties.

Conclusion de la deuxième partie

• L'incidence des autres normes sur l'acte négocié est inévitable pour maintenir son intégration dans le temps. La loi et les sources conventionnelles « supérieures » (accords interprofessionnels, conventions collectives de branche) impriment leur mouvement. Cette empreinte s'est longtemps conjuguée avec le principe du plus favorable. Ce n'est plus le cas aujourd'hui ; les différentes sources du droit du travail n'attendent plus le stade de leur application pour se mêler les unes aux autres. Elles s'articulent de plus en plus et gagnent ainsi en cohérence. En conséquence, sans que l'impact direct de la loi et des autres sources soit définitivement gommé, les obligations de renégocier transversales se développent. La loi joue alors de plus en plus un rôle d'encadrement ou pose les principes fondamentaux[463] à respecter dans le cadre d'une relation de travail négociée.

• De ces nouvelles incidences, le droit de la négociation collective sort renforcé. Cette articulation des sources privilégie en effet l'adaptation. Mais d'un autre côté, la cohérence des normes porte atteinte à l'autonomie des différents niveaux. L'acte négocié doit évoluer et doit le faire avec le système de normes dans lequel il s'intègre. Cette « évolution en intégration » interpelle particulièrement la portée des dispositions conventionnelles (concernent-elles les partenaires sociaux à un niveau inférieur ?). Il nous semble que le droit de la négociation collective est encore trop cloisonné, peine à transcender les différents niveaux. De manière générale, il pâtit de l'attention naguère presque exclusivement accordée au droit des conventions et accords au détriment du droit *à* la négociation collective.

---

[463] Y compris la durée hebdomadaire du travail, cf les lois Aubry.

• Si d'un côté il est demandé à l'acte négocié de se libérer du stade de son application pour rechercher plus en amont sa compatibilité avec les normes de son système, il doit par ailleurs porter une attention accrue à son effectivité.

• Se pose la question essentielle de la répercussion des reculs conventionnels au niveau des salariés. Ces répercussions rencontrent peu d'obstacles aujourd'hui. Le salarié n'a guère la possibilité de résister à un changement –fût-il profond- de son statut collectif. Quand son acceptation est requise, il lui est de plus en plus difficile d'exprimer son refus. Mais sans doute n'est-il pas opportun de faire dépendre la pleine effectivité d'un nouvel acte négocié (son application à tous) de décisions individuelles. Il n'est pas non plus souhaitable de faire peu de cas de la réduction ou de la suppression d'avantages collectifs. Les partenaires sociaux (et le législateur ?) devraient exiger des contreparties substantielles et prévoir éventuellement un retour à la situation antérieure. Par ailleurs, le salarié récalcitrant devrait toujours avoir la possibilité de rompre le contrat à son avantage. Compte tenu de la confusion des sources conventionnelle et contractuelle c'est, nous semble-t-il, le moindre de ses droits.

CONCLUSION GÉNÉRALE

• A l'épreuve du temps, les conventions et accords collectifs, sources négociées du droit social, doivent relever plusieurs défis.

• Sources de droit, ils se situent au cœur de la hiérarchie des normes et sont en étroit rapport avec la loi et les autres règles collectives. Ce rapport a longtemps pu se résumer en une application de la plus favorable des normes en concours. Aujourd'hui, les relations entre la loi et les actes négociés ont pris un nouveau tournant qui fait prévaloir l'interaction entre les sources. La loi est de plus en plus souvent négociée ; les conventions et accords collectifs sont guidés par le législateur. Ce dernier cherche désormais à poser les limites de l'autonomie conventionnelle et suscite la négociation et bien sûr la renégociation. L'ensemble du droit conventionnel doit se montrer « réactif » aux nouvelles impulsions légales[464]. L'adaptation par renégociation, déjà prévue par les articles L. 132-13 et L. 132-23 du Code du travail, est au cœur du mécanisme d'articulation. La nouvelle influence de la loi sur les actes collectifs dépend donc clairement de la force des obligations de renégocier. Celles-ci, mêmes légales, supportent encore trop d'attitudes déloyales de la part de l'employeur. Quand elles sont insérées dans des conventions ou accords collectifs de large niveau, leur efficacité est encore plus délicate. Elles doivent disposer plus favorablement que la loi, mais ce n'est pas là le principal écueil. Leur portée jusqu'aux partenaires sociaux « de niveau inférieur » est incertaine. La partie normative des actes conventionnels bénéficie d'un effet étendu qui est cependant limité aux salariés du champ d'application territorial et professionnel concerné. La partie obligatoire

---

[464] Ce devoir s'impose particulièrement en présence d'une réglementation légale impérative à venir comme celle des 35 h..

peut sans doute contraindre ces derniers mais pas les organisations syndicales non-signataires de l'acte en cause (à son niveau ou aux niveaux inférieurs). Conclure différemment reviendrait à nier toute portée au refus des syndicats en désaccord avec le texte négocié. Au sein des conventions et accords eux-mêmes, les engagements des contractants de se revoir dès après une modification de la législation ont en revanche de bonnes répercussions pratiques, même si, là encore, la sanction de l'obligation conventionnelle peut être améliorée.

- Une évolution de la jurisprudence est à souhaiter quant à la portée des obligations de renégocier. La recherche d'effectivité des obligations conventionnelles d'adapter et de renégocier passe, quant à elle, par l'identification d'un Intérêt collectif qui rallierait, évolution après évolution, l'ensemble de la collectivité professionnelle, syndicats confondus.

- A l'instar du droit social en son entier, conventions et accords collectifs, dans le cadre de politiques d'emploi, ont à traiter de réductions et de suppressions d'avantages.

- Si la loi prévoit parfois des contreparties, elle n'a pas généralisé cette exigence. De l'ancien au nouveau droit conventionnel, seuls le droit d'opposition et la survie provisoire post-dénonciation opèrent. Le premier prévoit, en cas de signature minoritaire d'un avenant, l'intervention majoritaire, à fin d'annulation, des autres organisations syndicales ayant approuvé l'accord initial. L'opposition s'avère trop difficile à mettre en œuvre mais l'idée sous-jacente doit être saluée. Les reculs sociaux, d'un droit conventionnel à l'autre (de révision, de mutuus dissensus en dénonciation) gagneraient à être mieux encadrés. Des contreparties sérieuses et effectives doivent être mentionnées, mais aussi l'éventuelle réversibilité du dispositif négocié.

- Au plan individuel, les avantages restent acquis aux salariés si la dénonciation de l'accord n'est pas suivie d'une renégociation aboutie. La considération du salarié est réservée à l'absence d'acte remplaçant celui dont la disparition est souhaitée. Il est vrai que la seule jurisprudence existante parle d'intégration des avantages au contrat de travail. Néanmoins, elle est critiquée et sa pérennité est douteuse. De manière générale, le mécanisme des avantages individuels acquis confond dommageablement l'intérêt des salariés et celui de la négociation. Le traitement des régressions d'une situation individuelle de travail doit être général ; le salarié ne les vit pas différemment selon leur origine. Enfin, les avantages individuels acquis créent des discriminations entre les salariés en place et ceux nouvellement embauchés. Dans son ensemble, le régime de survie de l'article L. 132-8 ne convainc pas ; encore moins quand il s'applique aux accords relatifs à la protection sociale complémentaire.

- Quelle garantie donner à celui qui, suite à la modification in pejus du droit conventionnel (après révision ou dénonciation), ne reconnaît plus ce pour quoi il s'est engagé, ce pour quoi il travaille ? Il doit pouvoir prendre acte de la rupture de son contrat. Le licenciement qui intervient alors est respectueux de l'individualisation –et de l'absence d'incorporation- de la source négociée.

- Il faut donc espérer que le droit positif saura mettre en place un contrôle des régressions sociales, tout en permettant au salarié de se considérer comme licencié si la modification de son statut collectif s'avère importante. Si la loi est attendue sur le premier point ; c'est la jurisprudence qui détient les clefs du second. Pour le moment, c'est aux agents de la négociation collective de se montrer vigilants sur les contreparties en matière d'emploi et surtout sur leur respect par l'employeur. A défaut, l'acte défaillant peut être annulé ; pour le moins, une renégociation doit s'engager.

- De manière générale, et cette fois en tant que sources négociées, conventions et accords collectifs doivent se mêler des données économiques et faire valoir leur vertu d'adaptation. Celle-ci doit pouvoir se déduire des termes même du contrat collectif qui réalise un équilibre entre concessions syndicales et promesses patronales.

- C'est aussi dès la conclusion de l'accord que doit se préparer son évolution. En premier lieu, les parties doivent porter attention à son terme. La durée déterminée convient pour les accords d'expérimentation au regard du régime juridique des remises en cause (stipulation d'un terme avec refus de survie). Cependant, pour une meilleure lisibilité du texte, il faut bien séparer les clauses essentiellement immuables de celles qui ne le sont pas. D'autre part, révision et dénonciation sont à prévoir ; la gestion du texte, par interprétation notamment, ne doit pas non plus être négligée. A ce propos, il serait souhaitable que les contractants établissent une passerelle entre l'interprétation au sens strict du terme et la révision sur laquelle elle peut déboucher. Par ailleurs, il faut espérer que la jurisprudence persiste dans la prise en compte des travaux des commissions ad hoc.

- La poursuite de la négociation doit être une priorité. Les juges doivent l'encourager et mieux veiller à son déroulement lors de la résolution d'un conflit collectif. Surtout, les mesures unilatérales qui viendraient perturber le cours de l'application des conventions et accords vont à l'encontre d'une renégociation. Parmi ces mesures unilatérales, la dénonciation frappe par son caractère brutal. Certes, elle préserve la faculté de rupture des engagements à durée indéterminée ; des aménagements de son régime sont pourtant concevables. Une renégociation préalable pourrait être exigée ; la motivation de la décision de dénoncer aiderait certainement à la reprise du dialogue. Ces aménagements sont du ressort de la loi.

- Il nous semble qu'une révision du texte légal serait aussi la bienvenue pour clarifier les relations dans le temps entre l'acte négocié et les normes informelles dans l'entreprise. Usages et accords atypiques sont fort opportunément qualifiés d'engagements unilatéraux par une jurisprudence désormais établie. Leur caractère supplétif par rapport à la norme négociée est sous-jacent. Il faut en conséquence revoir l'intervention d'une norme unilatérale sur un point traité par l'accord. Elle ne doit pas forcément être rejetée mais, là encore, une renégociation préalable de l'accord s'impose.

- Si renégociation il doit y avoir, il faut déterminer ses acteurs et son objet. Les parties ayant négocié au départ sont évidemment invitées à se rencontrer à nouveau. Mais pourquoi évincer les non-signataires ? Qu'ils soient patronaux ou syndicaux, leur apport à de nouvelles discussions n'est pas à négliger. La jurisprudence s'oriente vers une affirmation de la pluralité des opinions lors des négociations ; rien de tel en revanche au stade de l'engagement. La réforme du droit de la révision du 31 décembre 1992 écarte très nettement les non-signataires de la révision des actes collectifs. De manière générale, la continuité de la relation professionnelle est mal assurée. En permettant la signature d' « avenants minoritaires », le législateur morcelle le tissu conventionnel. L'affaire se complique encore avec la loi du 12 novembre 1996, reprise en partie par le projet de seconde loi Aubry, qui diversifie la personnalité de l'acteur salarial.

ABRÉVIATIONS

AJ CFDT	Action juridique CFDT
Art.	Article
Ass. plén.	Assemblée plénière de la Cour de cassation
BOMT	Bulletin officiel du ministère du travail
Bull.	Bulletin des chambres civile ou criminelle de la Cour de cassation
Bull. Joly	Bulletin Joly de droit des sociétés
BS Fr. Lefebvre	Bulletin social Francis Lefebvre
Cah. dr. entr.	Cahier du droit de l'entreprise
Cahiers prud'h.	Cahiers prud'homaux
C. Ass.	Code des Assurances
CCN	Convention collective nationale
CC	Conseil Constitutionnel
CE	Conseil d'Etat
CEREQ	Centre d'Etudes et de Recherches sur les Qualifications
CFDT	Conféderation française démocratique du travail
CGC	Confédération générale des cadres
CGT	Confédération générale du travail
chr.	Chronique
CHSCT	Comité d'hygiène, de sécurité et des conditions de travail

circ.	Circulaire
civ.	Chambre civile de la Cour de cassation
CEE	Conseil des Communautés Européennes
CJCE	Cour de Justice des Communautés Européennes
CSBP	Cahiers Sociaux du Barreau de Paris
com.	Chambre commerciale de la Cour de cassation
comp.	comparer
crim.	Chambre criminelle de la Cour de cassation
CSS	Code de la sécurité sociale
C. Trav.	Code du Travail
D	Recueil Dalloz
som. com.	sommaires commentés
IR	informations commentées
DRT	Direction des relations du travail
doct.	doctrine
Dr. ouvr.	Recueil de droit ouvrier
Dr. soc.	Droit social
Dr. trav.	Revue de droit du travail et de la sécurité sociale
éd. légis. adm.	Editions législatives et administratives
éd.	édition
en coll.	en collaboration
fasc.	fascicule
FO	Force ouvrière
FR Fr. Lefebvre	Feuillets rapides Francis Lefebvre
GP	Gazette du palais
Ibid(em)	au même endroit
JCP	Jurisclasseur périodique
éd. G	édition générale
éd. E	édition entreprise
éd. CI	édition commerce et industrie
JO	Journal officiel
JOAN	Journal officiel - édition des débats et questions de l'Assemblée Nationale
JOCE	Journal officiel des Communautés Européennes
jurisp.	jurisprudence
jurisp. soc. UIMM	jurisprudence sociale de l'Union des Industries Métallurgiques et Minières
LGDJ	Librairie générale de droit et de jurisprudence
LITEC	Librairies techniques
LIRHE	Laboratoire Interdisciplinaire de recherche sur les Ressources Humaines et l'Emploi
LS	Liaisons sociales

jurisp.	jurisprudence
légis. soc.	législation sociale
NCPC	Nouveau code de procédure civile
n°	numéro
obs.	observations
OIT	Organisation Internationale du Travail
op. cit.	ouvrage précité
ord.	ordonnance
p.	page
pan.	panorama
préc.	précité
PUF	Presses Universitaires de France
Rapp.	Rapport
Rappr.	rapprocher
Rev. soc.	Revue des sociétés
RGAT	Revue générale des assurances terrestres
RIDC	Revue international de droit comparé
RJS	Revue de jurisprudence sociale Francis Lefebvre
RPDS	Revue pratique de droit social
RTDCiv.	Revue trimestrielle de droit civil
RTD com.	Revue trimestrielle de droit commercial
RTD san. soc.	Revue trimestrielle de droit sanitaire et social
Sem. soc. LAMY	Semaine sociale Lamy
som.	sommaire
soc.	chambre sociale de la Cour de cassation
spéc.	spécialement
t.	tome
Trib.	Tribunal
TA	Tribunal Administratif
TC	Tribunal des Conflits
TGI	Tribunal de grande instance
TI	Tribunal d'instance
TPS	Travail et protection sociale
Th.	Thèse

BIBLIOGRAPHIE

I - Ouvrages généraux, Traités, Manuels

II - Ouvrages spéciaux, Thèses, Rapports

III - Articles, Chroniques, Etudes

IV - Conclusions, Notes, Observations

I - Ouvrages généraux, Traités, Manuels

AUBERT J.-L., *"Le contrat"*, DALLOZ 1996.

BENABENT A., *"Droit civil ; les obligations"*, MONTCHRESTIEN (coll. Domat) 1995, 5ème éd..

BLANPAIN R., JAVILLIER J.-C., *"Droit du travail communautaire"*, LGDJ 1995.

BRUN A., GALLAND H., *"Droit du travail"*, t. 1 et 2, SIREY 1978, 2ème éd..

CAMERLYNCK G.-H., *"Droit du travail"*, Précis DALLOZ, 1972.

CAMERLYNCK G.-H., *"Droit du travail ; le contrat de travail"*, DALLOZ 1982, 2ème éd..

CARBONNIER J., *"Droit civil, introduction"*, PUF (coll. Thémis) 1995.

CARBONNIER J., *"Droit civil, les obligations"*, t. 4, PUF (coll. Thémis) 1994.

CARBONNIER J., *"Flexible droit - Pour une sociologie du droit sans rigueur"*, LGDJ 1992, 7ème éd..

CATALA N., *"Traité de droit du travail, l'entreprise"*, DALLOZ 1980.

COZIAN M., VIANDIER A. *"Droit des sociétés"*, LITEC 1997, 10ème éd..

CORNU G., *"Vocabulaire juridique"*, PUF 1987, 2ème éd..

COUTURIER G., *"Droit du travail"*, t. 1 et 2, PUF 1993.

DESPAX M., *"Traité de droit du travail; Conventions collectives"*, DALLOZ 1966.

DESPAX M., *"Traité de droit du travail; Négociations, conventions et accords collectifs"*, DALLOZ 1989, 2ème éd., dénommé simplement « *Traité* » dans les notes de bas de page.

DUPICHOT J., *"Le droit des obligations"*, Que sais-je ?

DURAND P., VITU A., *"Traité de droit du travail"*, t. 3, DALLOZ 1947.

DURAND P., JAUSSAUD R., *"Traité de droit du travail"*, t.1 et 2, DALLOZ 1950 et 1954.

DUPEYROUX J.-J., *"Droit de la sécurité sociale"*, Précis DALLOZ 1992.

FLOUR J., AUBERT J.-L., *"Les obligations, l'acte juridique"*, t. 1, A.COLIN 1994, 6ème éd..

HALPERIN J.-L., *"Le Code civil"*, (coll. "connaissance du droit"), DALLOZ 1996.

HAYEK F.-A., *"Droit, législation et liberté"*, t. 1 *(règles et ordre)*, PUF (libre-échange) 1992.

GAVALDA C., PARLEANI G., *"Droit des affaires de l'Union européennne"*, LITEC 1995.

GHESTIN J., GOUBEAUX G., *"Traité de droit civil; Introduction générale"*, LGDJ 1994, 4ème éd. avec le concours de **M. FABRE-MAGNAN**.

GHESTIN J., *"Traité de droit civil, la formation du contrat"*, LGDJ 1993, 3ème éd..

GHESTIN J., *"Traité de droit civil, les effets du contrat"*, LGDJ 1994.

HALPERIN J.-L., *"Le Code civil"*, DALLOZ 1996.

JAVILLIER J.-C., « *Droit du travail* », LGDJ 1981, 2ème éd..

KELSEN H., *"Théorie générale des normes"*, PUF (Léviathan).

LARROUMET C., *"Droit civil ; Les obligations, le contrat"*, t. 3, 1996, 3ème éd..

LANGLOIS P., *"Droit du travail"*, SIREY 1987.

LYON-CAEN G., LYON-CAEN A., *"Droit social européen"*, Précis DALLOZ 1993.

LYON-CAEN G., *"Traité de droit du travail; le salaire"*, DALLOZ 1981.

LYON-CAEN G., PELISSIER J., SUPIOT A., *"Droit du travail"*, Précis DALLOZ 1997, 19ème éd..

MALAURIE P., *"Droit civil, introduction générale"*, CUJAS 1991.

OLLIER P., *"Droit du travail"*, A. COLIN 1972.

PRETOT X., *"Les grands arrêts de la sécurité sociale"*, SIREY 1988.

RAY J.-E., *"Droit du travail, droit vivant"*, Ed. sociales 1997, 6ème éd..

RIPERT G., *"Les forces créatrices du droit"*, LGDJ 1955.

RIVERO J., SAVATIER J., *"Droit du travail"*, PUF 1993, 13ème éd..

ROUBIER P., *"Le droit transitoire"*, SIREY 1960.

SINAY H., JAVILLIER J.-C., *"Traité de droit du travail; la grève"*, DALLOZ 1984.

SCELLE G., *"Le droit ouvrier"*, A.COLIN 1921.

SUPIOT A., *"Traité de droit du travail, les juridictions du travail"*, DALLOZ 1987.

SUPIOT A., *"Critique du droit du travail"*, PUF 1994.

TEYSSIE B., *"Droit du travail"*, t. 1 et 2, LITEC 1993, 2ème éd..

VERDIER J.-M., *"Traité de droit du travail, syndicats et droit syndical"*, DALLOZ 1987.

II - Ouvrages spéciaux, Thèses, Rapports

ADAM G., REYNAUD J.-D., VERDIER J.-M., *"La négociation collective en France"*, éd. Ouvrières 1972.

ALIPRANTIS N., *"La place de la convention collective dans la hiérarchie des normes"*, LGDJ 1980.

AMMAR D., *"Essai sur le rôle de l'engagement d'honneur"*, Thèse PARIS I, 1990.

ANTONMATTEI P.-H., *"Les conventions et accords collectifs de travail"*, DALLOZ 1996.

ARSEGUEL A., *"La notion d'organisations syndicales les plus représentatives"*, Thèse TOULOUSE, 1976.

AZEMA J., *"La durée des contrats successifs"*, LGDJ 1969.

BARBIERI J.-J., *"Vers un nouvel équilibre contractuel ? Recherche d'un nouvel équilibre des prestations dans la formation et l'exécution d'un contrat"*, Thèse TOULOUSE, 1981.

BLANC-JOUVAN X., *"Les rapports collectifs de travail aux Etats-Unis"*, Thèse GRENOBLE, 1956.

BONNIN V., *"Les rapports du contrat de travail et de la convention collective"*, Thèse BORDEAUX, 1993.

BOYER I., *"L'avantage acquis en droit du travail"*, Thèse TOULOUSE, 1989.

BUFFELAN-LANORE Y., *"Essai sur la notion de caducité des actes juridiques en droit civil"*, LGDJ 1963.

CAIRE G., *"La négociation collective"*, Que sais-je ?

CASAUX L., *"La pluri-activité"*, LGDJ 1995.

CEREQ (J.-D. REYNAUD, J. SAGLIO, M. TALLARD), *"Les conventions collectives de branche, déclin ou renouveau"*, Etude n° 65, 11/1993.

CHAIGNEAU Y., *"La négociation collective, quels enjeux ?"*, La Documentation française, 1988.

CHALARON Y., *"Négociations et accords collectifs de travail"*, LITEC 1990.

CHAUCHARD J.-P., *"La conception française de la négociation et de la convention collective"*, Thèse PARIS I, 1986.

COFFINEAU M., *"Les lois Auroux, 10 ans après"*, Rapport au premier ministre, La Documentation française 02/1993.

COHEN M., *"Le statut des délégués du personnel et des membres du comité d'entreprise"*, LGDJ 1968.

Collectif, *« 35 heures, mode d'emploi »*, Francis LEFEBVRE (dossiers pratiques), 1999.

Collectif, *"Les transformations des relations professionnelles-Etudes françaises et québécoises"*, (Cahier travail et emploi), La Documentation française 1996.

Collectif, *"Révision, dénonciation et mise en cause des conventions et accords collectifs de travail"*, LITEC (coll. Droit t. VII) 1996.

CORPECHOT M., *"Les modes de règlement des conflits collectifs du travail dans la CEE"*, Thèse PARIS II, 1988.

DESGORCES R., *"La bonne foi dans le droit des contrats : rôle actuel et perspectives"*, Thèse PARIS II, 1992.

DOCKES E. *"L'application dans le temps des règles de droit du travail - Contribution à l'étude du droit transitoire"*, Thèse LYON, 1992.

ENCINAS de MUNAGORRI R., *"L'acte unilatéral dans les rapports contractuels"*, LGDJ 1995.

ERMES sous la direction de **D. MEURS**, *"Négociations salariales : le lien branche-entreprise"*, (Cahier travail et emploi), La Documentation française 1996.
FAVENNEC-HERY F., *"Le travail à temps partiel"*, LITEC 1997.

FORRESTER V., *"L'horreur économique"*, FAYARD 1996.

GAILLARD E., *"La notion de pouvoir en droit privé"*, ECONOMICA 1987.

GAUDU F., *"L'emploi dans l'entreprise privée"*, Thèse PARIS I, 1986.

GAULLIER J.-M., *"L'interaction des droits individuels et collectifs en droit du travail"*, Thèse PARIS IX, 1986.

GENY F., *"Méthode d'interprétation et sources en droit privé positif"*, t. 1 et 2, LGDJ 1919.

GHOZI A., *"La modification de l'obligation par la volonté des parties"*, LGDJ 1980.

GOUNOT E., *"Le principe d'autonomie en droit privé"*, Thèse DIJON, 1912.

GURVITCH G., *"L'idée du droit social"*, 1932.

HOUIN, *"La rupture unilatérale du contrat synallagmatique"*, Thèse 1973.

IRES, *"Le paritarisme et ses enjeux"*, Rapp. pour la MIRE, 1996.

IZORCHE M.-L., *"L'avènement de l'engagement unilatéral en droit privé contemporain"*, Thèse 1989.

JEAMMAUD A., **LYON-CAEN A.**, *"Droit du travail, démocratie et crise"*, Actes Sud 1987.

LABARTHE F., *"La notion de document contractuel"*, LGDJ 1994.

LAGANDRE F., *"Nouvelles relations de travail - pratiques contractuelles et perspectives"*, L'HARMATTAN (Coll. Logiques sociales) 1990.

LATTES J.-M., *"Le principe de non-discrimination en droit du travail"*, Thèse TOULOUSE I, 1989.

LEBAUBE A., *"L'emploi en miettes"*, HACHETTE 1986.

LE GOFF J., *"Du silence à la parole"*, CALLIGRAMMES 1989.

LE FICHANT F., *"L'obligation de négocier en droit privé"*, Thèse RENNES I, 1992.

LE NABASQUE H., *"Le pouvoir dans l'entreprise"*, Thèse RENNES I, 1985.
LEVASSEUR A., *"Le contrat en droit américain"*, DALLOZ 1996.

LEVEL P., *"Essai sur les conflits de loi dans le temps - contribution à la théorie générale du droit transitoire"*, LGDJ 1959.

LOUSSOUARN N., *"Contribution à l'étude de la révision judiciaire des contrats en droit privé"*, Thèse RENNES I, 1996.

LYON-CAEN G., *"Les libertés publiques et l'emploi"*, La Documentation française, 1992.

LYON-CAEN G., *"Le droit du travail, une technique réversible"*, DALLOZ 1995.

MADIOT Y., *"Recherches sur la notion d'actes mixtes en droit français »*, LGDJ 1971.

MAGNAN de BORNIER J., *"Essai sur la théorie de l'imprévision"*, Thèse MONTPELLIER, 1924.

MALAURIE P., *"L'ordre public et le contrat"*, Thèse PARIS, 1953.

MAUGET C., *"Les moyens juridiques de la participation dans l'entreprise en France et aux Etats-Unis"*, LGDJ 1971.

MEDA D., *"Le travail, une valeur en voie de disparition"*, AUBIER 1995.

MORIN M.-L., *"Le principe général du droit à la négociation collective"*, LGDJ 1994.

Ministère du travail, *"Bilans de la négociation collective"*, (1992-1996), La Documentation française.

MORAND M., *"La modification du contrat de travail"* coll. Droit du travail, éd. Liaisons 1991.

MORIN M.-L., REYNES B., *"Obligation de négocier et aménagement de la durée du temps de travail"*, CEJEE, Université des sciences sociales de TOULOUSE.

NAST F., *"Des conventions collectives relatives à l'organisation du travail"*, Thèse PARIS, Rousseau 1907.

NIAT F., *"La libre négociation collective des salaires, mythe ou réalité ?"*, Thèse PARIS XIII, 1991.

PACLOT Y., *"Recherches sur l'interprétation juridique"*, Thèse PARIS, 1988.
PECYNA A., *"Les mécanismes juridiques de transformation de la convention collective de travail"*, Thèse TOULOUSE, 1981.

PICOD Y., *"Le devoir de loyauté dans l'exécution du contrat"*, LGDJ 1989.

RAYNAUD B., *"Le contrat collectif de travail"*, Thèse PARIS, Rousseau 1901.

RIO M., *"Réflexions sur la négociation collective internationale"*, Thèse PARIS X, 1986.

ROBINEAU Y., Rapport, La Documentation française, 05/1997.

RODIERE P., *"La convention collective de travail en droit international"*, LITEC 1987.

ROUAST A., *"Essai sur la notion juridique de contrat collectif"*, Thèse LYON, Rousseau 1909.

ROUBIER P., *"Le droit transitoire"*, DALLOZ 1960, 2ème éd.

ROUJOU de BOUBEE G., *"Essai sur l'acte juridique collectif"*, Thèse TOULOUSE, 1961.

SATGE D., *"La réforme de la négociation collective en France, (loi du 13/11/1982)"*, Thèse TOULOUSE, 1987.

SERNA C., *"Le refus de contracter"*, LGDJ 1967.

SOURIAC-ROTSCHILD M.-A., *"Les accords collectifs au niveau de l'entreprise"*, Thèse PARIS I, 1986.

SUE R., *"Temps et ordre social"*, PUF (le sociologue) 1995.

SUPIOT A., *"Le juge et le droit du travail"*, Thèse BORDEAUX, 1979.

SPYROPOULOS G., *"Le droit des conventions collectives dans les pays de la CECA"*, éd. de l'Epargne, 1959.

TEYSSIE B., *"Les groupes de contrats"*, LGDJ 1975.

TRIANTAPHYLLOS M., *"Les rapports entre convention collective et sentence arbitrale"*, LGDJ 1958.

VACHET G., *"Les conflits entre conventions collectives en droit français"*, Thèse LYON, 1977.

VOIRIN V., *"De l'imprévision dans les rapports de droit privé"*, Thèse NANCY, 1922.

VOLANSKI V., *"Essai d'une définition expressive du droit basée sur l'idée de bonne foi"*, Thèse PARIS, 1929.

WALINE M., *"L'individualisme et le droit"*, MONTCHRESTIEN 1949.

WEILL A., *"Le principe de la relativité des conventions en droit français"*, DALLOZ 1938.

YANNAKOUROU S., *"L'Etat, l'autonomie collective et le travailleur"*, LGDJ 1995.

YUNG-HING J., *"Aspects juridiques de la qualification professionnelle"*, Thèse TOULOUSE, 1981.

III - Articles, Chroniques, Etudes

ALIPRANTIS N., *"Conflits entre conventions collectives de niveaux différents"*, RIDC 1979, p. 779.

ALIPRANTIS N., *"La nature et les agents de la négociation collective"*, RIDC 1987, p. 7.

ARSEGUEL A., *"Montant du salaire : de l'individualisation au calcul du SMIC, éléments de jurisprudence"*, JCP 1989, éd. E, II, n° 15365.

ASSCHER-VONTZ J.-P., *"Possibilité d'écarter certaines dispositions de droit à caractère impératif dans les conventions collectives,"* Mélanges A. BRUN 1974, p. 13.

AUBREE Y., *« L'accord « substitué » au statut collectif mis en cause »*, RJS 4/1999, p. 275.

BARRE R., *"Une nouvelle règle du jeu de l'entreprise : quelques réflexions"*, Dr. soc. 1983, p. 80.

BARTHELEMY J., *"La négociation collective dans l'entreprise"*, Cah. dr. entr. 1985, n° 1.

BARTHELEMY J., *"L'aménagement du temps de travail depuis la loi du 28/02/1986"*, JCP 1986, éd. E, I, n° 15483.

BARTHELEMY J., *"L'évolution du système de protection sociale complémentaire de l'entreprise"*, Dr. soc. 1986, p. 305.

BARTHELEMY J., *"La négociation collective, outil de gestion de l'entreprise"*, JCP 1987, éd. E, I ,16837.

BARTHELEMY J., *"La négociation collective, consensualisme ou formalisme ?"*, Dr. soc. 1988, p. 401.

BARTHELEMY J., *"Négociation collective d'entreprise : dérogations et concessions"*, Dr. soc. 1988, p. 554.

BARTHELEMY J., *"Restructuration et protection sociale complémentaire"*, Dr. soc. 1989, p. 110.

BARTHELEMY J., « *Le monopole des « L.4» en question* », Dr. soc. 1989, p. 398.

BARTHELEMY J., *"Droits collectifs des salariés et nouveau droit de la prévoyance"*, Dr. soc. 1990, p. 365.

BARTHELEMY J., *"Le référendum en droit social"*, Dr. soc. 1993, p. 89.

BARTHELEMY J., *"La négociation sociale, instrument de gestion économique de l'entreprise"*, JCP 1994, éd. E, n° 1.

BEGUIN J., NERSON R., *"Nul ne peut se faire justice à soi-même"*, Trav. Ass. Henri Capitant 1966, p. 7 et 41.

BELIER G., *"Le double niveau de négociation dans les lois Auroux : un atout pour la politique contractuelle ?"*, Dr. soc. 1983, p. 74

BELIER G., *"Après l'échec des négociations sur la flexibilité"*, Dr. soc. 1985, p. 79.

BELIER G., *"Les dérogations au droit du travail dans de nouveaux contrats d'entreprise : réflexions critiques sur certains projets"*, Dr. soc. 1986, p. 49.

BELIER G., *"Restructurations et statut collectif : aspects pratiques"*, Dr. soc. 1988, p. 71.

BELIER G., *"Quelques questions autour de la loi Robien"*, Dr. soc. 1996, p. 1008.

BENABENT A., *"Rapport français sur la bonne foi et l'exécution du contrat"*, Trav. Ass. Henri Capitant 1992, t. XLIII.

BENAMARA-BOUAZIZ S., *"De l'interprétation des conventions collectives : l'indemnité de licenciement des ouvriers du bâtiment et des travaux publics"*, Dr. ouvr. 1990, p. 12.

BERAUDO J.M., *"L'évolution de la jurisprudence en matière d'énonciation des motifs du licenciement"*, RJS 04/1992, p. 232.

BERNINI G., HOLTZMANN H.-M., *"Les techniques permettant de résoudre les problèmes qui surgissent lors de la formation et de l'exécution des contrats à long terme"*, Revue de l'arbitrage 1975, p. 18, n °1.

BESSON A., *"Modifications conventionnelles apportées à un contrat d'assurance en cours"*, RGAT 1957 p. 357.

BIED-CHARRETON M.-F., *"Le comité d'entreprise peut-il négocier ?"*, Dr. ouvr. 1993, p. 129.

BLANC-JOUVAN X., *"La négociation d'entreprise en droit comparé"*, Dr. soc. 1982, p. 719.

BLAISE H., *"Les recommandations patronales de salaires"*, Bull. soc. Francis Lefebvre 1981, p. 353.

BLAISE H., "*Les droits individuels des salariés face à une réduction du temps de travail*", Dr. soc. 1985, p. 634.

BLAISE H., "*La modification substantielle du contrat de travail*", Dr. soc. 1994, p. 189.

BONAFE-SCHMITT J.-P., *"La pratique de la négociation collective dans l'entreprise"*, Rev. française des affaires sociales 10-12/1982, p. 167.

BONNECHERE M., *"L'ordre public au sens du droit du travail"*, JCP 1974, éd. CI, II, 11604.

BONNECHERE M., *"L'ordre public en droit du travail, la légitime résistance à la flexibilité"*, Dr. ouvr. 1988, p. 171.

BORDEAUX M., *"La grille du temps : approche lexicale du temps des lois"*, Revue Langages 1979, n° 53.

BORENFREUND G., *"Propos sur la représentativité syndicale,"* Dr. soc. 1988, p. 476.

BORENFREUND G., *"La résistance du salarié à l'accord collectif : l'exemple des accords dérogatoires"*, Dr. soc. 1990, p. 826.

BORENFREUND G., *"La représentation des salariés et l'idée de représentation"* Dr. soc. 1991, p. 685.

BORENFREUND G., *"La licéité des accords collectifs relatifs au droit syndical et à la représentation du personnel"*, Dr. soc. 1992, p. 893.

BOUBLI B., *"A propos de la flexibilité de l'emploi : vers la fin du droit du travail ?"*, Dr. soc. 1985, p. 239.

BOUBLI B., *"SMIC et compensation financière d'une réduction du temps de travail"*, Dr. soc. 1985, p. 489.

BOUBLI B., *"La rupture du contrat de travail"*, Dr. soc. 1986, p. 570.

BOUBLI B., *"Sur la modification du contrat de travail"*, Sem. soc. LAMY 1997, n° 835, p. 3.

BOULMIER D., *"L'expression majoritaire des salariés de l'entreprise lie-t-elle la minorité ?"*, Sem. soc. LAMY 1998, n° 873.

BOUSIGES A., *"L'évolution de la force majeure en droit du travail"*, Mélanges J. SAVATIER 1992, p. 85.

BRIENS G., *"La négociation des accords collectifs d'entreprise en matière de retraite et de prévoyance"*, JCP 1987, éd. E, I, 16724.

BRIERE de L'ISLE G., *"Le maintien par voie d'autorité du rapport contractuel arrivé à son expiration"* in *"La tendance à la stabilité du rapport contractuelle"*, Etude de Droit privé sous la direction de P. DURAND, LGDJ 1960, p. 301.

BRIMO A., *"Réflexions sur le temps dans la Théorie générale du droit et de l'Etat"*, Mélanges P. HEBRAUD 1981, p. 145.

CABANIS A., *"L'utilisation du temps par les rédacteurs du code civil"*, Mélanges P.HEBRAUD 1981, p. 171.

CHANUT J.-C., *"Flexibilité : les faits sont têtus"*, LS (revue) 1994, p. 24.

CAIRE G., *"Les tendances récentes de la négociation collective en France"*, RIT 1984, vol. 123, n° 6.

CAMERLYNCK G.-H., *"La clause de maintien des avantages acquis"*, Dr. soc. 1959, p. 406.

CAMERLYNCK G.-H., *"La renonciation du salarié"*, Dr. soc. 1960, p. 628.

CAMERLYNCK G.-H., *"La maladie constitue-t-elle un cas de force majeure ?"*, JCP 1961, I, n° 1609.

CFDT AUJOURD'hui, *"Les nouvelles relations sociales : le défi"*, 06/1993.

CHALARON Y., *"Réflexions sur l'exercice du droit syndical dans l'entreprise"*, Mélanges JAUFFRET, p. 188.

CHALARON Y., *"L'application de la disposition la plus favorable"*, Mélanges G. LYON-CAEN 1989, p. 243.

CHALARON Y., *"La conduite de la négociation"*, Dr. soc. 1990, p. 584

CHALARON Y., *"Conventions et accords collectifs"*, Jurisclasseur travail.

CHAUCHARD J.-P., *"Conventions et accords collectifs"*, Encyclopédie DALLOZ.

CHAUCHARD J.-P., *"Les accords de fin de conflit"*, Dr. soc. 1982, p. 678.

CHEVILLARD A., *"La notion de disposition la plus favorable"*, Dr. soc. 1993, p. 363.

COHEN M., ROCHOIS F., *"L'échelle mobile des salaires dans les accords collectifs"*, RDPS 09/1970, p. 201.

COHEN M., *"Les inégalités cachées en droit du travail"*, Dr. soc. 1990, p. 114.

COHEN M., *"L'application des nouvelles dispositions relatives à la représentation du personnel"*, Dr. soc. 1994, p. 147.

COHEN M., *« Représentativité syndicale : une innovation exemplaire »*, RPDS 03/1999, p. 75.

COIN G., *"L'accord national interprofessionnel sur l'aménagement du temps de travail"*, Dr. soc. 1989, p. 500.

Collectif, *« La réduction du temps de travail »*, Dr. soc. n° spéc. 09-10/1998.

COLOMBET C., *"La clause de dureté dans le divorce pour rupture de la vie commune"*, Etudes dédiées à A. WEILL.

COUTURIER G., *"Les techniques civilistes et le droit du travail"*, D 1975, p. 152.

COUTURIER G., *"Chronique d'humeur à partir de quelques idées reçues"*, D 1975, p. 221.

COUTURIER G., *"L'ordre public de protection, heurs et malheurs d'une vieille notion neuve"*, Etudes offertes à J. FLOUR.

COUTURIER G., *"L'intérêt de l'entreprise"*, Mélanges J. SAVATIER 1992.

COUTURIER G., *« Qui touche au salaire touche au contrat »*, Lamy social 04/1998, p. 82.

COUTURIER G., *« La rémunération, élément du contrat de travail »*, Dr. soc. 1998, p. 523.

COUTURIER G., *« Pot pourri autour des modifications des contrats de travail »*, Dr. soc. 1998, p. 878.

DAVID R., *"L'imprévision dans le droits européens"*, Mélanges JAUFFRET 1974, p. 211.

DAVID R., *"L'arbitrage en droit civil, technique de régulation des contrats"*, Mélanges MARTY 1978, p. 383.

DELMAS-SAINT-HILAIRE J.-P., *"L'adaptation du contrat aux circonstances économiques"* in *"La tendance à la stabilité du rapport contractuelle"*, Etude de Droit privé sous la direction de P. DURAND, LGDJ 1960, p.189.

DELORS J., *"La dynamique du droit social et de la négociation collective comme donnée majeur de la politique économique"*, Dr. soc. 1983 p. 85.

DEMOGUE R., *"Des modifications aux contrats par volonté unilatérale"*, RTDCiv. 1907, p. 245.

DEPREZ.J., *"Modifications de la situation juridique de l'employeur et contrat individuel de travail"*, Bull. soc. Francis Lefebvre, 1984, p. 93.

DEPREZ J., *"Un remède incertain à la précarité des avantages acquis : l'incorporation dans le contrat de travail"*, Dr. soc. 1986, p. 906.

DEPREZ J., *"Naissance de la norme dans l'entreprise, interprétation de la volonté de l'employeur et constatation de l'usage"*, Dr. soc. 1987, p. 637.

DEPREZ J., *"La part faite à l'idée de négociation dans la théorie des usages d'entreprise"*, Dr. soc. 1988, p. 57.

DEPREZ J., *"Accords d'entreprise atypiques"*, RJS 1989, p. 447.

DEPREZ J., *"Conventions et accords collectifs, accords atypiques, usages"*, RJS 1992, p. 1.

DEPREZ J., *"Le consentement des salariés à la remise en cause d'un usage d'entreprise non régulièrement dénoncé par l'employeur"*, JCP 1992, éd. E, I, 178.

DEPREZ J., *"Le sort des usages d'entreprise et des accords atypiques en cas de changement d'employeur"*, RJS 1993, p. 143.

DEPREZ J., *"Modification de la situation juridique de l'employeur et rapports collectifs de travail"*, Fr. Lef. BS 1994, n° 14, p. 184.

DEPREZ J., *"Le régime juridique des avantages collectifs de source informelle à travers la jurisprudence"*, RJS 10/1995, p. 639.

DESPAX M., *"Le syndicat dans la vie juridique"*, Mélanges HORION 1972, p. 107.

DESPAX M., *"Observations sur la représentativité des organisations syndicales au regard du droit des conventions collectives"*, Dr. soc. 1979, p. 259.

DESPAX M., *"La dénonciation des conventions collectives de travail après la loi du 13 novembre 1982"*, Dr. soc. 1984, p. 532.

DESPAX M., *"De l'accord à la loi"*, Dr. soc. 1987, p. 184.

DESPAX M., *« La place de la convention d'entreprise dans le système conventionnel »*, Dr. soc. 1988, p. 8.

DESPAX M., *"Les paradoxes de la négociation d'entreprise"* in *"Les transformations du droit du travail"*, Etudes offertes à G. LYON-CAEN 1989, p. 267.

DESPAX M., *"Conditions et effets de la révision d'une convention collective par voie d'avenant, lorsque cet avenant est signé par seulement signataire initiaux"*, Dr. soc. 1989, p. 631.

DESPAX M., *"Dénonciation d'une convention collective et sort des avantages acquis en matière de rémunération"*, Dr. soc. 1990, p. 156.

DESPAX M., *"L'évolution de la force majeure en droit du travail"*, Mélanges J. SAVATIER 1992, p. 85.

DESPAX M., *« Dénonciation des conventions et accords collectifs de travail », in « Révision, dénonciation et mise en cause des conventions et accords collectifs de travail »*, t.VII, coll. Droit, LITEC 1996, p. 59.

DION F., THIERACHE C., *"Faut-il abroger les ordonnances de 1958 et 1959 sur les indexations ?"*, D 1995, p. 55.

DOCKES E., *"L'avantage individuel acquis"*, Dr. soc. 1993, p. 826.

DOCKES E., *"L'engagement unilatéral de l'employeur"*, Dr. soc. 1994, p. 230.

DOCKES E., *« Consécration de la nature contractuelle du salaire »*, RJS 3/1998, p. 168.

DOUEDAR K., *"L'application des conventions collectives"*, RDPS 05/1985, p. 143.

DUPEYROUX J.-J., *"Les exigences de la solidarité - Observation sur la désignation d'une institution déterminée pour la gestion d'un régime complémentaire de prévoyance "*, Dr. soc. 1990, p. 741.

DUPEYROUX J.-J., *"Sur les accords relatifs à la protection sociale complémentaire des salariés"*, Dr. soc. 1994, p. 820.

DURAND P., *"Le dualisme de la convention collective de travail"*, RTDCiv. 1939, p. 353

DURAND P., *"Des conventions collectives de travail aux conventions collectives de sécurité sociale"*, Dr. soc. 1960, p. 42.

FABRE R.,. *"Les clauses d'adaptation dans les contrats"*, RTDCiv. 1983, p. 1.

FAVENNEC-HERY F., *"L'opposition à un accord dérogatoire à l'interdiction du travail de nuit des femmes"*, Dr. soc. 1989, p. 315.

FAVENNEC-HERY F., *"L'accord interprofessionnel du 31/10/1995 sur l'emploi"*, Dr. soc. 1996, p. 20.

FAVENNEC-HERY F., *"Loi Robien : création d'emplois, alternative au licenciement ou opportunité ?"*, Dr. soc. 1996, p. 999.

FOUCHARD P., *"L'adaptation des contrats à la conjoncture économique"*, Revue de l'arbitrage 1979, n° 1, p. 67.

FRAYSSE G., *"Le développement du droit conventionnel"* in *"Dix ans de droit de l'entreprise"*, p. 472.

FREYRIA C., *"Les conflits de loi dans le temps relatifs aux conventions collectives de travail"*, Dr. soc. 1955, p. 364.

FROUIN J.-Y., *"L'interprétation des conventions et accords collectifs de travail"*, RJS 1996, p. 139.

GAUDU F., *"L'exécution des conventions d'entreprise"*, Dr. soc. 1990, p. 605.

GAUDU F., *"Fidélité et rupture"*, Dr. soc. 1991, p. 419.

GAURIAU B., *« Le référendum, un préalable nécessaire ? »*, Dr. soc. 1998, p. 338.

GUERICOLAS M.-A., *"La force majeure en droit du travail"*, Mélanges A. BRUN 1974.

GHESTIN J., *"La notion de contrat"*, D 1990, p. 149.

GINSBOUGER F., POTEL J.-Y., *"La pratique de la négociation collective"*, Travail et emploi 06/1984, n° 20, p. 7.

GIUGNI G., *"Les tendances récentes de la négociation collective en Italie"*, RIT 1984, vol.123, n° 5.

GUILLOUX P., *"Négociation collective et adaptation professionnelle des salariés aux évolutions de l'emploi"*, Dr. soc. 1990, p. 818.

GUIOMARD F., "*Temps de travail et emploi, un objet conventionnel problématique*
'loi du 11 juin 1996 dite Robien)", Dr. soc. 1997, p. 1052.

HAGENAARS D., *"Le rapport néerlandais"* Trav. Ass. Henri Capitant, t. XLIII 1992.

HAUSER J., *"Temps et liberté dans la théorie générale de l'ordre juridique, in Religion, société et politique"*, Mélanges J. ELLUL 1983, p. 503.

IVAINER T., *"L'ambiguïté dans les contrats"*, D 1976, p. 157.

IVAINER T., *"La lettre et l'esprit de la loi des parties"*, JCP 1981, I, 3023.

JAMIN C., *« Révision et intangibilité du contrat, ou la double philosophie de l'article 1134 du Code civil »*, Dr. et patr. 03/1998, p. 46.

JAUFFRET-EPSTEIN S., *"Le devoir de négocier de bonne foi en droit du travail américain"*, RIDC 1982, p. 1123.

JAVILLIER J.-C., *"La partie obligatoire de la convention collective"*, Dr. soc. 1971, p. 258.

JAVILLIER J.-C., *"Le contenu des accords d'entreprise"*, Dr. soc. 1982, p. 69

JAVILLIER J.-C., *"Syndicats et représentations élues dans l'entreprise"*, Dr. soc. 1984, p. 31.

JAVILLIER J.-C., *"Ordre juridique et flexibilité, approches comparatives et internationales"*, Dr. soc. 1986, p. 56.

JAVILLIER J.-C., *"Négociations et accords d'entreprise en matière de rémunération"*, Dr. soc. 1988, p. 68.

JAVILLIER J.-C., *"Fidélité et rémunération"*, Dr. soc. 1991, p. 386.

JEAMMAUD A., *"Flexibilité : le procès du droit du travail" in "Flexibilité du droit du travail : objectif ou réalité ?"*, Ed. légis. et adm. 1986 p. 53.

JEAMMAUD A., *"Les contentieux des conflits du travail"*, Dr. soc. 1988, p. 689.

JESTAZ P., *"Les sources du droit : le déplacement d'un pôle à un autre"*, RTDCiv. 1996, p. 299.

JOBERT A., ROZENBLATT P., *"La négociation collective de branche et d'entreprise dans la crise, modification des enjeux, des stratégies et des pratiques"*, Travail et emploi 06/1984, n° 20, p. 17.

JOFFREDO T., *« Les accords de branche étendus et l'aménagement du temps de travail »*, JCP éd. E, 1999, n° 22, p. 948.

KAHN-FREUND O., *"Rapport général du colloque sur la participation du personnel à la direction de l'entreprise : quelques expériences étrangères"*, RIDC1976, p. 681.

KASSALOW E.-M., *"La négociation donnant-donnant : un nouveau rôle pour les syndicats et les directions d'entreprise"*, RIT 1988, n° 5 p. 643.

LAGARDE Y., *"Retraites d'entreprises par capitalisation"*, Sem. soc. LAMY 06/1995, n° 747.

LAIGRE P., *"La retraite collective d'entreprise après la loi du 8 août 1994"*, Dr. soc. 1995, p. 411.

LAGANDRE F., *"Quelques aspects d'une évolution dans les relations collectives de travail"*, Revue Personnel 01/1991, n° 320.

LANGLOIS P., *"Contrat individuel de travail et convention collective - un nouveau cas de représentation"*, Dr. soc. 1975, p. 283.

LANGLOIS P., *"La politique des avantages acquis"*, Dr. soc. 1986, p. 881.

LANGLOIS P., *"Droit civil et contrat collectif de travail"*, Dr. soc. 1988, p. 395.

LANGLOIS P., *"Les usages"*, Mélanges G. LYON-CAEN 1989, p. 285.

LANGLOIS P., *"Droit public et droit social en matière de négociation collective l'ordonnancement du droit public remis en cause par la négociation collective interprofessionnelle"*, Dr. soc. 1992, p. 5.

LANGLOIS P., *"Les accords de prévoyance"* in *"Sur l'entreprise et le droit social"*, Etudes offertes à J. BARTHELEMY, Sem. jur. hors série 1994.

LANGLOIS P., *"La pluralité des conventions collectives applicables à un même contrat de travail"*, Etudes en hommage au Professeur H.SINAY 1994, p. 23.

LANGLOIS P., *"La révision des accords collectifs de retraite après le jugement du TGI Paris du 28 mars 1995"*, Dr. soc. 1995, p. 696.

LANGLOIS P., VERDIER M., *"Aux confins de la théorie des sources, une relation nouvelle entre la loi et l'accord collectif"*, D 1972, chr. p. 253.

LANQUETIN P., *"La révision des conventions collectives : le sens d'une réforme"* Etudes en l'hommages du professeur H. SINAY 1994, p. 35.

LANQUETIN P., *"La délégation unique du personnel"*, AJ CFDT 1994, n° 110.

LE FRIAND M., *"La grève, le juge et la négociation"*, Dr. soc. 1990, p. 167.

LE TOURNEAU P., *"Quelques aspects de l'évolution des contrats"*, Mélanges RAYNAUD, p. 349.

LHUILIER G., *"Le dualisme de la convention collective devant la Cour de cassation - Réflexions sur le contrôle de l'interprétation des règles conventionnelles de forme du licenciement pour motif personnel"*, Dr. soc. 1995, p. 162.

LOOS J., *"Accord de contenu ou accord de méthode ?"*, Sociologie du travail 01/85, p. 15.

LUCAS P.-L., *"Les conventions collectives de travail"*, RTDCiv. 1919, p. 65.

LYON-CAEN A., *"L'égalité et la loi en droit du travail"*, Dr. soc. 1990, p. 74.

LYON-CAEN A., *"Le maintien de l'emploi"*, Dr. soc. 1996, p. 655.

LYON-CAEN G., LYON-CAEN A., *"La doctrine de l'entreprise"* in *"Dix ans de droit de l'entreprise"*, p. 599.

LYON-CAEN G., *"La convention sociale de l'EDF et le système français de relations professionnelles"*, Dr. soc. 1970, p. 162.

LYON-CAEN G., *"Anomie, autonomie et hétéronomie en droit du travail"*, Mélanges HORION 1972, p. 173.

LYON-CAEN G., *"Négociation collective et législation d'ordre public"*, Dr. soc. 1973, p. 89.

LYON-CAEN G., *"Négociation et convention collective au niveau européen"*, RTD eur. 1973, n° 4, p. 583, et RTD eur. 1974, n° 1, p. 1.

LYON-CAEN G., *"Du rôle des principes généraux du droit cvil en droit du travail"*, RTDCiv. 1974, p. 229.

LYON-CAEN G., *"Le conflit du Parisien Libéré et le système français de règlement des conflits du travail"*, Dr. soc. 1977, p. 438.

LYON-CAEN G., *"Critique de la négociation collective"*, Dr. soc. 1979, p. 350.

LYON-CAEN G., *"Droit syndical et mouvement syndical"*, Dr. soc. 1984, p. 14.

LYON-CAEN G., *"La bataille truquée de la flexibilité"*, Dr. soc. 1985, p. 806.

LYON-CAEN G., *"Le maintien de l'emploi"*, Dr. soc. 1996, p. 655.

LYON-CAEN G., *"La constitution française et la négociation collective"*, Dr. ouvr. 1996, p. 479.

MATHIEU B., *"Précisions relatives au droit constitutionnel de la négociation collective"* D 1997 chr. p. 152.

MARQUET de VASSELOT L., *"La représentativité syndicale, la dérogation à la loi et à l'emploi"* RJS 1996 p. 563.

MESTRE J., *"L'évolution du contrat en droit privé français"* in "L'évolution contemporaine du droit des contrats", Journées R. SAVATIER 24 et 25/10/1985, PUF 1985.

MEYER F., SACHS-DURAND C., *"L'évolution du rapport salarial"*, Etudes en hommage au Professeur H. SINAY 1994, p. 369.

MIR J.-M., *"La modification substantielle du contrat de travail pour cause économique"* Dr. Trav. 1995, n° 1, p. 5.

MORAND M., *"A propos de la modification du contrat de travail"*, Dr. soc. 1993, p. 148.

MORAND M., *"Propos sur la modification du contrat de travail ou des conditions de travail"*, JCP 1997, éd.E, n° 643.

MOREAU M., *"L'interprétation des conventions collectives de travail : à qui profite le doute ?"*, Dr. soc. 1995, p. 175.

MOREAU M., *"La portée des avis rendus par une commission paritaire d'interprétation"*, Dr. soc. 1995, p. 359.

MOREL C., *"Les stratégies de négociation dans l'entreprise"*, Sociologie du travail 04/77, p. 362.

MORIN M.-L., TEYSSIER F., *"L'accord-cadre"*, Dr. soc. 1988, p. 741.

MORIN M.-L., *"Des titulaires à la négociation collective"*, Dr. soc. 1988, p. 24.

MORIN M.-L., *"La signature des accords collectifs - à propos de la réforme de la procédure de révision"*, RJS 02/1993, p. 74.

MORIN M.-L., *"Le dualisme de la convention collective de branche"*, in *"Les conventions collectives de branche : déclin ou renouveau"*, CEREQ, 1993.

MORIN M.-L., *"Les conceptions juridiques de la représentation" in "Les cahiers des relations professionnelles"*, GDR 41, CNAM 15/12/1995, n° 11.

MORIN M.-L., *"Droit imposé et droit négocié : regards à partir du droit des salariés à la négociation collective en France"*, Publication des facultés universitaires Saint-Louis, 1996, p. 643.

MORIN M.-L., *"L'articulation des niveaux de négociation dans l'accord interprofessionnel sur la politique contractuelle du 31 octobre 1995"*, Dr. soc. 1996, p. 11.

MORIN M.-L., *"La loi et la négociation collective - de la concurrence à la complémentarité"*, LIRHE 07/1996.

MORIN M.-L., *"Le conseil constitutionnel et le droit à la négociation collective"*, Dr. soc. 1997, p. 25.

MORISOT M., *"L'organisation, par convention collective, d'une procédure de solution des conflits collectifs de travail"*, Dr. soc. 1978, p. 219.

MOUSSERON J.-M., *"La durée dans la formation des contrats"*, Mélanges JAUFFRET, p. 509.

NAJJAR I., *"L'accord de principe"*, D 1991, chr. XIII, p. 56.

OLLIER P., *"L'accord d'entreprise dans ses rapports avec les autres sources de droit dans l'entreprise"*, Dr. soc. 1982, p. 680.

OPPETIT B., *"L'engagement d'honneur"*, D 1979, p. 107.

OPPETIT B., *"L'adaptation des contrats internationaux aux changements de circonstances : la clause de 'hardship"*, Journal de droit international 1974, p. 794.

OPPETIT B., *"Rapport sur le rôle des juges en présence des problèmes économiques en droit civil français"*, Droit et pratique du commerce international 1976, p. 7.

PACTET C. *"Le contentieux des conventions collectives"*, Dr. soc. 1973, p. 102.

PACTET C. *"De la réalisation de la novation"*, RTDCiv. 1975, p. 435 et 643.

PASCRE R., *"Le contrat collectif d'entreprise dévastateur"*, Dr. ouvr. 1991, p. 72.

PASCRE R. *"La négociation collective dénaturée et confisquée"*, Dr. ouvr. 04/1992, p. 123.

PECYNA A., *"Les mécanismes juridiques de transformation des conventions collectives"*, Dr. soc. 1984, p. 345.

PECYNA A., *"La dénonciation de l'usage : à propos de l'arrêt de la chambre criminelle du 14 mai 1985"*, Dr. soc. 1986, p. 916.

PELISSIER J., *"La négociation sur les salaires : problèmes juridiques"*, Dr. soc. 1984, p. 678.

PELISSIER J., *"Conventions collectives applicables après une restructuration"*, RJS 1991, chr. p. 5.

PENNEAU A., *"Régime et effets de la dénonciation d'un avantage"*, Dr. soc. 1989, p. 82.

PERROT A.-M., *"Transformations récentes de la négociation collective en France"*, Dr. ouvr. 1994, p. 422.

PHILBERT A., *"Le droit prétorien du licenciement économique"*, Dr. soc. 1998, p. 35.

PICOD Y., *"La bonne foi"*, Trav. Ass. Henri Capitant 1992, t. XLIII.

PIOTET F., *"Quelques enjeux cachés de la négociation collective"*, Revue PERSONNEL 03-04/1992, n° 331.

PLANTAMP D., *"Le point de départ de la période de formation des sociétés commerciales"*, RTDCom. 1994, p. 1.

POIRIER M., *"La clause dérogatoire in pejus"*, Dr. soc. 1995, p. 894.

PRETOT X., *"La nature juridique de la convention d'assurance chômage"*, RTDSan. Soc. 1986, p. 535.

PRETOT X., *"Les bases constitutionnelles du droit social"*, Dr. soc. 1991, p. 807.

PRETOT X. *"Révision, dénonciation et mise en cause des accords collectifs intéressant la prévoyance" in Révision, dénonciation et mise en cause des conventions et accords collectifs de travail"*, LITEC 1996, p. 163.

PUECH J., *"L'obligation au regard du droit pénal, d'engager une négociation annuelle dans les entreprises"*, Dr. soc. 1984, p. 49.

QUENAUDON (de) R., *"Des protocoles de fin de conflit dans le secteur privé"*, Dr. soc. 1981, p. 401.

QUENAUDON (de) R., *"Volonté patronale et actes atypiques d'entreprise"*, Etudes en hommage au Professeur H. SINAY 1994, p. 263.

RAY J.-E., *"Le juge et les conflits collectifs du travail"*, Dr. soc. 1986, p. 617.

RAY J.-E., *"Mutation économique et droit du travail"* in *"Les transformations du droit du travail"*, Etudes offertes à G. LYON-CAEN 1989, p. 11.

RAY J.-E., *"Restructurations et statut collectif"*, Dr. soc. 1989, p. 61.

RAY J.-E., *"L'égalité et la décision patronale"*, Dr. soc. 1990, p. 83.

RAY J.-E., *"Du droit du travail au droit à l'emploi - libre propos sur l'avant projet de la loi quinquennale"*, Sem. soc. LAMY 1993, n° 661, p. 3.

RAY J.-E., *"Partage de l'emploi et plan social"*, Dr. soc. 1994, p. 444.

RAY J.-E., *"Regard sur un lifting nécessaire"*, Dr. soc. 1994, p. 142.

RAY J.-E., *"Contrat de travail : modification et droit de révision"*, LS (revue), 05/1997, p. 56.

RAY J.-E., « *Quelques questions autour de la loi Aubry* », Dr. soc. 1998, p. 764.

REYNAUD J.-D., *"La négociation et la règle"*, Revue Pouvoir, n° 15, p. 51.

ROCHE J., *"La paralysie minoritaire ?"*, Dr. soc. 1992, p. 680.

RODIERE P., *"Accord d'entreprise et convention de branche ou interprofessionnelle, négociation indépendante, subordonnée, articulée ?"*, Dr. soc. 1982, p. 711.

RODIERE P., *"Observations sur le maintien des avantages acquis face à la modification des règles régissant le contrat de travail"*, Dr. soc. 1986, p. 873.

RODIERE P., *"Construction européenne et droit du travail"* in *"Les transformations du droit du travail"*, Etudes offertes à G. LYON-CAEN 1989, p. 33.

ROMAGNOLI U., *"La déréglementation et les sources du droit du travail"*, RIDC 1990, p. 9.

RONGERE P., *"Vie et mort des accords d'entreprise : la dénonciation des accords Berliet"*, Dr. soc. 1975, p. 102.

RONGERE P., *"A la recherche de la discrimination introuvable : l'extension de l'exigence d'égalité entre les salariés"*, Dr. soc. 1990, p. 99.

ROUAST A., *"La nature et l'efficacité de la convention collective de travail"* Dr. soc. 1960, p. 639.

ROUHETTE G., *"La révision conventionnelle du contrat"*, RIDC 1986, p. 369.

ROZES L., *"Remarques sur l'ordre public en droit du travail"*, Dr. soc. 1977, p. 311.

SAVATIER J., *"Espèces et variétés dans la famille des accords collectifs"*, Dr. soc. 1960, p. 598.

SAVATIER J., *"La notion de représentativité des syndicats en droit français"*, Mélanges BEAULIEU 1967, p. 437.

SAVATIER J., *"Développement de la jurisprudence condamnant l'indexation des salaires"*, Dr. soc. 1984, p. 687.

SAVATIER J., *"Les accords d'entreprises atypiques"*, Dr. soc. 1985, p. 188.

SAVATIER J., *"L'expertise ordonnée en référé sur les données et la solution possible d'un conflit collectif"*, Dr. soc. 1985, p. 118.

SAVATIER J., *"Révision d'une convention collective, conditions de suppression d'un avantage"*, RJS 11/1989 p.491.

SAVATIER J., *"L'obligation de négocier dans l'entreprise, quelle sanction ?"*, Dr. soc. 1990, p. 154.

SAVATIER J., *"Un point de droit social"*, LS mensuel 05/90, n° 49.

SAVATIER J., *"Le droit aux indemnités de licenciement en cas de rupture du contrat provoquée par l'état de santé du travailleur"*, Dr. soc. 1991, p. 109.

SAVATIER J., *"Substitution à un usage d'entreprise d'un accord d'entreprise conclu en l'absence de délégués syndicaux"*, RJS 4/1995, p. 231.

SAVATIER J., *"Les accords collectifs relatifs aux pouvoirs et au fonctionnement des comités d'entreprise"*, Dr. soc. 1993, p. 870.

SAVATIER J., *"L'interdiction des décisions unilatérales de l'employeur au cours de la négociation annuelle d'entreprise"*, Dr. soc. 1995, p. 43

SAVATIER R., *"Observations sur les modes contemporains de formation du droit positif"*, Mélanges J. DABIN 1963, p. 293.

SCHREGLE J., *"La participation des travailleurs aux décisions dans l'entreprise"*, RIT 1976, n° 1.

SOUBIE R., *"L'obligation de négocier et sa sanction"*, Dr. soc. 1983, p. 55.

SOUBIE R., *"La négociation collective : Chances et risque de la réforme en cours"*, Dr. soc. 1982, p. 280.

SOUBIE R., *"Quelques observations sur les accords donnant-donnant"*, Dr. soc. 1985, p. 614.

SOULIER P., *"La révision des conventions et accords collectifs : de l'inopposabilité à l'opposition"*, Etudes offertes à J. BARTHELEMY 1994, p. 47.

SOULIER P., *"Sur la révision des conventions et accords collectifs de travail"* in *"Révision, dénonciation et mise en cause des conventions et accords collectifs de travail"*, LITEC 1996, n° 49, p. 40.

SOURIAC-ROTSCHILD M.-A., *"Le droit à la négociation et sa sanction"*, Dr. soc. 1982, p. 729.

SOURIAC-ROTSCHILD M.-A., *"Les incertitudes juridiques de la négociation d'entreprise - quelques illustrations"*, Dr. soc. 1988, p. 731.

SOURIAC-ROTSCHILD M.-A., *"L'autonomie de la négociation d'entreprise"*, in *"Les conventions collectives de branche : déclin ou renouveau"*, CEREQ, 1993.

SOURIAC-ROTSCHILD M.-A., *"Consultation et négociation loyale"*, AJ CFDT 1996, n° 119.

SOURIAC-ROTSCHILD M.-A., *"Le contrôle de la légalité interne des conventions et accords collectifs de travail"*, Dr. soc. 1996, p. 398.

SOURIAC-ROTSCHILD M.-A., *"Engagements et arrangements sur l'emploi : quelle efficacité juridique"*, Dr. soc. 1997, p. 1061.

STEXHE (de) G., *"Négociation : le degré zéro et l'événement"* in *"Droit négocié, droit imposé ?"*, Faculté Université Saint Louis 1996.

SUPIOT A., *"La réduction conventionnelle de la durée du travail"*, Dr. soc. 1981, p. 448.

SUPIOT A., *"Les syndicats et la négociation collective"*, Dr. soc. 1983, p. 63.

SUPIOT A., *"Délégalisation, normalisation et droit du travail"*, Dr. soc. 1984, p. 296.

SUPIOT A., *"Les accords préélectoraux"*, Dr. soc. 1988, p. 115.

SUPIOT A., *"Déréglementation des relations de travail et auto-réglementation de l'entreprise"*, Dr. soc. 1989, p. 195

SUPIOT A., *"La fraternité et la loi"*, Dr. soc. 1990, p. 118.

SUPIOT A., *"Pourquoi un droit du travail ?"*, Dr. soc. 1990, p. 485.

SUPIOT A., *"La réglementation patronale de l'entreprise"*, Dr. soc. 1992, p. 215.

SUPIOT A., *"Parité, égalité, majorité dans les relations collectives du travail"*, Etudes en hommage au Professeur H. SINAY 1994, p. 59.

SUPIOT A., *"La loi dévorée par la convention ?"*, in *"Droit négocié, droit imposé ?"*, Publications des facultés universitaires Saint-Louis, 1996.

SUPIOT A., *"Une littérature de fin du monde"*, Dr. soc. 1997, p. 85.

SUPIOT A., *"Du bon usage des lois en matière d'emploi"*, Dr. soc. 1997, p. 229.

SINAY H., *"La neutralisation du droit de grève"*, Dr. soc. 1980, p. 250.

TAQUET F., *"Modification substantielle du contrat de travail pour motif économique, premières réflexions sur le nouvel art. L. 321-1-2 du code du travail"*, Dr. trav. 1994, n° 1, p. 2.

TEYSSIE B., *"Les aspects juridiques de la négociation annuelle dans les entreprises"*, JCP 1985, éd. E, p. 17.

TEYSSIE B., *"La mise en place de la protection sociale complémentaire et le droit du travail"*, Dr. soc. 1986, p. 296.

TEYSSIE B., *"Propos autour d'un projet d'autodafé (faut-il brûler le code du travail ?)"*, Colloque Montpellier, Dr. soc. 1986, p. 559.

TEYSSIE B., *"La modification du contrat de travail, instrument de gestion de l'entreprise"*, Dr. soc. 1986, p. 852.

TEYSSIE B., *"La négociation collective et la norme communautaire après l'entrée en vigueur de l'Accord européen sur la politique sociale"*, JCP éd. E, I, 352.

THIBIERGE-GUELFUCCI C., *« Libres propos sur la transformation du droit des contrats »*, RTDCiv. 1997, p. 357.

THUILLIER H., *"Contribution à la théorie des sources en droit du travail"*, JCP 1974, éd. G, I, p. 26.

THUILLIER H., *"L'usage en droit du travail"*, JCP 1975, éd. E, II, 11619.

TISSANDIER H., *"L'articulation des niveaux de négociation : à la recherche de nouveaux principe"*, Dr. soc. 1997, p. 1045.

VACARIE I., *"La renonciation du salarié"* Dr. soc. 1990, p. 757.

VACHET G., *"L'usage d'entreprise est-il un véritable usage ?"*, JCP 1984 éd. E, I, n° 14328.

VACHET G., *"Les accords atypiques"*, Dr. soc. 1990, p. 624.

VACHET G., *"L'interprétation des conventions collectives"*, JCP 1992, éd. E, I, p. 186, n° 2.

VACHET G., *"La révision des conventions et accords collectifs"*, Dr. soc. 1993, p. 134.

VASSEUR M., *"Les aspects juridiques de l'économie concertée et contractuelle"*, RTDCiv. 1964, p. 5.

VERDIER J.M., *"Négociation collective et représentativité syndicale : du pluralisme intégral au pluralisme tempéré"*, Etudes dédiées à A. WEILL 1983, p. 569.

VERDIER J.M.,,, *"Réalité, authenticité et représentativité syndicale"*, Mélanges A. BRUN 1974, p. 571.

VERDIER J.M., *"Sur la relation entre représentation et représentativité syndicale"*, Dr. soc. 1991, p. 5.

VERDIER J.M., *"Liberté et égalité : le pluralisme syndical à l'épreuve des accords collectifs relatifs à l'exercice du droit syndical"* in *"Le droit collectif du travail - questions fondamentales - évolutions récentes"*, Etudes en hommage au professeur H. SINAY 1994, p. 35.

VERICEL M., *"Sur le pouvoir normateur de l'employeur"*, Dr. soc. 1991, p. 120.

VIELCANET F., *"Prévoyance : comment mettre en place un régime ?"*, LS 02/1995, p. 44.

WAGNER E., *"Les conséquences de la mise en cause de l'application d'une convention collective sur les droits des salariés"*, JCP 1991, éd. E, II, 81.

WAQUET P., *"Le syndicat non-signataire d'un accord collectif peut-il néanmoins en profiter ?"*, Dr. soc. 1992, p. 52.

WAQUET P., *"La modification du contrat de travail et le changement des conditions de travail"*, RJS 12/1996, p. 791.

WAQUET P., *"Contrat de travail et statut collectif"*, RJS 1994, p. 399.

YAMAGUCHI T. *"L'obligation de négociation collective loyale en droit japonais"*, RIDC 1984, p. 291. IV.

IV - Conclusions, Notes, Observations

ANTONMATTEI P.-H., Cass. soc. 25/01/1995, JCP 1996, éd. E, I, 3901.

AUZERO G., Cass. soc. 05/05/1998, D 1998, jurisp. p. 608.

BELIER G., Cass. soc. 02/12/1998, Dr. soc. 1999, p. 199.

BOUTITIE L., Cass. soc. 18/11/1998, JCP éd. G, 1999, II, 10185.

BARBEROT C., Cass. soc. 18/11/1998, RJS 1/1999, n° 78.

BARBIERI M., Cass. crim. 06/02/1997, Bull. Joly 1997, n° 291.

BARTHELEMY J., Cass. soc. 17/01/1996, Dr. soc. 1996, p. 643.

BEAUCHARD F., TGI PARIS 02/10/1989, JCP 1990, II, 21518.

BORENFREUND G., Cass. soc. 25/01/1995, Dr. soc. 1995, p. 274.

CAMERLYNCK G., Cass. soc. 20/03/1963, Dr. soc. 1963, p. 420.

CAMERLYNCK G., Cass. soc. 20/03/1963, JCP 1963, II, 13357.

COHEN M., Cass. soc. 08/11/1994, Dr. soc. 1995, p. 68.

COHEN M., Cass. soc. 14/12/1995, Dr. soc. 1996, p. 202.

COMMARET D.-N., Cass. soc. 10/02/1999, Dr. soc. 1999, p. 384.

COUTURIER G., Cass. soc. 05/06/1996, Dr. soc. 1996, p. 973.

COUTURIER G., Cass. soc. 08/01/1997, Dr. soc. 1997, p. 322.

COUTURIER G., Cass.soc. 09/07/1997, Dr. soc. 1997, p. 994.

COUTURIER G., Cass. soc. 28/10/1997, Dr. soc. 1998, p. 77.

COUTURIER G., Cass. soc. 19/11/1997, Dr. soc. 1998, p. 90.

COUTURIER G., Cass. soc. 28/01/1998 et 03/03/1998, Dr. soc. 1998, p. 523.

COUTURIER G., Cass. soc. 19/05/1998, Dr. soc. 1998, p. 872.

DEPREZ J., Cass. soc. 18/12/1991, JCP 1993, éd. E, II, 388 p. 20.

DEPREZ J., Cass. soc. 07/06/1995, RJS 1995, n° 933, p. 564.

DESPAX M., CA AIX-en-PROVENCE 05/06/1989, Dr. soc. 1990, p. 163.

DUPEYROUX J.-J., TGI PARIS 28/03/1995, Dr. soc. 1995, p. 396.

DUPEYROUX J.-J., TGI PARIS 13/02/1996, Dr. soc. 1996, p. 439.

DUQUESNE F., Cass. soc. 03/02/1993, JCP 1994, II, 22254.

FROSSARD J., Cass. soc. 09/12/1985, D 1986, IR, 384.

FROSSARD J., Cass. soc. 08/11/1994, D 1995, som. com, p. 354.

FROUIN J.-Y., Cass. soc. 05/05/1998, Dr. soc. 1998, p. 579.

GATUMEL D., Cass. soc. 25/02/1992, JCP éd. G, 1992, I, 3610, n° 8.

GOINEAU J., CA PAU 02/04/1987, D 1989, som. com. p. 202.

GOINEAU J., Cass. soc. 13/07/1988, D 1989, som. com. p. 202.

IRIART P., TGI 01/12/1998, D 1999, jurisp. p.465.

JEAMMAUD A., TGI Paris 02/10/1989, Dr. soc. 1990, p. 173.

KESSOUS R., Cass. soc. 16/03/1995 , Dr. soc. 1995, p. 365.

LANGLOIS P., Cass. soc. 10/02/1999, Dr. soc. 1999, p. 389.

LANGLOIS P., Cass. soc. 10/02/1999, Dr. soc. 1999, p. 422.

LHERNOULD J.-P., Cass. soc. 18/11/1998, JCP éd. E, 1999, jurisp. p. 677.

LYON-CAEN G., Cass. Ass. plén. 12/05/1989, JCP 1989, éd. E, II, 15627.

MATHIEU B., Cass. soc. 07/06/1995, D 1996, p. 575.

MAZEAUD A., Cass. soc. 18/11/1998, Dr. soc. 1999, p. 190.

MAZEAUD P., Cass. soc. 09/05/1990, Rép. Déf. 1991, art 34931, p. 42.

MERLE M., Cass. com. 09/03/1993, Rev. soc. 1993.

MILLET F., Cass. soc. 20/10/1998, JCP 1999, éd G, II, 10206.

PASCRE R., Cass. soc. 20/11/1991, Dr. ouvr. 02/92, p. 72.

PESCHAUD H., Cass. soc. 15/12/1998, Dr. ouvr. 1999, p. 169.

PHILBERT A., Cass. Ass. plén. 20/03/1992, CSBP 04/1992, p. 103.

PHILBERT A., TGI PARIS 27/02/1996, CSBP 06/1996, p. 185.

POCHET P., Cass. soc. 06/11/1991, JCP 1992, éd. E, II, 264.

POCHET P., Cass. soc. 12/02/1991, JCP 1991, éd. E, II, 181.

POCHET P., Cass. soc. 25/01/1995, D 1995, p. 593.

RADE C., Cass. soc. 07/06/1995, Dr. soc. 1995, p. 835.

RAY J.-E.,. Cass. soc. 07/06/1995, Dr. soc. 1996, p. 42.

RAY J.-E., Cass. soc. 01/04/1997, Dr. soc. 1997, p. 646.

ROCHE J., Cass. Ass. plén. 20/03/1992, Dr. soc. 1992, p. 680.

SAVATIER J., Cass. soc. 20/03/1963, Dr soc 1963, p. 420.

SAVATIER J., TP PARIS 20/09/1963, Dr. soc. 1964, p. 361.

SAVATIER J., Cour supérieure d'arbitrage 17/12/1964, Dr. soc. 1965, p. 377.

SAVATIER J., Cass. soc. 21/06/1967, Dr. soc.1968, p. 177.

SAVATIER J., Cass. soc. 05/03/1969, Dr. soc. 1969, p. 508.

SAVATIER J., TA PARIS , Dr. soc. 1977, p. 460.

SAVATIER J., Cass. soc. 02/03/1977, Dr. soc. 1977, p. 485.

SAVATIER J., Cass. soc. 23/09/1982, Dr. soc. 1983, p. 221.

SAVATIER J., Cass. soc. 19/01/1983, Dr. soc. 1983, p. 221.

SAVATIER J., Cass. soc. 18/03/1992, D 1992, IR, p. 119.

SAVATIER J., Cass. soc. 25/01/1995, RJS 1995, p. 231.

SAVATIER J., Cass. soc. 17/07/1996, Dr. soc. 1996, p. 1053.

SAVATIER J., Cass. soc. 14/10/1997, Dr. soc. 1997, AJ.

SAVATIER J., Cass. soc. 01/12/1998, Dr. soc. 1999, p. 303.

SAVATIER J., Cass. soc. 07/04/1998, Dr. soc. 1998, p. 623.

SOULIER P., CA PARIS 10/10/1989, RJS 1989, p. 582.

SOURIAC-ROTSCHILD M.-A., Cass. crim. 04/10/1989, D 1990, som. com. p. 166.

SOURIAC-ROTSCHILD M.-A., Cass. soc. 09/11/1991, D 1992, som. com. p. 294.

SOURIAC-ROTSCHILD M.-A., Cass. soc. 03/02/1993, D 1994, s.c. p. 305.

SOURIAC-ROTSCHILD M.-A., TGI NANTERRE 17/06/1994, AJ CFDT 1996, p. 8.

SOURIAC-ROTSCHILD M.-A., Cass. crim. 01/06/1994, D 1994, som. com. p. 294.

SOURIAC-ROTSCHILD M.-A., Cass. soc. 01/04/1997, Dr. soc. 1997, p. 1068.

TEYSSIE B., Cass. soc. 09/12/1981 JCP 1982, éd. CI, I, 10527, p. 133.

TEYSSIE B., Cass. soc. 07/06/1995, JCP 1995, éd. E, I, 499, n° 8.

TRICOT D., Cass. Ass. plén. 20/03/1992, Dr.soc. 1992, p. 55.

VACHET G., Cass. Ass. plén. 20/03/1992, JCP 1992, éd. E., II, 324.

VIANDIER A., Cass. com. 09/03/1993, JCP 1993, éd. E, II, 448.

WAQUET P., Cass. soc. 25/01/1995, Sem. soc. LAMY 1995, n° 781.

INDEX

(Les chiffres renvoient aux numéros des paragraphes)

TABLE ANALYTIQUE DES MATIÈRES

DEUXIÈME PARTIE

TEMPS ET INCIDENCE DES AUTRES NORMES

www.ingramcontent.com/pod-product-compliance
Lightning Source LLC
LaVergne TN
LVHW012046041026
849558LV00038B/506
9782738491404